ローマ文明

LA CIVILISATION ROMAINE

◎Pierre Grimal ピエール・グリマル 著
◎桐村泰次 訳

論創社

LA CIVILISATION ROMAINE

(1964)

by Pierre Grimal

凡例

一、本書はレイモン・ブロック監修でフランスのアルトー社から出版されたシリーズ《大文明 Grandes Civilisations》の PIERRE GRIMAL "LA CIVILISATION ROMAINE"（1964）を訳したものである。

一、原著巻頭には、シリーズ監修者レイモン・ブロックの序言が載せられているが、あくまでシリーズの一巻としての意義を述べたものであるので、本訳書では訳出しなかった。

一、地名・人名は、もとより原著ではフランス語式に、たとえば「César（セザール）」や「Marc-Aurèle（マルク・オレール）」というように表記されているが、本訳書では、ラテン語式に「カエサル」「マルクス・アウレリウス」と表記した。厳格には、「カエサル」は「カェサル」とすべきであり、また、「オクタウィアヌス」は「オクターウィアーヌス」、「イタリア」は「イータリア」とすべきであろうが、日本人が馴染んでいる表記に従った。

一、原著は写真、地図を豊富に収め、解説も詳細で、それだけを見ていっても、ローマ文明について知識を吸収し、その空気を呼吸できるよう配慮されているが、本訳書では、本文を理解するうえで欠かせないと思われる図面や写真などに限って再録した。

一、巻末にはローマ史略年表と人名索引を添えた。

ローマ文明　【目次】

第一部　ローマ文明の歴史

第一章　起源伝説と初期の時代の真実　4

1　原初の神話　4

2　七つの丘　5

3　ローマ以前のイタリア　10

4　ローマの創建　14

5　ローマの都市機構　18

6　ローマとその神々　31

第二章　共和制から帝政へ　37

1　共和制の始まり　37

2　最初の危機――ガリア人とサムニウム人の襲来　43

3　ギリシャ人との戦争　46

4　ポエニ戦争　48

5　ローマの勢力拡大　55

6　共和制の終焉――アウグストゥスとその後継者たちの治世　66

7　ウェスパシアヌス　72

8　アントニヌス朝　76

9　帝国の苦悶　82

第二部　選ばれた民

第三章　生活と慣習　90
1　ローマの宗教　90
2　都市における人間　103
3　家庭とその祭儀　120
第四章　法律　131
1　ローマ法　131
2　制度・機構　150
3　帝国の経営　168
第五章　征服者たち　175
1　ローマ軍の組織と戦術　175
2　兵士の訓練　193
3　帝政下の軍隊の再編　199
第六章　市民生活と芸術　208
1　ラテン語——文明の運び手　208
2　演劇と修辞学——プラウトゥス／テレンティウス／キケロ　216
3　歴史と詩——ルクレティウス／ウェルギリウス／ホラティウス　221
4　アウグストゥス以後——オウィディウス／ルカヌス　229

5 セネカと帝政の遺産 234
6 ローマ建築 242
7 彫刻と絵画 247

第三部　素顔のローマ

第七章　ローマとその土地 256
1 農民的社会 256
2 農地の経営 270
3 《農園》から《享楽の園》へ 276
4 公園と邸宅 292
第八章　都市の女王、ローマ 298
1 ローマの拡大 298
2 フォールム・ロマーヌム 306
3 皇帝たちの広場 316
4 都市ローマの変貌 327
5 競技場と円形闘技場 335
6 劇場 342
7 大浴場と水道施設 346
8 ローマ人の住居 356

第九章　市民生活と楽しみ　369
1　公共生活　369
2　競技場の娯楽　381
3　ローマ人たちの気晴らし　385
4　民衆劇——幕間劇とミモス劇　392
5　戦車競走　396
6　剣闘士の戦い　399
7　入浴と食事の喜び　408
8　快適さの追求　416
第十章　地方の主要都市　419
結び　437
訳者あとがき　447
ローマ史略年表　454
参考文献　459
人名索引　463

ローマ文明

第一部　ローマ文明の歴史

第一章　起源伝説と初期の時代の真実

1　原初の神話

イタリアの先史時代の闇と、帝国崩壊で西方世界が沈んだ闇との間に、光り輝く領域がある。二つの闇は、同じくらい深い。ローマは人類史のほぼ千二百年間を、生き生きした光で照らし出した。この千二百年間にもさまざまな戦争と犯罪がなかったわけではない。しかし、それが実現した《パックス・ロマーナPax romana》と呼ばれる継続的で確固たる平和は、クライドの岸辺〔訳注・スコットランド南部、グラスゴーの西の海岸〕からアルメニアの山岳地帯まで、モロッコからライン河（ときには、エルベ河）にいたる土地で受容され、ユーフラテス河畔の砂漠地帯にまで達した。

この広大な帝国領土に加えて、そこから精神的影響を受け、その輝きに魅惑された周辺の国々も挙げるべきだろう。この千二百年間が人類の歴史にとってもっとも重要な時代に挙げられ、その後の千五百年間のあらゆる革命と視野の変革にもかかわらず、今もローマの影響が明確かつ堅固に感じられるのは、なんと驚くべきことであろうか！

その影響力は、あらゆる分野に浸透している。国家的・行政的枠組、審美的・倫理的規範、あらゆる種類と段階における価値、国家の法的機構、日常生活の風習と慣習など、もしもローマが存在しなかったら、いま私たちを取り巻いているものは、何一つとして今あるのとは違っていたであろう。キリスト教が生まれたのもローマ帝国においてであり、それが最初の勝利を勝ち取り、そのヒエラルキーを形成し、そして、ある程度までその教義を練り上げたのも、ローマ帝国においてではなかっただろうか？ローマは、政治的実体であることをやめたのちは、一つの《神話》となった。蛮族の王たちは、「ローマ人たちの皇帝」として冠を頂いた。《帝国》という概念そのものが複雑で捉えがたく、ローマ的視野のなかでしか理解されない。

パリのノートル・ダム寺院でのナポレオンの自らの手による戴冠も、ローマ司教による祝別をうけてはじめて正統性をもつことができたのであった。永久に死んだと思われていたこのローマ的理念が一八〇四年十二月はじめに突如として湧き出したのは、けっしてこの暴君の幻想などによってではなく、征服者としての政治的直観によって、フランス王国千年の歴史を飛び越えて、ヨーロッパ思想の生きた源泉をそこに見出したのであった。

もっと近いところでは、挫折はしたものの、「帝国はローマの運命的な丘の上で甦った」との叫びが聞かれたとき、力強い反響を呼び覚ましたことも、忘れるわけにはいかない。〔訳注・この叫びは、十九世紀後半のイタリア統一運動においても、二十世紀に入り、第一次世界大戦後の復興においても聞かれた。〕

2　七つの丘

ローマの丘は「七つの丘」と呼ばれてきたが、どれを七つとするかについては、古代の歴史家たちも正しくは知っていない。ただ、それがティベリス川のほとりに聳える丘であることは確かである。おそらくは、丘と丘を隔てている谷間には何世紀にもわたる土と埃が積み重なって、傾斜面も本来のそれより緩やかになり、丘も高さを減じた。原初のローマの地理を甦らせるには、考古学的発掘の努力によらなければならない。

そんなことは役にも立たない知識の遊びぐらいにしか評価されないかもしれないが、最初のころの地勢を知ることは、この町の比類のない幸運を理解しようとする人にとってきわめて重要である。それはまた、この幸運な歩みの始まりについての伝説と理論のもつれを解きほぐすためにも大事である。

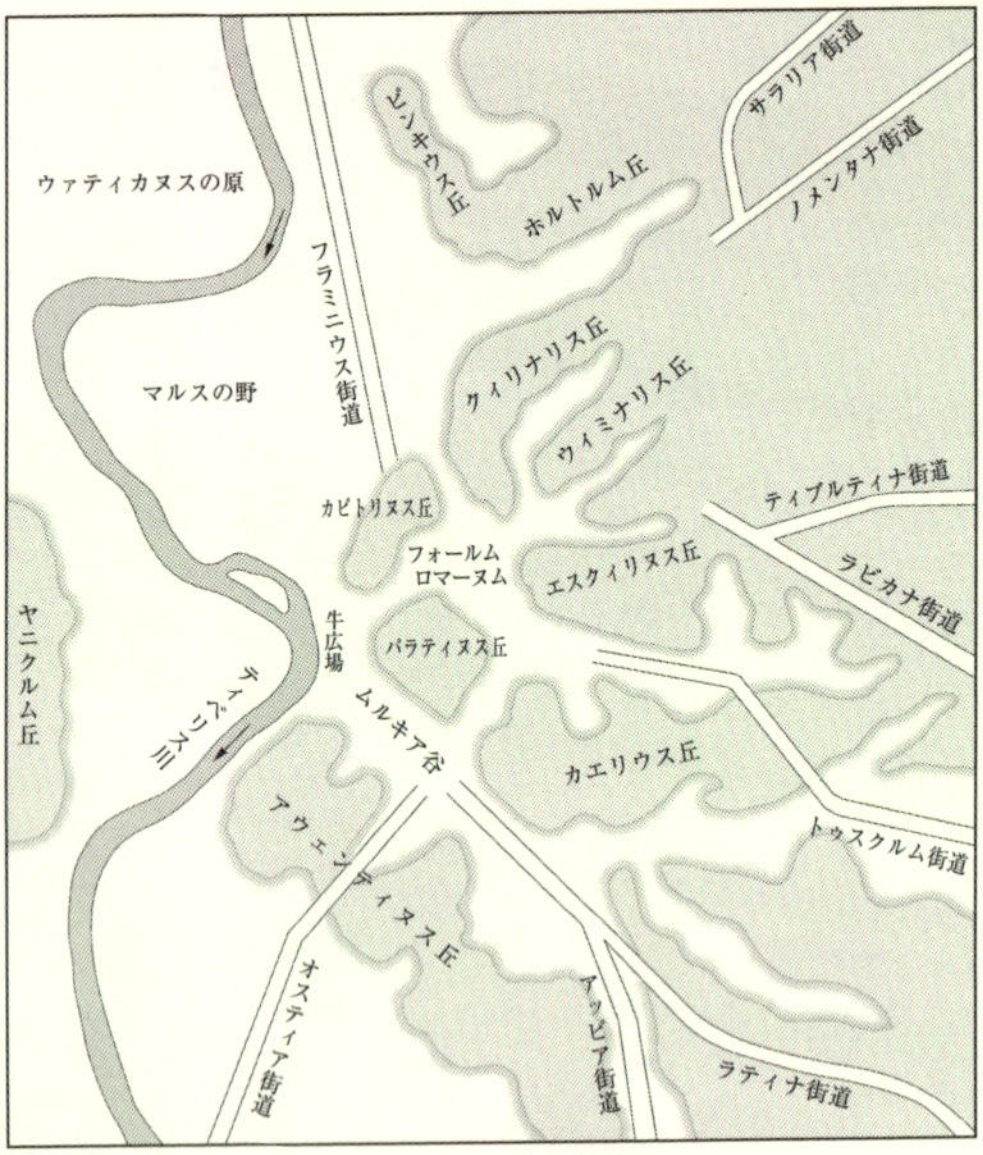

ローマの地形図

キケロは『国家について』の有名な一節において、ローマの創設者、ロムルスが、この場所を選び、神聖な溝を引いて市域の最初のイメージを描いたのは、すばらしいことであったと称えている。キケロに言わせると、ここほど偉大な都の基礎を置くのに適した所は、ほかになかった。ロムルスは、きわめて賢明な人であったがゆえに、安易な繁栄がすぐに得られる海べりに町を築こうという誘惑を斥けたのであった。それを彼は、こう立証している。

——海に面した町は、海賊をはじめ、海を越えてやってくる侵略者など、多くの危険にさらされている。彼らは思いがけないときに侵攻してくるから、つねに防備を固めていなければならない。のみならず、とりわけ、海が近くにあることには、もっと重大な危険が秘められている。海からは、人を堕落させる種々の影響力や、さまざまな外国の目新しい物と同時に、高価な商品が入ってきて、人々を分不相応な贅沢好みに感染させる。そのうえ、海は常時開かれている道であり、旅に出たいという誘惑が日常的に働きかけてくる。海べりの町の住民たちは、自分の祖国にじっとしているのを嫌い、帆船さながらに、遠い彼方の国々へ思いを馳せ、そこにさまざまな夢を見る。――

ロムルスは、その鋭い洞察力によって、こうした誘惑を避けるのに充分な距離が海岸との間にあり、しかも、それなりに近いところを立地条件として選んだのだとキケロは言う。すなわち、ローマも、確固として樹立されると、異邦の国々と交易もできなければならない。その点では、ティベリスは、中央イタリアで最も力強く安定した流れをもつ川で、ローマと海との間だけでなく、内陸部での重い商品の輸送にも役立つ。船による輸送が不可能な上流の谷も、北方へ向かっていく貴重なコミュニケーションの道であることに変わりはない。

この点でキケロの分析は完璧に正しい。ティベリス川がローマの偉大さにとって本質的な役割を演じたことは確かで、この若い国はティベリス川のおかげで、海の彼方の広大な植民地を支配できたし、同時に、アペンニヌス山脈の谷々から集まって南下してくる商品や人々の流れを自分の所に集め、コントロールすることができたのであった。

しかしながら、このような利点は、非常に長期にわたる進展のなかでしか作用しない歯車をもった機械に似ており、すぐには捉えられるものではない。それをロムルスが突然の啓示の光のもとで感知するには、神に劣らない洞察が必要であった。結局のところ、地理的な運命というものは、結果によってしか分からないもので、そのため、歴史の流れを逆方向に辿る以外にないのである。

キケロは、ロムルスの選択を正当化するために、ほかにも何点か論議しているが、それらは証拠能力においてはずっと劣る。しかも、彼はそのために、幾つかの明白な事実には殊更に目をつぶっている。たとえば、まわりの低地は健康によくないので、それを避けて、健康的で資源にも富んでいる丘の上を選んだと書いているが、これは、谷間のフォールムと丘の上のパラティヌスの発掘・調査の結果明らかになっている事実と懸け離れている。

実際には、初期のローマの様子を物語る炉の跡や住居の骨組の棒杭の穴がローマ市の地下から発掘されているが、そうした残存物によって判明している当時のローマは、家も粗末で、衛生状態もきわめて悪かった。しかも、この町の本来の中心は、カピトリウムの丘と、のちにウエリアと名づけられる小丘の間にあり、大部分は辛うじてティベリス川の水位よりは上だが、増水するたびに水没する湿地帯であった。

マルスの野全体が、まわりの丘から流れ下ってきた支流の水が停滞する低湿地で、もともとここは、ティベリス川が右岸のウァティカヌスの丘陵地と左岸のカピトリウムやパラティヌス、アウェンティヌスなどの丘の地塁の間を蛇行しながら作り上げた沖積土で形成されたものである。このため、ローマ人たちは、自分たちの町を衛生的に改善するためには、大変な努力をしてこれらの気まぐれな流れを制御し、ティベリス川を堅固な河岸の間に固定しなければならなかった。

しかも、奇妙な逆説であるが、このようにまわりを水にかこまれていながら、ローマ人は飲料水には不自由した。おそらく低地に深い井戸を掘ることによって飲料水は手に入ったであろう。それが行われなかったわけではないことも、そのような穴の跡がフォールムに見つかっていることから明らかである。しかし、丘の上では、費用が嵩み、しかも一時しのぎでしかない貯水タンクの建造が行われていた。

ローマが、水の問題を本当の意味で解決できたのは、都市の創建から約五百年経った西暦前三世紀の半ばに水道橋など導水路が建造されるようになってからであった。

こうした点から考えて、この場所が選ばれたのは物質的条件を満たしていて健康によかったから、ということはありえない。しかし、私たちはそこに、この選択のほんとうの理由を垣間見ることができる。すなわち、ローマのこの場所は、東方にアルバヌス山地が聳える巨大な高地の西端に位置しており、それは、ラテン人たちがアルバ高地から西のほうへ伸ばした触手の先端のように見える。

ラテン人入植者たちは、当然、堅固な一画に身を落ち着けようとした。そこで選んだのが、流れが急で深く、しばしば両岸に溢れるティベリス川によって守られ、水路が迷路のように複雑に入り組んでいる湿地帯に突き出して聳えている丘陵地であった。これらの丘のなかでも、とくにカピトリウムとパラティヌスの二つは、好条件を備えていた。というのは、これらの丘は、狭い自然の土手道によって一か所だけ他の部分とつながっているが、それ以外は、すべて険しい崖になっていたからである。

しばしば、ローマはティベリス川の徒渉点に生まれ、少なくとも初めのころは、両岸を結ぶ要衝地の役割を果たしたと言われてきた。だが、どう考えても、これは当てはまらない。むしろ逆に、ローマが占めている場所は、ティベリスの谷間の低地でも渡るのがむずかしい所である。徒渉に向いているのは、何マイルか上流のフィデナエの近くだが、この町が辿る運命は、ローマの幸運の道とは全く異なった。

ローマの町は、まるで自分の手で自らを覆うようにフォールムのまわりに閉じこもっている。西のほうでは、ティベリス川で切り離されて右岸地域とは長い間交渉がなく、東のほうでは、巨大な土壁のようなエスクィリヌスの高地のためにアルバヌスの内陸部からも切り離されている。こうした地理的特徴は、ローマ人の頑強な自立主義と相応じるもので、彼らははるか遠方の各地で勝利を収めているときでさえ、自分たちはつねに敵に取り囲まれていると感じていた。

そもそも彼らが各地にくり広げた征服戦自体、絶え間ない危機感、いつ襲ってくるかしれない攻撃者から距離を置いていたいという気持ちから行われたものであった。ローマにとっては「幸せな誕生」も「平和な繁栄」もなかった。つねに、どこかの民族が敵意をもって襲ってくるのではないかという警戒心と、自らの身を守ろうとする気遣いにつきまとわれていたのだ。

3 ローマ以前のイタリア

古代の歴史家たちは伝統的に、ローマの創建を前八世紀半ばの七五四年としている。この伝承は、長い間、異論もなく受け入れられてきた。その後、さまざまな批判に晒されたものの、固有の意味での都市の創建は前六世紀初めとしても、前都市的集落の始まりという意味にとれば、この伝承は考古学的発掘によって裏づけられている。

すなわち、今世紀初めにフォールムで発掘された非常に古い地下墳墓と、もっと時代がくだるパラティヌスの遺跡の体系的復元によって、この町が存在している場所には前八世紀中頃から人々が住んでいたことが明らかになったのである。この前八世紀半ばというのは、南イタリアとシチリアにギリシャ人入植者が《歴史的定住地》を樹立した時期と合致している。

イタリアに人々が住み始めた経緯は複雑である。さまざまな集団が、いろいろな土地に住み着いた。先史（préhistoire）と原史（protohistoire）の時代の遺構も各地で見つかっているが、その文明の様相については不明な点が多い。

ある程度確実に分かっているのは、前二〇〇〇年紀に北イタリアにやってきた人々で、彼らは死者を火葬に付し、銅器を鋳造し使用していた。集落は、湿地のほとりに整った台形の形に作られた。これは《テラマーレ文明》と呼ばれ、アルプスを越えてイタリアにやってきた最初のインド・ヨーロッパ系の民族といわれている。

第二波は、前二〇〇〇年紀の終わりごろに入ってきた、同じく火葬に付す人々であるが、遺灰を陶製の骨壺に納め、上から小鉢をかぶせて縦穴の底に埋めた。十九世紀半ばに、ボローニャの近くのヴィラノヴァで彼らの墳墓が数多く発見されて明らかになったので《ヴィラノヴァ文明》と名づけられた。彼らはテラマーレ人より進んだ技術を持っており、鉄を使用していた。その居住地域は中部イタリアのティレニア海岸を中心とするが先住者のそれよりずっと広く、絶頂期にはポー川流域の平野にまで達している。

テラマーレ人もヴィラノヴァ人も、無人のイタリアに入ってきたわけではなかった。そこには、新石器時代の文明を引き継いだ、明らかに地中海起源の先住者がいた。この《原住民たち》は死者を土葬にする風習があり、幾つかの点でエーゲ海の人々の影響を受けていた。

いずれにせよ、これらの人々と移住民との接触から、新たな発展が生じ、各地ごとに独創的な文明が生み出されていった。こうして、アドリア海に面した地方では、おそらく対岸のバルカン半島のイリュリア人との交流から生まれた文化が発展する。この文明は、中心が古代のピケヌム〔訳注・ローマの東北方でアドリア海岸に近い〕にあったことから《ピケニア文明》と呼ばれ、これを伝えた人々はきわめて独立心が強く、歴史時代に入ってからも、勢力を拡大するローマがこれを統合できたのは、ようやく前一世紀も末、しかも、血みどろの戦いによってであった。

ラティウムでも、前一〇〇〇年紀はじめにはヴィラノヴァ型の文明が定着していた。しかし、ローマを築いたラテン人は純粋な一つの民族ではなく、インド・ヨーロッパ系の人々と地中海人種とがゆっくりと混合して新しい民族になった人々であった。

おそらくギリシャで進行したのと同じように、勝利をおさめた言語はアーリア人のそれであったが、そこに方言化が生じていることから、原住民の言葉もすぐには消滅しなかったことが分かる。この複雑な現実を、ローマ人の歴史家たちも、一つの神話の形で表現している。彼らの言うところによると、ラテン人は、森に潜む力を崇拝し自ら木々の幹から生まれたと信じていた半遊牧狩猟民のラティウム原住民と、アエネースの仲間でトロイ陥落後フリュギアからはるばる逃れてきたトロイ人とが混じり合って生まれた、という。

多分、この伝説と考古学的調査結果の間には隔たりがある。しかし、《大地から生まれた人々》が異国の土地からやってきた人々によって文明化され活力を与えられたところにラテン人の起源があるとする考え方は、首肯できるものをもっている。おそらく、それは、ローマのすぐ隣人で、この町の誕生に大きな影響を与えたとされているエトルリア文明についても同じだったであろう。

エトルリア人の起源についての歴史家たちの見解は、ばらばらである。発掘調査によって分かっているのは、エトルリア文明が中部イタリアに現れたのは前八世紀であり、ヴィラノヴァ文明を引き継いでいることとぐらいである。その「出生証明」となるのが、同じ土地で見つかっている東方的芸術の遺物である。

しかし、だからといって、このエトルリア文明が誕生した時代に東方民族が集団的に移住し中部イタリアに定住したということではない。この現象は、暴力的によりも文化的次元でじっくりと蓄積されていた傾向性が突如として開花するような具合に進行したのである。この現象がどのように生じたかを巧く説明してくれる一つの仮説が近年立てられた。

それは「エトルリア人の文明は、ヴィラノヴァ文明の枠のなかで発展したが、火葬より土葬を重んじるとか、粗末な墓より派手で豪奢な墓を好むといった幾つかの点で反発を見せている。これは、それより何世紀も前、おそらく前十二世紀初め、さらには十三世紀末の、いわゆる《英雄時代》に東方のエーゲ海地方から移住してきた人々がもたらした要素がこの前八世紀ごろ新たにオリエントから持ち込まれたものの影響で再生したのだ」というのである。

同様にして、ローマの町と《ローマ文化》の本質についても、歴史家たちの伝統的考え方は修正される。ウェルギリウスが謳っている、ローマはイタリア的要素と東方から移住してきた人々のそれとの融合によって生まれたという伝承（それを象徴しているのがアエネースとラティヌス王の娘、ラウィニアの結婚である）は、この詩人の夢想ではなく、一つの真実と考えられる。

多分、ローマ人は常に、自分たちとエトルリア人とは対極にあると考えたがってきた。自分たちは貧しく勤勉で、戦いに臨んでは勇敢であるのに対し、エトルリア人は贅沢好きで軟弱な怠け者だと決めつけた。そして、ときには彼らを「ティレニア海賊」と呼んで、良心もなければ法律もない盗賊であるとして軽蔑した。

たしかに、海上通商と掠奪によって豊かになったエトルリア人が、歴史時代になって、だんだんに落ちぶれていった時期については、この対比は当てはまる。しかし、それより遡った時代に関しては不適切であって、ラテン人も、かつては、海の彼方からの種々の影響を好んで受け入れたし、歴史時代になってからも、ラテン人の文化的萌芽はギリシャから放射された商業活動の流れに刺激されて急速に伸びたのであり、ティベリス川の河口一帯には、その沈殿物がくっきりと痕跡を残している。

いずれにせよ、「ローマ人はアーリア起源の純血種で、東方思想に毒されたギリシャ人とは違う」などと、頭から決めつけられる根拠はない。このラティウムの人々が使う言葉をもたらしたのはインド・ヨーロッパ系の人々であったが、それ以外の、とくに儀式と信仰、政治的・社会的仕組に関しては古い海洋民の方言が帝政時代の初めにいたるまで使われているのであって、都市ローマは、誕生のはじめから、まさにその染色体のなかに地中海的共同体の遺伝情報を受け継いでいたのである。

4 ローマの創建

ローマの創建は、さまざまな伝説にまとわれている。古代の歴史家たちの言うところによると、ロムルス、レムスの双子の兄弟は、生後まもなくティベリス川のほとりに捨てられたが、森からやってきた牝狼が乳を呑ませて育ててくれた。この牝狼は、双子の実の父である軍神マルス〔訳注・母はアルバ・ロンガのヌミトル王の娘、レア・シルウィアで、彼女がウェスタ神殿の聖処女であったときにマルスによって凌辱され身ごもったとされる〕によって遣わされたのであり、ローマ人たちは、その歴史の終わりにいたるまで、好んで自分たちを「ラ・ルーバ（牝狼）の息子」と称した。

やがて兄弟は善良な牧人、ファウストゥルスに引き取られ、その妻のアッカ・ラレンティアによって育てられる。このファウストゥルスという名は、占いの吉兆を表している。というのは、これは「幸運な」という意味の《ファウェーレ favere》に由来しているからである。また、この夫妻の名の背後には幾つかの神の名前が隠されている。「ファウストゥルス」はラティウムの森にいる田園の神、ファウヌスにごく近いし、妻の名前のほうは、ローマ人の家庭の守護神、ラレス（単数はラル）を想起させるからである。

ローマには、家庭を守る神々の母なる神への崇拝があり、この母神こそロムルスとレムスの養母であったと考えられる。少なくとも、この伝説が神との同一性をその英雄たちに付すために神の名前を一部分借りたのでない限りは、である。とはいえ、後者のほうが可能性としては大きいのだが。

ファウストゥルスの小屋は、伝説のとおりならば、パラティヌスの丘の上にあって、キケロの時代も、その草葺きの屋根、練り土の壁で造られた小屋を指して、これがその小屋だと称されていた。ファウストゥルスの伝説と絡められたこの小屋は、この丘の上に建てられた牧人たちの最古の集落の遺物であり、彼らの穢れのない原初の純粋性を裏づける聖なる証拠として保存されていたと考えられる。

しかも、原初のローマから生き残っていたのはパラティヌスの小屋だけではなかった。カピトリウムの丘の《いとも善き、偉大なるユピテル》の主神殿の前には、もう一つ小屋があった。このカピトリウムの小屋も、ロムルスあるいは彼の共治者のサビニ人、ティトゥス・タティウスが住んだ家と言われていた。もっとも、いろいろな伝説があって、いずれが真実かは不明なままである。

聖なる遺物が数を増やしていったのも一度や二度ではない。しかし、この場合は、伝承されている内容は考古学的調査によって充分に裏づけられている。パラティヌスの丘で発掘された集落跡とフォールムの地下墳墓は、そこで見つかった陶器の特徴から、前八世紀半ばに遡ることが確実で、これは、ローマ人がこの地に住み始めた時期と合致している。

ロムルスとレムスが成人して祖父により孫として認知され、王位についたあと、自分の気に入った土地に町を建設しはじめた経緯については、広く知られているとおりである。ロムルスは神々の判断を仰ぐため、みずからの揺籃の地であるパラティヌスを選んだ。他方、レムスはのちに大競技場が造られる谷を挟んで反対側のアウェンティヌスの丘に住み着いた。

神々の判定は、ロムルスに対しては十二羽の禿げ鷲の飛翔という吉兆で示された。レムスのそれに対しては六羽だけであった。この町の創建の栄誉はロムルスに与えられたわけである。ロムルスは、ただちに一台の犂でパラティヌスのまわりに畝溝をつけ、町の建設に着手した。盛り上がった土は城壁を象徴し、溝は濠を表していた。そして、城門の場所には犂が立てられた。

たしかに、すべてのローマ人がこの物語を信じていたわけではないが、自分たちの町が家々と神殿の単なる集まりではなく、神の力が際立って現れ感知される、宗教的特権をもった神聖な土地であるという観念は受け入れていた。このことを表しているのが、「ポメリウム pomerium」（占いで定められた聖域としての都市の境界）と「テンプルム templum」（神殿が建てられる聖所）という概念である。

この物語の続きの段では、この町の神聖さがドラマティックなやり方で確認されている。畝溝の濠と城壁を嘲って飛び越してみせたレムスを、ロムルスが飛びかかって打ち殺し、「これ以後も、私の城壁を越えた者は、だれであれ、このようにして死ぬことになるのだ！」と宣言したというのである。

ロムルスの行為は兄弟殺しという罪深いものであり、そのような罪を最初の王が犯したとする物語は種々の意味を帯びている。しかし、このエピソードは、ローマという町の不可侵性を永久に保障し、その未来を決定しているのであって、その意味では必要な行為であった。レムスは、いわば、ローマの神聖さのために捧げられた最初の生贄であり、一種の恐怖心を呼び起こしながら人々のなかに記憶されていくこととなる。

創建から七百年以上のちも、ホラティウスは、これを一種の原罪と考え、この影響でローマ人は互いに殺し合い、やがては滅亡を招くだろうと述べている。ローマは、その歴史上の危機的な瞬間ごとに、もしかしてこの都市には呪いがかかっているのでは、と不安に怯えることになる。しかも、ローマは、誕生の最初から、人々とも神々とも平和的ではなかった。その運命の上には、この宗教的不安がのしかかっているのである。

これをギリシャ都市に顕著な善意と対置するのは、安易にすぎるであろう。アテナイもまた、テーセウスが権力を把握した最初からアイゲウス〔訳注・テーセウスの父〕の自殺があり、罪に穢れていることでは、甲乙つけがたい。ギリシャの神話的先史時代も、ローマの神話時代と同様に、さまざまな罪に満ちている。

ただし、ギリシャ人たちの宗教的機構には、最悪の罪といえども、通常の機能によって消滅できるだけの力があると考えられていたようである。オレステス〔訳注・ミュケナイ王アガメムノンの子で、父を殺した母とその愛人を殺して報復した〕は神々の臨席のもと、アレオパゴス〔訳注・古代ギリシャの最高法院〕によって無罪宣告を受けている。オイディプス〔訳注・テーバイ王ライオスの子。幼くして捨てられ、知らずして父を殺した〕が都市テーバイに科した罪は、罪ある人間〔つまり、自分自身〕を追放することによって消える。あとで贖いとして流される血は、ラブダコス家〔訳注・オイディプスの一族〕の人たちのそれだけである。

その反対に、ローマは、レムスの血について絶望的なまでに共同責任を負っていると感じている。ギリシャ人の楽天主義はローマでは通らなかったようにみえる。ローマは、のちにウェルギリウスにより祖国の魂の象徴化として描かれるアエネースが神の予兆を待って震えたように、身を震わす。このように、ローマの最初期についての伝説は、さまざまな《しるし》に満ちているが、それらが秘めている事実上の意味は今日では歴史家たちによって解読されている。

しかし、たとえばサビニの娘たちの掠奪、ホラティウス兄弟〔訳注・前出の哲学者のホラティウスではなく、トゥルス・ホスティリウス王の治世にアルバの覇者クリアティウスと戦った〕やクリアティウス兄弟その他の人々の戦いなどのエピソードの起源にあるものが何であれ、つまり、それは歴史的事実の記憶を反映しているのか、もっと古い儀礼の解釈とか誰かの足跡と関わっているのか、神々の系譜を示しているのか、といったことは別にして、これらの物語がローマ人の思考法に特有の、深い確信と決然たる態度を反映していることは確かである。これこそ、ローマの集団的心理につねに現れてくる意識状態であり、ローマ的精神の秘密を解明しようとする人は、これを無視するわけにはいかないのである。

5　ローマの都市機構

続いて伝説は、ロムルスが自分の町に、まず近隣の牧人、ついで、あらゆる放浪者、故国から追放された人々、ラティウムの祖国を失った人々を、どのように惹きつけたかを語っている。しかし、集まったのは男ばかりで、町の未来を確固たるものにするには、女たちが必要であった。

そこで彼は、盛大な競技大会を開催し、近隣の都市から家族連れで人々がやってくるよう計画した。そして、スペクタクルがまさに酣というときに、一つの合図とともに、ローマ人たちは一斉に若い娘たちに襲いかかり、喧噪と騒乱のなかで彼女たちを家のなかに引き込んだ。これが原因で初めての戦争となり、ずいぶん長期にわたって、娘の父親たちと掠奪者たちの間で争いが続いた。娘のほとんどはローマの北の村々から来ていたサビニ人で、ラテン人ではなかった。したがって、これによって生まれた第二世代は混血児になったわけであるが、これは、すでにラテン人たちがそうであったのと同じであった。

この事件がどのようにして終結したかは、よく知られているとおりである。サビニの娘たちは夫から大事にされたので、争い合うローマ人とサビニ人の間に割って入り、和解へ導いた。彼女たちがローマ人との結婚を承諾したので、暴力と偽りの誓いは姿を消した。ともあれ、このドラマティックな逸話が、ローマ人にとってどのような意味を持っていたかを考える必要がある。

それは、このローマという都市にあって女性に与えられた地位を表している。法律家たちに言わせると、女性は弱者の立場で、理論上は、男と同じ権利を望むことはできないが、だからといって、この都市の基盤である契約の受諾や保証に女性は与ることができないというわけではない。争い合うローマ人とサビニ人の間で約束を交わさせたのが女性たちだったからである。

また伝説によると、ローマ人たちは妻に対し、羊毛を糸に紡ぐ仕事の管理以外、すべての労作業を免除すると約束した。したがって、ローマの女性は、最初から男たちにとって奴隷でなく伴侶であり盟友であって、法による保護以前に、誓約の宗教によって保護されているのである。サビニの娘たちは、誠実さによって、父親にはその婿の血を流させる事態を回避させ、婿であるローマ人たちには、やがて生まれる子供の血管を流れることになる血を注ぎ込ませたのであった。

こうして、サビニ人がロムルスの仲間たちと和解し、集団で移住してきて住むようになったので、この町は一挙に大きくなった。それと同時に、サビニの王、ティトゥス・タティウスは請われてロムルスと共同統治者になった。古代の歴史家たちは、共同統治ということに当惑して隠蔽してきたが、事実は、ティトゥスは重要な役割を演じたのである。

ただし、このエピソードがもつ意味については、大いに疑問がある。最も考えられる答えは、後の時代に司法団が任務を分担し合った政治的事実を反映しているのではないかということである。これを貴重な前例として引き継いだのが、共和制時代の《執政官》である。

しかし、サビニ人にかかわるこの伝説自体、彼らが前八世紀後半にローマの土地に姿をあらわしたこと、そして、ラテン人の牧人たちと結合したことなどの正確な記憶に基づいており、ここでも、伝説は歴史的価値をもっているのであって、考古学者たちは、ローマのこの土地には、内陸部からの文化的流れがあったことを裏づける証拠が見つけられるはずだと信じている。

ロムルスは、ローマの町を創建して住民の永続性を確定しただけでなく、各家の長の集う《元老院》と市民会議による都市としての機構をおおまかに組み立てたあと、ある嵐の日、マルスの野に集まった人々の前でその姿を消した。人々は、ロムルスは天に昇り神になったと言い合った。そして、彼をサビニ人の古い神でクィリナリスの丘の上に祀られていた《クィリヌス Quirinus》の名で崇めた。

ロムルスの容貌は、さまざまな要素を綜合したもので、ローマ史全体を通して君臨していく。ロムルスこそローマの創建者であり、あらゆる計画が彼の手にかかると見事に展開したその信じがたいほどの幸運に較べると、神との親子関係はそう重要ではない。

叙事詩や劇作品は、ギリシャ世界の神話情報からロマネスクな要素を借りて、それらを彼についての伝説に付け加えた。しかし、そのためにローマ的特徴が消滅することはなく、基本的要素として残った。それは、ロムルスを立法者であるとともに戦士でもあり、しかも祭司でもあるとしている点である。彼は同時に全てであり、彼に帰されるさまざまな振舞いのなかに一個の個性とか精神的統一性を見出そうとしても、それは徒労に終わるしかない。

彼が現しているのは、なによりも後世に《インペラートル imperator》〔訳注・「皇帝」と訳されるが、本来は「最高命令者」の意〕と呼ばれるものの理想像である。それは、魔術的能力をもち神の意志を伝える霊的人物であるとともに、その身にまとった恩寵のゆえに不敗の戦士であり、さらに人民の間に正義を実現する厳格な支配者でもある。

彼の唯一の統一的特質は、ローマ史を通じて残っていくカリスマ性である。それは、まず初期の時代の王たちに付され、彼らが出す《布告》の持つ力として表れ、ついで共和制時代の《政務官》、最後に本質的には終身執政官である《皇帝たち》に表れる。

王を作りたいという誘惑は、ローマ人の心のなかにつねに強く残っていく。その度合いは、この《王》という名称につきまとう恐怖の強さによって決まる。一人の執政官または特定の人物が王権を手に入れるのではないかという恐れを人々が抱いたとすれば、それは、王権が息を吹き返す条件が常にあることを漠然と感じていたからに他ならない。

ロムルスは、まさに、その名のとおりにローマの理想像の権化であり、それが人々の想像世界のなかにあって、何度か肉化して現れた。ウェイイで勝利したときのカミルス〔訳注・前五世紀末—四世紀初めの軍団司令官〕、カルタゴとの戦いで最終的勝利を得たときのスキピオ〔訳注・前三世紀末—二世紀初め〕、スラ、カエサルなどがそれで、若いオクタウィウスがアントニウスに勝ったとき、「新しいロムルス」という危険な栄誉を回避したのは、議会操作の老獪な一手法としてそうしたに過ぎない。

ローマが当初、どのように成長していったかについては、よく分かっていない。パラティヌスの丘の上に設立された集落の現実的重要性と、伝説がこの村に付した優越性とが合致していたとはとうてい思えない。実際には、前八世紀後半以後、この一帯は、点在する集落によって占められていた。帝政時代の数多くの建設工事によって今では一繋がりになってしまっているが、当時は明確に二つの頂をもっていたパラティヌスの丘だけでなく、カピトリウム、クィリナリスの丘、エスクィリヌスの西側斜面にも人々は住み着いていた。

フォールムの谷間は、天気のよい時期は乾いて、人々の社会的・宗教的活動の中心になった。ウェスタ神殿をはじめ、最も重要で最古の聖域は、パラティヌスの丘ではなく、このフォールムにあった。ウェスタは、ローマ市民の各家庭の氏神の元である共同竈の神で、ローマの町の安泰を左右する神秘的な神とされた。

このウェスタ神殿から少し離れたところに《レギア Regia》すなわち「王の家」と呼ばれる聖所がある。これは、軍神マルスおよび《豊穣》を人格化した女神オプスの社である。このほかにも、幾つかの呪物、神聖な楯があり、これらもローマの安全を保障してくれるものとされていた。

この二つの聖所の間を《聖なる道》が通っていて、王は市民を従えて定期的に、ユピテル神殿があるカピトリウムの岩山まで荘厳な行列を行った。

伝説では、ローマ人を宗教的に組織したのは、前七一七年から同六七三年まで治めたサビニ人の王、ヌマであり、彼はピュタゴラス自身から神聖な教えを伝授されたとしている。しかし、ヌマ王が前八世紀の人であることは確認されており、ピュタゴラスが南イタリアで教えを説いたのは前六世紀中頃より以前ではありえないことも明確で、この時代のずれについては、ローマの歴史家たちも気づいていた。

他方、マグナ・グラエキアの《ピュタゴラス学派》とは、この賢人がやってくる以前から存在していた宗教的要素を集めて成り立っていたものであるから、サビニ人の国、もっと広く言えば、中央および南イタリアの後背地に起源をもつ信仰と祭儀と実践が「ピュタゴラス主義者としてのヌマ」という名のもとに位置づけられたとしても不都合はない、といった主張もされてきた。

結局、ヌマは、《インペラートル》としてのロムルスに愛着を抱く人々がその宗教生活の形を象徴化した存在で、つまりは、政治的・軍事的な《行動》よりも超自然的な実体についての知識へ向かおうとするロムルスの別の面を表しているのだというのである。

このように、ヌマはローマの宗教の最も根深い傾向性の一つを表わしており、あらゆる形の聖なるもの・神的なものを巧みに受容するローマ宗教の素地が、こうして形成されたのである。しかし、ローマの宗教のもつこの傾向性は、彼らが憂慮したように、あらゆる弛緩と不条理へ導く可能性ももっていたから、ローマ人たちは、伝統の安定性を確保するためにさまざまな障碍を設けようとした。ヌマは革新者であったが、のちにアウグストゥスがそうであるように、革新したい点を、先祖伝来の信仰の連続性のなかに巧みに組み込んだのである。

ヌマがもたらした革新の一つに、フォールムの北の端にあるヤヌス神殿がある。この二つの顔をもつ謎に満ちた神の本質については、長い間、ローマの神学者たちの論議の的になってきたが、ただ一つ確かなことは、ヤヌスはラテン人の伝統的な神ではないということである。

そのうえ、ヌマは祭司の役目を、それまでのように王家に固定せず、多くの共同体（コレギア）に配分した。こうして、ユピテル神に仕える神官と、マルス神に仕える神官が区別されるようになった。おそらく彼は、これによってインド・ヨーロッパ人の伝統を復活しようとしたのであり、このことは、《フラーメン flamen》という祭司の呼称が語源的に《ブラフマン》と近いことによって裏づけられる。

しかし、ヌマは、この《フラーメン》とともに、マルス神の栄誉を称える戦いのダンスを踊る祭司団

《サリエンス Saliens, Salii》を作った。この戦いのダンスは非常に古い南イタリアの祭儀で、この様子を描いた楯がさまざまな町で見つかっているが、その装飾技法には、いわゆる幾何学様式期のギリシャの影響が看取される。事実、イタリア半島の多くの場所で、三日月型の切れ込みを入れた楯が発見されており、考古学的に前七〇〇年ごろのものと判明している。

ここでも伝説は一つの事実の記憶を表している。ヌマは、祭儀の完成に気を配り未来において外国の新奇なものが無闇に入り込んでくるのを防ぐために手を尽くした首長の姿を代表している。こうした首長が、いわゆる《大祭司 Grand Pontife》であるが、祭司をさす《pontifex》という呼称も謎に包まれていて、まだ解明されていない。

通常、《ポン pont》は「橋」で、《ポンティフェクス pontifex》とは「橋を架ける人」の意とされている。しかし、ティベリス川右岸との交流が不安定であったローマでは、この川の渡しの監視を任務とした祭司団に宗教生活における優越的立場が認められていたとは考えにくい。むしろ、この《ポン》とは、ほかのインド・ヨーロッパ語との対照によって裏づけられているように、「道」を意味しており、この場合の「道」とは、神々の国にいたる道で、《ポンティフェクス》とは祈りと祭儀をリードし、その道を司る人々を指したと考えられよう。

とはいえ、これは確実にいえることではなく、本来の聖職者である《フラーメン》の権限に入らない祭儀を行った非専門的な祭司団を《ポンティフェクス》といったのだとする説もある。

ともあれ、《フィデス fides》(誠実)のために祭壇が建立され、敬神の念の強さが名声を勝ち取る条件となり、誠意と敬神が市民相互の関わり合いと国際関係の基盤とされるようになったのが、このヌマの治世であった。そのなかから、すでに見たように、世界の秩序に合致し市民生活万般と万人に適用されることを意図した司法制度が生まれたのである。

ローマは、自らを森羅万象のシステムに合わせ、宇宙のリズムに調和させようと考える。ヌマが、同時に暦の偉大な改革者とされていることは、この点で意味深い。彼の改革が目的としたのは、太陰暦と太陽暦とを可能なかぎり一致させることであった。そのため、太陽のある定まった位置とある日付とが合致するよう、二十年に一度、閏月が設けられた。

ローマを形成するうえで大事な役割を果たした第三の人物は、伝説のとおりであるとすると、六代目の王、セルウィウス・トゥリウスである。ちなみに伝説が伝える歴代王の名前と在位を挙げると次のようになる。

一、ロムルス（ティトゥス・タティウスと共治）	753-717/6
二、ヌマ	715-673
三、トゥルス・ホスティリウス	672-641
四、アンクス・マルキウス	640-617
五、タルクィニウス・プリスクス	616-579
六、セルウィウス・トゥリウス	578-535
七、タルクィニウス・スペルブス	534-509

セルウィウスは王家の女奴隷を母として生まれたが、その誕生には奇瑞があり、そのため、タルクィ

ニウス王から大事にされた、という。ただし、のちに皇帝クラウディウスが述べているように、セルウィウスはマスタルナという冒険家であったという別の伝承がある。

タルクィニウスの死により王となった彼が取り組んだのは、ローマ社会の建て直しであった。そのため、税を納めて選挙資格を有する市民を、その貧富の度合いによって五つの階級に分けた。そして軍役を免除されている五番目を除いて、それぞれを幾つかの《ケントゥリア》（百人隊）に分けた。

こうして編成された《ケントゥリア》は、本質的に軍事的性格をもったもので、軍内部での市民の専門化と合致していた。たとえば騎兵の《ケントゥリア》は、馬を買い装備できるだけの資力をもった第一階級から徴募された。歩兵の《ケントゥリア》は第五階級を除くすべての階級から供給されたが、装備は財産の多寡によって違った。

それに加えて、軍の装備を調えるために大工や鍛冶屋といった技能をもつ人々の《ケントゥリア》とか、士気を鼓舞するため角笛やトランペットを吹くことができる人々の《ケントゥリア》も編成された。《ケントゥリア》は軍事だけでなく、投票の実施に際しても適用された。各ケントゥリアが一票を投じたのであるが、貧しい階級のケントゥリアほどたくさんのメンバーで構成されていたため個人の声の重みは小さくなり、結果的に、金持ちの貴族に政治上の優越権が与えられることになった。しかも、投票行動は第一階級のケントゥリアから始められ、一定数に達すると終了になったので、第五階級は投票に参加できないで終わるのが普通であった。

この納税額に基づくシステムは共和制時代の末期まで続き、帝政時代にも生き残ったが、《ケントゥリア民会》（兵員会）を通じて市民が高級行政官を選出し、重要な法律を採択するやり方が行われたのは共和制のもとにおいてであった。セルウィウスが創った階級分けが完成したのは、この前六世紀からかなりあとのことだったようである。しかし、古い社会的枠組を敢えて壊しはしないまでも、少なくとも富に基づくヒエラルキーを上下に重ねたこの変革が奴隷出身の王の事績とされていることには意味深いものがある。

セルウィウス・トゥリウスの実在については、近代の批評家によってしばしば疑問視されてきたが、いまでは再認識されている。最近の発掘調査によって、古代の歴史家たちが伝えている内容から予想されたとおりの場所と方角に種々の痕跡が見つかり、ローマが前六世紀末に深刻な変革を経験したことが確認されているからである。

セルウィウス以前には、おそらくロムルスに起源をもつ一つのシステムがあった。そこでは、市民は、《ティティエス Tities》、《ラムネス Ramnes》、《ルケレス Luceres》というアルカイックな名称をもつ三つの部族に分けられていて、これを《クリア民会》といった。これらの三部族は、多分想像されているとおり、インド・ヨーロッパ人種に特徴的な社会三分割の記憶を留めている。あるいは逆に、おそらく、それは人種的区別か、もっと単純に地理的区別であったのだろう。いずれにしても、ローマ人自身は、このシステムの起源を知らなかった。

この各部族が一〇の《クリア》を形成し、市民集会（民会）は全部で三〇の《クリア》から成っていた。この《クリア民会》の権限は、本来は非常に大きかったが、セルウィウスによる再編後は、狭められたものになる。本来、彼らの役割は、元老院の決議で託された王を投票によって任命し、彼に《インペリウム》（最高命令権）を授与することであった。それと同じく、《ケントゥリア民会》が政務官を選び、《インペリウム》を授ける権限をもつようになり、このシステムは共和制になっても保持された。《クリア民会》に提議されたのは、養子縁組のように宗教に触れる法律行為についてである。というのは、クリア民会は宗教的結びつきを基盤にしていたからで、同じ《クリア》のメンバーは一つの共通の宗教に属し、その祭司は《クリオン curion》と呼ばれていた。したがって、同一クリアのメンバー同士は、神聖な兄弟愛によって結ばれていたのである。

以上のような《ケントゥリア民会》と《クリア民会》に加えて、平民（プレブス）の組織が公認されて《トリブス民会》ができる。ただし、この《トリブス民会》を構成する枠組は、ロムルスが定めた三部族ではなく、セルウィウス・トゥリウスが居住地によって分けた四部族であった。つまり、ローマを四つの区域に分けたもので、時代の経過とともに市民の居住域が広がっていくと、都市域外の田園地帯に住む市民で構成される新しい《トリブス》が作られ、増えていくことになる。

これらの改革は、それまでの古い制度をそのままにして、上に積み重ねるように設置されていったため複雑化はしたが、それだけに、ローマ政治思想の基層をなす土地所有者を中心にした保守主義者によって妨げられることはなかった。とはいえ、改革を現実のものにすることは困難になったし、それがますます複雑な仕組を創り出す結果になった。

しかし、市民の数も増え、人々の生活習慣も変わってくると、単純化が避けられなくなる。こうして、《ケントゥリア民会》が設置されたあとは、《クリア民会》は《ケントゥリア民会》に一種の宗教的な祝別を与えることにより、《ケントゥリア民会》の議決を形式的に承認するだけで、実質的には各クリアを象徴する「先駆警吏」にすぎなくなる。

周知のように伝説では、共和制時代に重要性を高めていった行政の仕組を創ったのもセルウィウスとされている。事実、それまでは富や住居とは無関係な要素で成り立っていたこの都市が、セルウィウス以後、急速に脱宗教的都市になっている。その意味では、セルウィウスの事績は「第三の創建」というべきもので、政治的仕組の基盤は彼によって確立されたと考えられている。たとえば《ケンソスcensus》（戸口調査）といって、市民の名簿を五年ごとに作り直し、年齢と資産・倫理的資質によって、各人の都市における正当な立場を割り振る制度を打ち立てたのも彼であるとされている。

この《ケンソス》は、当初は王により、のちには、その専門の行政官《ケンソール censor》（監察官）によって行われるようになるが、このときは、全市民が《マルスの野》に集まり、兵士のように《ケントゥリア》ごとに整列し、「お浄め」を本質的目的とする宗教的儀式が行われた。まず、牝豚、牝羊、牡牛の三頭の獣を、場内を一巡させたあと、生贄として神々に捧げた。この生贄の儀式をもって《五年紀》が始まり、ここで定められた各市民の等級づけは五年間は変わらず維持された。

セルウィウスの改革の結果、ローマはその物理的規模を拡大し、古代の歴史家たちの言によると、この結果「セルウィウスの壁」と名づけられる一繋がりの市壁が建設された。もっとも、この壁の輪郭をめぐっては種々の異説があるうえ、近代の歴史家たちは、その建設年代についても、繰り下げて考えている。

しかし、そうして伝説に反対して立てられた異説のほとんどは、実際にはさほど堅固なものではない。それにもかかわらず、あとで述べるように、フォールムだけでなくカピトリウム、パラティヌス、アウエンティヌス、カエリウス、またエスクィリヌスの台地の大部分、ウィミナリス、クィリナリスの丘をも取り囲むように一繋がりの市壁が建設されたのが、この前六世紀のエトルリア人の王の治世であった可能性は大いにある。

というのは、この市壁の輪郭は軍事的目的に合致しており、もしそうでなかったら、これらの丘の上に早くから住み着いた住民たちを有効に守ることはできなかったであろうと思われるうえ、古い市壁に関連して見つかっているたくさんの遺跡のなかで、かなりのものが前六世紀に遡ることが明らかとなっているからである。

もっとも、このように全体が防御されていたからといって、その内側が住民によってびっしり埋められていたわけではない。いざというときには、田園に住んでいる人々に避難所を提供できる必要があり、空き地が占めた部分も相当にあったはずである。中世ヨーロッパの城塞都市と違って、古代都市はほとんどいずれも、その市壁の内側に建物のない空いた土地を用意していた。このことは、今も古典古代の伝統がかなりよく保存されているイスラム世界の大都市でも同じである。

セルウィウスの市壁が建設されたころ、ローマはさまざまな民族の入植者が思い思いに住み着いて作った幾つもの集住地によって構成されていた。パラティヌスの丘の上のラテン人集落と並んで、クィリナリスの丘から、おそらくカピトリウムの丘の北の頂にいたるまで、サビニ人が住んでいた。カエリウスの丘の上には、エトルリア人の建物があり、そのほかの丘の上にも、イタリア各地からのさまざまな移住民の集落があった。

セルウィウスの改革は幾つもの側面にわたったが、そこには、古い宗教的枠組に代わって、納税参政権と同時に地域的結束という二重の性格をもつ組織を導入することによって集住（シュノイキスモス）を実現しようという基本思想が貫いていたことが分かる。そのために、全体を一つの壁で囲うことで、すでに等級と住区別トリブスに分割されていたローマに一体性をもたらしたのであった。

たしかに、これらの改革をすべてひとりの男の仕事とすることには無理があるかもしれないが、都市であると同時に国家でもあるローマの誕生に関わるヴィジョンをセルウィウス王という一人物に付した古代の歴史家たちに対して、頭から「ノン！」と言うことは、そう簡単ではない。

6　ローマとその神々

ローマの最初の二百年を特徴づけた機構についての考察はこれぐらいにして、具体的に起きた出来事を取り上げてみよう。その場合、よりどころとなるのが、ティトゥス・リウィウスの著述と、考古学が発見している幾つかの資料であるが、そこから浮かぶイメージは、都市ローマはまさしく数多くの戦いが繰り広げられた劇場だということである。だが伝承では、そうした無数の戦いの重大さは努めて過小評価されている。

ラテン人地域の北端に位置し、エトルリア人またはエトルリア化された人々と接していたローマは、サビニ山岳民にとって格好の餌食であり、絶え間ない侵略に晒された。ローマが多様な民族によって構成されていたこと自体、それぞれの民族の出身母体との共謀をしやすくした。

ロムルスとタティウスが共同統治者になったことや、ラテン人とサビニ人が交代交代で王になったことも、ローマを構成するこの二つの人種の間で一種の和解契約が結ばれた結果であったと見ることができる。しかし、また、くだって前六世紀にはエトルリア人という人的構成要素が事実上の覇権を行使するにいたったことも明らかである。伝説が「タルクィニウス」と名づけている二人の王〔訳注・セルウィウスを挟んで前のルキウス・タルクィニウス・プリスクスと、あとのタルクィニウス・スペルブス〕は明らかにエトルリア人である。

このことは、古代の歴史家たちの証言や有名な「フランク人の墓」のフレスコ画によっても裏づけられている。このフレスコ画には、エトルリアの英雄たちに交じって描かれている人物に「タルクィニウス」という名前が書き添えられており、しかも「マスタルナ」の名をもっていたセルウィウス・トゥリウスには、この絵のなかではラテン語の「マギステル magister」の称号が書かれている。

ティトゥス・リウィウスによると、タルクィニウス・プリスクスの父はデマラテスという名のコリントス人で、政争で故国を追われてタルクィニアのエトルリア人の町にやってきた。「ルクモ」（この言葉は、《長》という意味のエトルリア語）の名前をもつその息子が幸運を求めてローマに来てアンクス・マルキウス王の知遇を得ることに成功、王が死ぬと、市民たちは彼の富と雄弁、そして威風堂々たる様子に眩惑されて王に選んだという。

この話は、かなりの部分、真実を伝えているようである。というのは、古い時代にギリシャのコリントスとラティウム（とりわけローマ）との間に交流があったことは、近年の考古学的発掘物、とくに前七世紀の陶製レリーフなどによって証明されているからである。といっても、この物語の細部については、確かとはいえない。

ただ、この「ルクモ」という呼び名が、腕力で頭角をあらわしたことから付けられた可能性は高い。彼が《タルクィニアの人》という意味の「タルクィニウス」を名乗ったのは、権力を把握してのちのことである。多分、彼はローマ創建以来のエトルリア人移住者の子孫たちを足場にして出世したのであろう。

いずれにせよ、彼の治世を特徴づけるものを端的にいえば、初期ローマ文明におけるエトルリア的要素と慣習の勝利ということである。タルクィニウス・プリスクスは好んで周辺のラテン人たちに戦争をしかけたとされるが、この前六世紀初めの時代にエトルリア人がその影響力をラティウムに拡大したことは確かで、ローマは人種的に兄弟であるラテン人に攻撃の矛先を向け、本来はローマにとって源泉であったラテン人の前哨稜堡が敵対者としての様相を呈し始めるのである。

ローマの歴史家たちは、タルクィニウスとその息子のルキウス・タルクィニウス〔訳注・こちらは暴虐ぶりのため《傲慢》という意味の「スペルブス」の渾名をつけられていた〕の間に、セルウィウス・トゥリウスの治世を挿入している。このセルウィウスは、トスカーナ人の傭兵だったとされるが、いずれにしても、エトルリア人が相次いでローマの王になったわけで、ローマは、王政が終わり共和制が樹立されるまで、少なくともラテン人とサビニ人からすれば《外国人》による軛から解放されなかったことになる。

このようにエトルリア人がローマを支配した時代は、中部イタリアにおいてエトルリア帝国がカンパニアの諸都市を手に入れ、カプアを占領、サレルノ湾岸にまで達する最大の版図を実現した時期と符合しており、これが未来のローマ文明の形成にとって決定的要因になったことは、考古学的調査によっても裏づけられている。

ローマの町で最初の大規模建築が行われるのがこのころで、とくにカピトリウムの丘のユピテル神殿は、ローマの力の象徴となる。ティトゥス・リウィウスによると、このユピテル神殿は、父のタルクィニウスが神々に約束していたもので、建設事業は、セルウィウスの治世には間に合わなかったが、タルクィニウス・スペルブスによって実質的に着手されたという。

こうして、ユノーとミネルウァとともに、ユピテルという三つの神を祀る神殿がカピトリウムの丘に建てられたわけである。《ユピテル Jupiter》というのは、神々に祈るときに用いられる「pater（父）」という儀礼用の形容語と「Jour（日）」とが結合したインド・ヨーロッパ語で、すでにラテン人とおそらくサビニ人が崇拝の対象としていた。

ラティウムではアルバヌス山〔訳注・ネミ湖とアルバ湖を見下ろして聳える現在のカーヴォ山〕の頂上に全ラテン人合同のユピテルの聖所がある。しかし、ユピテルは《ティニア Tinia》の名でエトルリア人のパンテオン〔万神殿〕にも入れられていた。神を三体一組にして崇めるのがエトルリア人の宗教の特徴であったことは、エトルリアの各都市で、礼拝所を三つ備えた神殿の跡が発掘されていることからも裏づけられている。

カピトリウムのユピテル神殿の建設は、古典期ローマの宗教を生み出したゆっくりとしたプロセスのなかでの一つの挿話として捉えられる。インド・ヨーロッパ系侵入者たちによってもたらされた古い神々は、地中海各地の宗教的伝統からさまざまな特徴点を取り入れながら、自らの姿を完成したのであった。

それに似た結合は、すでに先史時代のラティウムでも行われていた。この動きが、人種のるつぼで多様な影響力が交差する十字路であったローマで、とくに加速されたわけである。ローマ人たちは宗教に関してエトルリア人に借財することも、けっして拒絶しなかった。

ローマはエトルリアに、二重の意味で宗教的借用をしている。一つは天界との交霊による呪術的実践に関するもので、これに較べると、土着の古い祭儀は野蛮なアクロバットでしかない。もう一つは、神のヒエラルキーの感覚、《神々の都》についての知識で、これが、ローマの宗教のなかに生き残っていた古代のインド・ヨーロッパ的神学のうえに積み重なる。

カピトリウムの建設は、もう一つの意味をもっている。それは、エトルリア芸術がローマに導入され、一つの国民的芸術の誕生をもたらしたことである。エトルリア人のアトリエは、少なくとも、この一世紀以来、造形芸術の分野で並外れた支配力をもっていた。エトルリア人芸術家たちは、コリント芸術、ついでイオニア芸術の影響のもとに、神殿の建物の前面にはめこむ帯状装飾用の陶製造形作品をたくさん作り出していた。

彼らはまた、焼き物で巨大な像を造る技術も習得していた。今も遺っているその最も完成された典型が、ウェイイのアポロ像で、これは前六世紀末、したがってタルクィニウス・スペルブスがカピトリウムの神殿を建てたのと同じ時代に造られたものである。この遺物は「タルクィニウスはユピテル神殿を飾るためにウェイイの芸術家たちを招請した」という古代の歴史家の伝承を考古学的に立証するものといえる。

したがって、ローマはこれ以後、ギリシャ芸術の流れに門戸を開いていく。ギリシャ都市が文明を花咲かせていたそのときに、ローマもカンパニア芸術の影響のもと、エトルリアを仲介にして、とりわけ、ローマ内部でエトルリア的要素が優勢になったおかげで、地中海文明の広大な共同体のなかに入っていったのである。

前六世紀末には、国家としてのローマの建設が達成され、物質的にも力を増大し、ラティウム全体を支配するまでになっていた。アルバは、一世紀以上前に破壊され、その住民はローマに移されていた。ほかの都市も、ローマの覇権のもとで《ラテン同盟》を形成させられていた。こうして、かつての牧人たちの入植地が《首都》となったのである。

しかし、私たちにとって特に重要なことは、ローマ文明の骨組が姿を現したことである。王制が解体されて、そこから共和制の行政官が生まれ、市民の政治生活の枠組が形成される。ローマの神々と神殿、祭儀、その思考法の大枠は、すでに描かれており、それが人々の意識の隅々にまで反映していく。ローマは、これまで私たちが明確にしようとしてきた多様な要素を用いて次第に独自の有機体として自己形成していく。

そこで、何世紀かの歴史を通じてなされていく発展を、これから跡づけることとしよう。

第二章　共和制から帝政へ

1　共和制の始まり

伝説によると、ローマは前六世紀末にタルクィニウス・スペルブスの軛から自らを解放する。王制は廃止され、一年任期制で二人の政務官、法務官、ついで執政官が選ばれた。王制とともに、エトルリア人によるローマ支配も終わった。

周知のように、同じころ、アテナイでも僭主ペイシストラトスの一族が追放され、自由が回復されている。多くの近代の歴史家たちはこの点を疑問視し、ローマの共和制樹立を前五〇九年とする伝統的な説は受け入れがたいとしてきた。しかし、この時期的一致だけで、同じ重要性をもつもう一つの事実の確実性を否認するわけにいかないことはもとよりである。少なくとも、それがほぼ同時代であったことは、すべての学者が認めざるをえないところである。

そのうえ、こうした懐疑論を反証する事実も幾つかある。たとえばエトルリア人主導下のローマではギリシャの影響が顕著であったが、それが前五世紀には減少していることが確認されている。しかも、エトルリア人自身、前五世紀には、全イタリア的に力を失い、新しく得た征服地を放棄して、本来のエトルリアの領域に閉じこもる傾向を示している。

エトルリア人に牛耳られていた時期、ローマは、その輝きと力の一部分を失い、それまで、ローマに追従していた《ラテン同盟》が独立性を取り戻す一方で、幾つかのエトルリア人都市は、以前から住んでいたエトルリア系氏族の協力を得て、ローマに圧力をかけてタルクィニウス一族を復権させるか、さもなければ、ローマに取って代わって主導権を手に入れようとさえ試みたようである。

このような外からの危機に直面したローマ人たちは、危険性をはらんだ内部の徒党を清算する一方、たとえばカエレのようなエトルリア人都市との関係を改善し、前四九九年にはトゥスクルムの領土をめぐるレギレ湖の戦いでラテン人の同盟を打ち破ることに成功した。

だが、敵対勢力に包囲されている状況は変わらず、平和は一時的なものに過ぎなかった。周辺の諸民族は若いローマに脅威を覚え、ローマの力を封じ込めようと結束をますます強めていった。これには、五〇九年の革命によって各地に亡命した人々が、権力奪還のためにラティウム諸都市に働きかけた可能性もある。

ところが前五世紀中頃には、ローマとラテン諸都市の間で平和条約が結ばれる。これは、中部および南部イタリアのほとんど至るところで、サベリ人などの山岳民が大挙して海べりの平地に降りてきたことによる脅威に急き立てられて実現したものである。

事実、カンパニア（ナポリ地域）ではサムニテス族がカプアとギリシャ人都市のクマエを占領、カンパニアの国を打ち立てた。その少しあと、彼らの人種的兄弟でサレルヌムの南にいたルカニア人も勢力をパエストゥム地方にまで広げている。

ギリシャ人たちは、ティレニア海側よりアドリア海側で繁栄を誇っていた。彼らはサベリ人の侵入をなんとか跳ね返したものの、受けた衝撃は大きかった。ラティウムも無事では済まなかった。ティベリス川中流域の谷にあるエトルリア人地域、たとえばファレリイの町がサムニテスの一支族にすぎないサビニ人によって占領された。彼らがローマの南方境界線になっていた山岳地帯にまで前進してきたことによって、カンパニアへの道が塞がれた。古代の歴史家たちの言うところを信じて、ローマがエトルリア人やサビニ人に支配された時代などなかったとしても、一度ならず、こうした侵入者たちに脅かされたことは否定できない。

また、ローマでは内部的均衡のうえでも、前五世紀の幾つかの時点でサビニ人が優位に立っているが、そのためにローマの統一性と政治的独立性が失われることはなかったし、むしろ対外的には攻勢に転じてクレメラ川〔訳注・ティベリスの支流〕のほとりにあるエトルリア人の町、ウェイイを占領して北方の守りを固めさえしている。

しかも、このウェイイに対する試みは、エトルリア人の偶発的な襲撃をその都度食い止めるよりも、ティベリス川右岸に基地を築くことにより、この川の谷間から侵略してくる危険性を無くすことが目的であった可能性がある。しかし、このウェイイに対する戦争は長く厳しかった。ウェイイの抵抗は、かのトロイアと同じくらい（約十年間）続き、フリウス・カミルスが《独裁官》であった時代にようやく降伏したとのリウィウスの記述から算定すると、前三九六年のことになる。

前五世紀は、内部的には、当時のローマを二分した貴族と平民の間の絶え間ない抗争で占められており、この対立のため、一時はローマの国家としての存立そのものが危機に瀕した。この抗争の原因が、前者の貴族にあっては、自分たちの政治的特権を保持したいという欲望であり、後者の平民にあっては、平等の権利を得たいという欲求にあったことは明らかである。とはいえ、このような事実上の身分制が、いつ、どのようにして出来上がったかも、貴族と平民それぞれの起源がどのようなものであったかも、あまり分かっていない。

どうやら、抗争は、王制が終焉して共和制が始まるのと同時に噴出した。その原因は、多分、共和制が当初は真の民主制ではなくて寡頭政であったことにある。前五〇九年の革命を生み出した状況から、権力を手に入れたのはそれまでゆっくりと醸成されてきた貴族階級だったからである。

この貴族階級を構成したのは、アルカイックな性格の氏族組織を維持している幾つかの伝統的な大家族で、王制時代に諮問機関として設置され王制が消滅したあとも生き残った元老院に席を持っていたのはこうした家族の首長たちであった。こうした元老院の議員たちは、〈父親〉という意味の「パトレス patres」と呼ばれ、影響力を広げるために、近親者や同志だけでなく、《食客》を養っていた。《食客》とは、幾つかの任務を果たすのと引き替えに、金持ちで身分の高い《パトロン》にくっついて助けてもらい保護してもらう男たちをいう。

この《食客》を養う風習は、貴族に特有の現象であるが、けっしてローマに特有というものではなく、たとえばケルト社会でも認められる。このことから、こうした《貴族》は、ラテン人にもサビニ人にも共通で、遙かな遠い昔に遡るインド・ヨーロッパ系侵入者に固有の、非常に古い社会的身分の残存であると考えたくなる。

しかしながら、これには断りを一つ付けなければならない。それは、ローマでは《貴族》は本来、都市の公的枠組を作らなかったように見えるということである。大土地所有者としての《貴族》が形成されはじめたのは前五世紀のことで、彼らは牧畜に携わる人々であった。他方、《平民》たちは、畑を耕す農民（都市住民の場合は手工業者）で、彼らは、いかなる《名族 gens》の伝統による支えもなければ、束縛もされない人々である。

宗教的観点からいうと、《貴族》は一つの特権を持っており、それが彼らを「貴い存在」たらしめていた。それは、《鳥占い auspices》を引き受ける資格、つまり、祭司の助けなしで神意を直接に解釈できる能力をもっていたことである。この能力をもっていることの重要性は、すべての公的行為にあたっては、まず神々との合意が必要であったことを想起すれば、よく理解できよう。

こうして、行政官職は《貴族》たちによって独占される。宗教的側面が貴族と平民を対置させ、ローマ社会を両者の間で二分させ、簡単には解消できない相異を作り出していったのである。

前五〇九年の革命は、すでに述べた理由から、それまで潜在していた争いを一挙に噴出させた。《プレブス（平民）》は執政官になれず、権力から除外されていることを不服とし、ローマの聖域である《ポメリウム》の外、アウェンティヌスの丘の上に集まり、ローマとは別の都市を作ることを宣言したのである。ちなみに、このアウェンティヌスの丘のふもとには、《プレブス》の守り神であるケレス（穀物の女神）の神殿が建っていた。

そこで、貴族たちは、行政官たちの権力濫用から平民を護るための平民による行政官職を設置することを提議し、平民も同意した。こうして、当初は二人、のちに五人の護民官（トリブヌス・プレブス）が作られたのであるが、彼らに与えられた権限は、きわめて広範で、たとえば、自分の一票で、あらゆる行政官の行動を妨げることができ、しかも、彼らの身体・財産は保障されていた。

これは、ローマ共和制の最も独創的な機構で、帝政時代になっても、文字通り「アンタッチャブル」な存在でありつづけ、貴族と平民の間の政治的相異が全て消滅してもなお、《神聖不可侵な存在 sacro-saints》として残っていく。

《護民官》の設置はさまざまな結果を惹き起した。《プレブス》に特有のこの行政官と、その補佐役である《造営官》（アエディーレス）を選ぶために、各トリブス（区）ごとに平民会が開催された。《トリブス》は、前述したように、セルウィウス王によって設けられ、当初は四つだけだったが、市民の居住地がローマの外のラティウムの田園地帯に広がるにつれて次々と新しい《トリブス》が設けられ、ついには十七になった。こうして都市域の《トリブス》を「トリブス・ウルバーナ（都市区）」といい、田園地帯に広がるそれを「トリブス・ルスティカ（村落区）」といった。

しかも、平民会は平民行政官を選ぶことだけでは満足しなくなり、法的拘束力はないものの、大きい影響力をもった。貴族たちが多額の税負担と引き替えに優先権を行使してきた《ケントゥリア民会》（兵員会）の決議と競合する動議も採択するようになる。こうした平民組織の進出の前に、貴族たちはもはや法的特権を維持できなくなる。

事実、平民たちは執政官になる権利まで要求するようになり、これに対し貴族たちは、従来のように、平民は《鳥占い》ができないことを理由に強硬に反対した。紆余曲折の末に、執政官にはなれないが、その代わりに、平民も被選出資格を有する《軍団司令官》を設けるという妥協案が決議された。

とはいえ、これで決着がついたわけではなかった。執政官はあくまで貴族の独占であったし、平民が軍団司令官を立てて貴族を譲歩させることができたのは、特別に平民の動きが激しい年だけで、立法で恒常化されたものではなかった。

伝説によると、前五世紀半ばに法典の起草が行われた。それまで法律は貴族階級の行政官たちと神祇官が知っているだけで、公にされることはなかった。この法典編纂の事業は、貴族から成る《十人委員会》によって二年間にわたって行われた。その結果完成されたのが『十二表法』で、これが、その後のあらゆる法律の基盤となる。

2　最初の危機——ガリア人とサムニウム人の襲来

ローマは、階級的エゴイズムと伝統主義にこだわる宗教による種々の足枷にもかかわらず、ゆっくりと、より民主的な仕組を進展させていった。とりわけ、これを加速したのが、一時はローマの存立そのものを危殆に瀕せしめた災厄の襲来であった。

前五世紀の末以来、ケルト人（ガリア人）の一群が北イタリアに侵入し、エトルリア人を圧迫していたが、このケルト人の一派であるセノネス族が大胆にもローマをめざして南下してきた。急遽、壮健な男子のほとんど全員によって軍隊が編成され、迎撃のために向かった。

両者は、ローマの少し北のアリア川〔訳注・ティベリス川の支流〕のほとりでぶつかった。しかし、ローマ人たちは、パニックに陥って、ローマへの道をがら空きにしたまま逃走。ガリア人たちは、もっと強力な抵抗に遭うのではないかと警戒しながら慎重に前進し、ついにローマに到達した。そして、ローマ側の抵抗をほとんど受けないで市の門を押し開いて侵入すると、掠奪をほしいままにし、家々や神殿に放火した。女や老人とともに何人かがカピトリウムの丘の城塞に籠城したが、包囲されて飢えに苦しめられ、重い代償と引き替えに、ガリア人の引き揚げを贖わなければならなかった。

このガリア人の侵入は一時的事件であったが、ローマにとっては、加えられた荒廃より以上に深刻だったのは、ローマ人がその都市の運命について抱いていた信頼が揺らぎ、市民の多くがローマの地は汚されたとして、最近征服した北方のウェイイに移ると言い出したことであった。しかし、愛国心のほうが打ち勝った。おそらく人々は、カピトリウムの聖域は蹂躙を免れたのだから名誉は守られたし、ローマ創建のこの場所に住み続けるとの神々の意志は明白だと考え直したのであろう。

とはいえ、この破局に伴って、伝統的にひきずってきた問題が鋭く迫ってきた。それは、これまでローマが征服して勝ち取った土地の利権を貴族である牧人たちが独占し、小規模の農民たちは犠牲にされてきたことへの不満である。平民が執政官になることが貴族の頑強な反対で妨げられていることも、亀裂を深めていた。

この問題について解決しようとしたのが、前三六六年の『リキニウス法』である。すなわち、執政官を二人に増やし、うち一人は平民から選ばれることになったのである。しかも、「なれる」から「なるべし」へと進み、都市を二分する双方の人々の意志が、これら二人の最高行政官に反映されるようになった。

古い都市の枠が広げられたことは、重大な結果をもたらした。執政官は、ローマ創建以来の貴族の独占物ではなく、新しくローマにやってきた人々もなれる可能性が開かれたうえに、ローマと運命を共にすることを受け容れた町も、対等に扱われることになった。こうして、ローマの国家は柔軟性をもつようになり、「昨日の敵」とまではいわないまでも、少なくとも「異邦人」であった人々にも充分な諸権利を与えて迎え入れる才能……ローマの最も独創的な特徴の一つとなるものを、このときから身につけたのである。

ローマが、タルクィニアやカエレからやってきたエトルリア人やラテン人といった隣人たちと武器を執って争い合う外的危機を乗り越えることができたのも、『リキニウス法』によって内部的調和が確立されたおかげであった。

やがて、ローマの領土は、同盟条約によってローマに結びつけられた一連の同盟都市によって縁取られるようになる。ティベリス川の河口では、多分、アンクス・マルキウス王の治世に創建されたオスティアの植民都市が重要な役割を演じ、これによってローマは勢力をティレニア海岸のアンティウム〔訳注・現在のアンツィオ〕やタラキナ〔訳注・現在のテラチーナ〕にまで広げ、やがて、これらのラテン同盟都市は、ローマ国家に併合される。

他方、山岳民のサベリ人たちが平野地域に進出してくる脅威は消えておらず、カンパニア地方の貴族たちからの要請もあってこの地域に干渉せざるをえなくなる。これは、ローマにとっては、ティベリス河口からナポリ近辺にいたるラティウム海岸を制圧し、ローマ人入植者を保護するための思いがけないチャンスとなる。こうして前三四〇年にはローマ・カンパニア連合国家が成立し、そのなかでカプアの騎士たち（すなわち貴族たち）がローマ市民権を獲得する。

しかし、この新しい状況がローマにもたらしたのは、利益ばかりではなかった。ローマ人は、この新しい体制のために、サムニウム人（サムニテス族）に対する戦いを否応なしに請け負わなければならなくなり、七十年間に及ぶ戦争に引き込まれる。

この戦いにおいて、ローマ軍は、たとえばカウディウムの隘路でサムニウム軍に包囲され、六百人の騎士を人質に取られるといった敗北を喫する。この経験を経て、ローマ軍は、それまでの近隣諸都市に対する作戦とは異なる、長期の作戦行動に耐えられる堅固で順応性に富んだ軍隊へと成長する。それまでは、ローマ軍にとって、山岳や森林が行動の限界線となっていたが、以後は、あらゆる自然の障碍を突破して、半島のいたるところに出撃するようになる。そして、ローマ国家自体、それまでの内陸国家から海に直接面した国となり、沿岸警備のため、艦隊も有することとなる。

3　ギリシャ人との戦争

こうしてローマは、前四世紀末には全イタリアで最大の強国になっていた。カンパニアを介してギリシャ人植民都市とも接触。ギリシャ人たちもローマをイタリア内陸部の諸民族に対抗するための最良のパートナーと考えるようになっていた。

すでにローマは、フォカイア人〔訳注・アテナイとフォキスが小アジアに建設したギリシャ人都市〕が植民した南仏の都市、マッシリア〔訳注・現在のマルセイユ〕に加えられていたエトルリア人の脅威を軽減することに貢献していたし、デルフォイへは前六世紀末ごろから神託伺いの使者を派遣していた可能性もある。

こうしたローマ内部の親ギリシャ的な流れについては、その多様な現れの幾つかを辛うじて跡づけることができるだけだが、かなり早い時期からローマ人の考え方や生き方に反映していたことは確かである。この流れを更に強めたのが、前四世紀末の南イタリアのギリシャ人入植者が経験した《ルネサンス》と、エトルリア文明を活気づけた《ヘレニズム》の新しい波であった。

ローマ人のほうが古くからギリシャを知っていたのに対し、ギリシャ人のほうは、ローマについては、英雄時代にトロイ陥落を生き延びた人たちが築いたギリシャ人の町だろうぐらいに漠然としか考えていなかった。しかし、ローマやその同盟都市の市民たちとの商取引が盛んになるにつれて、ギリシャ人たちも、この新興の強国についての知識を手に入れるようになる。

やがて、ローマも自前の通商船団を所有するようになり、ラティウム沿岸住民には船乗りも少なくなかったし、ときにはアンティウムのように海賊団を擁していたものもあって、ローマの旗は治安活動の象徴となっていった。前三〇六年以降、ローマは、ロードス島の人々と友好関係を結んでいる。ロードス人たちは、この時代も、また、その後一世紀の間も、東地中海で最も優秀な船乗りだったからである。

この前三〇六年から三年後、ローマとタレントゥム〔訳注・イタリア半島南端のギリシャ人植民都市〕の間で、ローマの艦隊はラキニウム岬〔訳注・現在のコロンナ岬〕以東へは進出しない旨の協定が結ばれるが、このマグナ・グラエキアの諸都市とローマの協約は長続きしない。その後まもなくタレントゥムとの紛争が始まり、これがローマ人にとって、ギリシャ人との最初の戦争となる。この戦争は、タレントゥム側の言い分では、ローマ人が前三〇三年の協定を破って、ラキニウム岬を越えてイオニア海〔訳注・イタリア半島南端とギリシャ本土の間の海〕に艦隊を送ったことに原因がある。

事実、ローマはルカニア人〔訳注・南イタリアの内陸部に住む人々〕と同盟を結んだり、トゥリィ〔訳注・イタリア半島の南端、タレントゥム湾の西にあり、タレントゥム人とは特に仲が悪かった〕の反タレントゥムの動きを支援したり、さらには、ローマ艦隊の基地となる入植地をアドリア海岸に建設するなど、じわじわと進出を続けていた。

そこで、タレントゥム人たちは、古来の慣習によって、トロイ戦争の英雄、アキレスの息子のネオプトレモスの末裔と称していたエペイロス王、ピュロス〔訳注・アレクサンドロス大王の従兄弟とされる〕に助けを求めた。前二八〇年、戦闘用の象を含むギリシャ式軍隊を率いてタレントゥムに着いたピュロスは、ヘラクレイアでの勝利を手始めに、ローマをめざして進軍した。これは、ローマ支配下の諸都市が反ローマで立ち上がることを期待しながらの進軍であったが、ローマにすぐ近いプラエネステまで来ても、当てにしたようなローマへの反逆は起きず、いつまでも彼の前には、道を遮るローマ軍がいた。

そこで、ピュロスはカンパニアへ引き返し、そこから、和平交渉のためキネアスを中心とする使節団を送った。しかしローマでは、元法務官のアッピウス・クラウディウス・カエクスが、こうした申し出ははねつけるべきだと元老院を説得した。イタリアを蹂躙している外国の王と和平交渉するなどとは、ローマにとって恥ずべきことだというのである。

翌二七九年、アッピウス・クラウディウスの正しさを証明するかのように、ピュロスは、アウスクルムでの戦闘のあと、突如、この戦争から手を引き、別の野心に心を向ける。シチリアがカルタゴに対する戦争のため、彼を招請してきたことによるものであった。彼はこの誘いに乗って三年間、シチリアの君主となったが、ピュロスとその軍隊はシチリア人たちから嫌われ、反抗が起きたため、軍勢もろともメッシーナ海峡を渡り、タレントゥムに戻らざるをえなかった。

だが、この三年間の不在の間に、ローマ人たちはすっかり態勢を立て直しており、しかも、カルタゴとも協定を結んでいた。ベネヴェントゥムの近くで行われた会戦でピュロスは決定的敗北を喫し、タレントゥムに残っていた駐屯軍も、ローマの執政官、ルキウス・パピリウス・クルソルの軍勢に敗れ、捕虜となった。こうして、大胆な政略家であったピュロス王の冒険も、かえってローマ人の興隆を利する結果となったのである。南イタリアでの成功に力を得たローマは、六年後、エトルリア連盟の宗教的中心であったウォルシニィ〔訳注・ローマの北西、ティベリス川の上流にある〕を攻略。現在のピサとリミニを結ぶ線以南の支配権がローマに帰し、エトルリアの勢力挽回の可能性は完全に消え去ったのであった。

4 ポエニ戦争

ピュロス戦争は、前三世紀後半を占めることとなる一連の戦争を多くの点で予示していた。しかも、ローマがこの一連の戦争に最終的な決着をつけることができたのは、ようやく前一四六年、カルタゴを滅亡させることによってであった。

カルタゴは、西暦前九世紀末にティルス〔訳注・地中海の東海岸、古代フェニキアの都市〕がアフリカ北岸に創建した植民都市で、しばしばギリシャ人商人や入植者とぶつかりながら、これを打ち破って広大な西地中海に制海権を維持していた。このため、カルタゴはとくにシチリアでギリシャ人と激しく敵対し合い、戦争が絶えなかったが、ローマが対ピュロス戦争で勝利し、マグナ・グラエキアに勢力を伸ばしたことから、今度は、ローマ人とフェニキア人の間で紛争が生じるようになる。

シチリアでもイタリア半島に近いギリシャ人植民都市メッシーナでは、イタリア系住民が支配権を独占するまでになり、彼らはカルタゴ勢力に対抗するためローマに援助を求めた。ローマ人たちは、躊躇がないでもなかったが、前二六四年、支援を承諾し、ここに、第一次ポエニ戦争が始まった。

シュラクサイ〔訳注・先のメッシーナより少し南にある古くからのギリシャ人植民都市〕の僭主、ヒエロン二世の要請によって派遣されたローマ軍は、きわめて迅速に行動し、シチリアで大勝利を収めた。海上でも、ドゥイリウスの指揮のもとローマ艦隊が前二六〇年、ミュラエで勝利を収めた。

これですっかり大胆になったローマ人たちは、かつてのシュラクサイの僭主、アガトクレス（BC317-289）が立てていた計画を復活採用し、執政官アッティリウス・レグルスを指揮官に遠征隊をアフリカ北岸のカルタゴ本土へ向けて派遣した。レグルスはアフリカ海岸に上陸し、緒戦では勝利を収めたが、スパルタ人傭兵隊長、クサンティッポスが率いるカルタゴ軍に捕らえられた。

この失敗で、戦争は長引いた。ローマ艦隊は連敗し、西地中海の制海権はカルタゴの手に奪い返された。これ以後、主要な作戦は、シチリア、とりわけパレルモを中心に展開されるが、カルタゴ側の指揮官ハミルカル・バルカスはカルタゴ海軍力の優勢を活かして、イタリア海岸各地に攻撃を加えた。この情勢が反転するのは、ローマで新しい艦隊が建造され、執政官ルタティウス・カトゥルスの指揮のもと、前二四一年、アエガテス諸島〔訳注・シチリアの西〕で決定的勝利を収めることによってである。この結果、二十三年間も続いた戦争に疲れたカルタゴは、和平に同意してシチリアから撤退し、多額の賠償金支払いを約束させられたうえ、サルディニア島とコルシカ島を放棄することも承諾した。

そうしたなかで、カルタゴ側のバルカス一族は、それを補うものをヒスパニアに求める。この一族のハミルカルは、ローマがサルディニア島占領を開始した年に、カルタゴの捲土重来を期して、ヒスパニア内陸部に拠点を築いていた。彼自身は、イベリアの一部族との戦いのなかで命を失ったが、女婿のハスドルバルがその志を継いで《新カルタゴ》（現在のカルタヘナ）を建設した。

ローマは、おそらくマッシリアの同盟者たちからバルカス一族の動静に関する情報をキャッチしていたが、彼らの危険性を最小限に食い止めるため、カルタゴの主権をエブロ川以南に制限する《エブロ条約》を締結した。この「エブロ川」というのは現在のエブロ川ではなく、フーカル川のことであるから、《新カルタゴ帝国》の領域は狭い範囲に限定されたものであったことが分かる。

この第一次ポエニ戦争（264-241）から第二次ポエニ戦争（218-201）までの間、ローマは海上における行動範囲を広げた結果、《イリュリア事件》が起きている。このころ、イリュリア人がアドリア海を荒らし回り、ギリシャ人世界に対しても、エリスやメッセニア〔訳注・どちらも、バルカン半島南端のペロポネソス半島にある〕にまで絶えず掠奪の手を伸ばす一方、一時は、エペイロス人を降伏させてイリュリア帝国を建設しそうな勢いであった。

ローマは、イタリア商人や船乗りなど、このアドリア海を通過する同胞を守るため、軍を派遣してアポロニアとエピダムノス〔訳注・いずれもバルカン半島のアドリア海岸の町で、アポロニアは現在のピルゴ、エピダムノスは現在のドゥラッツォ〕を占領させ、イリュリアにローマの保護権を認めさせたうえ、バルカン半島に橋頭堡を築くとともに、アドリア海の制海権を確保した。そして、コリントスに、イリュリアの脅威が終息したことを告げる使者を送り、感謝のしるしとしてコリントスで四年ごとに開催されていた〈イストミア競技会〉への参加権を得ている。〈イストミア競技会〉は、オリュンピアの〈オリンピア競技会〉、デルフォイの〈ピュティア競技会〉などと並ぶギリシャ世界の四大競技会の一つで、こうして、ローマは象徴的にであるが、ギリシャ都市の宗教的共同体に仲間入りしたのであった。

同じころ、ローマ軍は北イタリアでガリア人部隊を打ち破って、前二二二年にはメディオラーヌム〔訳注・現在のミラノ〕を占拠し、さらにキサルピナ・ガリア〔訳注・アルプス以南のガリア〕におけるローマの基地としてクレモナとピアチェンツァの二つの植民都市を建設した。

このようにローマがほぼ制圧しようとしていたイタリア半島に、ハミルカルの息子であるハンニバルが軍勢を率いて侵入してきたのである。この《ハンニバル戦争》がローマにとって重大であったのは、ローマ国家の存立そのものが脅かされたからだけでなく、ローマの文明と思想全体が、この危機を脱したときには、すっかり変貌していたからである。

よくあることだが、最終的勝利の訪れがあまりにも遅いと、純粋かつ単純にかつての状態に復帰することは不可能になる。ローマがこの戦争を始めたのは、ある部分では、西地中海地域におけるギリシャ文明を守るためであったが、結果的には、東方のギリシャ人王国に対して自らが敵（または、少なくともライバル）となった。当初、ローマはギリシャ文明に対して門戸を開放していたが、最後は、ギリシャ人の戦術学校で訓育された天才的指揮官であるハンニバルを打ち破ったことを誇りとするにいたる。それまで何世紀も《ヘレニズム》の引力に身を任せてきたローマが、自らの伝統的価値にめざめ、《ヘレニズム》の本拠地を政治的に滅ぼし、その文明を自分の利益のために接収することにしたのである。

ローマが軍事行動を起こしたのは、前二一九年、ハンニバルがフーカル川を渡り、サグントゥムを襲って、意図的に挑発したのが、きっかけである。ローマ元老院はカルタゴに対し、この協定違反について謝罪を求めたが、カルタゴ人たちには、バルカス家の人々を非難する気持ちはなかった。その間に、ハンニバルは軍勢を率いてヒスパニアの海岸を東へ進軍。その進路上の諸都市のなかには、かねての約束により、すすんで進軍を許したものもあれば、ハンニバルの脅しにひるんで通したものもあったが、いずれにせよ、抵抗するものはほとんどなかった。ハンニバルは、キサルピナのインスブルス族〔訳注・コモ湖の少し南にいた〕やボイイ族〔訳注・ボローニャの北にいた〕のもとに使者を派遣し、ローマに反旗を翻してカルタゴ軍に味方するよう唆していた。

ローマ軍がローヌ川あたりに駆けつけたときは、ハンニバル軍はすでにアルプスを越えようとしていた。ハンニバル軍が通ったルートとしては、クラピエ峠とする学者も少なくないが、おそらく小サン・ベルナール峠と考えるほうが妥当である。ローマ人たちは、ハンニバルをキサルピナ・ガリアで食い止めることができなかっただけでなく、各地のガリア人たちが蜂起したため、防衛体制そのものが混乱に陥ってしまった。

前二一七年、ハンニバルはアペンニヌス山脈をおりて、中部イタリアに姿を現した。ローマの執政官の一人、ガイウス・フラミニウスはアレッティウム〔訳注・今日のアレッツォ〕あたりで迎え撃つつもりであったが、トラシメネス湖畔でハンニバル軍に不意を襲われて軍隊は全滅し、ローマへの道はがら空きになった。しかし、ハンニバルは、かつてのピュロスと同じく、ラティウムを正面から攻めるのを躊躇し、アドリア海岸に出て、ローマに服従して日が浅い諸民族、とりわけカンパニアの人々を、説得あるいは力で自分の側につけようとした。

この間に、ローマは、急遽、軍隊を編成し、その指揮をローマ貴族のなかでも最も伝統主義者であるクィントス・ファビウスに託した。ファビウスは徹底的に待機戦術を採ったことから「クンクタトルCunctator」、訳して「遷延家」という渾名をつけられた。もしも二一六年に執政官の一人、テレンティウス・ウァロがアウフィデス海岸のカンナエで一戦を交える誘惑に負けていなかったら、ローマ軍は態勢立直しに成功していたかもしれない。

このカンナエの戦いの敗北は、ローマにとって未曾有の災厄となった。カプアがローマとの同盟関係を破棄したのをはじめとして、カンパニア人たちが、それまでのためらいを捨ててローマに反旗を翻し、南イタリア全体がカルタゴ側に付くことを宣言したからである。

しかしながら、ローマ人たちは意気消沈していなかった。本拠地から遠く離れて糧食の補給に苦労していたカルタゴ軍の弱点をついて焦土作戦をとる一方で、カプアを標的に選んでこれを包囲し、ハンニバルが救援に駆けつける前に、これを陥落させ（BC211）、貴族たちを虐殺、平民たち全員を奴隷として売り払って反旗を翻した諸都市へのみせしめとした。

このカプア陥落後、ハンニバルはギリシャ世界に眼を向け、マケドニア王、フィリッポス五世と会い、世界をギリシャ人とカルタゴ人とで分ける旨の協定を結んでいる。すなわち、ギリシャ人は東方（オリエント）を、カルタゴ人は西方（オクシデント）を獲得するというもので、ローマ人は、この内容を偶然に知ったのだったが、ギリシャに対して感じ始めていた人々の不信感を一挙に増大させる結果となった。おかげでローマの当事者たちは、自分たちはカルタゴの野蛮性と東方諸王たちの破廉恥な頽廃ぶりとは対極にある《高貴な文明》を守るために戦っているのだという信念を、かつてないほどに強く訴えることができた。しかも、戦争の勝敗を左右する事態はイタリア以外で展開したため、ハンニバルがフィリッポス五世から引き出した援助は、有効性に乏しいものでしかなかった。

バルカス家の人々にとっての最初の衝撃は、彼らが増援部隊の基地にしていたヒスパニアで加えられた。ローマが派遣した若いプブリウス・コルネリウス・スキピオは、父と叔父をこのヒスパニアで殺されたばかりだった。彼は、ハンニバルの義兄であるハスドルバルが軍勢を率いてピレネーを越えるのを阻止することはできなかったが、ヒスパニアにおける形勢を数か月で逆転し、カルタヘナを占領した。

他方、ハンニバルはイタリア半島南端のブルッティウムがローマ軍によって制圧されたので、北へ方向を転じた。まさに、ローマは、北からはハスドルバル軍、南からはハンニバル軍に挟み撃ちされるという風前の灯火の状態にあった。

だが、一つの奇跡がローマを救う。ハンニバル軍との合流をめざしていたハスドルバルの使者がローマ軍兵士によって捕らえられたのである。南イタリアのアプーリアでハンニバル軍の動きを監視していた執政官、クラウディウス・ネロは、この僥倖によってヒスパニアからの増援軍が北イタリアにやってきたのを知ると、大胆にもハンニバル軍の前には部隊の旗だけを残して北に向かい、メタウルス川のほとりで同僚のリウィウス・サリナトルと合流。力を合わせてハスドルバル軍を撃破した。ハスドルバルは、混戦のなかで死ぬ（前二〇七年）。数日後、取って返したネロ軍の兵士によってハスドルバルの頭がハンニバル軍の陣営に投げ込まれた。〔訳注・メタウルス川は、今のヴェネツィアの少し南であるから、ハンニバル軍が陣取っていたブルッティウムとは数百キロの距離があり、ネロ軍の行動がいかに迅速であったか

が分かる。〕

以後、戦いの主導権はローマ軍に移る。スキピオは元老院の承認を得てアフリカへ向かい、前二〇四年、カルタゴのウティカ港に上陸。ハンニバルは祖国を救うためイタリア戦線を放棄しなければならなくなる。しかし、彼の天才をもってしても、ザマ〔訳注・カルタゴの内陸部〕での敗北は避けられず、前二〇二年をもって、第二次ポエニ戦争は終わった。

5　ローマの勢力拡大

ローマは、第二次ポエニ戦争を満身創痍で抜け出した。しかし、このおかげで見違えるほど強靱になり、全地中海世界に対し、並外れた覇権を手に入れるにいたった。イタリア半島全体に君臨し、シチリアを属州とし、オリエントの問題にまで関与するようになっていた。

このころ、マケドニア王国がエペイロスやイリュリアを併合し、北イタリアとの境界にまで勢力を拡大してきていた。これに不安を抱いたローマは、フィリッポス五世に対し宣戦を布告し、前一九七年、キュノスケファライ〔訳注・バルカン半島のオリュンポス山の南方〕で決定的勝利を得た。こうして、翌一九六年の〈イストミア競技会〉においてローマは、ギリシャ諸都市のマケドニアの軛からの解放者としてギリシャ都市の独立と自治を宣言する。

この東方への最初の干渉につづいてローマは、これまた大帝国の建設を夢見ていたシリア王、アンティオコス三世に対しても行動を起こす。前一九一年、アンティオコスはテルモピュライでローマ軍に敗れてギリシャから逐われたうえ、前一八九年に小アジアのマグネシアでふたたびローマ軍と戦うも、ここで、決定的敗北を喫する。

一方、ローマの内部では、国家存亡の危機が過ぎ去るや、元老院が威信を回復し、古い寡頭政治家たちが勢いを盛り返した。ハンニバル打倒の最大の功労者であるスキピオは、カトーのような人から中傷を浴びせられるのを避けて、カンパニア海岸のリテルヌムに引きこもってしまう。

元老院議員たちのなかでも見識のある人々は、いまやローマの偉業は達成され、今後なされるべきは、この輝かしい地位をいかに維持するかであることを感じていた。しかし、現実には、あまりにも様々な要素がローマの政治のなかに入り込んできたため、人々は、そうした《賢明さ》に満足できなくなっていた。兵士たちも指揮官たちも、掠奪の美味を経験したことから、《全能》の幻想に酩酊して正気を失い、次々と新しい征服の可能性を夢見始める。

そうしたなかで、フィリッポス五世の息子、ペルセウス王のもとマケドニアが力を盛り返してきたことから、新たな戦争が誘発される。これは、前一六七年、ピュドナでのアエミリウス・パウルスの勝利をもって終わるが、マケドニアが力を失ったことから、ギリシャ世界は無政府状態に陥る。そこで、ローマ人たちはマケドニアを属州とするとともに、ギリシャ諸都市については《アカイア同盟》を作らせて、これをコントロールすることにした（前一四八年）。

こうして、ギリシャを政治的にすっかり骨抜きにしたうえに、ローマ元老院は、ロードス人の勢力を殺ぐため、デロス島に自由港を創設して、イタリア商人の進出を支援した。このため、ロードス人の商業活動は衰退し、東方オリエントの富はイタリア商人の手を経てローマへ流れるようになる。

こうして前二世紀中頃には、ローマの力は地中海周辺全域に行き渡るようになっていた。カルタゴは、ローマによる苛酷な賠償金取り立てで力を失っていたうえに、スキピオ・アエミリアヌス〔訳注・先のアエミリウス・パウルスの息子であるが、スキピオ・アフリカヌスの長男の養子になっていた〕によって攻撃・掠奪を受けた。同じ年、ローマはギリシャに対しても、《アカイア同盟》の反ローマ的動きの責任を問い、その中心であったコリントスに軍隊を派遣してこれを攻め、掠奪している。

西方のヒスパニアでは、ローマに対する土着民の抵抗が長期にわたって続いていたが、これも前一三三年にケルト・イベリア人の最後の砦であったヌマンティア〔訳注・現在のスペイン北東部〕を、恐るべき攻囲戦ののちに陥落させて平定。他方、東のアシアでは、ペルガモン王、アッタロス三世がその王国をローマに遺贈したことから、ここが、ローマにとって最初のアシア属州となる。

だが、こうして実現された広大な領土は、ローマの内政面にきわめて重大な影響を及ぼし、共和制と寡頭政治体制に終焉をもたらす要因となる。というのは、こうした征服によって利益を得たのは貴族階層で、彼らは、広大な土地を取得し、無数の奴隷を使って耕作や家畜飼育に携わらせ、また、比較的裕福な戦士階級（「騎士」たち）も、商業活動によってますます富を増やし、いわば《ブルジョワ階級》を形成していったからである。

これら特権的な人々に比して、ローマの平民階層と農民たちは、ますます不安定な経済的立場に置き去りされた。小市民たちは、元老院の保守主義者と結託して利権を漁る政治屋や強欲な収税吏のもとで、いわば、野放しの資本主義経済のもとで悲惨な犠牲を強いられた。

しかも、《帝国》としてのローマの巨大化にともなって、《都市ローマ》には、故郷を失った各地の人々や、庇護者を求めるギリシャ人、とりわけあらゆる人種の解放奴隷などから成る大量の無産階級の人々で溢れていった。

この窮迫した平民層が庇護者として頼りにしたのが、一方ではギリシャ哲学者たちによって公式化された正義と人間主義の理念に傾倒する貴族たちであり、他方では、いつの時代にも力の源泉が自分の土地を守り、そこに根を下ろす農民階級の堅固さにあったことを記憶している貴族たちであった。

スキピオ・アフリカヌスの外孫であるティベリウス・グラックスは、前一三三年、護民官に選ばれると、ただちに貧民問題に取り組んだ。彼は「土地法」を提出し、大土地所有者による公有地の占有を制限し、これを土地を奪われた市民たちに分配することを提議した。彼自身は、これに断固反対する寡頭派の指導者たちによって殺されるが、彼の計画は弟のガイウスに引き継がれる。しかも、ガイウスは、これに新しい内容を付け加えた。彼は、ローマの国家を根底から改革する以外に目指す効果は得られないことを理解していたので、種々の方策をめぐらせて元老院の力を殺ぎ、イタリア諸民族に市民権を付与しようとした。国家の運営を安定させるには、権力をローマ貴族による独占から広くイタリア諸都市の市民の手に移し、そうした広い社会的基盤に立ったイタリア国家が、もっと重みをもつようにしなければならない、と考えたのであった。このガイウスの政策には、のちにカエサルが構想し、アウグストゥスが実行する処方箋が垣間見られる。

彼も、兄と同様、暴力の犠牲となる。したがって、現実に現れた結果だけで見ると、グラックス兄弟の業績は、さほど大きくないようだが、共和制の末期にいたるまで元老院派が悩まされることになる《平民党》が形成されたという点において、非常に大きな変革をもたらした。

しかも、これは、ときには、ローマの力の基盤そのものを揺るがす危機を招く。事実、前九一年には、イタリアの各地で、ローマ市から排除されていることに不満を抱いていたうえに、入り込んできた入植者に自分の土地を占拠されたことに対する人々の憤りが噴出し、あいついで蜂起が起きる。古くからの怨恨に新しい火がついたのである。なかでも激しかったのがサムニウム人の場合で、彼らは「イタリカ Italica」という象徴的な名前の首都を造り、カンパニア人やエトルリア人たちをも糾合する勢いを見せた。

ことここにいたって、それまでは頑なに譲歩を拒んでいたローマの貴族階級も折れた。これによって事態は打開されたのだったが、それが結局、ローマに対しては、古い《都市国家》から《イタリア国家》への脱皮をもたらす。諸都市も、これ以後は、ローマをモデルに《自治都市》として組織され、ローマ市民に認められているのと同じ権利をすべての住民が享受できるようになる。

もとより、彼らは、首都から遠く離れているため、通常は《ローマ市民》としての権利は行使できないし、選挙や法律の採択にも参画しないが、いつでもローマへ旅することができるし、もしもなんらかの重大事態が生じたときは、投票に参加することによって多数を制する可能性をもっていた。事実、そうした事態は、何度か起きている。

しかし、カエサル暗殺など、新しいさまざまな混乱により、ローマの動揺は、さらにつづく。社会的抗争がまだ充分に終息しないうちに、内戦の時代が始まる。これがようやく終わるのが、オクタウィウスの独裁官就任と事実上の帝政の出現によってである。

その間の戦いは多様な形をとり、ストーリーは複雑に入り組み、演じる役者もさまざまだが、大事なことは、ローマが勝ち取った広大な土地の開発と経営が、どの社会的階級の、どのような人間の利益のために行われたか、である。このとき、ローマは一つの成長の危機を通過し、すでに社会的抗争によって揺らいでいた寡頭政都市国家から、《帝国》として幅を広げたのであった。

それには、四分の三世紀という時間がかかったが、そこで求められたのは、体制が柔軟性をもつか、さもなければ大きく変革するか、であった。ただ、後者の場合は、重大で複雑な衝突が生じる危険性がつきまとった。

社会的抗争の時代が終わると、中流階級のなかから、商業と属州からの租税収入で豊かになった新市民が台頭し、これに伴って、解放奴隷とローマ在留外国人の数が著しく増大した。彼らは、煽動家に動かされやすく、頻繁に騒動を起こしたため、さまざまな人物が争い合い、たくさんの英雄たちによる多様なエピソードが繰り広げられるが、なおかつ、一つの深い統一性を表しているのが、この時代である。

古い世界は至る所で軋み、伝統的機構はもはや帝国の膨大な重みを支えることができなくなっていた。そのなかで、ときとして進展を止めるように見える動揺にもかかわらず、ゆっくりした作業が、この機械が新しい要求に応えられるようになるまで、人知れず、しかし、不可抗力的に続いていく。

市民戦争（内戦）の第一幕を構成したのが、平民党の指導者マリウスと、オリエントでポントス王ミトリダテス（BC121-64）を破ったスラとの戦いである。

マリウスについては、サルスティウスの『ユグルタ戦記』に、その輝かしい登場ぶりが描かれているが、この戦争についで、南フランスのエクス・アン・プロヴァンスとヴェルセイユでテュートニ人とキンブリ人を破り、この二重の蛮族侵入からローマを救ったのが彼である。これに対し、貴族階級の人気に支えられていたのがスラであった。

最終的にはスラが勝利を手にしたが、その勝利は、多くの血の代償を伴った。しかし、もっと重大な意味をもったのは、平和を実現するために、共和国の諸機構の通常の発動を一時的に停止してスラに《王》と同義の特別権限を付し、政敵たちを追放や暗殺によって排除する特権を彼に認めなければならなかったことである。

スラがめざしたのは、それまでの四十年間にわたって貴族政治を妨げてきた障碍を取り除いて、元老院に力を回復させることであった。たとえば彼は、新興の騎士階級を排除し、裁判官を専ら元老院議員によって構成されるようにしたため、必然的に、不正を働いた属州行政官も処罰を免れる結果を招いた。たとえ告発されても、同輩の人々が裁くのであるから、いつか逆の立場になった場合、同じようにしてもらえるという暗黙の了解のもと、寛大な扱いを受けた。こうして護民官の権限は縮小され、貴族の横暴がまかりとおる暗黒時代に逆戻りした。

前七九年、スラは、幾つかの改革を達成すると、《独裁官》の地位から退いた。その気になればオリエント的な《王》になることもできたし、あるいは、かつてギリシャで進行したように《僭主》になることもできたであろう。しかし、彼が賢明にもそうしなかったのは、ローマ人が本能的に王制に対して恐れを抱いていることを知っていたからであった。

それにもかかわらず、彼が築いたものは、遠からず、ずたずたに寸断される。都市ローマを人間主義と政治的正義へ導いてきた流れに逆行することは不可能だったのである。これ以後、アウグストゥスの出現にいたるまで、わたしたちが眼にするのは、己の特権を守ろうとする元老院の寡頭政治家たちの最後のあがきにほかならない。

スラが自分では解決したと思ったたくさんの問題が、彼の死後、いっそう厳しく提起されてくる。この独裁者は、イタリアの自治都市すべてに同じタイプの政治体制を課すことによって、イタリアを一体化したと信じていた。だが、ヒスパニアでセルトリウスというイタリア人が、ローマの圧政排除を宣言して立ち上がったのを初めとして、南イタリアでも、奴隷たちがトラキア人のスパルタクスを指導者として蜂起した。このスパルタクスの乱は、十個軍団を投入して、ようやく鎮定された。

ローマでも、平民たちが土地の分配と小麦の配給を要求して、大規模な運動を起こした。実際問題、ローマは、その消費する小麦を遠く離れた属州に依存しており、海上輸送の確実性如何で大きく左右された。ところが、当時は地中海のいたるところに海賊団が跋扈し、輸送船団はその格好の標的となっていた。

これらの難問も、その一つ一つは、ローマの力をもってすれば、手に余るようには見えなかったが、すべてが重なり合うことによって、致命的な脅威となっていた。それは、とくにミトリダテス王が再度戦争を起こし、反ローマ勢力を糾合しようとしたときに現実化した。

元老院にあっては、貴族階級のさまざまなグループや氏族が代わる代わる政権を担当したが、いずれも成功を収めることはできなかった。このため、平民だけでなく騎士階級、資産家のブルジョワからの圧力が強まり、元老院はますます深刻な譲歩を余儀なくされる。たとえば《護民官》の古来の職権が回復され、審判人の門戸は、新たに騎士階級にも開放された。これについては《ウェレスのスキャンダル事件》〔訳注・ウェレスはシチリア属州総督として私腹を肥やしたことが暴露されたが、もとの同輩であった審判人に賄賂を贈ってこれを切り抜けようとした〕も無関係ではなかった。

挙げ句の果てには、ある人物に通常の政務官の権限を超えた命令権を付託しなければならなくなる。その人物というのがポンペイウスで、彼は、かつてはスラの配下としてセルトリウスを打倒したことで頭角を現した人物で、騎士階級、とくに徴税人たちから信頼を受けていた。たしかにポンペイウスは、海賊掃討でも、何ヶ月かで大きな成果を示したうえ、オリエントを平定し、ミトリダテスとの戦争に終止符を打ち、また、一世紀ほど前から始まっていたセレウコス王朝との戦いでも、その残党をシリアから追い払い、この国をローマの属州にするなどの功績を挙げた。これによって、地中海沿岸で独立を保っているのはプトレマイオス王朝のエジプトだけになった。

しかしながら、これらの外地における勝利は、国家としてのローマが抱えていた課題の解決にはつながらなかった。むしろ、オリエントとの交流が盛んになってオリエントの物資が大量にローマに流れ込むにつれ、その代価としてローマの通貨の大きな部分が東方に吸い取られるという事態が深刻化していた。

こうして中小規模の資産家の不満が高まった結果、あらゆる種類の不平家たちが一人の人物を中心に結集し、あやうく大規模な暴動事件になるところであった。これが《カティリナの陰謀事件》と呼ばれるもので、もし執政官キケロがこれを探知し未然に手を打っていなかったら、ローマの政治体制は混乱と大量虐殺のなかで倒されていたであろう。さいわいに、この陰謀は、通常の治安出動で鎮定された。しかし、これに関連してエトルリアで起きた蜂起事件を鎮めるには、軍隊の本格的出動を要した。エトルリアには、スラのもとで戦った老兵たちがたくさんいたうえ、力づくでローマに屈服させられたことから、ローマの押しつけに対しては、いつでも武器を執って反抗しようと待ち構えているイタリア的要素が常時くすぶっていた。

とりわけ注目されるのは、カティリナの共謀者と噂された若くて野心満々の人物が、元老院のなかにいたことである。彼こそ、次の年には法務官となるユリウス・カエサルである。この時期には、あらゆる伝統的機構が無力化し、野心家たちは気ままに振る舞うことができた。前六〇年、ポンペイウス、カエサル、そして、もう一人、当時のローマ随一の金持ちであったクラッススの三人が、ひそかに手を結び、政界を牛耳り、ローマの国家を壟断しようとするにいたる。

彼らが結んだ盟約は《第一次三頭政治》と呼ばれる。これは、いかなる法的規制も受けることなく、それぞれの利益を追求しようとするものであった。前五九年には、カエサルが二人の〈共犯者〉の支持を受けて執政官職に就き、土地法を成立させ、属州行政官の特権を制限するなど、民衆の支持をよりどころにした古来の政治を復活しようとする。そのうえ、浪費のために涸渇していた自分の資産を建て直すために、ガリア・キサルピナとガリア・トランサルピナ〔訳注・ローマから見て、アルプスの手前をキサルピナ、アルプスの向こうをトランサルピナといった〕という二つのガリア属州の総督職を手に入れる。

カエサルは、留守中の全権を腹心の部下で煽動家のクロディウスに託してガリアに向けて出発した。クロディウスは、まずキケロに非難を浴びせて追放に追い込み、市民会に優先権を与える法律を投票によって成立させた。

カエサルのガリア行きは、当初は予想しなかった冒険旅行となった。ローヌ川に沿って上流のウェソンティオ(のちのブザンソン)、ビブラクトゥム(ビブラクト)、アウァクリウム(ブールジュ)といった都市を降伏させ、最後に、五二年秋にガリア反乱軍の首謀者、ウェルキンゲトリクスをアレシアの決戦で捕らえるまで戦いに継ぐ戦いとなった。

こうしてカエサルがガリア問題に手を取られている間に、ローマではポンペイウスが独占的支配権を確立していた。もうひとりのクラッススは、東方のパルティア帝国に遠征し、前五三年、カラエの戦いで命を落としていた。当然、生き残ったカエサルとポンペイウスの間の対立は日を追って厳しくなっていった。貴族たちからすると、ポンペイウスのほうがまだしも、共和制の伝統を引き継いでいると思われた。カエサルは運の強い征服者ではあるが、その力の拠り所は専ら軍事力だったからである。

両者の争いは、前四九年、元老院がガリアでの指揮権をカエサルから剝奪することを決議したため、一挙に爆発した。カエサルは、この決議に従う気はないことを表明、ルビコン川を渡って南下する。ルビコンはラヴェンナとリミニの間にある小川にすぎなかったが、ガリア属州とイタリア本土との境界線になっていた。

カエサルが軍を率いてローマに近づいてくると、ポンペイウスは大部分の元老院議員を連れてローマを逃げ出し、ギリシャへ渡った。ローマに入ったカエサルは民衆の歓呼によって《独裁官》に指名され、ついで正規の《執政官》となって、《帝国制圧》に乗り出す。

まず彼は、電撃作戦によってヒスパニアを席巻し、次にバルカン半島に軍を進めて、ファルサロス〔訳注・テルモピュライの北方〕でポンペイウスと元老院の軍を撃破。敗れたポンペイウスはエジプトへ逃れたが、そこでエジプト王の宦官によって暗殺されてしまう。オリエントから帰還したカエサルは、休む暇もなく、共和派の残党を追ってアフリカ、ついで再びヒスパニアへと転戦。それとともに、各地の軍隊を改編した。

こうして、軍事的にローマ世界平定を達成したカエサルは、つぎに、政治的にバラバラになっていた国家の再組織に着手する。そのやり方には、基本的な問題についての深い考察を基盤にした一つの思想が看取される。彼は、旧体制の挫折は〈人間〉ではなく〈機構〉の欠陥に由来すること、すなわち旧来の統治形態は、長い間に進展を遂げてきた帝国の求めるところに適応できず、時代遅れになっていることを理解していた。国家としてのローマがグラックスの時代にぶつかった問題は、内戦時代を経ることにより部分的には解決されたが、それが今や再び、しかも、〈帝国〉つまり〈世界〉という規模で現れてきていたのである。

カエサルは、まさに、問題がもつ規模に釣り合った行動をとった。周知のように、彼は、ローマの伝統を覆して属州出身の新しい人々を元老院に加わらせ、すべての民族（たとえばキサルピナのガリア人など）に幅広くローマ市民権を与えた。また、イタリア以外の土地に植民都市を建設し、ローマの平民層の一部を入植させて、これを、その地方のローマ化の核とするとともに、属州の各都市に自治権をもたせて私的組合（いわゆる〈コレギア〉で、ローマでは、しばしば混乱を起こす元凶となっていた）を統制させ、さらに、共和派行政官の権力乱用から地方の人々を守らせようとした。

要するに、彼は、すべてに秩序と正義を行き渡らせようとしたのであり、この壮大なデッサンが現実化できるかどうかは、彼の権威の大きさにかかっていた。そこで彼は、アレクサンドロスにあやかるべく、パルティア帝国を攻めて、かつてローマ軍が敗北を喫したカラエの雪辱をはたし、さらにはオリエントの征服を成し遂げてマケドニア王国の栄光を凌駕することをめざした。だが、ローマ貴族の心の中には、《王》の存在への嫌悪感があまりにも強かった。前四四年三月十五日、カエサルは陰謀者たちの刃にかかって倒れる。

6　共和制の終焉——アウグストゥスとその後継者たちの治世

カエサルの殺害は、このような《暴君》の存在を許せばローマのよき伝統は破壊されると吹き込まれた少数の貴族たちの仕業であった。彼らは、当時の情勢が、種々の要素によって押しつけられた、誰も制止できない不可避の政治的調整であることに気づかず、すべてをカエサルの個人的野心のせいにしたのだった。

事実、この「三月十五日」の事件によっても、歴史の大きな流れは変わらず、せいぜい十五年ほど混乱状態を長引かせただけであった。このとき、カエサルの副官で同じ執政官であったアントニウスが、カエサルの事業の実現に努め、カエサルの法令の元老院による承認を取り付け、実効化した。こうして、カエサルの構想は、彼の死を超えて生き残る。

もしも、新しい野心が表面化して混乱をひどくしていなかったら、貴族たちとカエサル派の間には和解が成立し、市民たちや軍隊、とくにカエサルのもとで戦った退役軍人たちの全面的支持を得ていたであろう。

この前年、カエサルは甥のオクタウィウスを養子にしていた（養子になってからユリウス・カエサル・オクタウィアヌスと改名した）。オクタウィアヌスは、カエサルが殺されたとき、叔父の構想したオリエント遠征の準備のためにアポロニア〔訳注・バルカン半島のアドリア海岸の町〕に滞在していたが、暗殺の報を受けると、その法定相続人としてただちにローマに帰還した。

このとき彼は、まだ十九歳になったばかりだったが、老獪かつ果敢に行動する。まず、元老院議員たち、とりわけキケロと連携し、アントニウスとも手を結び、さらにカエサルの騎兵隊の指揮官であったレピドゥスをも味方にしたので、カエサル暗殺の陰謀に加担した者たちは、オリエントへ逃亡した。こうして、前四九年の内戦に似た状況が再現されたが、共和派は四二年十月にフィリッピで滅ぼされた。

共和主義者と戦うために結成されたオクタウィアヌス、アントニウス、レピドゥスの三頭政治は、歴史の繰り返しかと思われた。しかし、今度の三頭政治は、カエサルとポンペイウス、クラッススのそれのような私的な連携ではなく、公的に責任を分担する体制であった。いうなれば、三人で全権力を掌握する新しい機構がローマに付け加えられたのである。

フィリッピでの勝利のあと、ローマ世界は三つに分割された。オリエントを手に入れたアントニウスは、これを舞台にカエサルの野心的計画を成功させようと考えた。レピドゥスはアフリカを、オクタウィアヌスはこんにちの西欧になる部分を手に入れた。〔訳注・イタリア半島は中立の位置に置かれた。〕その後、レピドゥスが影響力を失っていくなかで、オクタウィアヌスは、アントニウスとの対決に備えて、西欧の基盤を着々と固めていった。他方のアントニウスは、オリエントに王国を建設する夢の実現に傾倒するあまり、ローマ人同胞から疎遠になるという致命的失敗を犯した。

オクタウィアヌスは、はじめのうちは、その技量について疑問視されていたが、巧みに人材を集めるとともに、アントニウスと自分との対立を、暴力的で非ローマ的な敵であるオリエントに対する正統なるローマの戦いであるかのように世論をリードしていった。その決戦となったのが前三一年九月二日の〈アクティウムの戦い〉である。〔訳注・先のフィリッピもこのアクティウムも、バルカン半島のエーゲ海に面した地。〕

アントニウスとその妻であり同盟者でもあるクレオパトラは、陸地戦でも海上戦でも敗れ、以後、オクタウィアヌスがローマ世界唯一の君主となる。オクタウィアヌスは、オリエント再征服を確固たるものにしてから、ローマに帰還した。今や、すべての権力が彼の手中に入ったのであったが、高い代償を払って得たこの権力を、彼はどのように使おうとしていたのだろうか?

オクタウィアヌスは《三月十五日事件》を教訓に、カエサルよりずっと行動に慎重を期し、まず時間を稼ぐことから始めた。なんといっても彼はまだ、このとき、ようやく三十二歳であった。自分の望みは一介の市民に戻ることで、それ以外には何も望まないふりをしながら、秩序が回復されると、元老院派の生き残りを自分のまわりに集めた。そして、自分の立場に関しては、支持者たちが捧げた《王》の称号を断り、ただ《アウグストゥス》の称号だけを受け取った。

この《アウグストゥス》という称号は、すでに述べた〈鳥占い〉を意味する「アウグル augur」という古い祭儀用語から来た形容語で、オクタウィアヌスの人格が幸運と豊穣の特質をそなえていること、つまり、万事を吉兆のもとに始めることのできる神聖な力をもった新しい君主であることを意味していた。こうして彼は、統治形態の問題とは切り離して、古来、ローマ人が《王》の観念のなかでつねに懐かしみ、共和制の行政官たちもなんとか保持しようとしてきたもの、つまり、《王》の人格のなかの魔術的な性格を体現することに成功したのだった。

前二七年一月十六日に開かれた元老院会議に出席したオクタウィアヌスは、はじめて公的に「アウグストゥス」と呼ばれる。これが、ローマにとっては《第二の建国》ともいうべき意義をもつこととなる。すなわち、都市ローマと神々との間で新しい契約が結ばれ、その契約が《プリンケプス》（元首）の神聖な人格のなかに肉化されたことを意味する。

アウグストゥスの治世は四十七年間つづいた。この半世紀の間に、国家体制に関する問題は、明白な形では提示されなかったが、日々の実務的な仕事のなかで解決されていった。まさに《プリンケプス》は、統治システムを押しつけるのではなく、ローマ自体が、必要とされる解決法をその都度発見したのだという印象を与えることに成功した。

彼は、カエサルの失敗の原因となったローマ民衆との対話を絶やさない老練さをもっていた。対話の相手は、ときには地方の人々であり、ときには貴族であり、ときにはイタリア都市の人々、ときには兵士、ときには奴隷や解放奴隷といったふうに、あらゆる階層、分野にわたり、その内容も無限に多様であった。こうして、アウグストゥスの天分は、《ローマ人》という広大な共同体のなかのあらゆる声を、なんらの圧迫感も与えないで抽出したことにある。

しかも、《帝政ローマ》の誕生を祝福するメッセージを伝説のなかから取り出すことのできる詩人や思想家が現れた。人々は彼らの著作を通じて、遠い昔から夢でしかなかったものが今アウグストゥスの御代のローマの姿のなかに実現されようとしているのだと信じた。

おそらくローマ文明は、アウグストゥスの野心によって、ただ救われただけでなく、物質的にも精神的にも確固たるものに仕上げられ、消えることのない痕跡を人類の歴史に刻むほどに長い寿命を保つことができたといえる。征服された属州それぞれをローマ市と向かい合わせ均衡をもたせる旧来のシステムは新しい秩序に取って代わられ、そのなかで従属諸民族の比重が次第に増大していく。

元老院は、もはや《支配者》ではなく、《プリンケプス》にとっては、帝国の高級役人たちを集めた《相談役》でしかなくなる。党派同士の狡智を尽くした策謀は、もはや政治生活の唯一の手段ではない。行政官たちは、対立し合う有力者たちの手駒ではなく、強力な政府の代理人であり、政府に対し弁明する義務を負うこととなる。軍隊の指揮官たちも、昔のように個人的征服欲を追求することはできなくなり、唯一の《インペラートル》(命令者)であり唯一の《鳥占権保持者》たる元首の意志によって動く手足となる。いまや、すべての権力は最終的には、アウグストゥスひとりの人格から発する。

このように改革された帝国にあって、かつてない平和が築かれた。国境は確定され、属州は平定され(もっとも、それにはヒスパニアやアルプスの谷間では長期にわたる努力を必要としたが)、ゲルマニアを屈服させようとして幾つか不幸な事件を生じたものの、治世の末期には、ローマの支配は最大の版図に達したかにみえた。

しかし、このシステムは、アウグストゥスに個人的成功をもたらした一方で、最大の弱点をもっていた。法的には、共和制がその伝統的機構とともに存続していたが、実際には、すべてが《皇帝》に依存していたため、統治者が代わるたびに、すべてが問い直された。

アウグストゥス自身は、そこに問題があることを明確に意識していた。彼は何度も後継者を指名しようとしたが、治世が長く続いたため、後継者として考えた人物たちは、権力を継承する前につぎつぎと消えていった。最終的には、西暦一四年、彼の死によって、統治の責任は、義理の息子のティベリウスにのしかかった。この選択は成り行きでなったもので、あまり適切ではなかった。

ティベリウスは心の底では共和主義者で元老院に共感を寄せていたから自分が《第一人者》としてこれを支配することも嫌々承知したといわれている。このため、引き受けはしたものの、すぐに失望して国政は親衛隊長官のセイアヌスに任せカプリ島〔訳注・ナポリの南西部にある風光明媚で有名な島〕に隠棲してしまった。年齢的にも、ティベリウスは、権力を継承したとき、すでに五十六歳になっていた。セイアヌスがその横暴さのため不評を買うと、ティベリウスは果断に権力を取り戻したものの、今度は、彼自身が恐怖政治を布く結果になってしまった。

元老院に権威を回復させようとのティベリウスの試みは失敗し、そのあと、カリグラ、クラウディウスを経て、六八年のネロの死にいたる治世は、ローマ貴族の凋落が取り返しのつかないものになっている現実を見せつけた。いくつかの短い期間には、伝統的理念へ回帰しようとする動きが見られたが、皇帝たちは、東方的権力形態に引き寄せられていき、家臣や解放奴隷、騎士階級から取り立てた私的配下に権力を行使させたから、元老院議員たちには見かけ上の自由しか残されなかった。

しかしながら、結局のところ、ブリタニアのように、ローマ化が未熟であった地域で幾つか反乱事件が起きたのを別にすると、全体的には属州の管理は改善され、人々は平和と繁栄の恩恵を享受した。地中海のいたるところを、数え切れないほどのローマの商船が行き来し、精神面でも、かつてないほど濃密な交流が行われた。

東方の諸属州は、かつて武器をもって奪われたものを、少しずつ取り戻し、威信を回復した。この東方の《雪辱》は、あらゆる分野で強く感じられる。皇帝たち自身が、その手本を示した。カリグラはエジプトの神々を崇拝し、その生活のなかにプトレマイオス王朝の慣習を導入した。ネロもまた、エジプトの魅力に惹かれ、そのうえ、アルメニアの王子の手引きでアフラ＝マズダの宗教に魅了され、自らを《太陽王》と同一視するまでになる。

しかし同時に、貧しい民衆もエキゾティックな形態の神秘主義を熱狂的に受け入れはじめる。貴族たちは宗教に関してはより慎み深さをみせたが、哲学に関してはギリシャの哲学者の著作をもてはやし、専門の雄弁家に負けないくらいギリシャ語を使いこなす者まで出てくる。

7　ウェスパシアヌス

アウグストゥスから始まった王朝は西暦六八年の革命で終わるが、そこには、さまざまな原因が重なっている。ウェスパシアヌス（69-79）の出現に先立って、ガルバ（68-69）、オト（69）、ウィテリウス（69）の三人の皇帝たちがめまぐるしく交代していることが、この原因の多様性を示している。

ガルバを権力の座に就かせた背景には、共和政時代の元老院制への懐旧という過去の遺産があった。ポッパエア〔訳注・ネロの愛人で皇后にもなった〕の最初の夫で、若いころはネロの友人であったオトを皇帝に押し上げたのは、ネロに対して称賛と愛着心を抱いていたギリシャ贔屓の平民の期待感であった。ウィテリウスはライン軍団の指揮官で、彼の即位は、帝位が前線の兵士たちの意志で左右される最初の事例となった。

このライン軍団に対抗して、シリアからダニューブ川にいたる東方の前線兵士たちが擁立したのがウェスパシアヌスで、当時、彼はユダヤ平定に忙殺されていたが、オリエント全域に展開していた兵士たちに支持されてローマ全土の支配者となったのであった。

この《三皇帝》の混迷時代に帝国が消滅しなかったのは、特筆に値する。ただ一つ、ローマ世界の統一性を脅かしたのは、ガリアのバタウィー族がユリウス・キウィリス（この名前から、彼の一族が初期帝政期にローマ市民権を取得していたことが分かる）を担いで起こした反乱であった。

この動乱はドルイド僧たちの煽動によって広がり、一時はガリア人の独立帝国を打ち立てるまでに発展し、ガリア・ナショナリズムが、カエサルによる平定後一世紀以上経ても生き長らえていたことを証明したといってもよい。というより、ローマに統合されたために、かえって先鋭化していた。「分離・独立」という考えが出てきたのは、政治的にローマの枠内に組み込まれていたからこそであったことは明白である。

しかし、すでに帝国の残りのすべての部分がウェスパシアヌスを皇帝として認めており、暴動は一年しか続かず、西暦七〇年には反乱軍はトリールの前で、執政官、ペティリウス・ケレアリスによって打ち破られた。

ウェスパシアヌスは兵士たちによって擁立されたが、彼自身は、イタリアと諸属州すべての中産階層の人々の皇帝として政治を行っていった。もはや帝国は貴族階級のものでも、ましてローマの特権的大貴族が他の氏族の上に君臨するためのものでもなくなっていた。とはいえ、はるかな過去からの伝統と文化の絆からも、たがいに力を合わせて征服戦を戦い抜いてきたことからも、貴族たちが中心であることには変わりはなかった。この帝国が、今や、サビニ人の無名の家系の出身で、自分の資質以外には何もない百人隊長の孫に託されたのである。彼の率いる部隊が推挙の声を挙げたのは、時宜を得ていた。

ウェスパシアヌスの登場は、《征服者の法》が、もはや修復しがたいまでに終末の時を迎えていることを示していた。

ウェスパシアヌスは偉大な君主ではなかった。彼がまず望んだのは、ローマ国家のなかに農民的つましさを徹底することであった。そして、自らを、帝国資産の管理人、古いイタリアの田舎の家長の伝統を引き継いだ厳格な管理者と考えていた。それと同時に、元老院のなかに、新興の金持ちや役人経験者、地方の大ブルジョワなども入れて、新しい貴族階級を作ることにも力を注いだ。これによって、元老院は、アウグストゥスの改革が着手したように、帝国全体、とりわけ西欧から補充された行政官たちの合議体となった。彼は、自分を擁立したオリエントの人々に対して些かの不信を抱いていたようである。

彼はまた、哲学者たちに対しても、言葉の上の大胆さによって多くの反抗的な人々を鼓吹してきたことから、気を許さなかった。少し前までは、好んで哲学者の言うことに耳を傾けていたし、たとえばフィロストラトスの言うところでは、当時ウェスパシアヌスはテュアナのアポロニオスの教えに共感を示したのに、皇帝になるや、彼らをローマから追い出した。これは、陰険な文人たちの入れ知恵によるものであった、とも言われている。

ウェスパシアヌスが時宜にかなった支配者としての資質をもっていたことは、市民の息吹を体現した施策を行ったことで充分に証明されたが、だからといって、このことから相続原理を引き出すことはむずかしかった。そして、アウグストゥスのときと同様、帝国はふたたび元首の《超法規性》という問題にぶつかったのであった。

カリグラとネロによって始められた《神権的王制》の試みは、一時、挫折していた。ウェスパシアヌスは一家のよき父として、権力を自分の子供たちに伝えた。ティトゥスには、自分がまだ元気なうちから帝国統治に参画させていた。ついで帝位に就いた次男のドミティアヌスは、元老院議員を容赦なく殺した。

このドミティアヌスが九六年九月十六日に暗殺されると、その犯人が確定される以前に、元老院議員のコッケイウス・ネルウァが権力を手中にした。ネルウァは《解放者》として元老院の歓呼をもって迎えられた。アウグストゥスのときのように、元老院は彼を《保護者》として、そのもとで力を回復するかに見えた。しかし、時代は、この一世紀半で変わってしまっていた。

ネルウァも老いていた。賢明にも彼は、ただちに後継者問題の解決に全力を傾けた。これは、彼にとって、避けられない第一義的課題であった。大事なことは、次期皇帝を指名するにあたって万人が納得する一つの原則を見つけることであった。アウグストゥスの「神聖な指名」は、過去の例外的事例でしかなかった。血統のつながりも、ドミティアヌスの暴政によって、あまり満足すべきものではないことが明らかだった。

そこでネルウァは、養子制度に希望を託した。多分、アウグストゥスとユリウス・クラウディウス王朝の皇帝たちも後継者を養子にするやり方をとったが、それは、選択によってよりも、むしろ必要性によってそうしたので、自分の一族以外から選ぶことはなかった。ネルウァの場合は、血縁の繋がりは考慮しないで、自分のあと帝国のまとまりを維持する能力をもった人物を選ぼうとした。出自からも経歴からも、国家の一体性を支えられる皇帝でなかったならば、ローマも諸属州も無政府状態に陥ってしまうからである。その公式スローガンは「帝国は《至尊のもの》に属す」であった。

ネルウァが養子にしたのは、マルクス・ウルピウス・トラヤヌス（97-117）で、彼は、ヒスパニア人で〔訳注・ただし、もとはイタリアのウンブリア出身とされる〕、九七年に上ゲルマニアの総督になっており、地方の属州出身であること、軍人として行動的な生活を営んできたという必要条件を備えており、人望もあった。このトラヤヌスから始まる新しい王朝を《アントニヌス朝》と呼ぶのは、三代目のアントニヌス・ピウスに由来している。ローマ帝国は、彼らのもとで《黄金期》(96-192)を現出する。

8　アントニヌス朝

アントニヌス朝の皇帝たちが、ローマ世界を明らかに幸せにしたのに、実際にはネロやドミティアヌスと同じように、自らを神として崇めさせ、元老院議員たちにも属州諸都市の行政官たちにも最小限の主導権しか認めなかった絶対的君主であったと言われると、私たちは驚くし、小プリニウスが、今日でいうと郡庁のような末端の役所の権限に属する問題についてまで皇帝に報告しているのを見ると、奇妙な思いに駆られる。

賢明なトラヤヌス自身、かつてネロが太陽神の巨大な像を造らせ、自分の顔を模写させてローマじゅうから顰蹙を買った前例があるにもかかわらず、治世の終わり頃には、自らをヘラクレスになぞらえている。要するに、アントニヌス朝の「英邁な君主」も、実際にはカリグラやネロ、ドミティアヌスが試みたのと大差のない、神権に基づく支配であった。ただ、かつてのユリウス・クラウディウス朝の皇帝たちの場合はまだ、その描いたものを現実化する時が到来していなかったため、生きている皇帝が自らを神聖視させることは「傲慢な行為」として世論によって断罪されただけなのである。

しかるに、アントニヌス朝のトラヤヌス、ハドリアヌス、マルクス・アウレリウスの時代には、《プリンケプス》の徳は、ただちに神のそれと等しいものとなる。とりわけストア派の哲学者たちによって形成された世論の前では、道徳的に完璧な存在となる。教養あるエリートの眼には哲学上の象徴であったものが、ほかの人々にとっては、文字通りの真理となった。

人々は、皇帝は《ヌーメン numen》を有しており、それが余人を超越した存在に高めていると信じた。彼は、苦難のなかにある人々にとっては祈りの対象であり、悪口も憚られる神聖な存在である。皇帝の人格は神聖であり、その敬うべき名前を仲介にすると、予想もできない結果を生じる宗教的メカニズムを始動させることができた。

この時期のローマ帝国では、ラテン系の属州とギリシャ系属州が完全に平等に扱われ、思想は自由に行き来し、言葉の違いも障碍にならなかった。ハドリアヌス帝の時代、元老院議員は、ガリア、ヒスパニア、アフリカ出身者と同数のオリエント出身者で構成されていたし、少なくとも都市では、教養あるローマ人はほとんど全員がバイリンガルであった。西欧の商人や兵士、小土地所有者で、ギリシャ語を聞いて理解できない人は居ないくらいであった。

貴族たちが競って医者や音楽家、書記、料理人そのほかの技能者を邸で使うようになっていた関係上、ローマには、かなり以前からギリシャ語が持ち込まれていた。そのうえ、ひろく西欧地域にギリシャ語地域出身の奴隷が大量に流入した結果、西側の人々も、技術用語が理解できただけでなく、思考と感情においても、ギリシャ風になっていた。

皇帝マルクス・アウレリウスは、ヒスパニア在住の一族の出であるが、その『瞑想録』をギリシャ語で書いている。彼より一世紀前のストア学者で政治家でもあったセネカが、同じくヒスパニア出身であるが、あくまでラテン語で著述したことを考え合わせると、これは意味深い事実である。西暦二世紀には、生きた思想は、東方の文化的な言葉でしか真実には表現できなくなっていたのである。

ラテン文学がアマチュア的文人の手によって、生彩に乏しい作品しか生み出さなかったのに対し、ギリシャでは《第二ソフィスト》と呼ばれるものが発展していた。そのなかで最も著名なのがプルタルコスである。それと同時に、民間伝承に起源をもつ恋愛文学が新しい品位をもって隆盛し、アテナイやペルガモン、アレクサンドリアなど大きな知的中心地では、哲学的思索が新しい様々な道を探求し、それらがやがて、プロティノスを中心とする《ネオ・プラトニズム》へと発展する。こうして、イタリアの影響力は、哲学・文学におけるのと同じように、政治においても小さくなり、経済面でも凋落の兆しが現れる。これは、皇帝たちを不安がらせずにはおかなかった。

アントニヌス朝の皇帝たちの治世は、その厳格な国家経営と、複雑化し数が増えた役人（裁判をより迅速にし、万人に近寄りやすいものにするという称賛すべき構想のなかで役人の数が増やされた）、財政の緊縮、書簡やローマからの指令をより効率的に各地へ運ぶための公的郵便制度の確立などによって、ビザンティン帝国を予示している。しかし、このように、行政の仕事を助けるために考えられたことが、やがては地方属州を窒息させる拷問道具となっていく。

アウグストゥスは、晩年、帝国の国境線をこれ以上は広げるべきではないと考えていた。しかし、その後も、幾つかの征服が企てられていった。ブリテン島の征服もその一つで、これは、ゆっくり時間をかけて進められ、ハドリアヌスにいたってスコットランドとの境に石壁が築かれ、これをローマ領の北限とすることが定められた。

東方では、アルメニアが征服された。しかし、これは東方においてローマ人とパルティア帝国の間に確定しつつあった均衡を壊す危険性があった。トラヤヌス帝は、ダニューブ川下流における境界線の固

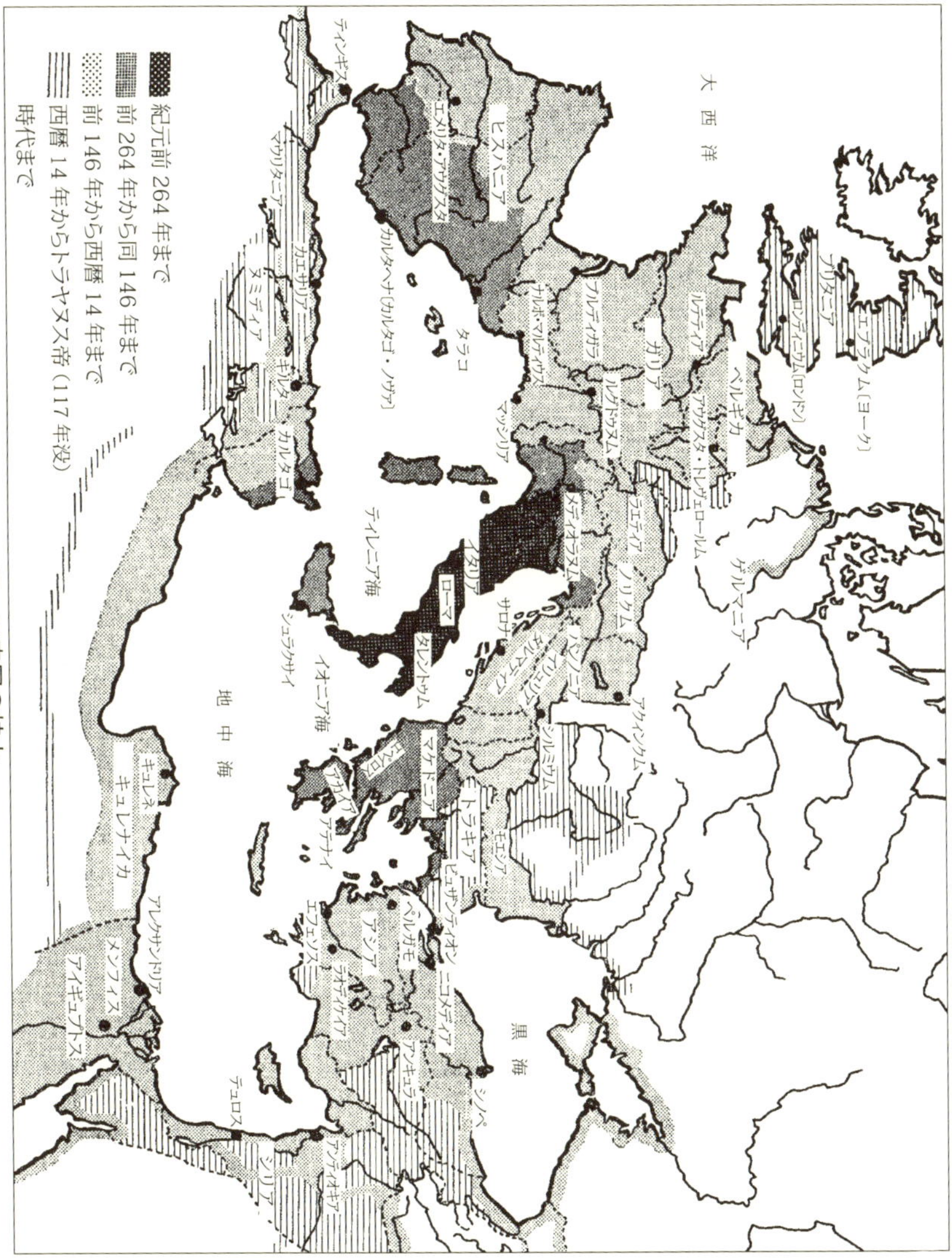
紀元前 264 年まで
前 264 年から同 146 年まで
前 146 年から西暦 14 年まで
西暦 14 年からトラヤヌス帝（117 年没）時代まで
大西洋
エブラクム〔ヨーク〕
ロンディニウム〔ロンドン〕
ブリタニア
ベルギカ
アウグスタ・トレヴェロールム
ゲルマニア
ガリア
ルテティア
ルグドゥヌム
ブルディガラ
ナルボ・マルティウス
マッシリア
ヒスパニア
エメリタ・アウグスタ
カルタヘナ〔カルタゴ・ノヴァ〕
タラコ
ラエティア
ノリクム
メディオラヌム
パンノニア
アクインクム
シルミウム
ダルマティア
サロナ
イタリア
ローマ
タレントゥム
ティレニア海
イオニア海
シュラクサイ
地中海
マケドニア
アカイア
アテナイ
トラキア
モエシア
ビュザンティオン
ニコメディア
ペルガモ
アシア
エフェソス
アンキュラ
黒海
シノペ
アンティオキア
シリア
テュロス
アレクサンドリア
メンフィス
アイギュプトス
キュレネ
キュレナイカ
カルタゴ
キルタ
ヌミディア
カエサリア
マウリタニア
ティンギス

ローマ帝国の拡大

定を終わらせようと決意し、それまで独立を保っていたダキア人の王国〔訳注・いまのルーマニア〕を征服して、これをローマ帝国の属州としている。トラヤヌスをこの冒険に引き込んだのは、おそらく戦略的配慮よりは富の誘惑であった。

ダキアの土地はきわめて豊かで、黄金や鉄などの地下資源にも恵まれていた。ダキア王デケバルスの降伏によってローマにもたらされた黄金は、帝国の財政を大いに潤した。少なくとも、香料や絹などの贅沢品を求めるためにパルティアなどオリエントの国々へ流出したことによる黄金不足が、しばらくは補われたことは間違いない。

トラヤヌス自身は、経済的危機を強く意識していた。彼が帝国の境界線を東方へ拡大するために努力したのは、砂漠の民がふっかけてくる法外な輸送料を安くするためで、アラビアのナバテア王国を併合することによって、シリア国境と紅海を結ぶ交易ルートを手に入れ、迅速なコミュニケーションと物資の輸送を確保している。

一一二年に突如起きたローマとパルティアの決裂は、この砂漠の輸送路確保政策の結果と考えられているが、それは、パルティア人がトラヤヌスのアラビア蚕食に不安を抱いたためだったのだろうか？それとも、トラヤヌスが直接パルティア領に輸送路を拡大しようとして紛争を惹き起こしたのだろうか？

いずれにせよ、ローマ軍は、一一四年にはアルメニアを侵略し、その二年後にはペルシャ湾に達している。一一五年には、ローマはメソポタミア、アッシリアにまで皇帝属州を設置しており、帝国の版図は最大を記録した。とはいえ、この版図は長続きしなかった。トラヤヌス自身、やっとの思いで併合したこれらの領土に、パルティアの王子を後押しして立てることで満足しなければならなかったし、この属州は、設置して間もなく、ローマ帝国から離脱している。

この西暦二世紀、一つの危機が北方から帝国を覆い始める。それは、ほんとうのところをいえば、ずっとローマを脅かしつづけてきたものだったが、このころから急速に勢いを増したのである。それが、やがて帝国に滅亡をもたらす大きな要因の一つとなる《蛮族の侵入》である。

この危機がとりわけ深刻だったのがゲルマニアとの境界地帯で、ローマ人たちは、少なくともこの広大な領域に対し、ライン右岸にローマ化されたベルト地帯を設け、そこに入植地を作って、ゲルマン人たちを鎮めようとしたが、あらゆる試みは挫折し、かろうじて戦略上のルートを確保することしかできなかった。

ハドリアヌス帝は《リーメスlimes》すなわち要塞線をアンデルナハからラティスボン〔ドイツ名ではレーゲンスブルク〕にまで建設することによって決定的解決が得られたと信じた。だが、ところどころに小さな砦が配置されているとはいえ、一本の防御柵で、押し寄せる無数の遊牧民の波を食い止められるなどと、どうして期待できようか？

不可避的にゲルマン人たちの圧力は強まった。一六六年にはクアデス族が、ついでランゴバルド族、マルコマンニ族が南下を開始し、一六七年にはイリュリアの大商業都市、アクィレイア〔訳注・アドリア海の最も奥〕のすぐ近くにまで姿を見せる。この蛮族討伐のため、皇帝マルクス・アウレリウス自ら親衛隊を率いて出陣。しかし、蛮族たちは方向を転換して衝突を避けながら、二年を経ずして幾つかの属州を侵略し、帝国から奪い取る。この結末は、皇帝に大きな不満を残した。彼は、このような事態がふたたび起きないようにするため、軍隊の強化に努める。

皇帝は、軍事費の足しにするため豪奢な衣装を売りに出したり、奴隷や剣闘士を軍に編入して充実しようと試みた。このエピソードは、トラヤヌス帝の前例に倣ってマルクス・アウレリアヌスの事績を称えて建てられた記念円柱に記されている。

たしかに、これだけのエネルギーを傾けた甲斐あって、マルクス・アウレリウスはクアデス族を降伏させ、マルコマンニ族に対しても勝利を収めることができた。だが、勝利の喜びも束の間でしかなかった。翌年にはクアデス族がふたたび蠢動を始める。出撃したローマ軍は敵軍に大きな打撃を与えるとともに、蛮族が優位にあったときに捕らわれていたローマ人人質を奪還した。しかし、決定的勝利は、いつまで経っても遠い彼方にあった。

しかも、そうしたさなかに、シリア軍団の司令官、カッシウスが反乱を起こしたため、皇帝は、蛮族との戦いを一時中断せざるを得なかった。カッシウスの反乱を鎮圧すると直ちにダニューブ川の前線に戻ったが、このとき猖獗を極めていたペストに罹り、一八〇年三月一七日、前線で死去する。

彼の息子のコンモドゥスは、即位すると、ただちに戦争を休止し和平を結んで、ダニューブ川沿いに要塞線を築いて防備を強化する方針に切り替える。しかし、蛮族と結んだ和平協定は、たちまち効力を失ってしまう。

9　帝国の苦悶

クアデス族とマルコマンニ族の侵入は、当時のローマ帝国が直面していた情勢を典型的に表している。アントニヌス朝の黄金期は盛りを過ぎ、種々の危機が表面化してきていた。ローマは、創建以来ずっと《包囲された町》であり、このことに恐れを抱いてきたが、それは、今も少しも変わっていなかった。

ただ、その領土がイタリア半島、そして、地中海に直接に面した属州というように、合理的な規模を維持していた間は自らを守ることも可能であった。ところが、いまは、あらゆる部分で《包囲軍》に立ち向かわなければならず、しかも、敵は無数で、彼らは、無限に広がるゲルマニアの森やスキュタイの草原の彼方から、ますます密度を高めながら、巨大な波となって、心もとない防波堤に打ち寄せてくるのである。

この押し寄せてくる人間の波に立ち向かうには、たえず新手の軍隊を投入できることが必要であった。ところが、ローマ人たちは、武器を扱う仕事を大事にしなければならないということさえ、次第に忘れてきていた。この軍事への無関心には、とりわけ《黄金期》の物質的繁栄に、かなりの部分、責任がある。商売によって豊かになり、平和で安楽な生活ができるときに、誰が兵士という不安定な生き方を選ぶだろうか？

しかも、今では軍隊は職業軍人によって構成されるようになっていた。彼らは、一つの社会階層を形成したばかりか、次第に政治に干渉する傾向をさえ強め、国家秩序の再建こそ帝国を救う道だとして頻繁に蜂起し、皇帝の権威をすら脅かすようになっていた。

このため、皇帝たちは、兵員を国境線全域に散開させ、軍隊を集中化させないようにする方策を採った。セプティミウス・セウェルス帝は、自身が権力を脅かされる幾多の困難を経験してからは、前線の要塞を補修する作業に軍隊の力を向けさせ、自らブリタニアの《ハドリアヌスの壁》に近いヨーク（当時の名前はエボラクム）で亡くなっている。

しかし、この方策は、帝国の内部にも前線にも安定をもたらしはしなかった。これ以後、セウェルス朝（193-238）の皇帝たちのもと、さらには西暦三世紀全体を通じて、秩序はますます乱れ、種々の脅威が重なって、しまいには、外敵との戦争と官僚制の腐敗、軍人たちの蜂起によって引き起こされた無政府状態が、帝国を滅亡させるのである。

広大な領地を所有し、莫大な資産をもっている幾人かの特権的な人々がいる一方で、民衆全般は、ますます貧困化し、しかも、税負担は貧しい人々に最も重くのしかかった。このため、不満の声は帝国じゅうに満ちあふれた。秩序ある社会は、いまでは遠い思い出でしかなくなった。

ローマの古い貴族階級は、すでに久しい以前から、あらゆる種類の成り上がり者や皇帝たちに席を譲っていた。彼らはなんとか権威を回復しようとしたが、そのような権威はなんの頼りにもならなくなっていた。政治体制が平等主義的君主制になっていく一方で、中流のブルジョワ層は、ますます痩せ細っていった。システムは次々と変わっても、どの改革も効果を発揮するほどには長続きしない。

三世紀末、何人かのエネルギッシュな皇帝のもとで、一時的に帝国は救われたような様相を呈する。イリュリア出身の軍人、アウレリアヌスが、危機のまっただなかで権力の座に招かれた(271)。この危機とは、アラマン人(そのなかでもユトゥンギ族)がイタリアに侵入し、防戦に当たったローマ軍がピアチェンツァで撃破された事件である。

恐怖に囚われたローマ人たちから全権を委嘱されたアウレリアヌスは、命令を下して、ローマ市全体を囲む城壁を大急ぎで建造した。これが、いまも見ることのできるローマの城壁である。ついで、幾つかの戦闘が行われたが、幸運にもアウレリアヌスは敵を打ち破り、ローマの名声を回復することができた。しかし、自ら撃って出たオリエントでは敗北を喫し、二七五年、トラキアのある小さな町で暗殺される。

そのあと、ディオクレティアヌス(284-305)が権力を把握するまで、短いサイクルで次々と軍人皇帝が入れ替わる。ディオクレティアヌスもイリュリア人であったが、彼にいたってようやく、ゆとりをもって根底的な改革を実行することができたのであった。

ディオクレティアヌスは、広大な帝国のあちこちで困難が降りかかっており、一人の人間だけで対処し統治することは不可能であることを冷静に見抜き、マクシミアヌスと分割統治し、この二人の皇帝それぞれに、より若くて後継者となるべき《副帝》をひとり付けた。これが《四分統治》と呼ばれるもので、その目的は、統治の仕事を分割し、あらゆる国境の前線に皇帝の誰かが臨むことができるようにすることであった。

はじめのうちは、これは、よい結果をもたらした。しかし、長期的には帝国分解の芽を植え付けた。なぜなら、ディオクレティアヌスの《四分統治》は、まだ責任の分担にとどまっていたが、最終的には領土の分割となり、帝国解体にいたる第一歩となったからである。

ディオクレティアヌスが選んだ道は、たんに協力者を作ることでなく、《皇帝》の数を増やす道だった、このことは、《四分統治》が、非常に意図的な政策的要請に応える神学的システムであったことを示している。この生きている皇帝を分割しようとする動きは、三世紀の混迷期のなかで加速された。この時期、《プリンケプス》の座に就いたすべての人が自分の顔を貨幣に刻ませ、しかも、その頭部からは光線が放射しているように描かせている。これは、自らを《太陽神》として崇めさせようという意図の表れ以外のなにものでもない。

この野心は、すでにネロに看取されていたが、それが顕著化したのがセウェルス朝、とりわけエラガバルス帝からである。エラガバルスはシリア出身で、このことから、彼がエメサの太陽神に特別の愛着を抱き、神秘主義に傾倒したことも納得される。アウレリアヌスにいたっては、おおっぴらに太陽神を祀り、ローマ古来の神々の神殿を凌駕する巨大な神殿を建設した。

太陽を吉運をもたらす天体とする考え方に東方伝来のアフラ＝マズダ信仰が結合し、さらに、自らを万物の調和を司る君主（パントクラートル）として太陽神と同一視する皇帝の自負と結合したのがこの時代である。いわば、皇帝自身が、このシンクレティズムの宗教の神になったのである。

しかし、《四分統治》のもとでは、皇帝の神性は、太陽神的な神学用語ではなく、むしろローマに伝統的な象徴主義によって表現されていた。ディオクレティアヌスは自らを「ヨウィウス」（「ユピテルのような」の意）と呼ばせ、他方、マクシミアヌスは「ヘルクリウス」（「ヘラクレスのような」の意）と呼ばせている。ヘラクレスはギリシャ神話では主神ゼウスの息子でしかなかったが、ローマにおいては、かなり早い時期から全能の象徴となり、凱旋将軍の守護神として、また、人のために尽くせば、不死の世界である天へ昇る道を教えてくれる英雄として崇められていた。ユピテルのほうは、《インペリウム》（支配権）の淵源であり、哲学者たちの思想においては何世紀も昔から、唯一神ではないまでも《至高神》であり、世界の魂の象徴とされていた。

したがって、自らについて「ヨウィウス」や「ヘルクリウス」といった形容語を使うことは、それ自体、権力者の神学を表している。つまり、正帝であるディオクレティアヌスは「ユピテルのよう」であり、副帝マクシミアヌスは、ユピテルの息子、ヘラクレスになぞらえられ、父神の考えと威信を放射するその《息子》であり《代理人》であって、ともに神的存在なのである。

ローマは、公式的には、哲学者たちの宇宙イメージに則った神政的・絶対的君主国家であるが、実質的には軍事に基盤を置き、皇帝の《神聖な摂理》によって治められる国家である。この《摂理》は、ディオクレティアヌスのもとで、統制的政策の再燃としてあらわれた。

あらゆる面に帝国官吏が介入する。属州が分割されて属州総督が増えたうえに《十二管区》に分ける新しい組織化が加わった。これは、その後の歴史的進展のなかで確定化していく民族的単位としばしば合致している。たとえばマグレブを含むアフリカ管区、イベリア半島全体を包含するヒスパニア管区という具合である。イタリア半島については、北半分のミラノ管区と南半分のローマ管区に分けられた〔訳注・イタリアの区分は非公式的なもの〕が、これには、すでに中世世界が表れている。

しかし、これらの改革は、かなりの出費を招いたし、経済の不安定な状態は一向に改善されなかった。人々の生活費は絶えず増大し、三〇一年には「価格上限令」によって物価の統制を行わなければならなかった。これは大きな抵抗を惹き起こし、ローマ経済全体に強制手段を課する結果となった。このため、ディオクレティアヌスの退位とともに、新しい混乱期が始まり、それが止むのは（といっても、きわめて相対的な意味においてでしかないが）、三二四年、コンスタンティヌスがローマ帝国の唯一の君主となることによってである。

当時、ローマ世界は、先祖伝来の古い宗教に固執する《異教徒》と、年々数を増やしていく《キリスト教徒》とに二分されていた。後者の人々が、恐らくはキリスト教徒であったコンスタンティヌスに大きな希望を託していたこと、そして事実、彼の即位とともに一つの新しい世界が始まったことは周知のとおりである。

しかも、アリウス派異端との長い戦いが始まり、これが、それまでローマ帝国では起こりえなかった《宗教戦争》という現象を生じることとなる。コンスタンティヌスが対立皇帝のマクセンティウスを《ミルウィウス橋の戦い》で破り、三一三年に『ミラノ勅令』を発したことをもって、私たちにとっての「ローマ文明」は終焉したということができる。

物質的には、ローマ帝国はその後も存続する。帝国は、公式的にはまだ、共存する（というより、敵対し合う）東西二つの部分に分かれてはいない。しかし、コンスタンティヌスは古い《ビュザンティオン》を、自分の名前を冠した《コンスタンティノポリス》とすることにより、第二の首都とした（三三〇年）。これが、のちに帝国が東西に分かれたとき、東の帝国の首都となるのであり、このことは、過去への執着が断ち切れたのがどの時点であったかを充分に示している。

おそらくコンスタンティノポリスの存在理由は、戦略的配慮にあった。つまり、コンスタンティノポリスのほうがローマよりも帝国の急所に近く、ダニューブ川の前線とシリアの前哨線の中間点にあって、より中心的な司令所になっていた。しかしまた、それは自らの運命を明白に示している。すなわち、キリスト教思想がギリシャ思想を吸収しながら形成され光を放つのはオリエント世界においてであり、コンスタンティノポリスは、まさにこのオリエント（東方帝国）の中心であったという点である。

いまも《ローマ文明》は死んではいない。しかし、それは、自らとは異なる別の物を生み出すことによってであり、今日まで生き残っているのは、《ローマ文明》そのものではなく、それが産んだ娘にほかならない。

第二部　選ばれた民

第三章　生活と慣習

1　ローマの宗教

西暦前一六七年、《アカイア連邦》の若き騎兵隊長、ポリュビオスが、ギリシャにおける反ローマ党を支援したとの罪で一〇〇〇人の人質と一緒にローマへ連行された。非常に確固たる歴史感覚と開明的精神をもち、ローマによる征服と同化の決定的瞬間に間近に立ち合った一ギリシャ人の証言を私たちが手にすることができるのは、このおかげである。

ポリュビオスの眼からすると、このイタリアの都市が一世紀足らずの間に半島における覇権を樹立しただけでなく、強大なカルタゴの恐るべき攻撃に耐え、ついで、余勢を駆って古いヘレニズム王国群を揺さぶり、自分の法律をオリエント世界に押しつけることができるようになったことは、一つの驚きであった。これは、他のあらゆる奇跡と同様、たしかに神意の表れであり、ポリュビオスは、《ローマの幸運》については、特別の《デーモン》(神)を引き合いに出さざるを得ない。

しかし彼は、神が目的を達するために〈人間の道〉を利用して介入することも知っている。ローマが、あらゆる敵との戦いのなかで不敗記録を達成したのは、その伝統と慣習を通じて他に抜きんでた優越性を身につけたからにほかならない。すなわち、厳しい訓練、約束を守ること、正直であること等々が、ローマを比類のない、独特の都市にしたのだ、と。ポリュビオスは、ギリシャ人が十人の証人立会いのもとで誓ったことであっても、それを裏切る方法を簡単に見つけ出すのに対し、ローマ人にとっては、「総督であろうと執政官であろうと」、ひとたび口にしたことが守るべき法となる、と述べている。

この「高潔な民」という牧歌的イメージは、ひどくローマ人の気に入ったが、初期の時代についてはそうであったにしても、絶対的にそうであったといえないことをローマ人自身も認めている。しかし、ローマ人が高い道徳性を求めてきたこと、そうした《高徳》を自らの努力目標とするために、過去に投射して〈神話〉化したことも確かである。

このローマ人の美質は、意志の堅固さと峻厳さ、軽薄さを排除した真剣さ（いわゆる「グラウィタス gravitas」）、祖国に献身する精神によって成り立っていた。とくに最後の「祖国への献身の精神」が、他の全てを決定づけ、方向づけた。一見それは近代の《愛国主義》に似ているし、しばしば混同されがちであるが、これは外見だけのことである。むしろ、ローマ人のそれは、本質的にいうと、個人を多様に異なる社会集団に厳格に従属させ、これらの集団自体については相互に従属させる《ヒエラルキーの意識》である。最も強い拘束力をもつのは〈都市〉から出てくる命令であり、最も直接的なのは〈家〉から出てくるそれである。

ローマでは、〈個人〉は、属する集団の機能を抜きにしては考えられなかった。兵士は、身も心も指揮官に属していた。農夫は、もし家族の一員である場合は、父親または主人に奉仕して自分の土地をできるだけ有効に活用しなければならないし、もし彼が一家の父親で、一つの領地の責任者である場合は、家族の現在および未来の幸せのために尽くさなければならない。行政官である場合は、ある責務を託されているのであるが、その役職から個人的利益を得ることはできないだけでなく、必要とあれば、自分にとって大切なものを全て（自身の命までも）犠牲にしなければならない。

共和制時代の初めにしばしば生じた《諸義務の衝突》は、歴史家たちもしばしば取り上げている。ローマを専制君主から解放したルキウス・ブルトゥスは、王政復活を企んだ罪で自分の息子たちを自ら処刑した。同じ年、もう一人の執政官、タルクィニウス・コラティヌス〔訳注・妻のルクレティアがタルクィニウス・スペルブス王の息子、セクストゥスによって凌辱され自殺したことから、ルキウス・ブルトゥスと協力して王制を打倒し、共和制を樹立した〕は、自分の人柄と名前が自由への脅威として人々から受け止められるという理由から、進んで追放処分を受け、ラウィニウムに隠棲した。

これらのエピソードは、大部分の原初的社会で行われていた《人身御供》が形を変えて生き残ったものにほかならない。そうした例は、たとえば祖国を救うために自らの命を絶ったというアッティカの幾つかの伝説のなかにも見られる。

ローマのフォールムには「クルティウス湖」という特別な名称で呼ばれている場所がある。ここは、その昔は大地が口を開け沼であった所で、王政時代から、人々はこの大地の裂け目を塞ごうとして、いろいろとやってみたが、ことごとく失敗した。占ったところ、「ローマの根源的力を作り出しているものを投げ入れて地下の神々を満足させなければ穴は塞がらない」ということであった。このお告げの意味についてみんなで考えたが、分からなかった。ただ一人、クルティウスという名前の若者が「ローマの根源的力」とは若者のことだと理解し、自分でこの淵のなかに飛び込んだところ、たちまち穴は閉じた、という。

このタイプの供犠は「捨身御供 devotio」と呼ばれ、地下の神々の怒りを鎮めるためや、世界の秩序が乱れ、社会の安定性ひいては集団の存続が脅かされているときに秩序を回復するため、自発的に自らを捧げるのである。おそらく魔術師的な王が部族に君臨していた非常に古い時代の風習の名残で、ローマでは、歴史時代になっても、みんなから暗々裏に認められ、戦争の指揮官や有名な戦士によって、かなり頻繁に行われた。それが前五〇九年に権力を把握した貴族階層により、《市民としての義務》という考え方として押しつけられるようになった可能性がある。

ローマ人の美徳は、各人が《氏族 gens》に属し、《家長 pater familias》から日々の食糧を分配されることによって個人の氏族への依存が物質的に確保されているとともに、《氏族》の優位を象徴する宗教的儀礼の網目のなかに包み込まれ、社会の基本要素であるヒエラルキーの厳格さが維持されている農民的環境のなかから生まれた。

要するに、ローマ人にとって本質的で枢要な徳とは、農民的理想に直接的に応えるもので、それは煎じ詰めると《不変性》ということになる。既存の秩序、大地の豊穣、収穫の希望、年ごとの規則的反復、一族の絶えることのない更新を維持し繁栄を安定させるものが《善》であり、その反対に、秩序を乱し革新的であるもの、リズムの規則正しさを脅かすもの、人を途方に暮れさせるものは全て《悪》として非難の的になった。

こうした精神的態度を理解させてくれるのが《ルクスス luxus》という言葉が辿った変遷である。この言葉は、もともと《不規則》によって収穫を妨げる自生植物を指し、そこから、麦が過密に繁茂したり、葡萄の木の葉が密生しすぎて房の生長を邪魔することを意味した農民言葉であった。ここから、何ごとにつけ度が過ぎること、たとえばよく調教されていない馬が跳びはねることなども「ルクスス」と呼ばれ、そこから、人間の生き方において、過度に快楽を追求したり、これ見よがしに派手な衣服を着たり豪勢な食事をしたりすることを「ルクスリエス luxuries」というようになったのである。

おそらく近代的な意味においては、《贅沢》が非難されるのは、それが道徳上にもたらす結果――たとえば拝金主義を助長する、個人をその本来の責務から逸脱させ、安逸を貪らせる、等のためである。しかしローマ人にあっては、これらの告発理由は、二次的なものでしかない。ローマ人の心には、新しいもの、先祖からの美風に反するもの、ローマ都市の枠からはみ出しているものに対する、本質的に農民的な不信感があった。

したがって、これに抵触しない限りは、日常生活における全ての過度に対して厳しいわけではない。だれであれ、贅沢に溺れる人は、そのことによって、自律的精神に欠け、快楽の魅力や貪欲・怠惰といったものに振り回され、おそらく戦場においては簡単に恐怖心に囚われてしまう（結局、恐怖こそ最も自然な自己保存の本能に他ならない）人間であることを示しているのである。ローマ人の道徳は、人間を都市（あるいは集団）に従属させることを目的としており、この理想は、あらゆる経済的・社会的変革にもかかわらず永遠に同じである。

ローマ人が帝政時代であっても、《ウィルトゥス virtus》（「徳」と訳されるこの言葉は《徳 vertu》と同じで、「vir」つまり「男」たる資格を本来意味している）というとき、それは抽象的な美徳ではなく、何よりも男性的美徳である「自己を律する」という行動上の確定性を指している。これに対して、軽蔑的ニュアンスをこめて言われるのが《女々しさ》で、これは「自らの本性を律する力がないこと」を意味している。

これには、近代思想でいう宗教的命題となるような価値は全く含まれていない。ローマの神々は《十戒》を示しはしなかったし、命令を課すために社会を迂回路にすることもなかった。だからといってローマの宗教は道徳性を欠いているわけではないし、躾けの拡大、序列の延長としてそこに介入してくる。

この神々は、人間に日常活動のうえで「このように振る舞え」などと命じることはしない。それが命じるのは、ただ伝統的祭儀の遂行であり、その見返りとして、幸せをもたらす働きを維持する旨を約束する。

ユピテルは農民に対しては雨を降らせ、都市の行政官たちには気力と知恵を吹き込む。オプスは畑に豊作をもたらし、ケレスは麦の穂を出させてくれる。リベル・パーテルは葡萄の実を熟させ、ワインを発酵させる。マルスは、ローマ人に味方して軍隊を守り、兵士たちに勇気を湧き起こさせる。しかし、この神の働きがとりわけ有効に表れるのは、人間の行動を瞬間瞬間に脅かす無数の危険を逸らさせるという点においてである。

ロビゴ〔訳注・穀物を守る神〕は、正しく祈れば、麦を銹病〔訳注・銹のような斑点が生じる病気〕から守ってくれる。女神フィエーヴルは健康を保障してくれ、クロアキナ〔訳注・サビニ人がウェヌスに付した名前〕は有毒な空気を吹き払って都市を浄め、ファウヌスとパレース〔訳注・いずれも牧畜の守護神〕は、狼を羊の群に近づかないよう駆逐してくれる。

ローマの宗教は、ともすれば冷淡に見えるし、事実、近代の歴史家たちはローマの宗教について「宗教生活を人間と神々の間の契約の形式的遂行に還元した」と非難し、ローマが、もっと情動的で魂の深い欲求を満たしてくれそうなオリエントの諸宗教に対し受動性を示した原因の一つはここにあったのであり、ローマ宗教の空疎な形式主義がキリスト教浸透の道を準備した、と考えた。

さらにいえば、ローマ帝国が際限なく拡大を続け、ローマの伝統に無関係な人々がますます多く都市ローマに吸収されることにより、社会の拘束力は弱まり、愛国精神がその根拠を失ったのであり、このとき、ローマ人たちは、都市がもはや提供してくれなくなった道徳の《第一動因》を、一つの超越的神に求めたのだ、と考えた。

　しかし、この見解は、客観的分析に耐えられるものではない。ローマ人の宗教生活は、きわめて複雑だったのであって、公式的宗教のことしか考えない人や、聖なるものへの感覚の極めて多様な日常的表われを無視している人々は、こうしたローマ人の宗教生活の実態について語ることはできないであろう。《宗教》を指す「レリギオ religio」という言葉自体、不明確である。ただ分かっているのは、それは神々への崇拝を意味するものではなく、一つの危機に直面したとき、ある行為を忌避するよう本能が命じるかなり漠然とした一つの感情であり、超自然的なものの命令がそこに秘められているのでは、という漠然たる印象だということである。

　それは、たとえば神聖な土地に立ったときに味わう感情であったり、あるいは、そうした場所をめざして旅に出る瞬間の《虫の知らせ》ともいうべき迷信的直覚で、吉兆が表れない場合は、行動は翌日に延期される。一羽の鳥が空を横切って飛んでいったとか、たまたま何かの話し声が聞こえたとかといったことが充分に凶兆となる。

　このやり方は、子供っぽい魂に自然発生的に芽生える非常に普遍的なもので、近代人も完全には払拭できていない。そして、そのたびに人間は、宇宙は理解しがたく、目に見えない何かに操られているという印象をもつ。この感情は、ローマ人たちにおいてはきわめて強く、彼らは、いたるところに《デーモン》すなわち、ときには人間を助けるため、しかし、より頻繁には人間を苦しめるために、あの世から表れてくる超自然的力を見ていた。

　一家の先祖たちも、墓の中に閉じ込められたままにはなっていなかった。一年のうち何日か地獄の門が開かれ、墓から出てきたから、生きている人々は、これらの《マネス manes》を慰め、鎮めなければならなかった。《マネス》とは「よい人々」を意味するが、現実には、かなり意地悪だということを人々は知っていたので、幸せをもたらしてくれるようにするため、わざとこのような名前で呼ばれたのだった。この《マネス》が墓から出てくる日は、一家の長は、煮た空豆を一摑み手にとって夜中にひとりで出かけ（家族は炉のまわりに集まっていなければならなかった）、それを悪い霊に向かって投げた。

死者たちが帰ってくることを表す儀式も行われた。このときは先祖の人々が連れ立って行列を組んで現れるが、その場合、死者は、家族の顔とか、ときには縁組みした家族の顔に似せたマスクをかぶった姿で表された。これは葬儀において、新しく死者の仲間入りする人を死者たちが迎えるという意味があり、少なくともアウグストゥスの時代か、または、形は少し違うがもっと古くから行われていた風習である。一人の役者が亡くなった人の顔を描いたマスクをかぶり、その物腰や態度を真似し、死んでその肉体が最終的に朽ち果てるまでの彼の生涯を再現しながら進む。そのうしろから人々は、死体を担架にのせて運んでいくのである。

都市が人々の宗教生活に介入することはなかった。宗教は町の場合よりも、農村地域でより強く日常生活に浸透していた。なぜなら農民は、超自然的世界との平和を維持するため自ら行動しなければならなかったからである。

人々は、先祖神が若者の姿で、手に果物を持って家屋敷のまわりを絶えず歩き回っていると想像した。彼らが、こうして巡回してくれているおかげで、災いをもたらす《デーモン》が近づくことができず、先祖から受け継いだ土地の豊穣が守られると信じたのだった。当然、その労苦に酬いるため、毎月、小麦粉と蜂蜜で作った菓子と牛乳、ワイン、花を供えることが欠かせなかった。それぞれの敷地に《守り神 genius》がいるように、家のなかにも守り神がいたから、それらの守護神のために、家の祭壇に供え物が捧げられた。

さらに家や敷地の外にも超自然的な存在はいて、これらも人々には馴染みであった。畑のなかに取り残された森、犂を入れる場合に注意深く避ける切り株、茨の茂みに覆われた畑の一隅、遙か昔に死者たちによって置かれ、半分、土の中に埋もれている岩、――これらは、自然の全体が文句なくファウヌスやニュンフのものであった時代から生き残ってきている《神の貯蔵庫》であり、《自然の聖域》であった。

公的宗教も、自然発生的精霊信仰と同じく秩序が維持されるようにという目的のもと、同じように儀式を執り行った。もし、この儀式を行わなかった場合は、人間と神の間の均衡は不安定となり、壊れると信じられていた。

ローマ人たちは、儀礼だけでなく、自然と宇宙のなかに存在する万物の間の関係を注意深く観察し見守る態度を《ピエタス pietas》という名で表した。《ピエタス》とは、偶発事によって何らかの混乱が生じるたびに霊的事物をその正しい位置に置き直し、また正しい位置を維持させるよう非物質的な何かによって保たれている一種の正義のことである。

この言葉は、「ピアーレ piare」という動詞と密接な関係がある。「ピアーレ」とは、穢れや不吉な前兆、罪といったものを消滅あるいは無効化する行為を意味した。これを人間の精神的秩序においていえば、息子は父親を尊敬し、その言葉に従い、自然のヒエラルキーに合わせて父親を扱うといったことである。

自分の父親に従わず、父親に暴力を振るうような息子は、《モンストルム monstrum》（怪物、奇異なもの）すなわち、自然の秩序に反する「怪異の輩」にほかならず、そうした行為がなされた場合は、宗教的償いをつけなければ、秩序の再建は実現されない。そうした償いの最も一般的やり方が、罪を犯した当人を死刑に処することであった。罪を犯した人は、《神への捧げ物》として宣言されると、もはや人間の共同体には属さないで、神の物となる。彼の席は都市のなかにも、地上のいかなる場所にもなくなり、消え失せなければならなかった。

したがって《ピエタス》は、神々に向けてと同じく、人が属しているさまざまな集団や都市に向けても、さらに最終的には、人類全体に向けてもなされる。この《ピエタス》は、かなり早くから、《ユス・ゲンティウム jus gentium》（人民法）では外国人をも対象とした概念として現れているが、それが充分に開花するのは、ギリシャ哲学の影響のもとに《フマニタス humanitas》（普遍的な人類）の概念が明確に現れてからで、これによって、同一の氏族、同じ都市の市民を結びつけてきた類縁関係に似た相互連帯と友情、少なくとも尊重し合おうとする気持ちが氏族や同一市民という枠組を超えて現実化したのであった。

この《フマニタス》の概念をはっきり表しているのが、テレンティウスが『われとわが身を苛む男』のなかで登場人物の一人に言わせている次の言葉である。

「わたしは人間だ。だから、人間にかかわることは、なに一つとして、わたしに無縁なものはない homo sum; humani nihil a me alienum puto」

これは、テレンティウスが模範としていたギリシャのメナンドロスの一句を翻訳しただけだともいわれているが、仮にそうであったとしても、この言葉が、その後、多くのラテン作家たちによって取り上げられ、考察や注釈が加えられて、そのたびに豊かな意味合いをもつようになっていったことは興味深い。

彼らは、これを一種の普遍的正義の公式であるとしてそのようにしたのであり、これによって、《ローマ市民権 civitas romana》は《人類市民権 civitas humana》へと広がりを示すのである。いうなればローマ人たちが自身でゆっくりと育んできたものが、東方ギリシャからの啓示の光を当てられて、このように表現されたのであって、もしも、ローマ人たちのプロセスがなかったら、ギリシャの哲学者たちが述べた公式も、これほどの有効性を勝ち取ることはできなかったと考えられる。

《ピエタス》の最も基本的で初歩的な表れが、《フィデス》〔誠実〕すなわち約束を尊重することであった。これもまた神格化されてカピトリウムの丘に祀られている。正式の称号を「フィデス・ポプリ・ロマーニ Fides Populi Romani」〔訳注・「ローマ人民の誠実」の意〕といい、社会生活全般にわたる相互信頼と親切を保障している。これが「至高至善のユピテル」の神殿の傍らにあって、「テルミヌス神」〔訳注・「境界」の意〕と相並んでいるのは、秩序が守られるよう、それぞれの位置を明確にし、約束事を守ることがその役目であることを表している。

《フィデス》は、個人間の契約においてであろうと都市や国家同士の条約においてであろうと、さらに深く言えば、市民相互を結合している多様な慣習などの暗々裏の契約においてであろうと、人々の関係を保障するのである。

喜劇の登場人物たちは、なにかの災いが降りかかったとき、「おお、ローマ市民の誠意よ!」と叫ぶ。この叫びによって、都市ローマの住民が互いに負っている連帯義務が呼び起こされる。この連帯の自覚が欠けたときは都市の存立が危機に陥ったことを意味するのであり、ここに《フィデス》がローマの道義のなかでも枢要とされた所以がある。

《フィデス》は、もう一つ別の領域をもっていた。敗者が自分の敗北を認めて勝者の《フィデス》に縋ったときは、この《フィデス》によって一命を救われた。たとえ武運は逆風を吹かせたとしても、「フィデス神」が《力の法》に代わって《寛仁の法》を置き、誠実を尊ぶすべての人間に生きる権利を認めたからである。

こうして、《ウィルトゥス》(自身の鍛錬と力)、《ピエタス》(人を尊重し思いやる心)、《フィデス》(約束を誠実に守ること)がローマ人にとっての理想であり、この三つが、軍事的・家族的・経済的・社会的のあらゆる側面を支配した。宗教の役割は、まさに、可視的世界を超えて万物のために、それらの効力を確かなものにし保障することにあったのであって、宗教は、これらの枢要の徳を保障はするが、それらを打ち立てることはしない。

《道徳》は、すべての領域における秩序の維持と、存在し時間とともに消滅するものを永続化させるために必要な命題である。ローマは、知恵と訓練の力によって貧困と隷属と死から我が身を守ろうとする。およそ生けるもの全てが免れない死も、ローマという都市は、全市民が法を守り徳を実践するならば、免れることができると彼らは確信していた。

この意味では、ローマ人の道徳そのものが防御的であるように見える。だからといって、すでに見たように、愛他的徳を認めなかったわけではない。なぜなら、彼らにとって守るべきは、個人ではなくて、〈家族〉から〈都市〉にいたる集団であり、しかも、最終的には、昨日まで敵であった外国の人間(hostis)の人格をも本質的価値をもつものとして尊重することだったからである。ローマの支配権・命令権が、力と脅しでなく、権利と義務の一つの体系のなかへの同化に基盤を置いている以上、そこに表明されているのはまさに《普遍的帝国》の概念であったといえる。

プラトンは、ある有名なページで、人間にとって愛とは、美しいものを通して、《美》のなかに自己を同化しようとする欲求にほかならない、と書いている。この人間的魂の欲求が、前五世紀のアテナイ人たちにとっては、人間の全ての行動の深い動機であり目的として映っていたのであろう。しかし、ローマが我が身を死から守るために頼るのは《美》ではない。ローマは、《徳》によって、さらにいえば《栄光》によって自らを守る。

ローマ人にとって何よりも大事なことは、生前にあっては名声を得ること、死後については「有徳」の評判を残すことである。彼にとって墓は、自分の遺灰が《大地の休息》に戻る（とはいっても、彼の《マネス》つまり霊は生き続け、毎年儀式とともに捧げられる供物によって活力を回復するのだが）ための場というだけでなく、なによりも、生きている人々に自分の事績を忘れさせないための《モニュメント》であった。

都市の入り口や、町につながる道路沿いなどに、かくも多くの墓がひしめき合っているのは、このためである。たとえ機械的・無意識的であれ、たくさんの通行人が墓碑銘を読んでくれ、せめて死者の名前を声に出してくれれば、それだけで死者は満足できるし、それが「人々の口の端に永く残っていく」ということである。

ローマ人の墓が、そのなかに納まっている人の容姿を写した立像や半身像で飾られているのも、このためで、そうした彫像は、技法もしばしば粗雑だし、そのモデルを理想化しようなどとしていないが、特徴を石に刻み込む手腕は優れている。

こうして栄光と名声を永遠ならしめたいとする心情は、おそらく、生存中に社会によって様々なやり方で圧迫されたことへの個人の報復でもあった。行政官は、任期の一年を超えて仕事を続けることはできなかったし、軍の指揮官も、任官期限内に決定的勝利を勝ち取るチャンスに恵まれなかった場合は、名誉を後継の指揮官に独占される恐れがあった。

結局のところ彼は、死によって自分自身に戻る。そのとき彼の生命がどれほど人々から模範とされるだけの徳の高さを獲得するかは、《ウィルトゥス》、《ピエタス》、《フィデス》という形での薫陶をどれだけ大事にしたかの度合いによるのである。

2　都市における人間

このローマ人の道徳規範は、最後まで堅固さを維持する。それは、あらゆる批判の試練に耐えるばかりか、最後には哲学者たちの学説を自らに同化し、原則のあらゆる相違にもかかわらず、それらを刷新する。

前二世紀、ローマがギリシャ人哲学者たちの思想に胸襟を開いたとき、その多くの教えのなかから選択するにあたって決定的役割を演じたのが、ローマ的な《重々しさ gravitas》という価値観であった。エピクロス派は、実生活においては非常に禁欲主義的であったにもかかわらず、教えのうえでは《享楽》を「至高善」としたので、ローマ人からは疑わしい思想と映った。

それに対してストア学派は、ローマ人が本能的に重んじてきた道徳を条理をもって正当化していると考えられたので、すんなりと受け入れられた。弁証法的論証の精密さを別にすると、ストア哲学の本質的理念は、ローマ人が保持していた道徳に合致していたからである。ストア派の人々にとって道徳の基盤は、自然に順応すること、すなわち人間の本性と物質的世界、神の世界、そして都市の秩序を成しているすべてに合致することである。人間の務めは、あらゆる分野における秩序を覚知し、それに自らを合わせることである。

しかし、初期のストア派の人々が思考によって真理の理論的・弁証法的・科学的認識に近づくとともに、さらに神的思考に迫らせてくれる《瞑想の徳》に重点を置いていたのに対し、ローマ人たちが心を惹かれたのは、節制と正義、そして、ギリシャの理論家たちからすると賢者のみに与えられていた「自らを律する勇気」といった《行動の徳》であった。

前二世紀後半、ローマでストア哲学を教えたパナイティオスは、その教えをローマ人聴衆が望んでいる方向に巧みに曲げた。彼は、多くのローマ人が理解できるよう、今もよく知られている一つの比喩を用いた。——《徳》は一つであるが、幾つかの色の扇形部分で構成される円形の的のようになっている。射手は、この的を狙って矢を射た場合、どの部分であっても、当てれば勝ちである。ローマ人が伝統的に理想としてきた《諸々の徳》も、これと同じだ、と。

パナイティオスは、これによって、ローマ人の伝統主義者にストア哲学に対する好意を呼び覚まそうとしたのだったが、それ以上に、ローマ古来の国民的考え方の幅を広げさせるという結果をもたらした。まさに、ローマが人間らしくなり、広く人に理解されるものになったのは、彼とその直接・間接の弟子たち（キケロもそのなかに含まれる）のおかげであった。

ギリシャ的思考は、わが身を守るために、ローマ人好みの道徳性を説くストア哲学を提供したのだが、ローマ人のほうは、それを受け入れることによって、それまでは考えもしなければ努力もしなかった〈世界征服〉の運命が自分たちに味方しているのだと納得することができたのであった。

このようにして、私たち近代人にとって古代文学・古代哲学と不可分の関係にある普遍的人間主義の理念が形成されはじめたのが前一世紀の初めごろからである。ギリシャ哲学もそれだけでは、万人にとって容易く近づけるものにはなりえなかったであろう。そのなかには、思考と根源的美意識へ誘うと同時に無政府主義へ誘惑するような、あまりにも矛盾しあうさまざまな要素が混じり合っていた。

広い意味でいえば、とくにソクラテス以後のギリシャの思想家たちは、都市すなわち国家から個人を解き放とうとしていたといっても過言ではない。これは、ローマ人からすると、ギリシャ哲学は個人を堕落させる危険性をもっているということであり、普遍的人間主義の理念はあっても、それを現実のなかに反映し、生きた一つの政府と一つの社会を形成する力を欠いていた。

こうして、惨めな失敗に終わったプラトンの〈共和国〉に対して誇らかに宣揚されたのが、ストア哲学を基盤にしたローマの元首制であり、なかでも、当時の世界に平和を確立し《五賢帝》と称えられているアントニヌス朝の元首たちである。

たしかに、ストア哲学が普及しえたのには、時宜を得たという背景があった。

第二次ポエニ戦争の末期以後、ローマでも社会的集団的拘束力は徐々に緩んでいた。この当時、ローマ国家は、例外的危機から自らを救うため、例外的手段を探さなければならなくなっていた。スキピオ・アフリカヌスが、普通ならずっと低い行政官職にしか就けない年齢で、ヒスパニア属州に重要な拠点を再建するために招聘されたのは、そのためであった。しかも彼は、見事に成功し、ほかの元老院議員たちを凌ぐ立場になり、ほとんど神に近い特権を認められるまでになった。彼自身、ひとりで長時間を神殿で過ごし、自らをユピテル大神の家族に列せしめさえした。

しかし彼は、決定的勝利を得たあとも、彼以前の多くの勝利者と同じような神の仲間には入れてもらえなかった。むしろ、その強烈な個性のために、伝統的平等主義を大義とする「小市民」カトーの執念深い攻撃によってローマを逐われ、リテルナ〔訳注・正しくはリンテルヌムLinternum。ナポリに近いカンパニア地方の田舎〕に引きこもらなければならなかった。

しかし、こうしたカトーを代弁者とする伝統的平等主義の勝利は、束の間のことでしかなかった。このあと、《英雄たち》が何人も現れ、そうした彼らによってローマの世界征服が現実化していく。伝統的なやり方が維持できたのは、ローマの若者たちを率いさせてこれら有能な軍指揮官たちを遙かな戦場へ出かけさせることができた間だけであった。

やがて、内乱の相次ぐ時代となる。グラックス兄弟が《フマニタス（人間主義）》の名のもと、イタリア民衆とローマの平民に土地を分配し生活手段を与えようとしたのを、元老院寡頭派が強引に阻む。それは、現会員による新会員の選挙において一歯車でしかないことに満足できなくなった野心家と、法律をねじ曲げても自分たちの支配を押しつけようとする人々との衝突でもあった。

この《反逆的な護民官たち》（グラックス兄弟）が起こした騒動のあとも、マリウスが《救済者》として現れて、一年任期が原則の執政官を何年も独占し、非合法な権力行使を続ける。この異常事態を終息させることができたのは、スラという別の野心家が独裁権力を握るという、もっとひどい異常事態であった。スラが《王》になろうという直前に方向転換し、元老院の優越性が回復されたのは、僥倖という以外なかった。

だが、その二十年後には、新しい危機が口を開き、結局、共和制はそのなかに呑み込まれて崩壊する。カエサルの勝利のあとのローマ、さらにいえば彼がいなくなったあとのローマは、支配者になるやり方を知っている人間ならどんなペテン師に乗っ取られてもおかしくないように見えた。しかし、このときの内戦のなかで作られた政治的原則がローマに救いをもたらすのである。

前述のように、すでに共和制末期には、毎年交替制で執政官に権力を行使させるやり方ではなく、人徳と威信、美点をもった一人の人間に終身的に国家支配と秩序維持の全ての任務を託そうという考え方が出始めていた。ストア学者たちも、もしも、資質に恵まれ、神の加護を受け、並外れた「幸せの手」をもった賢人が国家の保護者として選ばれるならば、そのような制度も可能であると保証していた。

貴族階層の人々は、法律上は別にして事実の上では、人間は平等でありえないと考えていた。彼らは、《無学》あるいは《愚鈍》な人々は不合理な意見しかもっていないのに対して、自分たちだけが世界の秩序を構想する英知と、この世に《善》を実現する能力をもっていると自負していた。

まさに、そうしたなかでアウグストゥスが《プリンケプス》すなわち「筆頭市民」「元首」の地位に就いたのであり、彼が遂行した政治的・宗教的改革の数々は、このように神によって使命を与えられた例外的な人間が、社会のあらゆる面に現れている行き過ぎを是正し真の均衡を回復してくれるであろうという期待に応えるものをもっていた。彼は、空洞化していた古来の祭儀を甦らせ、純粋さと質朴さが守られている田園生活の健全さをウェルギリウスに謳わせることによって、道徳的価値を蘇らせ、自ら質素さの手本を示して贅沢を戒め、瀰漫する不品行や離婚によって脅かされている結婚制度を強固なものにすることに努めた。

西暦一世紀のこの共和制から帝政への変革期にストア哲学を信奉する元老たちが果たした役割は、アウグストゥスの統治と、ローマ人の精神生活の基盤となっていたこのストア哲学との間に深い一致があったことを証明している。ストア哲学者たちは、その後の皇帝たちがアウグストゥスの政治路線から外れるたびに、反対の声を挙げた。逆に元首たちは、アウグストゥスの原則に立ち戻ったときには、ストア主義者の協力を当てにすることができた。

ネロは、その治世のはじめには、暴君であったクラウディウスのやり方を転換し、帝政の創始者の格言に従って治めようとしたし、元老院の議員たちもこれに熱い支持を与えた。この若い皇帝のもとで事実上の権力を行使したセネカは、彼自身、ストア学者であり、皇帝の真摯さの保証人と目された。こうして最初の五年間は両者の和合と誠実な協力関係のなかに平穏に過ぎていった。

ところが、この暗々裏の協定は、セネカが寵愛を失い、ネロがオリエント的専制君主として支配するようになって壊れる。ピソの陰謀は、貴族としての家柄の古さのみで選ばれたネロに対してよりも、当代随一の賢者と見られていたセネカに向けられたものであった。

この暴君のあと、次のガルバが、アウグストゥス的な「徳による統治」を復活させようと努力したが、彼の試みはライン軍団とオリエント軍団による動乱と政治への干渉によって挫折する。それが再び採り上げられるのは、さらに五代あとのドミティアヌス帝が殺されて、ネロを倒した六八年の革命を想起させる状況が再現したときのことである。アントニヌス朝の治世は、ストア的精神による啓蒙的君主の勝利を表しており、それは、あらゆる革命にもかかわらず、古いローマ的精神が生き残っていたことの表れであった。

帝政下の元老院は、さまざまな欠点や悪徳、ときには元首たちへの卑劣な媚びにもかかわらず、古くからの道徳的価値を維持することに貢献した。ほんとうの意味でのローマ貴族が消滅したときも、それに入れ替わった地方のエリートたちが、このローマ的名称が帯びている理想をなんとかして永続させようとした。

ドミティアヌスやトラヤヌスの治世、小プリニウスとタキトゥスという、いずれもキサルピナ出身の、いわば「成上がり者」（もっとも、前者がキサルピナ人であることは確かだが、後者については推察にすぎない）が、ハンニバルの時以来の名家の代表者たちより以上に頑なに伝統を尊重した。彼らのローマの過去への憧憬の念は、自分たちの地方の小さな町にいるローマ人たちによって触発され、雄弁術教師や哲学者たちの教えを通して伝えられたものであった。

若者たちは雄弁術の演習のなかでファブリキウス〔訳注・前二八二年の執政官で公正と清廉で有名〕、ファビウス〔訳注・前二三三年の執政官でハンニバルとの戦いで活躍〕、スキピオ、グラックス兄弟の高徳を宣揚し、カティリナ〔訳注・前六三年に暴動を企み、キケロによって鎮圧された〕を非難した。こうして、学童時代から古来の道徳を尊重すべきことを教え込まれ、また、哲学者たちの教えを通して、慣習的に人間のめざすべき理想とされていたものの理論的裏づけを学んでいったのであり、そうした教育の影響が、ローマの伝統的精神を強化し維持することに大きく寄与したことは間違いない。

これらのローマ的伝統精神は、将来、属州総督だの高等行政官、軍の指揮官、審判人となり、さらには元老院に入るエリート・コースの子供たちに特にしっかり打ち込まれた。したがって、元老院議員は、ティトゥス・リウィウスやウェルギリウスの著作を暗誦できるほど読んで大きくなった人々で、彼らにあっては、ローマの伝統精神とギリシャ精神とは一つに結びついていたといえる。

しかも、彼らのなかでも傑出した人々は、この啓蒙的ヒューマニズムを、ローマによる世界統治という行動に移し替えることさえやってのけた。ギリシャ哲学のヒューマニズムが《都市》の古い束縛から脱し、人類普遍の教えとして今日にまで生き残ることができたのは、彼らのおかげであったといっても過言ではない。

こうした《ローマ的ヒューマニズム》のエリートたちにとって、人間が本質的にめざすべきは《叡智》であり内面的完成であって、それらは《正義の徳》の実践、死に臨んでの勇気として表れた。それを身をもって示した手本には、事欠かない。

さまざまな神々が占める席は、哲学者たちがこの理想のなかで割り振ったものであり、ある神が尊敬される度合いは、その神が都市の秩序と社会的結束の維持のために貢献する度合いに対応していた。穢れなき心をもって唱えられる祈りや、心からの捧げ物である生贄、創造主に対し被造物によって表される感謝などの宗教的実践がそれなりの価値をもったのは、それらが神の求めに応じたものであったからである。

しかも、この道徳の合理主義は、超自然的な何かへの信仰を排除するものではない。小プリニウスは幽霊の物語をごく当たり前のように語り、人を当惑させるような偶然の一致などのエピソードを引用しており、彼ほどの思慮分別のある人でも、人間の運命と状況は天体によって左右されていると頑なに信じていたことを示している。

ストア哲学とプラトン哲学は、神と人間との間には恒常的交流があるとする点で一致している。公的宗教における神々は、《シンボル》もしくは《近似性をもつもの》として受容される。エピクロス派の人々は無神論者と誤解されがちであるが、彼ら自身は、神々を《至福》のシンボルとし、心静かに神々を瞑想することによって魂は《浄福》へ導かれると考えたのである。

今日、宗教の原動力と考えられているそれ以外のもの、たとえば死後のあり方やあの世の問題については、選択の自由に委ねられていた。神を認めるからといって、肉体が腐敗し分解してのちも個人は存続すると信じているとはかぎらなかった。

最も唯心的な教義では、魂はこの世における外被から抜け出て神になるとする見方が受け容れられる。《徳》の実践によって充分に浄められ鍛えられた魂は、永遠の真理を瞑想することによって自己のうちに神的な萌芽を含むにいたり、天界の領域へ向かって飛翔すると信じられた。ここで、プラトン主義とストア哲学とは、清らかな人生を送った個人の魂は、その褒賞として世界の魂のなかに回帰し、天上において不死を得るとする点で一致している。

しかし、これは〈信仰〉というよりは、美しい〈期待〉である。しかも、神の列に加われるのは、例外的人間だけで、凡人にとっては近づきがたい徳を修め、業績を積むことのできた選ばれた特別の魂のみに許されることである。つまり、叡智と教養と鍛錬とが結合し釣り合っている偉大な政治家、大詩人、思想家といった人々、生きている間は、その恵まれた資質とエネルギー、意志の強さによって、充分に一個の人間であることができた人が神になった。

この道徳的でほとんど寓話的な《ローマ的ヒューマニズム》が開花するのは、まさしく指導階層のエリートにおいてのみである。とはいえ、これを過度に限定して考えるのは間違いである。ローマの物質的繁栄と都会的洗練は、ごく小さい地方都市にも浸透していて、文化が称えられ求められていた。どんなつつましい町でも、市民の子供たちのために優れた教師を競って確保しようとしない町はなかった。西暦一世紀ごろから顕著になったこの気風は、蛮族侵入時代まで続く。

この時代には、どの属州でも、幾つかのほんものの大学が機能していた。たとえばオータン、ボルドー、トリールなどにある大学では、帝国のあらゆる地域から来た教師が教鞭を執っていた。ガリア人の修辞学者、ヒスパニア人の雄弁術教師、アテナイ人哲学者がいて、同じラテン語を話し、同じ道徳学、同じ美学を教えているといったことも珍しくなかった。

彼らのおかげで、八百年も九百年も前のギリシャ世界で仕上げられた教えが人々の魂に作用しつづけていた。ウェルギリウスの『アエネース』は《ローマ世界のバイブル》と見なされて暗誦され、注釈が施された。テレンティウスやルカニウスも愛読された。ラテン文学は教養ある人々の共有財産となり、それが生き残ったことが、後世の幾多の《ルネサンス》〔訳注・シャルルマーニュ時代の《カロリング・ルネサンス》から始まり、スコラ学全盛期の《十二世紀ルネサンス》、そして十四世紀からの《ルネサンス》にいたるまで〕を準備したのであった。

しかし、こうした首都や属州のエリートたちと違って、帝国住民の大部分は、知的生活以外のところに、生きる理由、期待する理由を見出さなければならなかった。しばしば、ほとんど野生に近い生活を営んでいた農民たちのことは考慮の外に置くにしても、である。オリエントの宗教、すなわちエジプト、シリア、小アジア、さらにダニューブ川流域地方からやってきた信仰や修行が広まったのが、こうした大衆のなかにおいてであり、その共通の基盤は、信仰の報いとして、この世での栄華とあの世での救いを約束したことにある。

このいずれも、それらの地域ではローマ人によって征服される以前から存在していたのだが、ローマ帝国に統合され住民の広範な撹拌が行われたことによって、信者たちが拡散し、見知らぬ土地にまで自分たちの神々をもたらしたのだった。

エジプトのイシス神信仰がローマにもたらされたのはスラの時代で、最初の《イシス教団》が形成され、まもなく、ローマ市内の《マルスの野》にイシスの神殿が建設されている。さまざまな規制が加えられたにもかかわらず急速に発展を遂げて、帝政の初め、おそらくアウグストゥスの治世には、確実にローマ社会のなかに定着する。

はじめにイシス神を信仰したのがイタリアに住み着いたエジプト人たちであったことはいうまでもないが、オリエント各地から連れてこられ、やがて解放された女奴隷たちも信者になっていった。彼女たちの心を捉えたのは、この女神への崇拝のなかで人間の情動に訴えかける面であった。イシス神は、歌を歌いながらのゆっくりした行列行進、フルートとシストラム〔訳注・ガラガラのように振って鳴らす古代エジプトの楽器〕による心を奪うような音楽、タンブラン〔訳注・長太鼓〕のリズム、焚かれる香の薫りを好んだ。

イシス神を祀る儀式
ヘルクラネウムで発掘された絵（ナポリ博物館蔵）

さらに、この信仰には、頭を剃り亜麻布の衣をまとった僧がいて、彼らは永遠の秘儀に通じており《デーモン》たちを自在に操ることができ、宇宙の最も神聖な境地へ導いてくれるとされていた。この僧たちは人間的弱点に冒されることがなく、およそ魂を持つ生き物の肉はいっさい口にせず、性的快楽も拒絶した。信者たちも、日頃から信徒としての務めを果たし、何日間かの潔斎を行うことによって女神にまみえることができるとされた。

しかしながら、イシス神もまた、人間と同じく自分の愛する者を失う苦しみを経験しており、毎年、彼女の流す涙によって、その愛する人の身体が灰のなかから甦るとされた。むしろ、こうした《苦悩の母神》であればこそ、罪深い女性であっても、改悛と贖罪を行えば、深い愛情を注いでくれると考えられたのである。

ミトラの宗教がひろまりはじめたのは西暦一世紀の終わりごろからである。ミトラはペルシャの神で、盛んに崇拝されるようになったのは多分、〈ポントゥス・エウクセイノス〉すなわち黒海沿岸地方においてであった。当初は単純に兵士たちの守護神であったが、そのなかに小アジアの各地からもたらされたあらゆるものが混入し、セム人に起源をもつイラン伝来の信仰を反映した神学が形成されていった。信徒たちにいわせると、ミトラは《太陽王》であり《不敗の太陽神》であった。彼が冬至の日に岩山の上で生まれたとき、羊飼いたちが羊から得られたさまざまな品を貢ぎ物にもってきたという。そこに宇宙論的意味をもったイラン起源の伝説が付加された。ミトラが一頭の牡牛と戦い、最後に、ナイフを牡牛の喉に突き刺すと、あふれ出たその聖なる血によって大地は肥沃になり、豊かな作物が実った、というのである。

ギリシャ神話においてヘラクレスがそうであるように、大地を荒廃させるあらゆる災いを追い払うために戦ってくれるのがミトラであり、人間は、自然がもたらしてくれる恩恵の全てをミトラ神に負っている。したがって、ミトラ神を祀る典礼は、その曲折に満ちた神話の筋書きを象徴して、ドラマティックな性格を帯びていた。

この祭儀がしばしば地下で行われたのは、この神に、生まれた岩山を思い起こさせるためであったに違いない。洞窟の丸天井は星のまたたく夜空を象徴していた。その儀式で最も神聖な瞬間は、牡牛を生贄に捧げる場面であったことはいうまでもない。

正確なことは分かっていないが、ある時代から、この供犠を完璧なものにするためキュベレの秘儀であった《タウロボロス》〔訳注・「牡牛の生贄」の意〕が借用された。牡牛は地面に掘った穴の上で喉を切られ、その血が穴のなかで待ち受ける人の上に降り注ぎ、この《洗礼》がまた、豊穣をもたらすとされた。

聖職者は階級によって権威が区別され、信者たちはこの聖職者たちが司る《教会》ごとに集まり、ミトラ神の命じる戒めに従うことを宣誓した。その戒めがどのようなものであったかは、正確には分かっていないが、嘘を吐かず誠実であるべきこと、人類的兄弟愛を重んじ、純潔を守るなどの道徳律がその基本になっていたと推測される。

しかし、ローマ人の心を惹きつける要因となったのは、その軍事的側面であった。ローマだけでなく、ギリシャ本土を除く西欧の至るところで、西暦一世紀以後に建造されたミトラ教礼拝所「ミトラエアMithraea」が見つかっている。すでに述べたように、ネロ帝もミトラ教に心を惹かれた。彼は、パルティア人のティリダテスの手引きでミトラ教の秘儀を受け、六四年以後は自らを《太陽王》と同一視するようになる。この宗教の太陽神神学がその後のローマの皇帝崇拝に対し、少なくとも部分的に重要な役割を演じたことが明らかである。

しかし、それと同時に、キリスト教への道を用意するうえで貢献したのも、このミトラ教であったことを忘れてはならない。それまでは本質的に大衆とは無縁な哲学的教義の域に留まっていた〈一神論〉を広めることによってだけでなく、東方の《鬼神学》を民衆化して、《悪》の力に対し《善》の原理を立てることにより、キリスト教を受け容れやすくしたのだった。

アフラ＝マズダ教の要素とバビロニアの占星術とが結合したミトラ教は、その混合的性格によって、おそらく、これらの観念が西欧に入ってくるための最も有力な乗り物となったのであった。しかし、それと似た思想・信条で、西暦二世紀以後、もっと別の道を通って西欧へ浸透していったものが幾つかある。

まず、セレウコス王朝を滅ぼした戦争（前六四年）のあと、多くのシリア人が奴隷としてイタリアへ売られていったが、それに伴って一緒に運ばれていったオリエントの思想と宗教のなかに、とくにシリア人が崇めていたアタルガティス女神とハダッド神の信仰があった。そして、こうしたシリア人のなかには、ネロ時代の大富豪として有名なトリマルキオンが象徴しているように、奴隷身分から解放され、優れた手腕によって帝国の商業活動の重要な担い手となる人々が出た。

事実、帝政期になると、金融業や商業で活躍するシリア人が至るところに見られるようになり、彼らとともに、アタルガティスとハダッド神だけでなく、オリエント伝来の神々の崇拝が西欧の各地に広まっていった。その一つとして、生命を司り植物の生長を促す神とされたアドニス神がある。毎年春になると、女たちはこの神の復活を祝って歌った。

古代カルデアの占星術が民衆の間に広まったのも、シリア人たちによってであった。この占星術は、新ピタゴラス学派の哲学者たちが科学的に裏づけようとしたことがあったが、このころは、民衆化した文字通りの占星術としてローマ社会のあらゆる階層にもてはやされ、皇帝たちは、「カルデア人」と呼ばれた占星術師たちを何度も取り締まらなければならないほどであった。しかも、皇帝たちがこれを取り締まったのは、人々を誤ったものから守ろうとしてそうしたのではなく、彼ら自身、真理を啓示してくれるものとしてこの占星術を信じていたので、自分たちだけのものにしておくためであった。ローマが創建の初めから魔術的なものに支配されていたことは、『十二表法』のなかに《不吉な呪い malum carmen》を禁じる一項があることでも分かる。東方から渡来した魔術は、このローマ人古来の魔術好みに勢いをつけただけであったともいえる。

また、この占いを生業としたのは女性が多かったが、かなり実入りのよい職業だったようである。ホラティウスの著述に、恐るべき女妖術師、カニディアの思い出を語ったものがある。彼女は、墓地へ忍んで行って死体を掘り出し、それを細かく切り刻んで媚薬の材料として使ったという。また、ある魔術を行うには、幼児の脊髄が必要だというので、子供を首まで土に埋め、餓死させることもためらわなかった。惚れ薬を注文された魔術師たちが、注文主にとって邪魔な夫や、なかなか死なない父親を除くため毒薬を調合した例もあるという。

帝政時代のローマでは、占星術師や魔術師は、救いを求める人々から頼りにされたスペシャリストであり、広範な影響力を発揮した。彼らが行った呪いや祈りの文句を刻んだ鉛板の小片が今も大量に発見されており、そのなかには、地下の神《デーモン》に戦車競走で自分が勝利できるよう祈り、ライバルを病気に倒れさせるか死なせるよう求めたものもある。

そうした《デーモン》の幾つかはその正体が突き止められており、なかには、イタリア古来の《デーモン》の名を記したものもあれば、アフラ＝マズダなどオリエント伝来の神や、エジプトの神々、さらには蛮族の神の名前もあるし、魔術師の想像から生み出されたらしいものもある。要するに、全てが一緒くたになっているのである。

祈禱や呪術を行うこと自体、ローマの公的宗教においては祭司の規範によって無害化されていたローマ人固有の原始的魔術と古いアニミズムが反映したものである。いわば、こうした民族的性向の奥にあったものが、オリエントから伝えられた祭儀と魔術によって、生気を取り戻したのであった。

国家的宗教は公的聖職者の組合によってコントロールされたが、これは、言われるほどには厳格でなかった。とくに、たとえばイタリア半島がハンニバルによって席巻されたときのような危機の時代には、フリュギア〔訳注・小アジアの内陸部〕のキュベレ女神の祭儀が取り入れられたばかりか、この女神の姿を刻んだ聖なる石をはるばるフリュギアのペシヌスから運ばせ、ロムルスが創建したパラティヌスの丘の聖域に安置までするといった、かなり大胆な革新が行われている。このキュベレ神の祭儀は、去勢された神官たちが踊り狂うなかで、人々は鞭やナイフで互いの身体を傷つけ合うといった異様なものであった。このような祭儀が公的に容認されたのは、ローマ古来の厳格な道徳主義に対し直接に異議申し立てをする要素がなかったからであろう。おそらく、ハンニバル戦争による暗澹たる時勢にあっては、伝統的な神々はもはや人々を惹きつけるだけの力を失い、飲めや歌えやの乱脈ぶりから発散されるエネルギーに身を任せる必要性があったのかもしれない。

しかし、やがて、この祭儀は、元老院の命令で規制が加えられ、一人の常任の聖職者が決められて、穏健な信仰として維持され、祭も厳粛に行われるようになっていった。こうしてローマ的変貌を加えられることによって、それが内包していた危険性は除去されたのである。

ほかにも、幾つか神秘主義の波がイタリア半島に浸透して原始的祭式が息を吹き返し、そうした儀式を主宰する密教僧たちの組合が結成されたりしている。だが、そのたびに権力が干渉を加え、その厳しい監視のもとにローマ的秩序のなかに組み込まれていった。

前二世紀初めには、ディオニュソス〔訳注・ローマでいうバッカス〕信仰が村々や町々に急速に広がった。各地でディオニュソスの秘儀を伝授された男女がバッカス的興奮に身を委ね、多分、人間を生贄に捧げるところまでいった。さすがに、これには元老院も深刻な不安を覚え、即刻、結社を解散するよう命じ、それでも従わない者を死刑に処するという苛酷な措置を執った。とはいえ、この神の礼拝自体を禁じはしなかったし、祭儀の執行も、行政官たちの監視のもとで行うことを許している。

しかし、だからといって、ローマが近代的な意味で、あらゆる宗教について寛容であったわけではない。元老たちは、《信教の自由》を尊重したのではなく、神的なものの表れと思われる全てに対して、素朴に慎重だったのである。彼らは、神的なものの表れ方は無限に多様でありうることに気づいていたので、公的宗教だけで統括できるとは考えていなかった。むしろ、さまざまな妖術の約束する御利益をも、国家に結びつけようとしたのであった。

逆にいうと、都市と国家の均衡と規律を危うくしない限りにおいて、いずれの宗教にも寛容な態度をとったのであって、この心理状態はローマの末期にいたるまで続き、キリスト教に関して皇帝たちが採った政策をかなりの部分、説明してくれる。そもそも、キリスト教のなかには、ローマ人の宗教感情を根底から損なう恐れのあるものは何もなかったからである。

キリスト教と同様、ミトラ教も極端な一神教で、独自の神学とヒエラルキーと道徳律をもち、洗礼を行った。イシス信仰も同じで、信者に対し禁欲的実践と日々の祭礼、幾つかの状況では特殊な慣習と食物に関するタブーを課していた。しかし、ミトラ教もイシス信仰も迫害を受けることはなかった。

キリスト教の場合、神の前での万人の平等を説いたことがローマ社会の骨組を危うくする恐れを秘めていたために弾圧された、と言われることがあるが、その程度のことなら、思想家や哲学者たちもしばしば説いていたところであり、しかも、帝政下の社会的発展自体によって、征服者と被征服者、自由人と奴隷の間の伝統的な垣根は消滅しつつあった。キリスト教徒に迫害が加えられた理由は、もっと別のところにあった。

まず、その第一は、キリスト教徒側の不寛容にある。これは、ほかのオリエント諸宗教には見られなかった点で、ローマの政治生活の本質的原理になっていた皇帝の神格化を受け入れようとせず、またローマの宗教的本質であった軍人としての誓約を拒むなどして、攻撃する側になったのは、実はキリスト教徒のほうであった。

皇帝たちは、かつてバッカス教徒に関して元老院と執政官が拠り所とした原則の名においてさまざまな形の公認の異教とキリスト教との間の抗争をやめさせようとした。それが、西暦三一三年に公布された『リキニウスの詔勅』である。――「われわれは、神の信仰に関わることを全ての上に置くこと、そのために、万民に対してと同じくキリスト教徒たちにも、彼らが欲する宗教を奉ずる自由な権利を認め、天上にある神々に関する全てのことを、われわれにとっても、我らの支配下にある万人にとっても心地よく好意的であるようにすることが正しいと決議した。」

こうして、ほぼ三百年来の古い流血の争いが、最も純粋にローマ的な伝統のなかで終わりを告げたのだった。

3　家庭とその祭儀

ローマ社会の基盤は、長い間、家庭であった。したがって、ローマの歴史的進展のなかで、その古い規範がどのように守られたか、あるいは、いつ、どのようにそうした規範から解放されていったかを追求する必要がある。

すでに見たように、ローマでは父親が家内奴隷に対しても、自分の妻や子供たちに対しても、権力を行使することが法的に認められ、家庭生活は絶対的父権によって支配されていた。《家父長 pater-familias》は、妻が子を産んだ場合も、これを認知するか否かは思いのままであった。生まれた子供を彼が両腕に抱き上げ、高く掲げれば、嫡子として認知したことになり、そうでない場合、赤ん坊は家の外に放り出された。そうした子は、誰か欲しがる人がいればよいが、実際には置き去りにされて死ぬか、さもなければ、奴隷にされた。

そのうえ、父親から認知された息子であっても、家から逐われることがあった。そんなときは「ティベリス川の向こうへ売られた」ということになる。このようにして三度売られた息子は、法的に親権者の束縛から解放された。

とくに重大なケースでは、父親は妻や子供を殺すこともできた。しかし、慣習では、このような残酷な決定は、とくに、そのために一族の会議を開き、その承認を得る必要があった。この古くからのやり方は、ネロの時代にも生き残っていて、ある元老院議員は、妻が《外国の邪教》に誑かされているということで、彼女を裁くために家族法廷を開いたという記録があるくらいである。

国家は、家族内の問題に干渉すること、したがって、家父長の権限に制約を加えることに対しては、最大限の忌避を示した。しかし現実には社会的風習が、こうした法的環境のもたらす残酷な結果を和らげる働きをした。父親によって奴隷として売られた息子も、法律上は自由身分に留まるのが普通で、他の奴隷と違って裁判に訴えることができたし、自分の新しい主人に対しても訴訟を起こすことができた。

父親が我が子を奴隷として売ること自体、ますます例外的になっていった。

他方、《家父長》が子供や妻の合法的代表者であり、妻や子供は自分の法的行為が有効であるためには彼の承認を必要としたことに対して、前二世紀ごろから、親権解除の訴訟が行われるようになる。親権から解放された子（あるいは妻）は、その家族の一員であることに変わりはないものの、個人的資産を所有し、自分のやり方で管理する権利を手に入れた。

《結婚》は〈家族〉という細胞を永続させるために不可欠であるが、結果として、異質な要素を導入することになるので、とりわけ重大な行為と考えられた。したがって、当事者の意向はほとんど無視され、決定は家父長の専権で、そこでは、たとえば貴族階級にあっては、政治的つながりが選択のより重要な動機となった。

婚約の儀式は、家族と家族との荘重で宗教的な約束という意義をもっていて、とくに盛大に行われた。神々に伺いが立てられ、吉兆が現れて初めて行われた。儀式の中心は指輪の交換であったが、これは象徴的な意味を持っていて、ときには、一つの結び目で繋がれた二本の藺草で作られていることもあった。また、指輪は一つだが、填め込まれた石には、婚約した二人の胸像が刻まれていたり、二人の結合を示す何かの像が彫られていることもあった。

指輪の交換についで結婚契約書にサインが行われ、娘の持参金の額や支払い方法が決められた。これらの取り決めは法的責任を伴っており、もし約束どおりに行われなかった場合は、不満を抱いた側は、それによって蒙った損害の賠償を求めて訴訟を起こすことができた。

したがって、婚約式には双方の家族の友人たち全員が出席し、両家の結合の証人になった。婚約式に出席することは、ローマ人の数多い義務のなかでも、欠席すれば重大な背信になってしまうほどの、社会生活における大事な義務の一つであった。正式に婚約しておきながら、別の相手と婚約した者は、誰であれ重婚罪に問われた。同様にして、婚約しながら不実を働いた女性は、不義を犯した妻と同じに扱われた。

しかし、婚約の有効性はけっして永遠のものではなかった。男のほうがしかるべき期間内にその女性を娶らなかった場合は、彼女は別の男性と結婚を約束することができた。ただし、まだ幼い子供のうちに婚約させることが慣習化すると、婚約期間が長くなり、何年も待つのが普通になった。

《婚姻法 jus connubii》はローマ市に固有のもので、そうした法律上の結婚契約を結ぶ権利をもっていたのは《ローマ市民》だけであった。古典時代には、結婚の権利になんらの制約もなくなるが、貴族と平民女性との結婚の禁制は、過去の時代の記憶として残り、このタブーが除去されたのは前五世紀半ばのことである。理論上は、男は十四歳、女は十二歳で結婚適齢期と考えられていた。実際には娘がまだ十二歳に達しないうちから、事実上の結婚が行われていたが、そのような結婚も、法律上の有効性をもつのは、法律で定められた適齢期に入ってからであった。

共和制初期の何世紀かは、二つの形の婚姻が存在していた。一つは貴族階層における《宗教的結婚契約 confarreatio》であり、もう一つは《売買結婚 coemptio》である。

前者は、一家の祭壇の前で宗教的儀式として挙げられるもので、生贄の動物にスペルト麦の粉が振りかけられ、結婚する二人は同じくスペルト麦で作った一個の菓子を分け合って食べた。この儀礼が、おそらくラテン本来のアルカイックな、田舎風の性格をもつものであることは明白である。この厳粛な宗教的儀式をピークとして、前後には、古代の著述家たちが書いているような一連の絵画的な行事が繰り広げられた。

結婚の前夜、花嫁は自分が幼いときから大事にしてきた人形を父の家の守り神に捧げる。そして、昔からのやり方で織られた布地で作った白いトゥニカを身につけ、髪の毛は、槍の穂の形をした特別の櫛で梳り、六つの房に分けたうえでこれを細紐で束ねて髷にした。

ついで、こうして調えた髪の上にオレンジ色のヴェール、さらに、トゥニカの上から上半身を幅の広いショールで覆った。ときには、それに加えて、頭には花と宝石で飾った冠を戴き、黄金の首飾りや腕輪を付ける。足にはヴェールと同じオレンジ色のサンダルを穿いた。

結婚の儀式は、翌朝の明け方から始まった。占いが立てられ、ついで結婚契約書に署名が行われ、これには十人の友人などが証人として名前を書き入れた。それから、年配の、これまで一人の男性としか結婚していない婦人（このことは、若いカップルの運命にとって吉兆とされた）が新郎新婦の手を執って結び合わせた。この《手の結合 dextrarum junctio》までが花嫁の家で行われる儀式で、このあと、花嫁の父親により提供された伝統的料理で食事が行われた。

夕方、一番星が瞬きはじめるころ、花嫁は行列に付き添われて花婿の家に向かう。これにも、一つのドラマを表す幾つかの所作が伴った。出立にあたり、花嫁は母親の腕のなかに逃れようとするが、力ずくで引き離されて連れ出されるのである。行列では、松明が燃やされるが、焔が勢いよく上がれば夫が愛情深い徴とされたので、松明をもつ人たちは、できるだけ大きく燃え上がらせようと振り回した。

家族の友人たちも、木の葉で作った冠をつけて行列につらなった。花嫁には先述の婦人、花婿には青年たちが付き添ったが、とくに両親がまだ健在の三人の子供が加わり、うち二人は花嫁の手を引き、もう一人は、家の炉の火から移した西洋さんざしの木の松明を掲げて花嫁の前を歩いた。

フルートを吹く楽師もお供をし、沿道の見物人たちは演奏にあわせて歌ったり、吉兆をあらわす叫び声をあげ、行列を寿いだ。その叫び声とは「タラッシーオ thalassio！」というものだが、その語源は、いまでは、分かっていない。ただ、「thalasseros」は目薬の一種を指し、おそらくこの風習は、悪意の眼差しを逸らさせるという意味とともに、若いカップルが子宝に恵まれるようにと、人々に猥雑な歌をうたわせるためのものだったのかもしれない。

花嫁は、花婿の家の入り口を一歩入ると、女主人となるのであるが、それには、彼女はこの家のしきたりに従わなければならない。彼女は、家に入る前に、まず敷居の神と仲良くするために、そこを花と羊毛の細紐で飾り、縁枠にはオリーヴ油を塗った。それが済むと、夫の友人が二人、花嫁を両側から抱き上げ、敷居を越えさせた。これは、花嫁が入るときに敷居で躓いたりすると、これからの生活が恐ろしい事故に脅かされることになるということから、それを避けさせるためであった。

新婚のベッドは玄関の間かバルコニーかに設えられており、付き添いの婦人が、花嫁をそこへ導いた。しかし、実際に二人が結ばれるのは、何日か経ってのち、ということが珍しくなかった。

こうした儀式の内容は、平民の場合も、同じであった。ただ異なるのは、平民にあっては、《コエンプティオ coemptio》という呼称が表しているように（emptio は「買う」の意）、花婿、花嫁ともに、相手方を買うという形をとったことで、これが第二の場合である。

それに対して、第三の形として、《ペル・ウスム per usum》というのがあった。これは《コエンプティオ》から派生したもので、事実上すでに同居している場合に正式の結婚と認めるというものである。もし女性がある男の家で一年間生活している場合は、その期限満了とともに、妻になったと見なされた。しかし、その後も同居が続くことが条件で、連続して三夜、不在が続いたときは、結婚は無効になった。ここには、土地や物品の所有に関して時効によって所有権が獲得される《ウスカピオ usucapio》の原則

四面にレリーフが施された石棺
結婚はローマ人にとって神聖で，石棺にも生前の夫婦の姿が刻まれた（テルム国立博物館蔵）

の一つの応用が見られる。

時代の経過とともに、これら三つの形式の結婚は、ともに廃れ、共和制末期から帝政初期には、別の形式に取って代わられる。つまり、以上の三つは、いずれも、女性が夫の権力のもとに入るものであったが、時代の変化とともに、女性を法的に屈従させる行き方は嫌われ、《シネ・マヌ sine manu》といって、権力的支配を伴わない結婚が考えられるようになるのである。

そこでは、花嫁は、法律上は家父長の権限のもとに入るのだが、多くの場合、父親に代わって、誰かが法律上の保護者になった。そして、妻の持参金の管理権も、法律上は夫にあっても、実際には妻が自由に管理し、個人資産を増やすことができた。先に指定されていた法的後見人についても、彼女が申立てれば、司法官は別の後見人を選ばせてくれた。

アウグストゥスの時代になると、女性が子供を三人以上産んだ場合は、後見制そのものが完全に消滅した。全般的に女性に対する法的束縛はますます緩やかになり、父親といえども、娘を本人の意志に逆らって結婚させることはできなくなる。《家父長》の特権維持を意図したものは、結婚の法的形態のなかから姿を消した。当事者の意志と無関係に、家父長同士の契約によって結ばれた嘗ての婚姻に代わって、結婚は若い二人の合意に基づいてのみ行われ継続されることが当たり前となっていく。

あらゆる他の契約と同じく、結婚も解消は可能であった。本来は、結婚を解消する権利は夫にのみ認められ、夫が証人の前で、妻に向かって家の鍵を渡すよう要求し、「お前の荷物をもっていけ」と言うだけで結婚は解消されたが、時代が経つにつれ、一族の人々と相談し助言を求めることが必要となる。もし、この一族による裁判で妻の有罪が確定すれば、彼女は父親のもとへ返され、しかも、持参金の返却も行われなかった。

貴族階層の場合は、原則として結婚の解消はできなかった。そこでローマ人は、創意工夫をこらして、結婚と逆の結果をもたらす《ディファレアティオ diffareatio》（訳注・「farreum」は小麦菓子のことで、「dis-」は、分離を表す）と呼ばれる儀式を考え出したのだったが、それにしても、離婚は、長い間例外的にしか行われなかった。そうした稀な例として、夫の許可なしで遊びに出かけたという理由で妻を離婚したセンプロニウス・ルーフスなる人物と、不妊を理由に妻を離縁した元老院議員、カルウィリウス・ルガがいる。

しかし、いずれにせよ、そうした往古の結婚の安定性も永くは続かなかった。ここでも、前二世紀後半から風俗に変化が生じ、共和制時代の末期には離婚が頻繁に見られるようになる。この時代の著述のなかには、さまざまな破廉恥な離婚の事例が記録されている。「誰が執政官であったかでなく、誰が自分の夫だったかで年度を数えた女」について述べているセネカの言葉や、ある女が二十三人目に選んだ男は、二十人の女性と結婚と離婚を繰り返してきた男だったという、聖ヒエロニムスが伝えている逸話は有名である。

そのうえ、このように激増する離婚にあっては、人生から何かを得たいという欲求より金銭的欲望のほうが重要な役割を演じていたように見える。なかには、資産を持つ女が、自分より裕福でない男と結婚し、この伴侶が自分の財産の相続人になって安楽な生活をしてくれることを望んでいる例や、また、そうした願いを託すことのできる相手を探したという例もある。

また、帝政時代のローマの女性たちには、母になることを退屈で疲れることだとして嫌う風潮さえあり、それが夫婦の結合を壊れやすいものにしていた。事実、帝政期にあっては、夫のほうから妻を離縁するよりも、妻が夫を離別する事例が頻繁に見られる。法律文書には、たとえば、あるローマ貴婦人は金に困って夫に借金を申し入れたところ、夫は、妻が自分を離縁しないと約束してくれれば、貸そうと答えたという。またある婦人は、自分の娘がその夫を追い出したときは無効にするという条件で、娘婿に生前贈与を行った。娘は、母親が亡くなると、大急ぎで夫を離縁し、遺産を取り戻している。

このような事例は、まだまだたくさん挙げることができる。しかし、このような法律上の文書が社会の忠実な一覧表を呈示してくれているとは考えにくい。いつの時代も、弁護士や裁判所の記録が伝えてくれるのは、少なくとも悲惨な家族の物語であるからだ。歴史家は、それとは反対の例を挙げることによって、別の考え方をもっていた女たちの姿を示すことができる。

タキトゥスはその『年代記』のなかで、カエキナ・パエトゥスがクラウディウス帝によって死を命じられたとき、妻のアッリアが一緒に死のうとした話や、同じような状況のなかで自分の静脈を切開しようとしたが、兵士たちが妨げたので一命を取り留めたセネカの妻、パウリーナのエピソードなどを伝えている。それに類する英雄的な妻とか夫婦の感動的な献身の話は、さまざまな文書記録に見ることができる。

また、夫を献身的に愛し、夫が不遇の時代はその逃亡生活を助け、最後は、自分が夫のために子供を産むことができないと知ると、より幸せな一人の女性に自分の立場を譲って、家の中をそのままにして去ろうとしたトゥリアという女性〔キケロの娘で、夫はドラベラ〕の物語も、よく知られている。しかし、この話を伝えている追悼演説は、この自己犠牲の申し出は夫によって断固として拒絶された、と付け加えている。

トゥリアが夫の子孫を遺させるために身を引くことを申し出たのは、ローマ人の現実の結婚観に従ったのであった。そもそも夫婦となる目的が子供を作ることにあり、それは、祖国である都市の永続性を支えることでもあって、原理的にいえば、市民としては、すべてを犠牲にしても守るべき絶対的な義務であった。ルカヌスの『ファルサリア』〔訳註・『内乱記』とも訳される〕が語っているウティカのカトーとその妻、マルキアの奇妙なエピソードも、こうした結婚観を踏まえたときに理解できる。

――マルキアは雄弁家のマルキウス・フィリップスの娘で、カトーの後妻となり三人の子供を儲けた。カトーの友人で雄弁家のホルテンシウスが、老いを自覚し、死ぬまでになんとか子供を儲けたいと望んでいた。そこで彼は、カトーに、すでに子供を産めることが確実であったマルキアを貸してほしいと頼み込んだ。カトーから相談をもちかけられたマルキアはこれを承諾し、カトーと離婚してホルテンシウスと再婚、彼のために子を成した。その後、ホルテンシウスが亡くなると、彼女はカトーのもとに戻り、再婚したのだった。――

ルカヌスは、カトーとマルキアの二度目の結婚生活について、二人の間に肉体関係の復活はなく、厳粛な結婚生活であったと主張している。二人とも、結婚というものの義務と考えられていた道に従ったのであって、個人的感情、もっとあからさまにいえば感覚の満足は、彼らの生活にあってはなんらの位置も占めてはいなかったのである。

これは、現代人の精神を戸惑わせる話であるが、ローマ人の《ウィルトゥス》とその自制心には合致していたのであり、これこそ、ローマ人の道徳の最も深い基盤をなすものであったことを示している。ローマ人の結婚の基礎には、自分の手が夫の手に結びつけられたときに新妻が述べた誓約の言葉に込められた感情が生き生きと息づいていた。

「Ubi tu Gaius, ego Gaia（あなたがガイウスであるかぎり、わたしはガイア）」

この言葉は、二人が夫婦であるかぎり、心も身体も一つであるとの絶対的な一心同体を表している。こうした崇高な理想がずっと維持されたわけではなかったとしても、誰が驚くだろうか？　若い二人が結婚式の朝、自らを捧げると誓っただけで心慰められることではないだろうか？

第四章　法律

1　ローマ法

近代国家の大部分、少なくとも十八世紀ヨーロッパの哲学者たちの思想の影響を直接にせよ間接にせよ受けている国々は、ローマから膨大な恩恵を蒙っている。国家の様々な機構を指すのに使っている言葉自体、ローマ人の語彙からの借用である。しかし、言葉は同じだとしても、そこには幾つかの根本的な相異があることを見誤ってはならない。この相異が分からないと、《ローマ法》の独創性と歴史は理解できないし、《ローマ》という都市の仕組についても、その裁判機構や人間の諸権利に関しても、理解できないだろう。

たとえば、ローマの行政官は裁判官であると同時に、それ以外のさまざまな権力をもっていた。それらの権力が《行政》の領域と《立法》の領域に分けられ、いわゆる《三権分立》が原則化したのはモンテスキュー（1689-1755）以後である。

《法》の観念もまた、ローマ時代と現在とでは同じではない。ローマにあっては、法律とは、宣戦布告や、ある行政官の任命、土地の配分、さらには、ある家族に属する子供を養子にとることといった、非常に多様な対象に適用することのできるよう様々な形で表現された人民の意志である。その反対に、非常に重要な法的措置は、一つの法律に依ったのではなく、資産家階層が決定した。国家財政や公的予算は、国民によって承認されるのでなく、元老院の管轄に属していた。

同様にして、異論の余地なく立法の領域である法令の布告権は各行政官がもっていた。そのうえ、執政官は非常に広範な権限をもっていて、もし彼が職務を遂行するために有効であると判断すれば、ある人物をローマから退去させたり、兵士を徴募することなども、自分一人の責任で行うことができた。

民事事件や刑事事件、また政体の問題に関しても、成文法典はなく、あるのは慣習法だけで、それが国民による投票の対象になったことは一度もなかったが、成文法と変わりのない力をもっていた。ローマでは、政体は一人の人間とか一つのグループとかによって考えられたものではなく、その時々の環境を形成する転変常ない状況に適合しながら生き残っていけるように作られていった。

王政時代から共和制時代末にいたる非常に長い間、ローマでは訴訟に関わる法律と政体に関する法は分離されていなかった。個人同士の関係と、個人と都市の関係を確立するための規範は、王（または共和制時代においては執政官）がまとめて保持していた。王や執政官の最も重要な役目は、必要とあれば、その都度、これらの規範を人民に知らしめることにあった。彼は裁判官席（それは人々を見下ろす壇になっていた）に坐って、相談者たちが出す質問に答えた。多くの場合、質問は、ある不正な行為の犠牲になったことを訴える苦情で、刑事に属するものもあれば民事に関するものもあった。

その措置の仕方は、慣習によって和らげられてはいるものの、彼の専断であった。このため、法律よりも権力が優先し、政体に関わる規範は、この権力の特別のケースでしかなく、それが切り離されるのはずっとあとの時代になってからで、しかも、きわめてゆっくりと、不完全なやり方でなされたにすぎない。このことは、あらゆる法律が集大成されたのが帝政末期であった理由を説明してくれる。しかも

ガリア・キサルピナの法典を刻んだブロンズ板
1760年に北イタリア・ピアチェンツアで発掘された（パルマ博物館蔵）

皇帝たちは、民衆に属していた特典を全て独占している絶対君主としてではなく、共和制時代の行政官の後継者として、それを行った。

権力の一端でも担う人にとって、基本的役目は秩序の維持である。この世界の秩序こそ、すでに見たように、ローマ人の精神につきまとった関心事であった。そして、民法と刑法が個人間の秩序の維持を目的としたのに対し、政体に関する法、いわゆる憲法が目的としたのは、個人（または個別の集団）と都市（国家）との間の秩序を維持すること、あるいは、その関係を確定することであった。

それは、《法》それ自体から発出するもので、要するに、他の諸々の法律相互の関係に関して適用される法律にほかならない。このため、ローマの政治システムがどのように形成され発展したかを明らかにするに先立って、法律の機能の仕方を調べることが必要であると思われる。

ローマでは、法律は道徳から直接に発出した。この意味で、法律は道徳と同様、都市の安定性を確保することをめざし、道徳と歩調を合わせて進展した。慣習はローマが国家として形成されるときに引き継がれたが、固定的にそのまま引き継がれたわけではなかった。都市ローマ自体、新しい状況に合わせて変貌していったし、それにつれて、慣習も変わった。法律は、社会の必要性にしたがって、個人の権利に次第に大きな位置を与え、法律を厳格に適用することよりも、《公正であること》が追求された。

現実には、ローマ法は『十二表法』をもって始まる。古い伝承によると、西暦前五世紀中頃、十人のメンバーから成る特別の委員会、いわゆる《十人法制委員会》によって編纂された法律集が、この名前で呼ばれたのである。この法律集は、それまで法律はまったく口伝えで、法の適用も、貴族階層が独占していた行政官たちの専断に委ねられていたので〈公平〉からは程遠かった。それに不満を抱いた平民の強い要求によって編集が決定されたのだった。

《十人委員会》は外国の先例を参照するために、ギリシャ諸都市の調査から仕事を開始した。そして、その努力の成果が凝縮されたものが十二枚の文字板に刻まれ、ローマのフォールムに掲示された。のちに、このすぐ傍らに《船嘴演壇 ロストラ Rostra》が造られる。〔訳注・前三三八年のアンティウムの戦いで奪った敵船の船嘴を飾った記念碑が建てられ、そこに演壇が設けられた。〕

もとより現物は、今日では遺っていないが、古代の著述家たちがしばしば引用しているおかげで、この法典の内容はほぼ知ることができる。そのなかには、非常に多様な性格をもった多くの項目が含まれていた。何人かの人がこの法律の宗教的起源について証言しているように、事実、純粋に民事的な法律と並んで祭儀を目的とした規定が記されており、このことから、これら二つの領域が、まだ完全には分離されていなかったことが分かる。

たとえば死者の埋葬に関連した規定がたくさんあり、《ウルブス》〔訳注・ローマの古い都市域〕の内側では死体を埋葬しても焼いてもならないことが定められている。また、火葬用の薪は手斧で四角に切ること、葬儀において女たちが悲しみのあまり自分の頰を切ることを禁じた項目もある。また、死体と一緒に黄金製品を副葬してはならないことも規定している。もっとも、歯に被せた金冠まで取るよう強制してはいないが。

さらに、ある畑の収穫物を魔術師が呪術を使って別の畑に移すかもしれないケースについても述べられており、この『十二表法』が非常に古い過去の記憶を留めていることが明らかである。しかし、これを王制時代の事例の幾つかと比較してみると、そこには、ある種の近代化と、さらにいえば宗教色をなくそうとする努力らしいものも看取される。

ロムルスあるいはヌマに帰せられる法律の大部分は、宗教的色彩を非常に濃厚に帯びている。そこで想定されているのは、宗教的タブーを犯した場合とか、神の介在が明らかな場合で、たとえば雷に打たれて死んだ人の死体をどう扱うかについて、「跪いて死体に触ってはならない。また、正規の葬儀を行ってはならない」と定めている。

また、王制時代にあっては、死刑は神々への生贄の一つと考えられていた。そこで、繰り返し言われている言葉が「神のものとなるべし sacer esto」ということである。罪を犯した人間は、もはや人間共同体には属さず、神のものになったとされ、したがって、その刑罰は、本来の道徳的性格を帯びたものではなく、いわば、この宗教的事実の確認にすぎなくなる。もし、そうでなければ、ヌマの法典のなかにある次の規定を、どのように説明したらよいだろうか?

「境界線の標識を引き抜いた者は、だれであれ、その飼っている牛とともに神々に捧げられる。」

この行為は、それ自体が〈都市ローマ〉にとって脅威となる《穢れ》を含んでいた。というのは、神々との合意である《神々の平和 pax deorum》を危うくする行為だからである。この危うくされたものを護る手段として、この罪人を神のもとに送り、《穢れ》に関わる全てを消滅させようとしたのであって、これは、道徳的意味をもった懲罰などではなかった。『十二表法』にも、このヌマの法典の考え方は明らかに生き残っている。

「もしパトロヌス（保護主）がクリエンス（被護者）を欺いた場合は、《サケル sacer》たるべし。」

《サケル》とは「地下の神々に捧げられた」の意で、「呪われた者」を指す。この同じ規定は、尊属殺人を犯した場合にも見られる。これは、多分、殺害された人が自由人である場合である。しかし、宗教的禁忌への違背という観念は、少なくとも刑法の主要原理ではなくなっている。それが残存しているのは、幾つかの特殊なケースだけで、多くの場合は、「損害に対する賠償」という概念が取って代わる。

前六世紀末のギリシャ、とくにアテナイの法律上の発展を特徴づけるものも、こうした原初的な法律概念の緩和であったことが分かっているし、ローマの《十人法制委員会》がこのギリシャにおける改革から影響を受けたことも考えられる。こうしたギリシャ本土における革新が南イタリアのギリシャ人植民都市に採り入れられ、それをローマ人たちも見聞していたはずである。

この革新は重大な結果をもたらした。これに伴って、《正義》の観念がローマに定着していく。それは、「各人に己のものを与える suum cuique tribuere」こと、可能なかぎり以前の状態に戻すこと、である。もとより、この《賠償》の観念は、ギリシャからの影響ではじめて生まれたものではなく、ローマ人が、もともと持っていたのがギリシャの影響で明確に意識されるようになり、その結果として法観念として成熟したという可能性もある。

この《賠償》の観念がとった一つの形として「タリオ talio」〔訳注・「反座」といい、犯した罪と同等の刑を課すこと〕がある。しかし、これは、賠償について双方の折り合いがつかなかった場合、しかも、もっぱら肉体的損傷のケースに関してだけ適用された。〔原注・「もし他人の身体の一部を傷つけ、この者と和解せざる場合は、同害報復のあるべし」と定められている〕。

したがって、「タリオ」のやり方は、やむを得ないときに限られ、『十二表法』には、与えた損傷に対し、賠償額を数字をあげて示した項目がある。たとえば「もし手あるいは棍棒にて骨を折り（あるいは砕き）し場合、自由人に対しては三〇〇、もし相手が奴隷ならば一五〇セステルティウスの賠償金を払うべし」とある。

私たちは、立法者の仕事をなぞり、「責任を取る」ということが《賠償》という観念と《穢れの浄め》という観念とに分離したことを知ることができる。たとえば他人が耕作によって得た収穫物を夜の間に盗んだ犯人は、杭に縛り付けられ、息絶えるまで鞭で打たれるが、これは、穀物の神、ケレスに捧げられるわけで、一種の祭儀的意味をもっている。しかし、同じ罪でも、結婚年齢に達しない者が犯した場合は、鞭で打たれたうえで盗んだ量または倍の量を償えば済む。成年者の場合は《穢れの浄め》として行われたのに対し、結婚年齢に達しない者への措置は、損害の弁償という意味合いをもっていたわけである。

望むべくは、この『十二表法』のなかに、ローマを構成していた人々の多様性がどのように反映しているか、つまり、貴族の慣習に由来するものと、都市住民の法律的要素が入り込んできたもの、農民的しきたりに対応したものを見分けたいが、残念ながら、こうした分析は仮説の援用に頼らざるをえないし、そのため、引き出される結論は、きわめて不確実になる。法制史家たちによる説明の仕方も、ばらばらである。

おそらく『十二表法』に記されている条項の多くは、農民の生活の実際を対象にしていた。そこには、収穫物の問題だけでなく、木が切られた場合の悶着や、家畜が畑を荒らしたときの賠償問題などが挙げられている。しかし、こうしたことは、経済の基盤をほとんど専ら農業生産に置いている社会にあっては自然なことで、これらが、それ以外のものより古いという証拠にはならない。反対に、実務は全て、都市の行政官や法務官に訴えることによって行われたのであって、農民による裁判が行われた痕跡は見つかっていない。

農民裁判は、氏族裁判と同様、まったく別の文脈に属していて、そこに明白に見られる影響は、制定法以前の時代領域からのものである。『十二表法』が制定されたとき、これに影響を与えたのは決定的に都市のそれであって、もしも『十二表法』編纂の機縁となった平民が《ローマ市民》のなかでも特に都市住民であったということが真実だとすれば、《十人委員会》の法典編纂事業の背景について伝承が述べているところとよく合致している。

さらにいえば、ローマ法は、この都市本来の二元性から生まれたように思われる。というのは、ローマは貴族階層を構成していた《氏族》の人々と、そうした氏族に属さない《平民》とから成っていた。《氏族》に属する人々については、氏族の長が個人間の争いを仲裁しただけでなく、氏族同士の紛争、氏族と個人の間に生じた問題も解決する力をもっていたが、氏族に属さない平民は、自分たちと国家との間にあるいかなる中間的集団によっても保護されていなかった。

ローマ法の最も不変的な性格の一つであり、最も多くの結果をもたらしたそれは、おそらく氏族の長、いわゆる〈家父長〉に特権的地位を与えていたことである。氏族の長だけが完全な意味で責任をもち、完全な意味で資産を所有し、完全な意味で法的行為を担った。

すでに指摘したように、家族のなかの息子も妻も、元来は、いかなる権利も、法人格ももっていない。もしも、このタイプの家族しか存在していなかったとすれば、国家は《家父長》同士の関係以外に関しては規定する必要はなかったはずである。家父長以外の人間は、家族内部での裁きに依ったはずで、事実、そうした家族内部の裁きが幾つかの役割を果たしていたことは、すでに述べたとおりである。そして、法律は、家父長たちだけが知っている慣習と、祭司たちによって類別され保持される宗教上の掟とに還元されたであろう。

しかし、この枠内に納まらない平民が存在したこと、しかも、その数が増大し、経済生活においても重要性を増した（なぜなら経済生活は本来、家内工業と商業を中心としていたから）ことによって、集団同士と同様に、個人同士を対象とした裁判機構が必要になった。『十二表法』が編纂されてから、「氏族を超えた権力」がその確固たる地位を占め、各人が法律の個々のケースに関わることができるようになったのであるが、これは《氏族》という集団がゆっくりと崩壊していったことと結びついている。

ローマ人にとって『十二表法』は民法の源泉であり起源で、彼らがそう考えたことは正しかった。そこには、ローマ文明の終末にいたるまでだけでなく、さらには、それを超えて後の時代まで《民法》というものを規定する基本条項が公式化されている。

その第一は、《例外法規 privilegia》すなわち特定の個人を対象とした法を禁ずる原則で、これは、今も生きている。法律は普遍的性格をもたなければならず、このことは、〈自由〉と〈法的平等〉の基礎である。

加えて、この法典は、ある行政官が極刑（死刑または追放刑）を決定した場合、市民集会に判断を求める権利を全市民に対して保障していた。こうして《控訴審 jus provocationis》に訴える権利を認めることによって、行政官の命令権に重要な制約を課したのである。

これが適用された最初の例とされているのが、伝説的英雄であるホラティウスの場合で、彼はクリアケス三兄弟を倒し、自分の妹を殺した罪で死刑を宣告されたが、民衆に訴えた結果、民衆は、彼の罪よりも功績〔訳注・彼はローマを外敵から守った〕を重く見て、無罪放免にしたのだった。ただし、この話のなかで王は親族殺害に関する法を楯に死刑を宣告したとされているが、〈氏族〉において厳格に行われていた慣習では、親族を殺した場合に処罰を決定したのは家父長であったから、これ自体、明らかにアナクロニズムである。

このような民衆に訴える権利が実際に王制時代からあったかどうかは分からない。しかし、当時、エトルリア人たちの政治的観念が最も初期の社会組織を支配し、ギリシャから採り入れられた国家の運営術にも影響を与えていたとすれば、そうしたこともありえないわけではない。

いずれにせよ、『十二表法』の時代以後は、最高権力をもっている行政官たちも、民意を無視して一市民たりとも抹殺することはできなくなる。しかし、《控訴権》が行使されたのは、ローマ市民の生活においてだけで、軍隊においては、指揮官は、軍籍に編入された市民に対して思うままに命令権を振るうことができたし、生殺与奪の権限を握っていた。

一般的には、ローマ市民に制約が適用されるようになったのはあとのことで、そこに政治的進歩を見ることができるとされているが、むしろ、幾つかの事実に照らしてみると、逆に、そうした制約は命令権に固有のもので非常に古くからあったことが分かる。たとえば周知のように、軍指揮官はローマの聖域(pomerium)の内側に入ることができず、もしこれを犯せば資格を剥奪された。

また、将軍にとっての吉凶は都市にとっての吉凶と同じではなかったし、その反対に、都市生活に関する伺いに対し神々が送った《しるし》は、その都市の聖域を一歩出ると、自動的に価値を失った。カピトリウムの丘とか民会場で得られた前兆は、〈マルスの野〉では当てはまらなかった。

ともあれ、宗教的慣習によって保障され、法的生活に大きな影響を与えたこの民衆に訴えるやり方は、帝政初期にいたるまで存続し、これが廃止されるのは、皇帝権力が君主制的発展を遂げたことによってである。

『十二表法』に含まれている規定の最大部分を占めたのは訴訟手続きに関するものである。

その第一の原則は、控訴できるのは、法律によって規定され、特別のやり方の対象となっている幾つかの明白なケースに限定されるということである。予想されるケースとして公式が示されていない場合は、原告は控訴できなかった。たとえば奴隷を盗まれたとか、奴隷に逃げられた場合、男は行政官（当初は執政官であったが、前三六七年以後は法務官）のもとへ行き、つぎのように言わなければならない。

「わたしは、ローマ市民の名誉にかけて、この男がたしかに私のものであることを断言します。」

これが、ほかのあらゆる陳述は別にして、彼が発しなければならない厳粛な言葉である。行政官は、この言葉が祭儀上の意義をもっていることを認め、行動を起こし、争点を確定する。しかし、彼は内容については口に出さず、原告の主張が正しいと分かった場合に判決が下されるであろう、と条件つきで述べるにとどめる。判決は、法務官によって指名され（ときには当事者たちの同意を得て）た判定者によって告げられる。この判定者が《審判人》である。

法務官の前へはじめて出廷したときには、一つの儀式が行われた。これは、小規模のドラマで《訴訟手続》の場合の図式がとられる。原告は行政官の前に被告人を引っぱっていき、つぎのように言う。

「私は、おまえを裁判に訴える」

被告は、これに従わなければならない。もし抵抗すれば、原告は（証人の立会いのもとであるが）腕力に訴える権利ももっている。日にちが定められると、被告は出頭することを誓うが、判決を延期してほしいと要求することができた。ただ、その場合も、約束を保障してくれる人を見つけなければならなかった。

争いが動産の所有権に関連している場合は、それを表象するものとして、両者は槍を表す細い棒（festuca）を武器にして戦いの真似事を演じた。不動産の所有権に関係している場合は、一摑みの土とか一枚の瓦で象徴された。それに対し、行政官が両者の間に割って入り、両者に説明を促す。原告は自分の権利を主張し、被告側は自分が正しいと考えているときは反論を展開した。

その後、両者は、ある定まった金額を呈示して誓いの言葉（sacramentum）を述べる。これは一種の賭事と同じで、調査の結果、誓いが真実に反していたと認定されたほうは、その賭け金を失った。このカネは神聖であるべき誓いに嘘を述べたことへの罪滅ぼしとして神に捧げられた。

これが原初の時代からのやり方で、法律が宗教的形態から遠ざかるにつれて、保障の賭け金は偽誓の罪滅ぼしのためでなく、刑罰的性格をもった《罰金》となり、判決が下されてはじめて支払われるようになる。

他にも幾つかの手続きの仕方があったが、こんにちでは、詳しいことは分かっていない。いずれにせよ、訴訟中立の際に呈示された問題に審判人から答えをもらうため、原告・被告とも審判人の前に出頭した。

審判人は、朝からフォールムに坐り、訴訟人たちは午前中に出頭するのが決まりであった。欠席したほうは自動的に有罪とされた。もし判決が日没までに出なかったときは、論争は翌日に持ち越された。夜の間に裁くこと、また、閉ざされた場所の内側で裁判を行うことも、法に反するとされた。争いは《ユピテル・フィディウスJupiter Fidius》〔訳注・輝く天と誓約の神とされた〕のもとで行われなければならなかったからである。

こうした掟は私たちを、非常に古い、しかしまた古代世界に普遍的であった信仰体系に導いてくれる。人々が望む神の仲介の効力は、その神の像が見守っているなかで争われたときに確保されるのである。法律のこうした古代的様相を特徴づけているのは、告訴人が正しい手続きを踏まえることである。正しい手続きを踏んでこそ、審理入りが可能になった。これらの方式のリストは、やがては全ての人が利用できるように固定されるが、初期の何世紀かの間は秘密にされ、神官たちによって保持されていた。それが一つにまとめられ、人々の眼に触れるようにされたのは前三〇四年のことで、アッピウス・クラウディウスの書記官がその主人に勧められて行ったと思われる。

しかし、このシステムは《都市ローマ》の古い考えに厳格に縛られすぎて、無限に多様な現実の場面に対応できなくなっていった。たとえばローマ市民と外国人との間の係争を予想した規定はなかった。外国人は原則的には、いかなる権利ももたなかったから、ローマ市民との取引においてなんらの保護も受けられなかった。

ところが、ローマが版図を広げるにつれて、外国人との商取引やさまざまな関わり合いも増えたことから、口頭による規定に代わって、文書による厳密で、しかも具体的ケースや告訴人の種々の意図に応じられる規定が必要になった。同時に、それまでは、ローマ市民だけに当てはめられた条項を外国人にも広げる旨の申し合わせが、そこに織り込まれた。これを公式に法制化したのが前一五〇年ごろの『アエブティウス法 lex Aebutia』であるが、古来の訴訟法が決定的に廃止されるのは、アウグストゥスの治世になってからである。

この新しい訴訟システム〔訳注・『方式書 per formulas』訴訟〕も、古代のそれと同じ原告と被告の対決によっている。そこには、法務官を前にして行う《法廷 in jure 手続き》（ここでは、書式による手続きが行われた）と、判事を前にしての《審判 in judicio 手続き》の二つがあったが、判事の役割は時代とともにますます細かくなる。それは、事実を検証し、その検証の結果を法に照らして賠償額を決めるだけではなく、法務官によって定められた方式に従ってできるだけ公正にではあるが、しばしば自分の自由裁量で、さらに契約の実行に関わる問題の場合は、当事者双方の誠実さの度合いまで測って賠償額を決定するようになる。

そこで、法務官としては、たんに法の公正を保障するだけでは済まなくなり、その訴訟の展開にまで干渉することが必要となる。ある限度内においてだが、法律も作る。事実、彼は、法務官職に就任すると、自分で訴訟を受け付ける旨を布告した。理論的には、法務官がその職権で布告を出すことは、彼の自由裁量に属した。そうした布告は、彼の任期満了とともに効力を失うので、後任の法務官を束縛するものではなかったが、実際には、後任の法務官は前任者たちの布告を引き継いだ。布告を作成したのは法務官の補佐役である専門の法学者たちで、前任者から引き継いだ布告については、新しい必要性に応じた最小限の修正を加えるにとどめた。

こうして、民会とか元老院とかの政治権力から出た立法上の革新によってよりも、法解釈とその実践である判決例の積み重ねによって、徐々に形作られたのが『市民法』で、法務官はその自由裁量権によって、法律の不備を補ううえで主導権を振るった。この法務官の主導権に制約を加えたのが、市民の《自由》と諸権利を定めた『法務官法』であり、とりわけ『控訴法』は行政官の命令権に対抗するうえで市民の重要な命綱となった。

法務官は《名誉》を護ることが任務とされたことから、その実務から生まれた『法務官法』は『名誉法』と呼ばれ、判事の決定を消極的立場に追いやるような重要な条項も幾つか見られる。具体的にいうと《詐欺罪》に関しても、原告の要求が奸計によるものであったり、明らかに法律の濫用である場合は、それに対応した判決を下すよう促している。

古いローマ市民財産法では、ローマ市民は無制限な権利を認められていたが、これを、征服によって生まれた新しい状況に適合する『土地所有法』に仕上げたのも、この『名誉法』の力であった。具体的にいうと、それまでは、土地の所有権はローマ市民にしか認められていなかったが、このことが、現実において公的秩序に反する様々な結果をもたらしていた。そこで、法務官たちは事実上の所有として《占有 possessio》という概念を練り上げ、事実上の所有者つまり《占有者 possessores》〔訳注・征服された都市住民〕を尊重すべきことを命じ、これを法務官の裁量によって保障することとした。

この過程のなかで、《占有》という概念が幾つかの規定によって確定された。たとえば、占有権が成り立つためには、それが暴力的掠奪の結果であってはならないこと、《占有者》はその土地なり建物を所有する意志をもち、ある期間、実際に使用しているべきことが規定された。

この理論は、外国人の土地所有権を合法化するうえで貴重であったが、同時に、ローマ軍が征服し、市民全体の共有とされていた土地を個々のローマ市民が所有している場合にも適用された。占有者は、この土地を耕して安定的に使用していることが必要条件であったから、こうしたローマ市民の所有（占有）権は、いつでも取り消しが可能であった。しかし実際には、征服者の《所有権》を終わらせるためには法律が必要であった。それが共和制末期、貴族階層の激しい反対を押し切って市民集会で採択され成立した有名な『土地法』である。

ともあれ、そのほか万般にわたって法務官の布告が積み上げられていった結果として最終的に出来上がったのが『市民法』で、これは一二九年、法学者のサルウィウス・ユリアヌスが、ハドリアヌス帝から命じられて、法務官告示を集成する仕事にかかり、それまで何世紀にもわたって生み出された膨大な成果を、公的な法典集として集成したものである。

これによって行政官たちの立法活動は終わり、これ以後は、立法は専ら皇帝たちの仕事になる。かつては法務官の担った役割を、皇帝の布告と勅書が演じることとなる。

これまで民法上の私権のメカニズムを見てきたが、その緩和の始まりが前二世紀であったことは注目に値する。それには、《ローマ都市の開放》という問題が絡んでいたのであって、この慣習と現実の活動の上での進展を、哲学者たちの影響を無視して政治的・経済的要因だけで説明しつくすことはできない。まさに、物質面での変化がもたらした諸問題に対し、ギリシャの思想家たちの教えが解決法を提示したのだったが、とはいえ、新しい道は、ギリシャ哲学の教えだけで示されるものではなく、そこに、法律家たちが参入した。

人々は、法律や慣習として具体化された現実の法は、あくまで神に発する《自然法》（万物創造の本質と世界の秩序に起因する法）の不完全なイメージでしかないことを理解しはじめていた。人間がもっているあらゆる能力のなかで、神による万物創造の計画を理解させてくれる能力が《理性》である。したがって、道徳と同様、法律も《理性》に基盤を置かなければならない。あらゆる法律は、究極的には、哲学が引き出してくれる抽象的原理から演繹できるであろう。

そこで、直ちに出てくる大事な結論が、《理性》は、すぐれて人間的能力であり、普遍的であること、したがって、そこから出てくる法律もまた、その原理においてと同じく、適用においても普遍的でなくてはならない、ということである。すなわち、法律は特定の都市や人間集団に結びついたものではなく、人類全体へと広がるのでなくてはならない。この観点からいうと、もはや、ローマ市民も外国人も、自由人も奴隷もない。存在するのは、同じ欲求をもった〈人間〉なのである。

だからといって、現実に行われているあらゆる区別を一掃すべきだということではない。個々人の関心においても、区別によって成っているのが社会であり、そうした区別を維持しようとする配慮は最優先されなければならない。社会はそれ自体が目的ではなく、社会生活は、人が自らの本性を存分に実現できるための手段であり、自然の仕組がもっている大事な機能の一つにほかならないからである。

したがって《市民法》は、一つの都市のなかで〈公正〉の実現をめざすとともに、その運用にあたっては、都市の存続維持も忘れてはならない。しかし、ローマ市の上位あるいはこれと並立して、等しく合法的で、等しく尊重されるべきあらゆる集団が存在している。具体的にいうと、征服によってローマ帝国のなかに統合されたあらゆる国家、あらゆる都市がそれである。

《万民法　jus gentium》の概念が、哲学者たちの影響のもとに理論として現れるのは、かなり後代になってからであるが、実際には、それ以前にも、ローマ的思考のなかになかったわけではない。その初期のモデルが、宣戦布告と和平協定締結の儀式で、これはきわめて早い時期から最も位の高い二人の神官によって行われた。

これらの神官は《パーテル・パトラトゥス pater patratus》〔訳注・「patratus」は「仕上げる」の意の「patro」の変化形〕と呼ばれ、彼らは外国との関係でローマ人民を代表する神聖な伝令であった。そして、のちに皇帝が《ユピテル・オプティムス・マクシムス Jupiter Optimus Maximus》〔訳注・「至高至善のユピテル」の意〕を象徴する物を身にまとったように、彼は《ユピテル・フェレトリアヌス Jupiter Feretrien》〔訳注・「戦勝を与えるユピテル」の意〕を象徴する物をまとい、ローマ市を外国の人々に結びつける唯一の資格をもっていた。

彼が祈りを捧げ、敵国をあらわす地面に槍を突き立てる儀式を行うと、それは、国家にとって取り消すことのできない強制力をもった。民事において行われた同様の手続きが《ネクスム nexum》〔訳注・「所有権請求」の意〕で、この場合は証人の立会いで行われたが、先の神官の儀式での証人は、当然、神々である。

《万民法》の理論全体が〈契約の理論〉に帰結されうる。《宣戦布告》は、ローマ人民が自分の財産と考えているものの所有権の返還要求である。敵は、法律的には、宣戦を布告した相手国の人間である。しかし、ローマ市民の誰もがこの敵を殺す権利をもっているわけではない。それには、規則にもとづいて《最高指揮官》の命令下に入り、軍役に就いていなければならない。そうでない場合は、神々を傷つけることになり、ローマの立場を〈不法 injuste〉なものとしてしまうことになる。

また、ローマの権利請求に応えて敵が弁償したときは、戦争はもはや正当性の根拠を失う。憐れみを乞う敵を殺すことも〈不法〉になる。相手が降伏してきたときは、この敗者とローマ人たちとの関係を規定する新しい契約が打ち立てられる。その契約期限はきわめて多様で、現実には勝者の意志に依ったが、法的には、両者の合意に依った。

停戦条約は、当事者双方によって誠意（fides）をもって守られなければならない。《誠意》こそ、二つの国民・集団の関係のなかで、協定文書では明確に規定されていないことも全て解決させてくれるものだからである。

敗者の立場は協定によって明示されたが、多くの場合、敗者の側にかなり大幅な自治が認められていた。彼らの土地は「ローマの土地」として宣言されたが、年貢を納めれば、もとからの所有者に《所有地》としてではないまでも《占有地 possessio》として戻された。町も、認められた法律に則って自治を続けることが認められた。

《帝国》の基盤は、征服者の権利よりもむしろ《同盟条約 foedus》に置かれ、その条項は双方の合意によって変更が可能で、被征服者の側の法的地位は徐々に征服者のそれと同等になる道が開かれていた。事実ほとんどの場合、この方向への進展は妨げられることなく推移し、西暦二一二年、カラカラ帝の詔勅によって、帝国内の全住民に〈ローマ市民権〉とそれに付随する特典が与えられるにいたる。

こうしたやり方がとられた真意がいかなるものであったにせよ（おそらくそれは、税務上の理由であるとともに、それを簡略なものにしなければならない必要性からきたものであった）、帝国内の様々に異なる都市や、同じ都市内の多様な集団は、これをそれぞれの事情にあわせて利用した。そのため、長い間には、容易に解きほぐすことのできないもつれを生じるものの、人々の間の平等を謳うローマ法の適用範囲は広がり、それにつれ、また、その論理的帰結として、ローマ都市の漸進的拡大がもたらされた。

2　制度・機構

《市民法》の進展過程を見ると、その決定的働きをしたのは、ますます大きくなっていった国家の介入であったことが分かる。当初、行政官は、訴訟の提起にあたっての証人であると同時に、おそらく調停の判決が執行されるうえでの保証人にすぎなかった。それが、最終的には、自らの判断によって命じたり禁じたりするようになる。ローマ法もまた、氏族制的慣習からさまざまなものを引き継いでいて、家族、組合、都市といった各集団の特権を最大限に尊重しつつも、個人や集団を超えた権威主義的力をもつ機構に依存せざるをえなくなる。この意味で、ローマの政体に関する法は、市民法の源泉ではなかったにしても、少なくとも、その原動力であり、保証役であった。

ローマにおいて主権の原理がいかなるものであったかは、充分に捉えられていない。私たちは、古代の歴史家たちが語っているところから、この原理が単純なものではなかったことは理解しているし、彼らが引き合いに出しているいろいろな事実は、手軽な結論を下すことを許さない。なぜなら、これらの事実自体、どこまで想像の産物でなく本当なのか、あるいは、少なくとも歪められていないかを問わなければならないからである。

法律の分野では、いわゆる《立法神話》といった、ほかの分野では見られないようなアナクロニズムと時代的先回りが見られる。しかし私たちは、そうした怪しげな事実を出発点として、それを考古学あるいは宗教史によって多少なりとも確定されている事実によって批判検討しながら理屈づけていく以外にない。

王制時代には、権力は無制限に王に属していた。軍事権も法の布告権（共和制時代には、これが《プラエトル preteur》つまり法務官の仕事になる）も、民会を召集して議題を提起する権限も、さらには、神々との関係についての全ての責任も王にある。

初代の王であるロムルスは、ローマを創建したという事実から、これらの権力を持った。これは、煎じ詰めれば、神々が禿げ鷲の吉兆を送ることによって、この使命を彼に託したということである。ローマ創建に関しての保証人（auctor）は、神々のなかでも、とりわけユピテルであって、普通考えられるように、また、このような場合にギリシャの神話記述者なら間違いなく想定したであろうように、この創建者の父であるマルスではなかった。

事実、最初の《インペラートル》であるロムルスは、ユピテル・カピトリヌスの像に見られるように、白馬の牽く戦車に乗り、月桂樹を刺繍した緋色のトーガをまとっている。しかし、ロムルスは《神権王》でありながら、《パトレスたち》すなわち元老院の助言者たちに囲まれ、人民を集会に集めるのを慣わしとした。

彼がいなくなったとき（彼は、生きながら神々のなかに迎えられたとされる）、次の王を誰が選ぶかという問題が生じた。というのは、今度は神を当てにすることはできなかったからである。

ティトゥス・リウィウスは、このとき、元老たちと人民との間で無私無欲さの競い合いがあり、それぞれに相手方が指名の主導権をとるよう申し出たと述べている。そして最終的に、人民が王を指名し、それを元老院が追認することになった。この妥協案は重大な結果をもたらした。

人民が指名し、元老院はそれを承認するだけというのは、一見すると元老院の無欲ぶりを示すようであるが、これは、言葉を換えて言うと、王の《インペリウム（命令権）》を保障するのは元老院であり、人民は希望を述べるだけにとどめなければならなかった、ということなのである。

このティトゥス・リウィウスが伝える話は、元老院が国家運営における優先権を獲得し、それを先例によって正当化しようとした時代の《立法神話》と考えられる。実際には、民衆の歓呼による王の推挙が果たした役割は、もっと大きかったことが分かっているからである。

だが、より本質的には、この民衆の歓呼は、彼ら自身の選択意志の表明ではなく、神々が自らの意志を知らしめるために利用した一つの手段と考えられた。この奇妙な精神状態は、私たち現代人には、いかにも理解しがたい。しかし、ローマの制度、たとえば共和制時代全体を通して続いた選挙のやり方がもっていた特徴の幾つかは、この点を踏まえたときにはじめて明らかとなる。

たとえば《兵員会》において最初に投票を求められた《百人隊》の決定は、一つの「前兆」と見なされ、ほかの百人隊は、それに従うのが慣習であった。しかも、審議が行われる前には、神々に自分たちの声を聞き入れてもらえるよう宗教上の手続きが行われたうえで、召集した行政官の《命令権》によって占いが行われたのであり、神々の不機嫌を表す不吉な兆しはとくに重く見られた。突如として稲妻が走り雷鳴が轟いたとか、市民の誰かがテンカンの発作を起こしたとかいったこと全てが、いま何かをはじめることは無駄であるという報せとされ、集会は次の吉日に延期された。

見方によれば、このようなシステムのなかにあっては、民衆の意志が占める席はほとんどなかった。選挙といっても、指導者階層（つまり元老院。兵員会を主宰したのは元老院であったから）によって仕組まれたペテンであり、民主的というのは見せかけにすぎなかった。とはいえ、こうした見方は、幾分かは正しいにしても、行政官の誕生において民衆の参画を不可欠としていたローマ人の心理の深みにあった信念は無視できない。

たしかに民衆の意志は、それだけでは《命令権》の源泉ではなく、民会はなんらの主導権ももっていなかった。民衆は、集会を主宰する人々が受け付けた候補者にしか投票できなかった。もっと重大なことには、主宰する行政官は、指定された行政官の資格を主宰者に授けると公約している人物の名前のみを公告することによって、それ以外の投票結果を拒絶する権限まで有していた。だが、その反対に、《公告》がなされるためには、相変わらず、民衆は歓呼の声をあげることが必要であった。

ある人物に《命令権》を授けるにあたって民衆の歓呼が果たしたほんとうの役割を示す例は、ほかにも幾つかある。なかでも重要なのが、おそらく、戦場で勝利を勝ち取ったとき、兵士たちがその指揮官に向けてあげた《勝ち鬨》であろう。兵士も、《軍隊》という枠組をもった都市に生きる市民にほかならなかったからである。

軍指揮官の場合は、元老院から託された指揮権を行使している行政官であるから、この兵士による歓呼は、ここで論じていることの例としては当てはまらないと思われるかもしれない。だが、逆に、この慣習の無償性そのものが、その古さを証言しているといえる。つまり、これこそ、《民の声》が神意を表す《前兆omen》としての意味を帯びていた時代からの残響と見ることができるわけである。

《占卜権》と呼ばれる、神意を諮る権利自体、《命令権》の基盤をなすもの（本質的に法的性格をもつもの）から演繹されてきたように見える。最高位の行政官（当初は王であり、のちに執政官）が姿を消したとき、《占卜権》は元老院の手に戻った。元老院の議員は交代で五十日間（これを《空位期間》という）、この役割を務めた。

このやり方のおかげで、《命令権》に空白が生じたことはなかった。実際には、新しい王あるいは執政官を「生み出す」ためには、《命令権》を認められた一人の行政官によって公告がなされ、選挙が行われることが必要であった。この役目を担ったのが《インテルレックスinterrex》（摂政王）である。

すでに指摘したように、平民（プレブス）が執政官職を手に入れる権利を要求したのに対して貴族たち（パトリキ）が長期にわたって抵抗した理由も、ここから理解される。当時、平民は統治者に不可欠と考えられていた《占卜》の能力を宗教的にもっていないとされ、そのような平民に《命令権》を与えるわけにはいかなかったのである。この宗教上の問題解決のために考えられた妥協案が〈軍団司令官〉である。これは、本来、神々と関わる領域についての厳密な討議の末に考え出されたもので、《命令権》はないが執政官的な権力をもった役職である。

占卜官としての権利という問題の背後に、階級のエゴが隠れていることは当然で、貴族たちが権力の僅かな部分でも平民たちに譲るのを拒んだのは、そのためと考えられる。しかし、護民官の設置は別の意味で重要な譲歩であった。ローマ人たちがそれに付した法的重要性はかなりのもので、彼らは慣習を字義通りに尊重したのであって、単なる「偽善」ではなかった。

私たちが法律的・宗教的現実のなかで確定しようと試みてきた《命令権》は、いうなれば、《至高至善のユピテル》の都市ローマの内部における投影である。自らの本質のうちに一つの活力をもっている この神は、活力に恵まれた人間に並外れて大きな効力を授けるのであり、この神こそがあらゆる政治的活動の源泉なのである。

そのような考え方の歴史的起源がどうであったにせよ（おそらく、ここにインド・ヨーロッパ的伝統をもつ神学に結びついたエトルリア的要素が見分けられる）、それが共和制都市機構に押しつけた問題は明白である。その通常の形は、明らかに王制である。この王の《命令権》と、個人を消滅させてしまう共和制の政治的・社会的システムの恒久性の要求とを、どのように調整したらよいだろうか？

前五〇九年の革命を実現した人々は、年度毎に等しい権限をもった二人の行政官の間で《命令権》を分割することによって、この矛盾は解決できると考えた。この行政官が、まず最初は《プラエトル

praetor》（法務官と訳され、ローマの語源学者の説によると、これは「prae-itor」で、先頭に立って進む人を意味する。もっとも、今日ではかなり異論があるが）であり、ついでは《コンスル consul》（執政官）であった。

しかし、本来《命令権》は分割できるものではなく、その全体で所持する人のものである。したがって執政官たちも、二人が同時に《命令権》を行使するのでなく、その任期の間、一日を二つに分けて交代で行使した。行政官は王に取って代わるもので、人々は、その任期を短かくし権力を分割することによって、暴君への変質を防ぐことができると考えたのであった。

それでも心配だったので、さらに、これと並立的に《笑いのための王》が作られた。これは、「供犠王」と呼ばれ、名称は《王》だが、自分たちの町を神々が居心地悪く感じないで認知してくれるため宗教的祭儀の細々した仕事について王の役割を引き継いだのである。この仕組は、共和制になったときに《命令権》を分割し、ある意味で抽象化するのに効力を発揮した。こうして、実体とは切り離された国家権力の概念が生まれるにいたる。

時代がさらにくだると、《命令権》は更に分散される。前三六七年以後、それまで《コンスル》の機能であった「法の布告」の仕事は専ら《プラエトル》が行うようになる。これは、法の布告のためには、《命令権》つまり、《告知法》に本質的に表れているような強制力をもった一人の行政官が必要とされたからである。ここでも《命令権》は、権力の源泉であると同時にその基盤として介入してくる。

しかしながら、前五世紀の初め以後、《平民護民官》というもう一つ別の形の権力が現れる。彼が《命令権》をもたないことは、《占卜権》を有しない平民であることから当然であるが、その代わり、

《コンスル》によってであれ別の行政官によってであれ発せられた命令の実施に反対する権利、すなわち《異議申立て》の権利をもっていた。

この権利は、古代においては執政官がもっていたものであった。というのは、二人の執政官は、もし望めば、相方が出した法令を無効にすることができたからである。ただ、今度の改革で重要な点は、このように《コンスル》の政治をコントロールする力を平民から出た行政官にもたせたことで、《平民護民官》は、命令権の濫用による危機を回避する非常手段として、多分、遙かな昔の遺産のなかから引っぱり出されたものであったことも無視できない。

《命令権》に介入し、それがもたらす結果を無効化するには、護民官の権力はどのようであったら、よかったろうか?

それが《命令権》それ自体と同様、本質的に宗教的なものであったことは明らかである。《平民護民官》は、平民を守護するアウェンティヌスの丘のケレス女神の庇護下にあり、誰人からも侵されることのない地位にあった。彼に逆らう者は誰であれ、直ちに処罰された。そこには、その前に立つと、思わず尻込みせざるをえない永遠の闇の底から現れた魔術師のような観があった。

この《護民官》の「トリブヌス tribunus」という名称は、この役職の歴史について、直接的にはほとんど何も教えてくれない。もともと「トリブヌス」の名称をもっていたのは、平民を守るのとは別の任務をもつ行政官であった。「トリブヌス」の語が、ローマ人を分けていた《トリブス tribus》〔訳注・住んでいる区域によって分けられた部族〕と類縁関係にあることは明らかだが、そのことが大したことを教えてくれるわけではない。

非常に早い時代から、多分、ローマ発祥のころから、《トリブヌス》は平民たちを召集する権限をもっていた。この《平民会》が、のちに《区民会 comitia tributa》と呼ばれるようになる。ここでは、次期の護民官や造営官（アエディーリス）が選出されたが、《造営官》とは、当初はケレス神殿の祭務の執行をその特別の任務としたのが、のちに護民官を補佐したり平民会の記録書類を作成・保管する役目になった。

このちぐはぐな機構が過度の変調を生じることなく一つに結合したのは一種の奇跡といってもよいほどで、これについて古代の歴史家たちは、その調整役としての権限を適度に発揮した護民官たちの英知と、全市民に公正かつ平等であろうとした貴族階級の行政官たちの賢明さの賜であると強調している。

おそらく、このシステムの機能が確固たるものになりえたのは、ローマ人の政治生活に絶えずインスピレーションを与え続けた何かの恩寵のおかげであるよりは、ポエニ戦争の終焉にいたるまで危険な敵たちとの戦いが絶え間なく続いた外的条件のおかげであった。さまざまな脅威に晒されたからこそ、内部的和合が絶対的に必要とされたのであって、このため、かなり早い時期から、カピトリウムの丘の中腹、コミティウム（会議場）の近くに和合と調和を司る女神《コンコルディア》の神殿が建てられていた。

護民官の権限が機能し得たのは、とりわけ《ポメリウム》のなかだけで、それが直径一〇〇〇メートルの円内に広げられたのは、もっとあとのことである。その命令権は、それ以外の土地にも及んだし、当然、軍隊に対してそうであった。政治的動揺を終わらせる最も確実な手段は「総動員令」であり、貴族階級の行政官たちは、これを巧みに使った。

王権に直接由来し、命令権を授けられた執政官（コンスル）や法務官（プラエトル）、そして護民官〈トリブヌス〉とは別に、これまた、かつては（少なくともセルウィウス・トゥリウス王時代には）王権に属し、共和制下では監察官（ケンソール）と名づけられた、もう一つの役職があった。《ケンソール》は二人ずつ五年任期で選ばれたが、慣習では十八か月で辞任するのが望ましいとされた。その役目は、市民の数とその資産について調査し、市民を《ケンス cens》すなわち財産に応じて階級別に分けることであった。しかし、彼らは道徳面の裁判権ももっていて、私生活面での破廉恥度を評価する権限までももっていた。この点では彼らは、ほとんど自由裁量といってよい権限をもっていたわけで、伝統では、《ケンソール》には、政治的経歴を卒業し、個人的人気に動かされない境地に達していて、みんなから一致して尊敬される人物が選ばれることが望ましいと考えられていた。

古典時代には、元老院議員や騎士たちのなかから選ばれ、在職中は、国庫を管理し、公共事業の入札を仕切った。こうして、さまざまな仕事を十八か月間つとめたあと、市民たちを《マルスの野》に集め、《ルストルム》〔訳注・「贖罪の供犠」の意〕という特別の祭式を執行し、人々に浄めを施した。〔訳注・ここから「lustrum」は《会計年度》という意味で使われるようになった。〕

こうした基本的な行政官職に加えて、事務の複雑化と、ローマの領土拡大に伴う仕事の増加につれて、これ以外にもさまざまな官職が設けられた。

その一つが《クアエストル》で、これは《財務官》と訳され、《執政官》を補佐して税を徴収し、国の金庫を管理し軍隊を維持するなど、財政を担当する行政官職である。

もう一つは《平民造営官》に対し、貴族から選ばれた《高等造営官》である。彼らは前者と一緒に町の警察業務を担当したり、公共建造物の維持や備蓄物資の監視、競技開催のための物質面の責任を担った。とくに、この最後の役目は巨額の出費を伴った。というのは、慣習では、祭典の豪華さは、造営官の個人的貢献の大きさによったからで、彼は、友人たちから助けを求めながら、進んでこれを負担した。

このときに見せた気前のよさで、民衆の間での人気が高まったが、このあと、民衆の支持を受けて更に高い役職に就くと、このときの出費による穴を埋めようとする誘惑を抑えることは難しかった。

以上が通常の行政官職で、《ケンソール》以外のほとんどは任期一年で定期的に選び直された。しかし、共和制末期になって、混乱のなかから窮余の策として、例外的性格をもつ《ディクタトーラ》という役職が突如出てくる。これは、長い間廃止されていたのが甦ったもので、その歴史は定かでないが、強力な《命令権》を委ねられたことから「独裁官」と訳される。

《独裁官》は執政官によって選ばれて権力を授けられる。これは、《命令権》を保持する行政官のみが、その権力を別の一人に引き継ぐことができるという原理に則ったもので、授与するには元老院の合意を得たが、いったん任命されると、ローマのあらゆる行政官職のなかで合議制を免れた唯一の役職となる。《独裁官》は必ず一人で、《騎兵隊長官》を配下に従えたが、だからといって、《独裁官》自身は軍事的役職だったわけではない。この騎兵隊長官の命令に従った騎兵隊は、本来、セルウィウス王が立てた階級のなかでの貴族階級である「第一ケントゥリアの騎士」にほかならない。

この《独裁官》は、古いイタリア（さらに厳密にいえばローマが征服し自治権を奪い取ったラティウム）の古代都市の「筆頭市民」の制度がローマに採り入れられて生き残ったもので、その機能は宗教的特徴をもっていた。たとえば、《独裁官》を選ぶ慣例は危機とは無関係の時代にもあったが、これは、カピトリウムの神殿の間仕切り壁に釘を打ち付けるという非常に特殊な儀式的役目を担う人であった。この行動のもつ意味は、いまでは分からなくなっているが、《独裁官》以外は誰もできないこととされていたことから、《ディクタトゥーラ》という独裁官の称号は、神々だけに記憶されていた過去のある人物のそれであったと考えられる。

現実に元老院は、国家が危機に直面し、《コンスル》の合議制と護民官の「異議申立て権」では、秩序と安全を維持できなくなったときに、《独裁官》に頼った。選ばれた独裁官は、民衆の「上訴権」も護民官の「拒否権veto」も考慮しないで、すべてについて命令権を振るうことができた。とはいえ、彼の任期は六か月を超えることはできなかった。

伝説では、アルカイック期の何人かの《独裁官》の事跡が伝えられているが、そこには、疑わしいものもある。たとえばガリア人が侵入してきたとき、これを打ち破ったフリウス・カミルスの伝説がそうである。正規の手続きで選ばれた最後の独裁官は「遷延家（クンクタトル）」と渾名されたファビウス・マクシムスで、彼は、前二一六年に、勝ち誇るハンニバル軍を阻止するために独裁官に任命された。その後ふたたび《独裁官》の称号を得たのが、それから約百二十年後のスラで、彼は、軍隊を後ろ盾にした、まさに「暴君」であった。「軍隊を後ろ盾にした暴君」という点では、前四九年に内戦のなか《独裁官》になったカエサルも同じである。［訳注・カエサルはルビコン川を越えて権力を掌握した前四九年から、暗殺される前四四年にいたるまで《独裁官》であった。〕

いずれにせよ、以上が、ローマ史の最初の数百年間にゆっくりと形成された行政システムである。それは、当初、ひと続きの限られた土地の管理を目的としていたもので、征服の進展とともに生じた新しい必要性に合わせるために、次第に柔軟なものになっていった。

二人の《コンスル》のうち一人は継続中の戦争の指揮を執り、もう一人がローマに残って統治に当たった。しかし、軍事行動の舞台が増え、しかも遠隔地になるにつれて、《命令権》を託された行政官の数も増えざるをえなくなる。そのため、命令権の及ぶ範囲を限定しつつ《コンスル》や《プラエトル》の任期が延長された。

そうした限定された地域が「属州」すなわち「プロウィンキア provincia」であり、こうして任期を延長された行政官は《プロコンスル》（地方総督）あるいは《プロプラエトル》（代理執政官）といった称号で呼ばれるようになる。それによって彼らは、その任期中、自分に委嘱された職務区域内で軍事行動を起こしたり統治に当たることができた。

それとともに、行政官の数も増やされた。《執政官》が二人から更に増やされることは共和制時代にはなかったが、《法務官》（プラエトル）は前一世紀初めには六人になっている。そのうち二人が裁判を担当（一人はローマ市民の裁判を、もう一人は一方の当事者が外国人である場合の裁判を担当）し、ほかの四人は陸海軍隊の指揮だの、ある属州の統治だのの任務を帯びて赴任していった。

また、この当時の《財務官》（クアエストル）の数は八人で、このうち二人は執政官を補佐し、四人は各地に派遣される《プラエトル》を助けた。スラは《プラエトル》を八人、《クアエストル》を二十人にした。

カエサルのもとでは、帝国再編の大事業が行われたが、このときの《プラエトル》は十六人、《クアエストル》は十四人を数えた。当然、これらの行政官たちは何人かの《書記》と公的奴隷が働く事務局によって補佐された。

執政官（コンスル）と法務官（プラエトル）が任務で公衆の前に出るときは、何本かの鞭を束にしたものを担いだ《リクトル》が露払いの役を務めた。この鞭の束は《ファスケス fascis》（束桿）といって権力を象徴しており、《ポメリウム》の外では、これに一本の斧が刃を突き出した形で付けられた。

これらの行政官職には任命順序があった。若い人は、まず財務官（クアエストル）、造営官（アエディリス）といった位の低い行政官に任命され、実績を積んでから、法務官や執政官になることができた。監察官（ケンソル）については、執政官経験者が任命された。

同様にして、行政官になるための年齢制限も設けられていた。とくに法務官と執政官は、かつての王に代わる立場であったから、同一人物がその席に留まり続けるのを避けるため、ある年数を挟んだ後でなければ再任されなかった。さらに、たとえば法務官職と執政官職を引き続いて受けることはできず、一定の空白期間（多くは二年間）を置かなければならなかった。

これらの基準はすべて、行政官職の就任順序（cursus honorum）をきちんとするために立てられたものであるが、この順序がどのような条件のもとに組み立てられたか、また、時代によって、どのように変遷したか、など詳しいことは分かっていない。

前一世紀には、二十九歳以下の人は財務官（クアエストル）になれなかった。造営官になれるのは財務官を務めたあとで、さらに、法務官はそのあとであり、法務官を経験してから、やっと執政官をめざす立場になることができた。したがって、それぞれの任務の間に強制的に設定された空白期間を考えると、四十二歳より前に執政官になることはできなかったことが分かる。

だが、こうした予防策も、野心家たちに対しては、あまり効果ある障壁にはならなかったことも事実である。スキピオからポンペイウスにいたるまで、何人かの男たちは、これらの規制を無視して行政官職を手に入れることに成功している。それは、少々深刻な危機的事態が生じるだけで充分であったし、さもなければ、巧みに世論操作された民衆の贔屓が、この慣習に特例を設けさせた。

民衆と行政官たちだけが主役ではなかった。この両者の間に介入した第三の人間たちがいる。それが《元老院》議員たちである。元老院は、近代国家でいえば行政権や立法権にあたる多くの権限をもっていて、国家の経営につねに口を挟んだ。

伝説によると、元老院の最初の原型を作ったのはロムルスである。彼は百人の《家父長》を常時集めて政治の相談役にした。古代の歴史家たちの言うところによると、元老院が果たした役割は家族に助言する家父長（pater）のそれに似ていて、彼らは求めに応じて考え方を示し、道徳的・精神的影響力を限定的に行使しただけであった。

わたしたちは、もし、元老院本来の機能の全てを特徴づけるものがあるとすれば、それは、ローマにおいて「アウクトリタス auctoritas」と呼ばれていたものから出てくるという結論に達する。この「アウクトリタス」という言葉は、指している観念が複雑で、あまりにも多様な要素を含んでいるので、近代人の精神をもってこれを一つの概念として集めることも、したがって、翻訳することもむずかしい。〔訳注・「auctoritas」の訳語としては「保証」「手本」「動因」「厳然たること」「慎重さ」「威厳」「意向」「決議」「命令」などがあり、いかに多岐にわたるかが分かる。〕

すでに本書でも述べたように、語源的には、この言葉は「アウグル augrur」という語根に結びついていて、ある仕事を始めるのに必要な、よい巡り合わせを招く効力を有する物あるいは人を意味しており、ある行為を起こす上で重要な要素とされた。元老院の《アウクトリタス》もまた、提示された方針の効力を保証した。その意味で、《アウクトリタス》が元老院の精神的権威を決定づけているといってよいが、しかし、それは、この観念に含まれる呪術的効力とは必ずしも釣り合っていない。

ところで、こうした呪術的効力に対する意識は、次第に消滅していった可能性があるが、ローマ人の政治的思考から完全に消えてしまいはしなかった。帝政時代になっても、元老院の意見に対して敬意が払われているが、おそらく、それは、元老院議員たちに伝統的に付されていた知恵と威厳に向けられたものであった。それとともに、この元老院の最初の集まりが《聖所 templum》で行われたことから、神々の見守るなかで開催され、万事を幸せに導く特典を神々から付与されているのだという、より本然的な宗教感情がこれを支えていたことも無視できない。

前五〇九年の革命のあと、元老院を主宰する権限は、王に代わって《ファスケス（束桿）》をもった《コンスル（執政官）》に移ったが、だからといって、権威の恒久的保管者という元老院の立場は変わらなかった。とくに、権力の座が空白になったときは、《命令権》が元老院に戻ったことは、すでに述べたとおりである。

もともとの貴族の氏族の首長（patres）に加えて、名簿上の元老院議員（conscripti）の追加がかなり早い時期から行われたが、普通は、種々の行政官職を経験した人が元老院に加わる権利をほぼ自動的に獲得した。《監察官（ケンソール）》によって反対決議された場合を除くと、元老院議員は終身、その立場を保証されたが、六十歳を過ぎると、会議への出席義務は免除された。

元老院内での序列は、務めた行政官職のそれによって決まった。したがって、《コンスル》を経験し、かつ最年長の人が最も上位を占めた。その名前は『元老院名簿』の筆頭に記され、『筆頭元老 princeps senatus』の称号を付与され、討議においても、最初に意見を述べる権利を有した。

元老院がその《アウクトリタス》（威厳）を行使したやり方は、時代によってさまざまである。共和制時代のはじめには、元老院は法案について、民会の採決のあと、自分たちの意見を述べた。これは、民会が通した法案であっても、廃案にする権限が元老院に与えられていたことを意味する。

前四世紀後半には、これが逆転して、民会での協議に先立って元老院で意見陳述が行われるようになる。しかし、これによって元老院の実際の影響力が小さくなってはいないので、本来の《アウクトリタス》の観念への復帰が行われたのだと解釈することができる。むしろ、この時代以後、元老院の助言は、行政官経験者として後輩に助言するという意味合いをもち、法案の議決に対し決定的影響力をもつ。しかも、元老院によって否認された法案は、民会に提出されるはずがなかった。そして、いったん民会に出されると、その法案は、《ケントゥリア》による投票システムのおかげで、ほとんど自動的に成立した。

こうした仕組み自体、すでにローマを寡頭政的共和制にするのに充分であったろう。行政官たちに引き継がれていた王制的要素は、元老院の権威によって中和された。なぜなら、行政官たちはこのあとも役職に選ばれるかどうかは元老院次第だったので気を遣ったし、なんといっても、国家の最良の精神と最も老練な人々の集まりとして敬意を払い、その意見に最大の考慮を払ったからである。

現職行政官たちに対する元老院の助言は、《元老院決議》の形でまとめられた。これは、文字通り多数意見を集約した会議録であった。その様式は一定しており、まず頭書として、その会議を主宰した行政官（一般的には執政官）の名前が書かれ、つぎに、議題となった質問の要旨が書かれ、最後に、優勢を占めた意見が助言として記された。

行政官は、それを受ける形で、《命令権》をもって（たとえば《法令》によって）望ましい措置を講じる。文書は議長が指名した書記によって作成され、議長は、その文面が会議の決議内容に忠実であるかどうかを吟味したうえで、責任をもって承認した。行政官をこのように元老院に服従的であるよう強制する法律はなかったが、慣習、さらにいえば良識が、元老院の望む方向へ彼を向けさせたのである。

元老院の影響は、政治のあらゆる分野に及んだ。行政官や副官たちに、担当の属州や役目を割り振り、戦時には軍団を授け、平時には治めるべき土地を授与したのも元老院であった。この特権は、行政官の誰かを、次の年も《代官》として、その任期を延長して務めさせるかどうか、といったことも含んでいた。執政官に対する恒久的相談役として、ある外国からの使節を受け容れるかそれとも拒絶するかを決定するのも元老院であった。逆に、ローマの公的使節（レガーティオ）として誰を外国の権力者のもとに送るかを選ぶのも元老院であった。

また、元老院は国家財政を絶対的権限をもって左右できたので、将軍であろうと総督であろうと、その行動が気に食わなかった場合は、一方的に資金源を断ち切ることができた。このため、助成金をもらおうと元老院に日参する行政官が日常的に見られた。財政面で元老院が果たしたこの役割の大きさは、よく知られており、元老院がさまざまな点で実権を振るうことができたのは、国家の財布の紐を握っていたからであることも否定できない。

たとえば、いかなる植民市建設の事業も、元老院の承認がなければできなかった。なぜなら、元老院が国有地の管理責任者として入植者への土地の分配を認可する権限をもっていたからである。とくに肥沃で元老院議員たちが土地所有者として占有していたカンパニアが、ほかの地域と較べて、なぜ植民市の創設が遅れたかも、このことから説明できる。

しかしながら、戦争の指揮から属州の統治、国庫の管理といった行政面においても、司法権についても（前二世紀に現れた刑事裁判所の裁判長は、元老院議員からくじ引きで決められた）大きな権限をもたせた、この元老院の特権的地位とその特典は、慣習に基づいたものであったから、行政官なり市民会議なりがこれを無視することは法的に可能であったし、事実、そういうことがときどき起きた。そのような場合には、元老院は、慣習の力が働いて旧来の秩序に戻るのを忍耐強く待った。

実際には、共和制の黄金時代の何世紀かの間も、全ての権力は元老院から発し、元老院がローマ国家を事実上体現していた。このころまで元老院は都市ローマの最も裕福な人々によって構成されていたから、ローマの共和制とは実際には《金権政治体制》であったと考えることもできる。

しかしながら、元老院議員たちの資産は専ら（あるいは、少なくとも原則的には）土地資産を基盤としていたことも忘れてはならない。騎士たちのなかには元老院議員より裕福な人もいたが、だからといって、彼が、この《名誉あるキャリア》のなかに入ることができたわけではない。元老院が《農村トリブス》の家父長の協議会であった時代の名残は帝政時代にも消えず、元老院議員はイタリアに土地をもっている人でなければならないという原則がしばしば確認されている。

ローマ国家は、実業家のものではなく、土地との結びつきを保っている大土地所有者たちの手中にあった。このことが、間違いなく、忍耐と勤勉をもって将来の収穫を準備しながら、身に迫る脅威を押し戻すため以外は安易に戦争に身を委ねたりせず、なによりも土地を守ることを優先したローマの対外政策の基盤にあった。それがまた、多分、問題を極限にまで突き詰めず、厳密にイタリア的視野のなかに留まろうとする傾向、また、ときには属州を、その統治者の一時的資産と考える傾向性と、そこから来る幾つかの限界を説明してくれる。元老院制度が帝国規模での経営と統治のシステムを構築することができず、凋落していった深い理由の一つが、おそらくそこにある。

3　帝国の経営

ローマでは、カエサルの野望であった君主制復活を機縁に巻き起こった内戦の危機のあと、アウグストゥスを中心にして和解が成立した。アウグストゥスはファルサロスで敗れた寡頭政治システム〔訳注・ファルサロスは前四三年、カエサルがポンペイウスおよび彼と行動を共にした元老院派を倒したギリシャの戦場〕のなかから、まだ役に立ちそうなものは全てなんとか救おうとした。

アウグストゥスの革命が、伝統的機構の形態と名称をそのまま残したことは意味深い。元老院は、昔と同じように助言者としての役目を保持し、行政官は古来のやり方で選ばれ、任期が終わると、軍の指揮官とか属州の統治者として公職期間を延長された。しかし、それにもかかわらず、これらの統治機構それぞれの役割は、微妙に変化していたし、全体として国家の凝集力は見違えるほど大きくなっていた。

アウグストゥスにとって問題は、自分の権力を合法化し、それを恒久的なものにすることであった。そのために考えられうる方法はたくさんあったが、彼は、帝国の経営に最も有効な方法を選び、自ら執政官に就任して、それを一年一年と継続・延長するとともに、幾つかの属州については自分の代官を指定することによって、それら特定の属州における《命令権》を保持することに成功した。この結果、前二七年以後は、属州にも、元老院から委嘱された総督が統治する《元老院属州》と「プリンケプス」つまり皇帝が法的統治者の立場のままで自分の選んだ「レガシオ legatio（代官）」に管理を委ねた《皇帝属州》とが見られるようになる。

軍司令官や属州統治者が「レガシオ」を属州に配置するやり方は、すでに共和制時代にも行われていたが、アウグストゥスのやり方においては、皇帝属州は軍隊が駐屯する属州であったから、それを統治する「プリンケプス」は、ローマ全軍の「インペラートル」（最高指揮官）となることができた。

最後に、「プリンケプス」は、さらに巧みな法的擬制により、《護民官》の職権を手に入れ、それによって、属州総督（プロコンスル）としての命令権が及び得ないローマ市の内側に対しても拒否権を行使できるようになり、すべての行政官の上に立つこととなる。

アウグストゥスのあとの歴代皇帝たちも、即位すると《護民官職権》を帯びた。しかし、《護民官》という役職は別の人物がすでに保持していたから、皇帝が実際に護民官になったわけではなかった。ただ、この役職に伴う全ての特権が皇帝に与えられたのである。そして、この《護民官職権》は、毎年十二月十日に更新されて、「プリンケプス」が持つ幾つもの称号と並べて注意深く書き込まれ、そのあとに治世の年数を示す数字が付された。

このように「プリンケプス」は、共和制機構のあらゆる手段を利用することにより、すべての統治手段を手中にしたのであったが、アウグストゥスが疑似君主制の復活に対しては自制したように、後継の「プリンケプス」たちも、すでに終焉を迎えている共和制ではあったが、これを重んじる姿勢を示し、共和制においては前例のない権力の異常な集中については、万人の眼に納得できるようにしようとした。

アウグストゥスはまず、ローマ人たちにとって前二世紀以来馴染みになっていたある観念を再び取り出してくることによって、《プリンケプス・セナトゥス》（元老院筆頭）、つまり国家において最大の《アウクトリタス（権威）》をもつ人物となった。この《権威》によって、彼の実質的権力は、ローマの伝統に則った道徳的でほとんど宗教的な規範によって正当化された。

元首（Princeps）に付された別称である「アウグストゥス Augustus」には、この《アウクトリタス》が表されている。これは、アウグストゥスが祖国のために貢献した功績によるとともに、多分それ以上に、あらゆる行動において勝利と幸運な成功を勝ち取ったことによる。元首は《第一市民》として（これは多義的な呼称で、その尊厳性において第一であることとともに、最年長であることを意味している）、全てのローマ人民を体現している。このことは、集会において、特権的ケントゥリアの票決が民意を表していたのと同じ図式による。

このことから彼は、共和制時代のローマ国家に認められていた卓越した資質の一つである《マイエスタス maiestas〔卓越性〕》〔訳注・フランス語の「majesté」も、ここから来ている〕を持つ。この《マイエスタス》は道徳的規範と事実によって裏づけられたほんものの徳であって、ローマ人民を他のあらゆる民族〔それと同時に、あらゆる個人〕に優越させているものとされた。

共和制のもとでは、『ローマ人の威厳に関する法』があり、ローマ人の優越性の実現を妨げたり道義的に傷つけようとする試みは全て死刑をもって酬いられた。帝政においては、この法律が元首の人格に対する誹謗に当てはめられ、その権力保持のための恐るべき手段として使われた。

そうした元首の《敵》を見つけ出すことに長けた無数の密告者が至るところにいた。彼らは、ときには挑発的な手段を使って自分にとって好ましくない敵を死刑に追い込み、その財産を手に入れるという卑劣な目的のために利用した。犠牲者の財産は、基本的には国家のものになったが、一部分は、国家に貢献した報酬として告発者のものになったからである。

アウグストゥスは《プリンケプス》に付されたこの制度的・法的・宗教的・道徳的支柱のおかげで、民会から出て元老院議員となるという就任順序を保存することができたのであり、見かけ上は何も変えなかった。しかし、これらの伝統的機関とは別に、皇帝から直接に出た一つの独立的行政機関が出来た。《皇帝属州》の長官としてかなりの人数の配下たちを帝国内に散らばらせたのである。これが、それまで共和制にとって最も重要な機関であった元老院を実質的に政治的役目のない一つの〈身分〉に追いやることになる。

アウグストゥスは、内戦中の掠奪によって富を増やし、広大な領土を個人的に所有するようになっていた（たとえばエジプトは全体が皇帝個人のもので、ローマ国家の属州として位置づけられることはなかった）ことから、自分の家門を発展させ、その資力で使用人を帝国中に配置できた。こうした皇帝の配下たちは、ローマの全ての名門の家の場合と同様、奴隷と解放奴隷たちであった。

しかも、この家内的官僚以外に、元首は、行政官の伝統的権限に縛られない様々な職務を〈補佐人〉や〈代官〉に託するようになっていく。たとえば道路や水道の維持・管理の責任は元老院議員たちに割り振られたが、それ以外の、ローマ市に本拠を置いて元首の身辺警護とローマの治安維持の任務に当たった親衛隊の長官職などは、騎士身分の人々に託された。

騎士身分が担った役割としては、このほかに、ローマに穀物をはじめとする農産物の供給を受け持つ《アノーナ ammona》の長官、災害に対処する今でいえば消防長官、ラヴェンナとミセヌム〔訳注・ナポリ湾とガエタ湾の間の岬〕に本拠があった艦隊の長官、そのほか、ちょうど元老院属州の財務官と同じ役目を皇帝属州で務める元首代官とそのもとで働くたくさんの監督人などがいた。

帝国の経営のためには、ますます多くの人間が必要とされるようになっていた。しかも、これらの人々は、共和制システムでは許されなかった長期間の連続在勤を当然とした。共和制システムのもとでは、統治者が過度に力を貯えることは元老院にとって好ましくなかったので、同じ役職に長い期間留まることのないよう配慮されていたが、今や、そういう制約はなくなった。

これらの役人の供給源になったのが《騎士》たちで、彼らにあっては、最終的に元老院に登り詰める《出世コース》とは別の、軍人としての役職や市政のうえでの責任による序列が連なっており、それが彼らを「騎士階級」として形成していく。この階級の頂点にあるのが、大きな属州の総督とかエジプトの長官、小麦の供給を司る長官、とりわけ親衛隊長官であった。

しかも、すべての管理職は裁判の執行権を伴ったので、イタリアでは、旧来の《法務官》に代わって親衛隊長官が刑事裁判権を行使するようになっていった。

皇帝から任命されて《プロクラトル》（長官）になっていくこの仕組は、何もないところに創られたのではなく、元老院のもとでの行政官役職と並立したもので、それだけに複雑化することになったが、全体としては大きな有効性を発揮した。というのは、これが元老院から任命された統治者たちにも、《プリンケプス》の配下の人々に監視されているという感じを常に抱かせ、仕事への真剣さを刺激したからである。とくに、共和制時代にはしばしば大目に見られていた公金横領などの行為に歯止めがかかった。

古くからの収税吏の組合は、共和制時代には生き残っていなかったし、収税業務が、かつてのように騎士たちの独占事業として復活されることもなかった。帝政になって直接税を負担したのは、多くの場合、イタリア以外の地方の共同体で、たとえば元老院の管轄下にある属州では「スティペンディウム」と呼ばれる財産税が、また、皇帝属州では「トリブートゥム」と呼ばれる人頭税が課されたが、イタリアの都市は免除されていた。

ただ、間接税は、帝政のもとで引き上げられた。相続税は五％、売却税は一％、贈与税は五％で、そのほかにも、通行税や通関税など様々な税が設けられた。これらの税の徴集にあたっては、確実さよりも費用をかけないことが重視され、とりわけ、徴集された額がどの金庫に入るかが明確にされた。サテュルヌス神殿の基壇に納められていた金庫（aerarium Saturni）が共和政府の金庫であったのに対し、皇帝の特別金庫（fiscus）があり、また、軍隊用金庫があって、ここには相続税の二〇分の一が貯えられていた。

だが、こうした膨大な帝国資金も、あらゆる負担に対応するには不充分であった。ローマは、ほとんど絶え間なく財政危機に苦しんだが、皇帝たちは、救済措置など考えようともしなかった。

とくに、膨大な出費を強いたのが《首都ローマ》であった。皇帝たちは巨費を投じて贅沢な建物を次々と建設し、市民を喜ばせるために頻繁にスペクタクルを開催、そして、気前よさを示すため、兵士や市民に絶えず贈り物をした。とりわけ、国庫にとって大きな負担になったのが穀物供給システムであった。これらが、ローマの日常生活においていかに重大であったかはあとで見るが、このため、帝国の金庫は、周期的にからっぽになり、軍事費まで制限されることもしばしばであった。

おおまかにいうと、蛮族たちが帝国領内にやすやすと侵入することができたのも、そうした事態に備えられたはずの兵力が弱体化したことが原因である。しかも、この兵力の弱体ぶりは、兵員の不足によりも、国家の金惜しみに、その主たる原因がある。皇帝たちは、属州都市のブルジョワたちを怒らせるのを避けるため、彼らに、果たすべき任務の大きさに相応した財政的負担を求めるのを嫌ったようである。

しかも、そこには、もう一つ深い理由があった。それは、アウグストゥスによって打ち立てられた体制があまりにも深く《都市ローマ》の古い観念に密着していたので、歴代皇帝たちは、皇帝の使命に気づいていても、政府の究極の目的が、たとえ帝国組織を犠牲にしても地方（まずは首都）の共同体の繁栄の促進にあることを考えもしなかったことである。イリュリア人皇帝たちの反動の試みにもかかわらず、こうした《リベラリズム》のために、帝国は最後には死滅するのである。

第五章　征服者たち

1　ローマ軍の組織と戦術

ローマ人たちは、ハンニバルのために、かつていかなる古代の戦争においても動員されたことのないほどの強大な力（多分、唯一の例外は、クセルクセスがギリシャに派遣した遊牧の蛮族軍団であった）に立ち向かわなければならなかった。

このとき、ローマ人が戦った相手は、地中海世界のいたるところから徴募された、戦いを職業とする情け容赦のない傭兵軍であった。ハンニバル自身、幼いときから軍事学を学び、ヘレニズム世界で行われていた戦法を身につけていた。それに対抗したローマ軍とその補助軍を構成していたのは、ローマ市民とイタリア自治都市の住民たちであった。

カルタゴ軍が攻撃において傑出した能力をもっていたのに対し、ローマ側は、防衛を専らとする市民軍であった。ローマ軍は、はじめは手痛い敗北を喫したが、最後には攻撃軍に打ち勝ち、この戦争が終わったときには、いかなる敵にも対抗できる軍隊になっていた。といっても、市民軍的原則そのものは、その後も長く、ローマの力の基盤として続いた。

ポリュビオスは、ローマ軍がそれまで無敵を誇っていたマケドニアとセレウコス王国の軍隊を次々と打ち破ったことについて述べ、これらの勝利は、都市ローマの政治的・精神的骨組の堅固さに負っているが、それに劣らず、その軍事組織が古代世界に比類のないものであったことが大きい要因であると指摘し、このローマの軍事組織の本質をなすものについて詳細に述べている。それは、一見、余談のように映るが、私たちにとって、共和制時代の最も栄光に満ちた時期のローマ社会についての貴重な情報源となっている。

それによると、当時、ローマは常備軍をもっていなかった。初期のころの戦争は、春の訪れとともに行動を開始し、秋には終わって、冬の間は、家のなかに引きこもるというふうにして、毎年、新しく動員令を発し、行動を起こしたのだった。

時代がくだり征服地が広がるにつれて、作戦の舞台も遠隔地に移り、一年を通じて動員できる軍隊を編成し保持せざるをえなくなる。しかし、それでも、常設軍をできるだけ少人数に抑えるよう努力が払われた。この原則は、経費を少なくするためよりも、多くの市民を家庭や土地から過度に長い間奪うのを避けるためで、この原則はかなり忠実に守られた。

年齢上の限度内においてではあるが、兵役は全市民に義務づけられていた。徴集のために定められた日になると、動員可能な男たちは全員、カピトリウムの丘に集まった。そこには、執政官によって指名された二十四人の軍司令官（tribuni militum）が、通常兵力を構成する四つの軍団に配分されていた。一軍団の兵員数は、ポリュビオスの当時、普通は四二〇〇人、例外的に五〇〇〇人で、この四つの軍団に含まれない予備兵が徴集される都市区が一つ、籤で決められた。

都市区の新兵リストによって、まず、ほぼ同じような体格の四人の男が指名され、四つの軍団に割り振られる。つぎにまた、同じような体格の男が四人選ばれて、同じように配分された。これは、四つの軍団の肉体的能力をなるべく釣り合わせるためであった。こうして、一つの都市区の男たちの割り振りが終わると、第二の都市区の男たちの配分にかかる、というふうにして必要な兵員数に達するまで行われた。

そのあと、軍団司令官たちが将軍に向かって宣誓を行い、彼ら自身は兵士たちから宣誓を受けた。この《宣誓》は兵士としての資格の法的基盤となるもので、これにより、その指揮官との間に宗教的性質をもつ人格的絆が結ばれた。もし、戦闘のなかで指揮官が交代するようなことがあったときは、新しく宣誓し直された。この宣誓は、外交担当祭司（フェキアリス）によって正式に《敵》と認定された相手と武器を執って戦う権利を兵士たちに授ける意味ももった。兵士は「いかなる敵に対してであれ、軍旗を捨てることなく、法に背くことなく、指揮官に従って戦う」義務を負った。この宣誓に背くことは死に値した。こうした宣誓のもつ一般的な意味は、こんにちも保たれている。

数日後、兵士たちは召集され、各軍団のなかで、さらに分類された。最も若い人々と最も貧しい人々によって《軽装歩兵 velites》（軍団ごとに一二〇〇人）が編成された。彼らはヒスパニア型の短い両刃の剣と、何本かの軽量の投げ槍を装備した。剣は突きを専門とするもので、投げ槍のほうは柄も穂先もかなりの長さがあったが細身で曲がりやすいため、頑丈な防具に対しては非力であった。防具としては、直径一メートル弱の円形の楯、そして頭には革製の兜をかぶった。兜は、狼の皮で作ったものが好まれた。これは、狼が軍神マルスの獣だったからである。

それ以外の兵士は、《ハスターティ hastati》、《プリンキペース principes》、《トリアリー triarii》の三つの戦列に分けられた。彼らは甲冑で完全に身を固めた。鎧は厚みのある帯状の革を編んで作られ、胸部は二〇センチ四方の鉄板で補強されていた。裕福な人々は金属製の鎖帷子の鎧を着たが、これは、ガリア人が使っていたのが採り入れられたものである。

頭には、頂の部分に紫または黒の羽根の束を植え込んだ金属製の兜をかぶった。羽根束についてポリュビオスは「美しく見せるのと同時に、敵に恐怖心を起こさせた」と述べている。楯は幅七五センチ、縦一二〇センチほどで、二枚の板を張り合わせて作られ、前面の中央には鉄製の突起物が付けられていて、普通なら楯を貫通する矢も跳ね返せるようになっていた。

攻撃用の武器としては、ヒスパニア型の両刃の剣は先の軽装歩兵と変わらなかったが、投げ槍（pila）が違っていた、しかも、投げ槍は戦列ごとでも異なっており、《ハスターティ（第一戦列）》と《プリンキペース（第二戦列）》の槍は、長さ一五〇センチの柄に、ほぼ同じ長さで鉤がついた鉄の穂先が装備されていた。

ポリュビオスのころは、この鉄の穂先のほぼ半分あたりまで柄が通っており、幾つもの鋲でしっかりくっつけられていたが、マリウスの改革のあと、鋲の一つは木製の釘に換えられ、投げられた槍が敵の楯に突き刺さったとき、この釘は槍の重みで折れ、しかも、二番目の鋲で穂先と柄が接合されているので、柄はこの接合点を中心に曲がり、地面に垂れ下がって、敵の戦士の動きを妨げるように工夫された。

もっと時代がくだると、同様の効果を挙げる別の工夫が施された。たとえばカエサルは『ガリア戦記』のなかで穂の先端にだけ焼きを入れた投げ槍の効力について述べている。これによって、穂先が敵の楯に突き刺さると根元から曲がって、この武器を引き抜くことができないので、まわりのガリア兵の楯を自由に動かすことができなくしたため、敵は邪魔物でしかなくなった楯を放り出し、身体をさらけ出して戦わざるを得なくなったのだった。〔訳注・『ガリア戦記』岩波文庫版、四六頁〕

投げ槍の重さは七〇〇グラムから一二〇〇グラムまでさまざまだったが、飛距離は平均して二五メートル。ただし、よく訓練された兵士は、条件さえよければ四〇メートル近く投げることができたし、さらに革紐の槍投げ具を使うと、もっと遠くへ投げることができた。その貫通力は、かなり離れていても、厚さ三センチの縦板や金属板をすら充分に突き通すことができた。《トリアリー（第三列）》は、もっと長いが投げるためでなく手で敵を突く接近戦用の槍（hasta）を持った。

こうした三つの戦列への兵の配置は、年齢を基準になされた。最も若い戦士から《第一戦列 hastati》（人数は一二〇〇人）、《第二戦列 principes》（一二〇〇人）、《第三戦列 triarii》（六〇〇人）の順に配置された。

軍団を構成した下部単位に《マニプルス manipulus》があり、中隊あるいは小部隊と訳される。これは、もともと、《ケントゥリア（百人隊長）》に指揮された百人の兵士を指した。当初は、第一、第二、第三戦列とも、十個の《マニプルス》で構成されていたが、おそらく前四世紀以後は、《マニプルス》自体、《ケントゥリア》二つを連結したものになった。その場合、二人の《百人隊長》のうち右翼のほうがこの《マニプルス》の指揮を執った。これに対し、《軽装歩兵》は、独自に《マニプルス》や《ケントゥリア》に分割されることはなく、各マニプルスに割り振られて戦闘に参加した。

戦闘は、つぎのような手順で行われた。

最前列には《ハスターティ》が配備される。四二〇〇人から成る各軍団のなかで、一二〇人のマニプルス（中隊）ごとに長方形の陣形を組んだ。軽装歩兵が中隊に合流している場合は、百人隊ごとに六人十列になり、その百人隊二つで戦列を組んだ。各マニプルスは、若干の間隔を空け、そこに第二戦列

（プリンキペース）の一中隊が入れるようにした。そして、第三戦列（トリアリー）の中隊は六〇人から成り（ときには、これに四〇人の軽装歩兵が加わった）、第二戦列の中隊が作った空隙を埋め、こうして《五点形 quinconce》を形成するようにした。それぞれの百人隊の陣列の内側では、普通、九〇センチの間隔をとったが、戦闘の展開によって、もっと広くなったり狭くなったりした。

軍団は、このような中隊単位の集団の連結から成り、第一戦列が先頭に立って敵方に向かって前進し、投げ槍を放ったあと、肉弾戦に入っていった。勝っているときは、どしどし押し込んでいき、そのあとを、第二戦列、第三戦列が続いた。逆に押し戻されているときは、第一戦列は第二戦列の各中隊の間に後退し、代わって第二戦列が前面に立って戦った。

この間に、第三戦列は片膝を地面について楯を肩で支え、槍の穂先を前方に傾け、城塞のような形にして敵の攻勢を凌ぎながら、後退してきた第一・第二戦列の中隊が体勢を整えるのを援護した。もし、第二戦列も完全に敵に攻め崩された場合は、第三戦列の出番となる。彼らは、中隊同士の間隔を詰めて一本の連続した戦列を形成し、最後の決戦を試みるのである。

この戦術は、一つの大きな利点をもっていた。軍団をもっと小さな単位に分け、相互の間隔を空けることと予備の兵力を維持することによって、多様な状況に対応することができたことである。この可動性を更に増したのが軽装歩兵の存在であった。彼らは、自分が属する百人隊に束縛されることなく、ときには最後尾の戦列を編成したり、また、連続した前線を構成しようというときには、各中隊間の空隙を埋めたり、さらには、前哨戦の小競り合いの段階で、戦列の前に出て、《狙撃兵》さながらに敵兵にねらいをつけて槍を投げたりもした。

このように、互いの間に間隔を空ける陣形の立て方は、ローマ軍団が常にとったやり方ではなく、共和制時代初期は、もっぱら密集陣を採用していた。しかし、経験を通して、あまりにも密集した陣形は危険が大きいことを学んで、このような空隙を作るやり方に変更したのであった。とくに、ピュロスと戦ったとき、はじめて象軍を相手にしたのだったが、中隊同士の間を空けておくと、突撃してくる象をやり過ごして、味方の被害を少なくすることができることを知ったのであった。

そして、ピュドナでマケドニアの《ファランクス》（歩兵の密集方陣）と対戦したときは、いずれも無敵の名声を誇っていた両軍の対決に全ギリシャが注目した。しかし、あたかもヤマアラシのように槍を逆立てたマケドニアの密集方陣は、あらゆる角度から仕掛けてくるローマ軍の攻撃の前に崩れ、生じた空隙をローマ軍の戦列によって食い込まれ、あちこちで取り囲まれて、片っ端から殲滅させられた。

この前二世紀のローマ軍団そのものが、戦術に関する長期にわたる進展の結果、生み出されたものである。その武器は、ローマ人たちが戦わなければならなかったあらゆる民族から借用したもので、剣はヒスパニア式であり、投げ槍はおそらくサムニウム人からの借用であり、楯は（ポリュビオスの言によると）ギリシャ人たちのそれであった。

第一、第二戦列は投げ槍（ピルム pilum）、第三戦列は槍（ハスタ hasta）というように、武器を配分するやり方は、さまざまな変更を経て生み出された戦法であった。というのは、第一戦列の男たちが持つのがもはや「槍（ハスタ）」ではなくなっているにもかかわらず、《ハスターティ hastati》と呼ばれているからである。

第三戦列（トリアリー）は日常語では「ピラーニ pilani」の名称で呼ばれていたが、このことは、かつては彼らだけが「投げ槍（ピルム）」を持っていたことを示している。そして第三戦列の第一コホルス〔訳注・「コホルス」は一軍団の十分の一で、「大隊」と訳される〕の第一・百人隊長は、帝政末期にいたるまで「プリムス・ピルス」（第一投げ槍隊長）の名称で呼ばれ、最年長の最も位の高い将官がこれに就いた。常備軍になった帝政期の軍隊のなかにあっても、昇進には順序があり、新米の百人隊長がまず指揮を執らされるのは第一戦列第十中隊の第二ケントゥリアで、「プリムス・ピルス」になれるのは最後の段階であった。

《コホルス（大隊）》は多分、マリウス以後、共和制の終わりごろにローマ軍団に導入された新しい分類法で、《レギオ（軍団）》を十分の一に分けるものであるが、第一から第三までの各戦列の一中隊ずつを縦断的にまとめて構成された。この改編が、《軍団》を主体とする戦法が本質的に変化した結果とは考えにくい。むしろ、これは、ある使命を遂行するために簡単に軍団を分離できるように、という必要性から出たと考えられる。

軍団ごとに動物を象った標識を掲げるようになったのも、マリウスの発案による。それまでは、各中隊が軍旗をもっていて、それを動かすことによって命令が伝達された。鷲のローマ軍団旗が作られたのもマリウス以後で、当初、鷲は銀色だったが、帝政時代になってから金色になった。戦闘に際しては、最前列に掲げられ、その軍団の「プリムス・ピルス」によって守られた。この鷲は宗教的意味合いを帯びていて、野営地では将軍のテントの近くに祭壇が設けられ、この鷲のために生贄を捧げる儀式が行われた。

ローマ軍の基本はローマ市民によって構成された《軍団》であったが、それと並んで、同盟諸都市による《補助軍団》もかなり早い時期から活躍していた。正規軍団の兵員が《ローマ市民》に限られていたのは宗教的配慮から来たもので、兵士たちを《インペラートル（最高指揮官）》に結びつける絆は、この都市ローマの本質に基づくものであったからである。

同盟諸都市から徴募された兵士たちも、同じように彼らの民族的枠組のなかで編成され、ローマ軍全体のなかでは正規軍団に対して補助部隊を構成し、戦闘にあっては、ローマの執政官によって任命されたローマ人将校と、《プラエフェクティ・ソキオールム praefecti sociorum》（同盟軍長官）とによる指揮のもと、翼軍として使われた。

この同盟軍部隊は、歴史の異なるそれぞれの都市で伝統的に編み出されてきたものであったため、その構成も、兵士たちが持つ武器や装備も、戦いの仕方も、さまざまであった。イタリア同盟諸都市の軍隊だけが「仲間」という意味の「ソキィ socii」の名称を名乗る権利をもっていて《コホルス》に編成されたが、時代がくだって共和制時代の終わり頃には、イタリア人は皆《ローマ市民》となって正規軍団に編入されるようになり、《補助軍》はイタリア以外の諸民族によって構成されるようになっていった。ただ、《正規軍団レギオ》に欠けていた〈投石隊〉、〈弓隊〉、〈槍兵〉といった特殊兵は後者から提供された。

王制時代のローマ軍にあっては、最も裕福な市民によって構成されたケントゥリアは《騎士ケントゥリア》と呼ばれ、全軍のなかでも最もエリートとされていたが、その後、歩兵隊が主力になるにつれ、騎兵隊の役割は小さくなっていった。ポリュビオスが記述している《レギオ》にあっては、騎兵はわずか三〇〇人で、それが三〇人ずつの十隊（turmae）に分けられていた。騎兵は維持費が法外にかかったし、兵員数も少なかったので、戦場で多数をまとめて使われることはなかった。騎兵の使い方としては、歩兵を馬の尻にのせて前線へ運び、そのまま一緒に戦うこともあったが、多くは、偵察任務や、退却していく敵軍の追撃のために使われた。

騎兵軍団の弱体ぶりが欠陥として痛感されることも、ときにあった。そこで、ポエニ戦争以後は、多数の騎兵を擁していたガリアやヒスパニア、アフリカなどから徴集された騎兵隊を補助軍として使うようになった。カエサルも、ガリア戦争の初め、何年かをかけてゲルマニア人による騎兵隊を作り、ウェルキンゲトリクスVercingetorixの反乱軍を討伐するのに用いている。

ローマ人がその最大の力を引き出した《ローマ軍団》の特徴の一つは、夜間の安全を保障する《野営地》に対する配慮であった。陣地構築の仕事に取り組んだ人々は、この安全確保のために大変な努力を注いだ。ローマ人にとって《野営地》は、たんに軍事的優越性のためだけでなく、蛮族に対してもヘレニズム世界の軍勢に対してさえも、ローマ軍が有していた精神的・道徳的優越性を表わすものであった。このゆえに、ポリュビオスは、ローマ軍の《野営地》こそ、注目されるべき「美しく、かつ大事なもの」の一つであると考え、これについて詳細に記述している。

ポリュビオスが書き残している《野営地》は、普通、執政官が指揮する軍を構成していた軍団二つと同盟軍、騎兵隊と特殊部隊を収容するために作られた最も平均的なそれである。規模は、収容人数や立地条件などによって様々に変わりうるが、全般的原理は不変で、帝政時代のローマの軍事的拠点の起源もこの《野営地》の配置のなかに求められる。

夕暮れが近づいて一日の行程が終わるころ、一人の司令官と幾人かの百人隊長が軍団から離れ、野営地の場所を決めるために偵察に出かけた。好んで選ばれたのは、周りが見渡せて敵軍に突然襲われる心配がない高台とか丘の中腹であった。また、泉や河川の水場が近くにあり、さらに馬の飼い葉になる草の生えている原があることも、大事であった。

これらの条件が満たされた土地を見つけると、まず《本営 praetorium》である将軍の幕舎を作る場所の目印として白旗を立てた。この目印を基準にして、あとは、定まった手順により《野営地》全体の線引きが行われた。

最初に地取りが行われたのは、《本営》そのもので、これは一辺が六〇メートルの正方形で、次に、この本営の前のところで直角に交わる二本の通りが引かれた。南北に走る一本は《大通り via principalis》と呼ばれ、町を建設する場合の南北線である《カルド cardo》〔訳注・この言葉は「宇宙の軸」という意味がある〕に対応している。本営の軸線の延長で東西に走るもう一本は《正門通り via praetoria》とも《デクマヌス・マクシムス decumanus maximus》とも呼ばれる。《大通り》は左右の主門に至り、《正門通り》は東へ向かうと《将軍の門 porta praetoria》に、西へ向かうと《第十歩兵隊門 porta decumana》に至る。

こうした線の引き方は、都市の《聖所 templum》のそれに非常に似通っており、宗教的慣例から来たものであったことが分かる。しかし、現実には、土地の起伏によって、この向きが変わったことは否めない。ただ、その場合も、慣例によって《将軍の門》は原則として東側に設けられたが、これは鳥占いにおいて吉兆は東のほうからやってくるとされていたからで、軍が戦いに出るときは、この《将軍の門》を通っていった。反対に西側の《第十歩兵隊門》は不吉な方角とされ、処罰を受ける兵士たちはここを通って処刑場へ向かった。

本営の軸線が決定されると、役目の異なる軍隊ごとに場所が割り当てられた。《大通り》に沿って、副指揮官、軍団司令官、同盟軍長官といった将校たちの場所が定められ、《大通り》と《将軍の門》の間の土地全体が正規軍と同盟軍のキャンプに充てられた。そのテントは《デクマヌス・マクシムス》と並行して走る補助道に面して二列に並べられた。

騎兵隊は、《デクマヌス》に面して部隊ごとに並べられ、その背後に歩兵隊のなかでも最も大事にされた《第三戦列》の兵士たちが陣取った。そのさらに後ろに、《第二戦列》の兵士たち、そして《第一戦列》の兵士たちが来る。同盟都市軍の騎兵と歩兵は《デクマヌス》から最も遠く離れた、したがって、防壁に最も近い場所を割り振られた。

《大通り》を挟んで後ろ側は、《指揮官本営》を中心にして将校たちの区画になっている。《本営》の隣には《財務官幕舎》、そして広場がある。広場は、全軍が集合する公共の場所で、そこには、将軍の席が設けられていたが、これは、ローマのフォールムに執政官たちの席が作られていたのと似ている。将軍は、ここで裁判を行ったり指令を発したりした。《財務官幕舎》は、食料や物資の配給を行うのに使われた。また、将軍に個人的に配属されたり、彼が将軍の命令権により集めた、騎兵、歩兵、補助軍のエリートが、この幕舎と広場のあちこちに宿営していた。

《軽装歩兵》は、この陣営のなかには、場所を与えられていなかった。彼らには周辺の哨戒という任務が課せられていたので、防壁の外側、各門の脇に配備され、この《野営地》が敵軍に包囲された場合以外は、内側には入れてもらえなかった。

部隊が野営地に到着すると、そこには、さまざまな色の旗によって地面が割り振られているのが見られた。兵士たちは直ちに、防壁になる線にやってきて、まず溝を掘った。掘り出した土を内側に盛り上げて《堡塁 agger》とし、それを切り芝で補強した。そして、そのうえに、延々と連なる柵 vallum が設けられた。柵の材料は、兵士たちそれぞれが自己負担で一本あるいは何本かの杭を用意し、運んできた

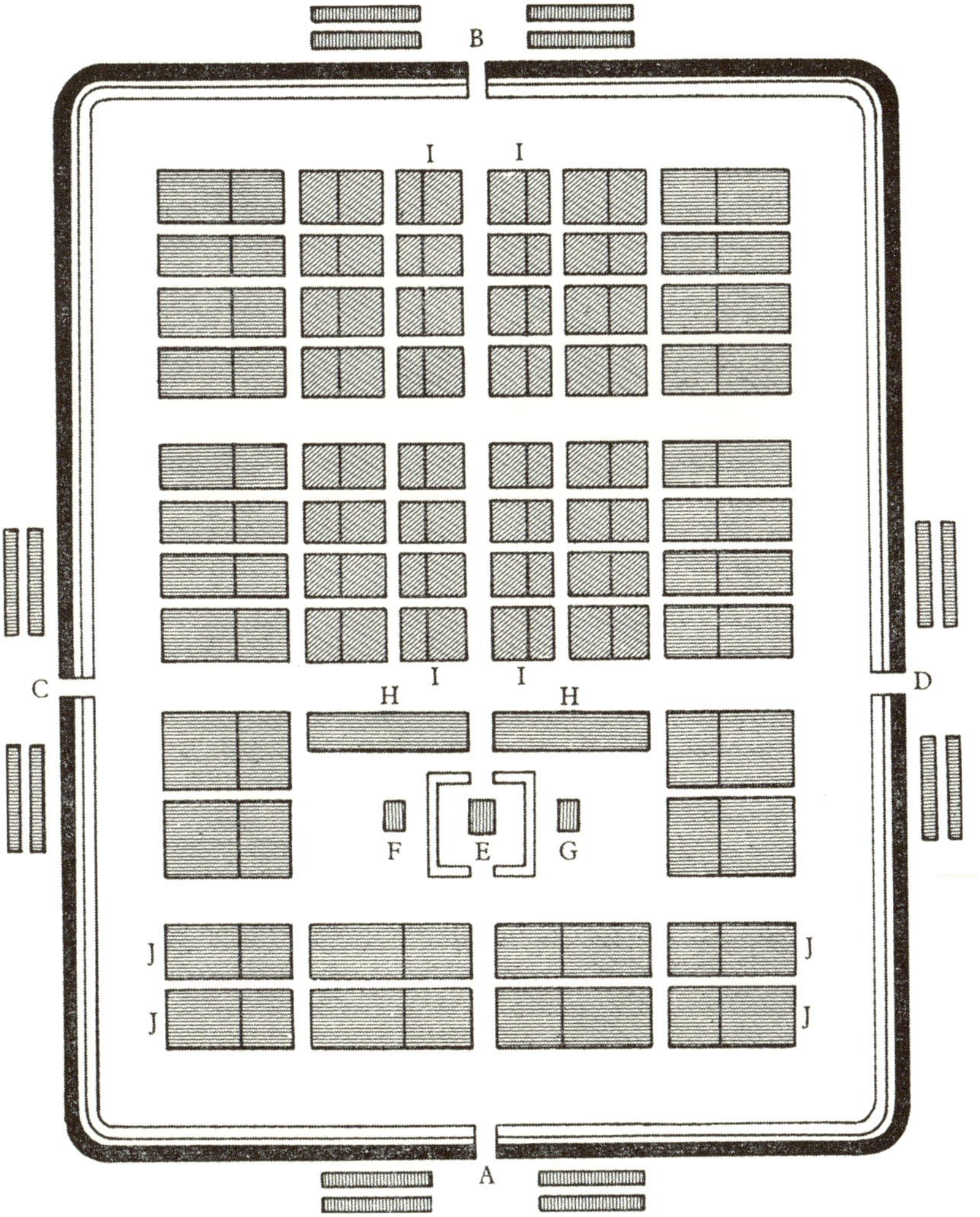

A．将軍の門　C．主門（右）　E．本営　G．財務官幕舎　I．ローマ騎兵隊
B．第十番兵隊門　D．主門（左）　F．フォルム　H．軍団長　J．補助部隊

ローマ軍の陣営

ものであった。

防壁と第一戦列兵士のテントの間には、約六〇メートル幅の空き地が作られた。これは、移動のための通路としても、小規模の集合にも使われたが、とくに、敵が打ち込んだ矢や槍がテントを直撃することのないようにするために重要であった。


こうした野営地の作り方は、ローマ史の推移とともに変わった。軍隊の編成そのものが変化したから、それに合わせてキャンプの規模も、各部隊に割り振られる地取りも変わらざるをえなかったのである。それに加えて、戦う相手の民族的慣習に対応して、将軍は種々の創意工夫を凝らした。概していえば、野営地の形は正方形ではなく長方形になったり、ときには円形や半月形、三角形のも作られている。

最後に、常備軍が組織されるようになると、恒久的駐屯地である本格的城塞になり、内部の分割の仕方も、部隊の多様化、戦術的利用法に応じて多様化するが、基本的形態は変わらない。帝国の国境に作られた町の多くは、その起源からして、恒久的野営地を備えており、そこでは、堡塁と柵の防壁に代わって、石と煉瓦の城壁が築かれた。


ローマ軍は早い時期から、戦場で想定される種々の作業のために、鉄や木を扱う専門の職人を擁していた。そうした《技能者 fabri》たちは、軍団とは別の独立した《工兵隊》を編成し、将軍によって任命された長官のもとに置かれていた。この工兵隊の長官（praefectus fabrum）の任務は、帝政時代には一人の騎士によって遂行された。

この将校は、部隊が平時に行う作業、たとえば野営地の警備や道路の建設などには関与しなかった。

彼が責任をもったのは、個々の兵士の武器の状態を監視し、必要とあれば補修すること、戦争に使用する機械の建造と維持、さらに、包囲戦の際の幾つかの例外的作業を監督することなどであった。

ローマ人が軍事行動において機械類を頻繁に使用するようになるのは前三世紀ごろからで、シチリアや南イタリアのギリシャ人との接触を通じて、そうした機械装置とその使用法を学んだのだった。ギリシャ人たち自身、軍事に機械を活用するようになったのはヘレニズム時代からであるから、その技術の進歩がいかに急速であったかが分かる。しかも、すでにほぼ完成の域に達していたから、ローマ人がこのギリシャからの借り物に改良を加えた痕跡は認められない。とりわけ、その基盤になっていた原理は、そのまま長く引き継がれた。

こうした機械は、大きく二つのカテゴリーに分けられる。一つは敵を攻撃するため物体を発射して飛ばすものであり、もう一つは、敵を攻撃する際に味方の兵員を保護することを目的としたものである。前者に属するのが《バリスタ》、《カタプルタ》、《オナーゲル》、《スコルピオ》である。

《バリスタ》は、中世に広く使われた弩（arbalètes）の大きなもので、弾力のある獣の腱の束をねじった先端に二本の彎曲した腕が付けられ、この腱の束がねじれを解消しようとして腕部分を回転させる力を利用して物体を発射させるようになっている。小さなバリスタの場合は小さな矢しか飛ばせないが大きい「バリスタ」の場合は大きな矢を飛ばすことができた。今も現物が残っている中世の弩で矢を飛ばしてみると分かるように、その発射速度もかなりのものである。

《カタプルタ》も、飛ばす原理は同じだが、発射される物体が大きな岩や梁などの重量のある物である点に特色がある。この場合、威力を発揮するのは、発射物の速度よりもその重量で、たとえば城壁などの障害物を突破するのに使われた。したがって、今日でいえば、曲射砲や臼砲に相当する役割を果た

カタプルタ（左）とバリスタ（右）（ラルース百科事典より）

したわけである。

《オナーゲル》は、「弓」の原理ではなく、水平方向に回転する棒に一本の長い梃子の腕を接続し、ねじったロープの束で回転エネルギーを与えるものである。この腕は、使わないときは鉛直方向に立てて置き、使うときは、これを巻揚げ機の助けによって後方へ引っぱるのだが、その結果として動力を生むロープのねじれが生じる。梃子を急に放すと、腕は前方へ向かって勢いよく回転運動し、その軌道の端で頑強な留め具にぶつかり、その衝撃で腕の端に載せられていた発射物が敵に向かって飛び出すのである。発射物としては、石の弾丸のほか、獣脂や樹脂の塊に火をつけたものが使われた。

《スコルピオ》については、この名称で呼ばれているものが具体的にどのようなものを指したかは、時代によって異なる。先述の「カタプルタ」のことである場合もあれば、それよりずっと小型の「投石機」を言っていることもあるようである。

とくに攻囲戦では多様な機具が用いられた。市門や城壁を破壊するのには、単純に太い木の幹や梁材をなんどもぶつけて突き崩すことも少なくなかったが、機具としては《破城槌》が作られた。《破城槌》を操作する兵士たちが敵の激しい反撃に遭って倒れると、当然、目的は達成できない。したがって、敵の攻撃用兵器から味方の兵士の安全を確保できることが必要である。そこで、上から降り注ぐ矢を防ぐため、しっかりした屋根を備え、そのうえに燃えない素材（たとえば剝いだ獣の皮など）の覆いを被せた。

また、兵士たちが城壁の土台に近づいて、これを鶴嘴で崩す方法も行われたが、この場合も、兵士たちを守るための遮蔽物が必要であった。敵の攻撃に身を晒さないで城壁を突破する方法としては、程良い距離のところから、城壁の下をくぐって町のなかまでトンネルを掘り進めるやり方が採られた。

同じトンネル掘削でも、相手方の陣地に侵入することより城壁の土台を崩すことを目的としたやり方もあった。この場合は、トンネルが城壁の下に達したと分かると、トンネルを拡げて枠組を造り、枠組の木材に火を付けた。枠組の天井が燃え尽きて崩れ落ちるのといっしょに城壁と塔も崩壊して、味方の軍勢を進入させる突破口となった。

しかし、このトンネル作戦は、ほとんどの場合、敵方に察知されてしまった。守備側は、トンネルがどの方向に向かっているかを見極めると、対抗トンネルを掘って攻撃側のトンネルを崩落させたり、下水を流し込んで使えなくした。

ユーフラテス河畔のドゥラ＝エウロポスは、発掘の結果、当時、ローマ軍が守備していたこの町がパルティア軍の手に落ちるまでに、地下で両軍がどのような攻防戦を繰り広げたかを明らかにしてくれている。守備側が反撃を行った場所では、多数の兵士たちの骸骨が坑道のなかに散らばっていた。

カエサルの『ガリア戦記』も、彼が攻囲戦で使った機材についての豊富な情報を伝えている。頻繁に使われた破城槌のほかに、城壁の石を剝がすのにもっと有効な種々の道具も利用している。兵士たちは防護用のケープで身を守りながら、頑丈な柄に鉤を付けた破城鉤（falces murales）で挑んだ。カエサルはまた、木製の移動櫓を建造し、これを城壁に横づけし、城壁の頂の巡回路を見下ろすこの櫓の上から弓矢や投石器で守備兵を倒すやり方についても述べている。また、時間と労力がかかるが、枝のついた木やさまざまな屑、さらに土砂などあらゆる素材を使って城壁に向かって盛り土していき、守備側が位置の高さという利点を生かせなくするやり方も採っている。

こうした攻囲に関するローマ人の技術は、ギリシャ世界の軍隊のそれを引き継いだもので、更に大きく進歩させるにはいたらなかったが、少なくとも、これがビザンティン帝国に伝えられ、さらに中世の西欧世界にもたらされて、火薬を使った大砲の発明が戦争の条件をすっかり変えてしまうまでは、この伝統が引き継がれた。

ローマは、もともと陸軍力では優れていたが、当初は、海軍力をもっていなかった。アンティウムのラテン人同盟者たちは、ポエニ戦争以前から、盛んに海賊として活躍していたが、ローマが本格的に艦隊を持たなければならなくなったのは、カルタゴに対抗するためであった。

このとき、彼らは、カルタゴ海軍を模倣することから始め、艦船を整列させることによって敵の艦船につけ込ませないようにしながら敵艦隊に立ち向かうその戦法をたちまち習得して、第一次ポエニ戦争以後は、制海権を確保した。その後ローマ艦隊は、オリエントの同盟諸都市から提供された補助軍によって無敵となった。

帝政時代には、イタリア海岸は、二つの艦隊によって防衛されていた。一つはラヴェンナに本拠を置くアドリア海の艦隊であり、もう一つはナポリの近くのミセヌムを本拠地とするティレニア海の艦隊である。

2　兵士の訓練

ローマ軍の訓練は、きわめて厳しかった。ローマの初期の時代について見たような法の厳格さが、そのまま軍隊の訓練においても維持されていた。「軍務の宣誓」いわゆる《サクラメントゥムsacramentum》を通して兵士たちの生殺与奪の権限、まして体罰を加える権利は最高指揮官（imperator）に与えられていて、将軍たちは、これらの権利を容赦なく行使した。

ポリュビオスは、戦場での軍隊生活の思い出を記している。毎朝、第一から第三戦列それぞれの第十中隊の男が一人、軍団司令部のテントにやってきて、司令官から、その日の合い言葉が書かれた板を受け取った。そして、自分の中隊に戻ると、証人立ち会いのもとに、この合い言葉の書かれた板を次の第九中隊長に渡す。このあと、順繰りにすべての中隊に伝えられて、最終的に、第一中隊長によって司令部に返される。これにより、軍団司令官は、夜の警備が始まる前に全ての中隊長がこの合い言葉を知ったことを確認する。もしも、板が一枚でも戻ってこなかった場合は、誰が犯人かをすぐに突き止め、厳しい処罰が下された。

夜間の警備は、基本的には次のように分担して行われた。野営地を囲んでいる防壁の見回りと、各門ごとに当番兵十人を出すのは軽装歩兵の役目で、それ以外の兵士たちは、部隊指揮官と軍団司令官のテントの警備に当たった。

毎日夕方、各中隊の最初の当番兵が司令部に出頭する。当番兵たちは、一人の下士官から、決められた合い言葉の書かれた板（テッセラ tessera）を渡される。この合い言葉は、四つの夜警時ごとに変えられている。さらに騎兵が、この四つに区切られた時間ごとに一回、巡回する任務を授かった。

区切りの始まりの時間はラッパによって知らされ、これを合図に、四人の騎兵たちは立会人を連れて巡回を始め、要所要所にいる警備当番兵から《テッセラ》を受け取った。もし、当番兵が眠っていたり持ち場を離れたりしていると、付いている立会人にそれを確認させて巡回を続けた。集められた《テッセラ》は、朝になって司令部に持参される。足りない場合は、ただちに調査が行われ、犯人が突き止められる。犯人は司令官たちによって構成される法廷へ引き出され、即決で死刑を言い渡された。

処刑は全員が見守るなか、とりわけ野蛮な方法で執行された。司令官が一本の棒を手にして、処罰を受ける兵士に軽く触れると、全兵士がこの罪人に石ころや棒を雨霰と浴びせた。罪人は、奇跡的に死ななかった場合も、野営地の外に放置された。

盗みを働いた場合や偽証を行った者、脱走兵、また、指揮官の命令に従わなかった者には、鞭打ち（棒で打つ場合も）の刑が課せられた。たとえば、ある中隊の全員が戦闘中に持ち場を放棄したなどといった場合は、その中隊の兵士は軍団司令部の前に集められ、くじ引きで十人に一人が処刑された。残りの者も、小麦の代わりに大麦を食料として給付され、なんらかの輝かしい功績を挙げて名誉を挽回するまでは、砦の外で野営させられた。そのほかにも階級降下や、これまでの軍務期間に由来する種々の特典の喪失、不名誉除隊、体罰など、さまざまな罰が下された。

他方で、兵の訓練のために用いられた手段は恐怖だけではなく、さまざまな褒賞も用意されていた。戦場で得られた分捕り品の少なくとも一部は兵士たちに委ねられたし、戦いで功績のあった者には、将軍が特別賞与を与えたり、俸給の増額が行われることもあった。しかし、最も古くからの伝統では、兵士たちの最大の憧れは名誉上の褒賞で、退役軍人の弔辞には必ずその在職中に得た名誉が列挙された。

古代の歴史家たちは、王制時代以来、功績のある兵士たちは《ハスタ・プラ hasta pura》と呼ばれる物を受けたことを述べている。これは、鉄製の穂先が付けられていない槍の柄で、何かのシンボルだが、その意味は、私たちには不明である。もっと時代がくだると、これに、金や銀の腕輪や貴金属製の鎖、首飾り、ブロンズや黄金の丸い勲章が添えられ、鎧の上からこれらを身につけた。首飾りはガリア人の風習、勲章はエトルリア人の風習から採り入れられたものである。

種々の冠も表彰に用いられたが、これらはギリシャのオリンピック競技会などで行われた勝者の顕彰の模倣と考えられる。そのなかには、たとえば戦いに勝利を収めた将軍に授けられた《勝利の栄冠》、包囲軍を撃退した将軍に与えられた《草の冠》がある。

一般の兵士に与えられた冠としては《市民の栄冠》がある。これは、戦闘においてローマ市民の生命を個人的に救った人に与えられた柏の冠である。また、敵の町の防壁に一番乗りした兵士に与えられた《城壁冠》とか、敵の防塞の壁を最初に突破した兵士に授けられた《城塞冠》というのもあった。これをフランス語で「couronne vallaire」というのは、城塞の壁を指すラテン語「vallus」に由来している。

こうした褒賞は、初期のころは、階級を問わず、実際の功績に応じて授けられていたが、共和制末期から帝政期になると、階級的に限定されるようになる。首飾りや腕輪、勲章は百人隊長、《ハスタ・プラ》と冠は軍団司令官・下士官・長官といった将校クラスにしか授与されなくなる。とくに《勝利の栄冠》は当初から、一つの戦争において《最高命令権》をもって指揮した将軍だけに与えられた最高の褒賞で、このために行われた《凱旋式》は、つねにローマ人を熱狂させた絵画的セレモニーであった。

凱旋する最高指揮官は、勝利に貢献した兵士たちを従えてカピトリウムの丘に登り、戦いに際しての《至高至善の大神、ユピテル》の庇護に感謝を捧げる。ここでは、嫉妬深く些事に拘った元老院によって定められたとおりの振舞いをしなければならない。

凱旋行進は、ギリシャの競技会で行われた場内行進《ポンパ・キルケンシス pompa circensis》と明らかに関係がある。ギリシャの場合と同様、それは神々が都市のなかに降臨してくる偉大な瞬間の一つを示しているが、それとともにローマの場合の行列の組み方にはエトルリアの祭儀の影響が反映している可能性がある。

凱旋将軍は、黄金の糸で縁取りした緋色のトゥニカと、これまた金色の刺繡を施した緋色のトーガをまとい、金色の靴を穿き、ユピテル神の聖鳥である鷲を頂に飾った象牙の笏を持ち、月桂樹の枝で作った冠を戴き、顔を紅で赤く塗って（これは、エトルリアの彫像がそうである）、まさしくユピテル神の化身としてカピトリウムのこの神の住まいに登るのである。

《ポメリウム》の外の「マルスの野」で組まれた行列は、フォールム・ボアリウムから市内に入り、大祭壇の隣のヘラクレス神殿に詣でて《無敵のヘラクレス》に敬意を表したあと、大競技場に沿って進む。それから、大競技場を横切り、《聖なる道 Sacra via》を通ってウェリアを降り、フォールムを通ってカピトリウムの丘に登る。この行列が通る間は、神々がこれに立ち会うことを象徴して、すべての神殿の門は開かれた。

行列の先頭には現職の政務官と元老院議員たちが立ち、次にラッパ手、それから、敵から奪った戦利品を運ぶ人々の長い列が続く。戦利品のなかには、金銀製の甕や銅像、武器や貨幣の山、さらには、敵国の山河や町を象徴する何か、その首長（彼自身が姿を見せていないときは、彼を象徴する何か）等々がある。

この戦利品の列のあと、供犠係りの神官が生贄の動物たちを引き連れて続いた。生贄に捧げられるのは純白の牡牛で、角には金箔がかぶせられ、頸には儀式用の細紐が巻かれていた。神官のうしろから「盃持ち」と呼ばれる子供たちが黄金の盃を捧げてしたがった。これは、神官が動物たちを生贄に捧げる瞬間に血を受けるためのものである。

そのあと、敵の主だった捕虜が鎖に繋がれて続いた。長い間続いた慣習では、彼らは供犠式と合わせて処刑されることになっていた。とくに、初期のころは、公衆の前でユピテル神への生贄として捧げられた可能性がかなり高い。しかし、前一六七年の第三次マケドニア戦争の勝者、パウルス・アエミリウスの凱旋式以後は、少なくとも勇敢かつ誠実に戦った敵将については、捕らえても命は助けるのが通例になった。

ユグルタとウェルキンゲトリクスの場合は、前者はマリウスの、後者はカエサルの凱旋式のあとで処刑されたが、これらは《生贄》としてでなく、ローマの威光に逆らった罪人として処罰されたのである。ユグルタは自らの兄弟を殺しただけでなく、ローマ人市民やローマとの条約を無視して多くのローマ人々を虐殺するよう指示した罪、ウェルキンゲトリクスも、同様の大量虐殺に責任があり、やはりローマとの誓約に背いたためとされる。

凱旋するマルクス・アウレリウス帝
フォールム・ロマーヌムの神殿ファサードに飾られていたレリーフ

こうして、捕虜たちを手みやげにしたと

いう格好で、このあと、いよいよ凱旋将軍が来る。その服装については、すでに述べたとおりである。彼は、子供たちと一緒に戦車に乗り、そのまわりを、エトルリア風の衣装をつけた一団の踊り手たちが、リラの演奏に合わせて踊りやコミカルな所作を繰り広げながら進んだ。

この凱旋将軍の戦車のあと、敵方に囚われていたが凱旋将軍の勝利によって自由を取り戻した市民たちが、剃られた頭に解放奴隷の帽子をかぶって続き、最後に、将軍のもとで戦った兵士たちが、将軍を題材に、称賛と風刺を交えた唄を歌いながら行進した。こうした唄は、凱旋式に含まれる宗教的意味のなかに、その正当化の根拠をもっていた。

というのは、凱旋式は都市ローマにとって高度に宗教的な意義をもっており、その熱狂自体に危険性を孕んでいた。神々は、高みにのぼった人間がどん底に落ちるのを望む傾向があり、幸せの絶頂に達したということは、運命の逆転の間近にいることにほかならない。そうした神々の嫉妬を避けるには、できるだけの用心をすべきで、凱旋将軍に嘲りの言葉を浴びせ、その幸せを目減りさせたり単純には喜べないものにすることによって、〈嫉妬の神〉ネメシスの視線を逸らさせようとしたのだった。

笑いそのものが、神の悪意を逸らさせる力をもっていた。状況はこれとは異なるが、その目的で都市ローマが、いかに懸命になって神々に気晴らしをさせようとしたかについては、またあとで見ることにしよう。

しかも、凱旋将軍を守るために、種々のお守りがその身体に付けられたり戦車の下に下げられていた。《お守り》は、基本的には男性性器を象った物で、これは、とりわけ嫉妬の眼差しから守る効力があるとされていた。この像は、子供たちも、成人服を着る年齢（十八歳）になるまで、黄金のロケットに入れて頸に懸けたし、果樹園にも、デーモンたちを遠ざけるために置かれていた。

帝政時代になると、凱旋式は皇帝のためにしか行われなくなる。これは、最高命令権が皇帝の独占物となったからだろうか？　むしろ、皇帝が全ローマ軍の唯一の司令官として軍事行動の宗教的責任を担ったからであり、実際の軍事行動は副官たちによって遂行されたとしても、皇帝による鳥占いのもとに行われたからだと考えられる。

しかし、他方で皇帝たちは、将軍たちの野心を満足させるため、とくに際立った勲功をあげた人々のため、「勝利者の飾り」として、公的儀式の際に凱旋将軍の衣装をまとい、月桂樹の冠をかぶる権利を与え、また、歴史に名前の残る偉大な凱旋将軍たちと肩を並べる形で、彼の像も建てさせた。だが、この栄誉も、たちまち、やたらと振りまかれるようになると値打ちが下がった。トラヤヌス帝以後は、執政官は全員、例外なく凱旋将軍の衣装をまとう権利をもつようになったからである。

3　帝政下の軍隊の再編

ポエニ戦争の危機は、ほんとうの意味でのローマ市民軍の絶頂期を画した。ポリュビオスが称賛しているのが、この時期のローマ軍である。ローマ国家は、ハンニバルによる深刻な脅威を前にしたときすでに、セルウィウス改革以来の徴募原則（所有財産が限度以下の市民は軍務から除外する原則）を放棄し、最下層の市民から、さらには奴隷も解放して軍に編入せざるをえなくなっていた。

そのうえ、豊かな市民たちは、ローマがその版図を拡大し全般的に裕福になるにつれて、十年とか十七年もの期間（騎兵は十年、歩兵は十七年）、単なる兵士として奉仕することは耐え難くなっていた。逆に、取り残された貧しい市民たちは、市民生活にそれほど執着がなく、むしろ、豊かになれる機会を提供してくれる軍隊生活は、大きな誘惑になっていった。

兵士に俸給を支払うこと自体は、かなり早い時期にも行われていた。伝承では、ウェイイを攻囲したとき、戦いが長引いたので、指揮官のカミルスが市民兵たちを戦線に引き留めるために俸給を支払ったのが始まりとされている。俸給の額は、騎兵か歩兵か、義務として徴兵されたか自発的に参加したのか、などの事情によって様々であったが、いずれにせよ、この俸給制が最終的に職業軍人制になっていったことは当然として理解できる。そして、やがて、この俸給が唯一の魅力でなくなり、戦利品が得られる期待、戦争が終わったあとで土地を分けてもらえる約束が、ローマ軍の伝統的性格を根底から変えた。

無産市民も含め全市民に軍隊に入る道を開いたのが《マリウスの改革》だとされるが、実際には、ユグルタ戦争のときマリウスの指揮下にいたのは、職業として兵士の道を選んだ男たちから成る軍団だけであったから、《マリウスの改革》といわれるものも、すでに現実に行われていたことを合法化しただけであったと考えられる。ローマ史のなかできわめて重大な結果を伴ったこの改革をもたらしたのは何よりも慣習であったわけである。

もう一つ別の事実が兵の徴募を拡大させた。内戦時代のあと、すべてのイタリア人がローマ市民権を獲得したため、彼らを盟邦軍（ソキィ socii）として別扱いする理由がなくなったのである。これも、すでに、それよりかなり以前から盟邦軍をローマ軍団に近づけてきていた事態の進展が、ここにおいて全面的同化に到達したのであった。

ともあれ、その結果、前一世紀初めには、ローマ軍団は、ラティウムとローマ人入植地の出身者だけではなく、本来の《ローマ市民》との連帯感をさほどもたない、イタリアの全域（ただし、ガリア・キサルピナは除く。この地方の人々にローマ市民権が与えられるのはカエサル以後である）からやってきた人々によって構成されるようになり、それとともに、軍隊としての連帯の絆も《インペラートル》に彼を結びつける人間的絆が基盤となる。

兵士たちも、初期のように、一つの戦争のために召集されるのではなくなり、通常、十六年間の兵役期間をずっと兵士として務め、各地の戦争に従事した。その結果、市民共同体とは別の兵士階級が形成され、しかも、兵役が終わったあとも、元兵士は幾つかの義務に服した。彼らの元の将軍は、いざというときは、彼らを呼び集めて退役軍人の特別部隊を作ることができたし、くだっては、退役軍人たちによって建設された植民都市が帝国防衛の支柱となっていった。

これらのマリウス改革の生んだ政治的影響（すぐ現れたものもあれば、時間を隔てて現れたものもあるが）に加えて、ローマ軍団の伝統的構造を変える働きをしたもう一つの要因がある。それは、第一戦列（ハスターティ）、第二戦列（プリンキペース）、第三戦列（トリアリー）という立て分けがなくなり、全部隊が投げ槍（ピルム）を武器とするようになったことである。

最後に、《マニプルス（中隊）》による分割のうえに、《コホルス（大隊）》の区分が重なるのと同時に、《軽装歩兵部隊》は、通常六〇〇〇人で構成される《レギオ（軍団）》のなかに吸収されて消滅する。

以上が内戦が始まったころのローマ軍の様相で、常設となったこの軍隊に対して命令権をもっているのは、兵士たちの心を摑むためには手段を選ばない人々である。カエサルの軍隊は、自分たちの指揮官の名誉が傷つけられたと思いこんだときは、他の軍団に戦いを仕掛けることもためらわなかった。結局、その手腕と数々の勝利の結果として得た威信によって、全ローマ軍に自分を唯一の首長として認めさせることに成功したのが、オクタウィアヌス（すなわちアウグストゥス）であった。前三一年のアクティウムの戦いのあと、彼が組織した軍団数は五〇にのぼったが、帝政が確立されると、そのうち幾つかは解散され、退役兵士たちは各地に入植民として送られた。

アウグストゥスの治世の終わりごろ、常設軍として属州に配備された軍団数は二五を数える。その内訳は、ライン河に沿った上下ゲルマニアに八軍団、ヒスパニアに三軍団、アフリカに一軍団（当初、アフリカの軍団は元執政官クラスの統治者のもとに置かれたが、まもなく他の属州と同様、皇帝の代官を指揮官として受け入れ、皇帝の直轄属州であったヌミディアに駐屯した）、エジプトに二軍団、シリアに四軍団（この属州は、カラエの戦いでローマ軍が敗北して以来、パルティア人の度重なる侵攻に晒されていたため）、そしてパンノニア〔訳注・現在のユーゴ北部〕とダルマティア〔訳注・現在のユーゴ南部〕、モエシア〔訳注・現在のギリシャ北部からセルビア〕にそれぞれ二軍団ずつ、である。

この配備が、外敵の侵入への備えとともに、たとえばヒスパニアのように帝国に併合されたのちも、小島のようにかなり残っていた不服従民に対する防衛を主眼としてなされたものであることが明らかである。軍団数の総計は、セプティミウス・セウェルス帝（193-211）のときに増えて三三になるが、右の原則は歴代皇帝によって引き継がれた。とくに外敵の侵入を防ぐうえで基盤とされたのは、《リーメス limes》（境界地帯）に沿って連なるように築かれた城塞と可動式装備であった。

こうした軍団とは別に、各属州の作戦上の要衝には補助軍の分遣隊が配備され、重要拠点の防備や道路の監視などの任務に当たった。こうして、現在のアルジェリアにあたるララ・マグニアでは、長期にわたってシリア人部隊がマウレタニア・カエサリエンシスの道路を監視し治安を維持する任務に当たっていた例がある。

イタリア半島の地に軍団が駐屯するということは、帝政時代になってからは絶えてなくなる。ただ、アウグストゥスは、身辺警護と、ローマ市内での民衆暴動に備える必要性から、特別な部隊として、《親衛隊》と《都市警備隊》、そして《夜警隊》を創設した。

ただし、「創設」といっても、前の二つは共和制時代からあった機構を発展させたもので、当初《親衛隊》は「コホルス・プラエトリア cohors praetoria」(最高指揮官の警護隊)という呼称が示しているように、戦場で将軍の身辺を警護するためにスキピオ・アフリカヌス以後設けられた選抜隊で、この隊員は野営地での通常任務を免除され、他の同輩の兵士たちより高額の俸給を支給された。

オクタウィアヌスは、アクティウムの戦いのあと、この前例に倣って《親衛隊》を発足させたのだが、臨時的に組まれた選抜隊ではなく、五〇〇人編成の九隊から成る常設部隊とした。その最大部分は歩兵で構成されたが、九隊それぞれが九〇人から成る騎兵隊も含んでいた。

当初この特権的部隊に入隊を認められたのは、原則として、すでにローマ化していた町や地方の出身であるイタリア人だけであった。その後も、セプティミウス・セウェルス帝の時代(二世紀末から三世紀初め)までは、イタリア出身者が大多数を占めるが、これ以後は比率が逆転し、最高指揮官(つまり皇帝)自身も、様々な属州、とくにダニューブ河流域地方の出身者となる。こうして、《征服者》としてのローマは、みずからが創り出した帝国のなかに吸収され、シリアやアフリカ出身の人々が皇帝になり、その皇帝を支える力も、昨日の被征服者が主役となっていった。

《都市警備隊》については、隊(コホルス)の数は、当初は三つ、ついで四つになり、定員数も、皇帝の親衛隊のそれと同数であったが、皇帝直属の騎士身分の長官ではなく、元老院身分のローマ市長官の統率下に置かれた。おそらくこの部隊は、ローマ駐在の軍隊である《親衛隊》について元老院に安心感を持たせ、認めさせるために作られたもので、その役割も重要ではなかったし、その存在自体、皇帝親衛隊に較べてずっと影の薄いものでしかなかった。

《夜警隊》は、あくまで災害に対処するための技能部隊であった。隊数は七つで、それぞれがローマ市十四区の二つずつを担当し、オスティアに分遣隊を一つもっていた。夜間の見回りを行い、今日の警察のパトロールと同じ役目を務めた。

現代の歴史家たちは、とかく、親衛隊の政治介入がローマの凋落の原因の一つになったと考えたがるが、これは、タキトゥスの言い分に影響されたもので、彼の主張は、古代の歴史家たちに最も共通した考え方ではあるが、問題の本当の複雑さを理解するのには必ずしも適していない。

たとえばカリグラ帝が亡くなったとき、次の皇帝としてクラウディウスを推挙するよう働きかけたのは親衛隊であったが、これは、元老院が自分たちだけでは政治的危機を解決する力がないことを露呈したのち、さまざまな駆け引きの果てに、そうしたのだった。みんなが混乱しているなか、親衛隊だけが一つの明確な意志を表明し、その結果として自分たちの意見を聞き入れさせることができたのであった。

このとき、なんといっても彼らを突き動かしたのは、《利害得失》ではなく、偉大な《インペラートル》としての血をカエサルとアウグストゥスから引き継いでいたゲルマニクス（クラウディウスのこと）への忠誠心であった。この部隊を創ってくれた《プリンケプス》に対し先輩たちが捧げた「誓約（サクラメントゥム）」への節義を、彼らもまた頑強に守りぬいたのである。

彼らが危険な要素を構成していたことは、おそらく事実である。しかし、厳しい訓練を受けたこれらのエリート兵たちを、権力欲に囚われた無頼の輩だなどというのは、けっして正鵠を射ておらず、真実は全く別のところにある。アウグストゥスは、共和制ローマの伝統に背いてローマ市のなかに軍隊を置くことにより、暴力で自らの意志を押しつける組織を持ち込んだが、それ以上に重大な意味をもったのが、それまで注意深く遠ざけられてきた一つの政治的力にローマの権力中枢への侵入を許したことである。

市民戦争からの伝統と、それを超えて《サクラメントゥム（誓約）》の宗教の血を引く親衛隊は、ローマ軍が常にそうであったように、その《最高指揮官》に全身全霊を捧げる道具でありつづける。この《忠誠》への報酬としてなされた「贈り物」が表しているのは、政務官がその支持者たる民衆に対し、パトロンが自分の庇護する人々に対し、そして造営官（アエディーリス）が見世物の提供によって民衆に対し振りまいたのと同じ《気前よさ》であった。

三人の皇帝が短期間に入れ替わった六九年、ガルバ帝がピソを養子にしたとき、皇帝顧問会議は、このことをフォールムの船嘴演壇で市民に向けて公表すべきか、元老院にまず報告すべきか、それとも軍隊に伝えるべきかで迷った。これは、アウグストゥスが樹立した制度のなかにあって、皇帝叙任権をもつ《歓呼》に三種の集会、三つの手続き方法があったためである。このうち民衆と元老院の二つは、共和制時代以来のものであったが、それに「軍隊」が加わったのである。そして結局、ガルバは息子を紹介するため親衛隊の本営へ向かったのであったが、ほかに、どのようにしたら、よかっただろうか？

市民集会は、寡頭政的共和制時代にはすでに無意味になっていて、アウグストゥスによる改革後は更に重要性を減じていた。元老院は分裂し、その指導者である《元首》を失い、かつての《威信（アウクトリタス）》はもはやなくなっていた。残っていたのが軍隊で、少なくとも力と忠誠心を持っていたのがこれだったのである。

好むと好まざるとにかかわらず、ローマは権力委任に関しては、最も古いやり方に戻ったわけである。「cedant arma togae（「武器は市民服に譲るべし」つまり、武をして文に譲らしめよ、の意）」という共和制時

マルクス・アウレリウスの円柱に刻まれた絵　蛮族の村を襲うローマ軍兵士

代の神話、この都市のキケロ的理念のライトモチーフは、現実が示しているものの前には、持ちこたえられなくなっていた。《市民的デモクラシー》の生き残りは、アウグストゥス的元首制によって殺されてしまい、それに替わって《軍隊的デモクラシー》が台頭し、寡頭政が六百年かかっても消滅させることのできなかったローマ的伝統の論理を一掃していた。

奇妙なことに（しかし、これは単に偶然だろうか?）、兵士たちがその指揮官を歓呼をもって王にまつりあげるやり方は、ヘレニズム時代の諸王国によって受け継がれていたマケドニアの慣習を想起させる。親衛隊は都市ローマの軍隊であり、彼らは自分たちの望む人物を《インペラートル》に推挙する最も大きなチャンスをもっていた。しかし、同じ権利は属州の軍隊ももっており、各属州の軍隊が自分たちの将軍を歓呼をもって推挙したときには、再び内戦を誘発しかねない。

こうして、長い危機の時代を経て、軍隊は一つに結束することの重要性に気づく。そして帝国は、権力をもつ一人の元首を求めて漂流したり、ストア学的開明君主とセム族世界の神権政治の間を揺れ動くのをやめて、ディオクレティアヌス帝（284-305）の《軍事的暴君政治》のなかにある種の安定感を見出す。だが、そのときは、もう手遅れで、帝国はすっかり老衰して活力を喪失し、すでに終焉へと向かっていた。

第六章　市民生活と芸術

1　ラテン語——文明の運び手

もしも、ローマ帝国が力ずくで一つの統治組織と法律を世界に押しつけることしかしなかったとしたら、その征服は一時的占領だけで終わったであろう。ローマ帝国の真実の偉大さは、むしろ、その精神的光輝であったもののなかに多分存在していた。

西方ヨーロッパにおいては、広大な地域にわたって、あらゆる形の文化と思想への道を開き、東方オリエントにおいては、ギリシャ精神とギリシャ芸術の宝の豊穣な力を生き永らえさせ、これを保持させたのが、まさにローマ帝国であった。ローマが存在しなかった世界というものを想像することは、ときとしては魅惑的だが、結局のところ、それによって辿り着くのは、人間の思考の歴史のなかでローマの果たした役割がいかに大きかったかについての再認識である。

ローマをローマたらしめるうえで貢献したあらゆる奇跡のなかで最も驚くべきは、おそらく、ラティウムの農民の言葉が、わずか何百年かで、人類が手に入れた最も有効で最も耐久力のある思考手段の一つになるにいたった事実である。このラテン語の歴史については、まだまだ分かっていないことがたくさんあるが、今では、その失われたページの幾分かは、「言語の考古学者」というべき文献学者たちの粘り強い作業によって再生されている。

おそらく、キケロやウェルギリウスが書いたラテン語は、何千年か前にインド・ヨーロッパ語族の共同体のなかに起源をもち、そこに多様な要素の混じり合ったイタリア半島のラティウム地方の農民言葉が、前六世紀から同二世紀の間に、ローマの都市生活のなかで生まれたあらゆる種類の概念を説明する仕事を引き受けたとき、突如として加速された一つの進展の成果であった。

もとより、私たちにとって古典となっているこうした著述家たちの文章語が、ローマ人の日常的話し言葉と同じでないことは確かである。その文章用ラテン語は、話し言葉がもっていた軽快さを意図的に排除することによって生み出されたもので、文章ラテン語の規則正しさと美しさは、意識的に選択された結果である。文章語から排除されたそうした軽快さは、話し言葉においては保たれてきたし、ラテン語の訓練がルーズになった後期の文献のなかにも顔を出してくる。

ラテン語の著述家たちがまず取り組んだのは、言わんとすることを異論の余地のない完璧な明晰さをもって表現することであった。今日まで遺されている最古のラテン語文献が法律文であることは注目すべき点で、おそらく、これは、語句と文節の永続性を確固たるものにする必要性を人々が最初に感じた分野が法律だったためである。しかし、『十二表法』作成にまつわる物語が示しているように、法律も、木の板やブロンズ板に刻まれる以前は、記憶に託され口承で伝えられた。口承においては記憶しやすいということが大事で、そのためには、言々句々が法則性に則っていなければならず、リズムがあり耳に心地よい響きがなければならない。

ラテン語の歴史を遙か遠く遡っていくと、最初にこの配慮を反映しているのは呪文の言葉である。そこでは思考は単調なリズムによって固定されている。そのために用いられているのが、頭韻法〔訳注・

擬音的・音楽的効果を生み出すために近接する単語のなかで同じ子音を繰り返すやり方〕と同時に、半諧音〔訳注・語や詩句の末尾に同一あるいは類似の母音を繰り返すやり方〕、さらには脚韻である。

ラテン語の最初の散文は、ローマ人たちが「カルミナ」（歌章）と呼ぶ、「言葉のダンス」ともいうべき、聞く人の心を魅惑するための繰り返し、現実世界を繋ぎ止めるための音節の紐として自然に口をついて出る詩に近いものである。やがて散文は、捉えたいと願っている現実から何一つ逃さないために全てを明確にすることと、リズム性という二重の必要に迫られるなかで、形を整え、文節の音を調えることに力が注がれるようになる。

まず、韻律を調えるために《冗語》〔訳註・韻律を調えるために挿入される語彙〕が考え出され、ついで、叙述されていることの時制の違いを表す変化形が、最後に、従属詞が考案されることによって、複雑に階層化された文節の構成が可能になった。それと同時に、さまざまな概念を表すために新しい単語が作られて語彙も豊富になる。

キケロが効果的に活用することになるラテン語の語彙の豊富さは、何一つとして曖昧なままにはして置くまいとの意志と、抽象的定義や全般的公式化に対する警戒心から、すべてを厳密に分析し、一つの対象物やある行為、ある状況についても可能なかぎり列挙した結果生じたものである。

一つの主張をするに際しても、曖昧さを排除し、厳密に記述しようとする努力のなかで、ラテン語はその全ての部品を駆使して、一つのデリケートな機械装置を作り上げる。ラテン語においては、一つの事実を述べるだけでは不充分で、同時に、どの程度、話している人がその内容を自分のものにしているか、逆に、他人の受け売りをしているだけなのか、それとも、たんなる可能性を示すに止めているのか、といったことまで明らかにすることが必要である。

使われる動詞の形も、場面によって変化する。後世になって文法学者たちが類別するような、非常にたくさんのカテゴリー（たとえば《現実法》、《可能法》〔訳注・純粋に精神の見方として可能性が考えられている場合〕、《非現実法》〔訳注・理論的には可能であるが、話し手の視点では現実によって否定されている場合で条件法などがそれ〕）が生み出される。

また《間接法》のスタイルもある。これは、主語を対格で、述語動詞を不定法で表すことにより、述べられている内容をそのままに、ただ、直接に当人の言葉あるいは思考とする形でなく、第三者の立場に切り替えて表明するやり方である。

これらは、こんにちラテン語を学ぶ若い人々には錯綜した迷路のように見えるだろうが、現在の多くの言語では捉えきれない微妙なニュアンスを表現できる素晴らしい手法であり、人間精神の識別能力を高め、よりよく思考させてくれる立派な分析手段となりうることが明らかである。

この構文法の発展に対して、ギリシャ語構築の前例は目立った影響を及ぼしたようには見えない。十九世紀の文法学者たちがヘレニズム文明の影響と考えていたことも、実際には、多くの場合、ラテン語が本来もっていた傾向が表れたものであった。ヘレニズム的構文法が現れるのは、ずっとあとのことで、そのときには、古典ラテン語は充分、成熟の域に達していた。

しかし、語彙に関しては話は別で、こちらは、かなり早い時期から、ギリシャからの借用が行われていた。事実、前六世紀ごろには、ギリシャ語圏である南イタリアから商人や旅行者が多数来ていたし、くだって、ローマがギリシャ人の国やギリシャ化していた国々を征服すると、ギリシャ人奴隷がラティウムに連れてこられるようになったため、ギリシャ語はローマのいたるところで話されていた。

たくさんの民族が混在していたイタリア半島では、イタリア諸民族の言葉とギリシャ語が混じった一種の《混成語》が以前から存在しており、その痕跡は、ラテン語にはっきり刻まれている。人々の往来に伴って、商人だの水夫だの兵士だのによって、通貨の呼称や家庭用道具類の呼び名、さらには、種々の技術に関わる語彙がもたらされた。それらは、たちまちラテン語のなかに同化され、言語の古い基層のなかに溶け込んでいった。民衆を対象としたプラウトゥス（前一八四年没）の劇作品のなかには、そうした言葉が溢れている。

しかし、ポエニ戦争のあと、一つの新しい問題が出てきて、その解決に一世紀以上の歳月がかかった。それはポエニ戦争に関連してローマがマケドニアを征服したことを機に、哲学者たちがぞくぞくとローマにやってきたためで、これは、すでに述べたように、ローマのエリートたちのギリシャ化という長いプロセスが用意したものであった。

おそらく農民的伝統を重んじる幾つかの家庭では、こうしたギリシャ思想の侵入に対し、真剣な抵抗が行われた。だが、それが無駄な抵抗でしかなかったことは、ギリシャ文明への反発で最右翼として有名であった監察官カトー（前一九五年に執政官を務めた）の現実が示している。このカトーにして、ギリシャ語を話したし、好んでギリシャ語の書を読んだのである。

プラウトゥスが喜劇作品を作っていたその同じ時代に、ローマの一元老院議員がローマに捧げるべく著した最初の歴史書が、ギリシャ語で書かれたことは象徴的である。当時、ラテン語はまだ文化的な言葉とはいえず、もっぱらギリシャ語が文化的言語であった。ラテン語の文学的散文が生まれるのは、ウェルギリウスの国民的な詩の出現からかなりあとのことである。

マケドニア征服のあと、前一五五年に使節としてやってきた哲学者たちは、ギリシャ語で話したが、多くの民衆からも充分に理解してもらえた。また、ラテン文学は詩の分野だけで満足し、抽象的思考の領域はギリシャ語に任せていたという説があるが、これは的外れではないようである。

こうした重いハンディキャップにもかかわらず、ローマの著述家たちは、数世代で、ギリシャの歴史家や哲学者に対抗できる散文ラテン語を鍛え出すことに成功する。すでに実現された成果（とくに法律の文書と元老院の会議報告の作成を通じて仕上げられた政治的言語のそれ）を基盤として、彼らが取り組んだのは歴史の書であった。

そのためには、伝統的語彙で充分に間に合ったし、前三世紀末にナエウィウスとエンニウスが書いた国民的叙事詩を手本として利用することができた。カトーがラテン語で書いた『起源論』が、ナエウィウスの『ポエニ戦役』とエンニウスの『年代記』に多くを負っている可能性も少なくない。それは、同時に、政治家たちは、立場上、人々の前で話をする必要性に頻繁に迫られた。それは、元老院でのきわめて込み入った論争であることもあれば、船嘴演壇の前に集まった大衆に向かってなされる演説であることもあったし、さらには、法廷での弁護や陪審団への説得であることもあった。

残念ながら、こうした前二世紀の散文ラテン語については、ごく貧弱な断片しか遺っていない。唯一完全な形で遺っているのが、カトーの『農事論』であるが、これは純粋に技術的な解説書で、彼の雄弁ぶりを示すものでもなければ、生き生きした物語の魅力を湛えたものでもない。しかし、この文章を見ても、また、私たちが読むことのできるカトーの他の断片を見ても、散文ラテン語がすでにめざましい成熟の域に達していたことが分かる。

多分そこには、ある種の堅苦しさが残っている。文章はしばしば法律文のように短く断定的であったり、幾つもの命題が互いに切れ目なく繋がって、並行的に並べられていたりする。だが、ときには、その単調さ自体、力強さと偉大さを感じさせることがある。

《歌章》から受け継いだリズム技法に、雄弁術によって実現された成果が付け加わる。雄弁術は、まず、一つの思想のあらゆる側面を聴衆に提示し、ついで、それを精神に深く刻みつけることのできる短文に要約することによって、明快に人々を説得しなければならないからである。

説得を目的としたこの散文のなかでは、《荘重さ》と《韻律》というキケロ的文章の二つの資質が結合しており、アルカイック期のギリシャ彫刻に似た生硬さ自体が、ある意味の権威的印象を与えることに貢献している。カトーの時代からすでに、ラテン語は《世界の征服者》にふさわしい言葉になっていたのである。

まだ残っているのが、散文ラテン語を純粋思考の分野に結びつけることである。そのためには、抽象的な事項を表現できるようにすることが必要であったが、これには重大な困難が伴った。ラテン語はインド・ヨーロッパ語のシステムから引き継いだ一組の接尾語をもっていたが、まだ具体的事象に近い、かんたんに把握できる特質を指示するためにしか使われなかった。抽象的なことはラテン語にはほとんど馴染まなかったのである。このような状況のなかで、ギリシャ哲学者の弁証法的やりとりをラテン語に置き換えるには、どうしたらよかったろうか?

初期の著述家たちは、そうしたことは、ほとんど無視した。しかし、ギリシャの思想・哲学への関心が高まると、これは無視できなくなる。エピクロスやデモクリトスの思想をラテン人に触れられるものにしようとしたルクレティウスが母国語の貧しさを嘆いて言った有名な言葉は、キケロやセネカの指摘ともこだまし合っている。

「哲学」という概念に当てはまる言葉自体がラテン語にはなかった。ギリシャ語の名称を借りて同じ形の新語を作るか、それとも、移し替える必要があった。この二つの手法が同時に行われ、文脈と目的によって使い分けられた。キケロは、哲学をテクニックとして表現するときは「フィロソフィアphilosophia」を使ったが、それ以外では、すでにエンニウスが使っていた「サピエンティア sapientia」に該当する語彙を使った。

後者は、ラテン語のなかですでに意味をもっていて、一種の置き換えをしないと「哲学」を指すのには使えない言葉であった。つまり、ローマ人にとって「サピエンティア Sapientia」とは《真理を求める営み》ではなく、ずっと卑俗な一つの資質、知識の道においてよりも行動において正しい道を歩むことに熟達した、良識ある人間の資質を指した。

こうした意味の置き換えが、ローマの哲学の未来にとっていかに重大であったかは、容易に測り知ることができる。なぜなら、こうして影響を受けた言葉が、その通常の使い方との意味論上の繋がりのなかから、一挙には除去できない重みをもって、思考法を屈折させ続けたからである。《サピエンティアSapientia》は、思考の技術である以前に、私たちが「叡智」と呼ぶものの修得を意味しつづける。

これに劣らず人を驚かせるもう一つの例が《ウィルトゥス virtus》という語彙の辿った歴史である。これは、「徳」についてのギリシャ的観念を伝えるために使われたのであるが。ギリシャ人が、「完成されていること」を意味するはるかに知的なニュアンスをもつ《アレテー》を用いたのに対し、ローマ人たちは、自らの努力で自身を律する行動的な力を表すこの語彙《ウィルトゥス》を使った。

ギリシャ思想がローマへ採り入れられたときに加えられた屈折は、このように言葉に明確に現れている。おそらく、それは故意に歪めようとした結果というより、純粋な思考にまで自らを高めることができなかったローマ人の理解力の欠如のせいだと言われるかもしれない。

しかしながら、ローマの著述家たちは、哲学の概論書をギリシャ語で思考することも書くこともできたし、ギリシャ人哲学者を我が家に歓迎し、長々と論じ合うこともしている。彼らは、それをラテン語で表現する場合にだけ、ラテン語の語彙を使ったのであるが、そうした語彙によってはギリシャ本来の哲学の意味するところを表すには不充分で、しかも歪めることになると知ったうえで、なおかつ、ローマ的思考の発展のために必要な置き換えとして、そうしたのだった。

この作業が行われたのはキケロの影が支配していた時代のことで、このころがローマ独自の思想が生み出された時代であったことを示している。ローマ人は、このようにしてさまざまな思考法や概念のいわば武器庫を充実していったのだが、そこでは、ギリシャ人が編み出したものを手本としながらも、重要なニュアンスの相違があった。

したがって、歴史の流れを見れば分かるように、西欧の思想は、ギリシャの原型を、そのまま直接にではなく、ラテン的コピーを通して受け取ったのであり、このことは、西欧の将来に大きな結果を惹き起こさずには済まない。ギリシャ語の「ロゴス logos」はローマでは「ラティオ ratio」となり、《言葉》であったものは《計算》になった。

しかも、このような対照は語彙においてだけでなく、語彙が象徴している知的態度についても明白である。

2　演劇と修辞学――プラウトゥス／テレンティウス／キケロ

ローマ人の文学語が成立した諸条件を見ると、彼らの文学がギリシャ文学の単なる引き写しではなかったことが明白である。ラテン人は、ギリシャの文学を手本にしているときでさえ、自らの独創性と固有の気質から、ギリシャ人のそれとは異なる作品を作ろうとし、その利用する道具によって新しい道を進んだ。

ローマの演劇がどのように始まったか、その要素がどのようにイタリア的伝統に由来しているかについては、あとで見ることにしよう。ローマ演劇の作者たちは、ギリシャのメナンドロスやエウリピデスに主題を借用しているときですら、非常に特異な、ギリシャの作品にはありえない、ラテン起源の民衆劇にずっと近いスタイルで演劇化している。

要するに彼らは、その手本のなかから、自分たちの民族的演劇としての条件に適応できるものだけを選び、それ以外のものは切り捨てたのである。約半世紀の隔たりがあるプラウトゥスとテレンティウス〔訳注・プラウトゥスの作品が発表されたのが前二〇〇年ごろであるのに対し、テレンティウスは前一六〇年ごろである〕は、同じ《新喜劇》のレパートリーに属するギリシャ喜劇を模倣しながら、かなり違った作品を作った。同じメナンドロスの翻案であっても、プラウトゥスとテレンティウスとでは、内容的に共通するところはほとんどない。

テレンティウスが関心を寄せたのは、子供の教育や人生における愛の役割、各人に自由を与えることの大切さといったテーマであるのに対し、プラウトゥスは、ギリシャ喜劇が提供してくれる筋立てを利用しつつ、自由の危険性だのギリシャ的生活のもっている誘惑をはねつける必要性だのを描いている。素材にした喜劇は同じなのに、これ以上に相対立する命題は考えにくいほどである。

この例によっても、ローマの著作家たちが独自の作品を作ったこと、自分たちの理念とその時代的・民族的傾向性を表現する作業をギリシャ文学の影響によって妨げられることは全くなかったことが看取される。

ローマ人は《風刺劇》と呼ばれるジャンルを生み出したが、これはギリシャ人の知らなかったもので、その淵源はイタリアの民衆的土壌にあった。このジャンルの作品は前二世紀ごろから、散文と詩を交えて作られているが、詩の部分の韻律は、作者の気紛れに応じてまちまちであるうえ、語りもあればパントマイムも織り込まれ、道徳的な説教もあれば個人攻撃もあり、文芸批評まで放り込まれており、いわば、自由に繰り広げられる会話に似ている。

たとえば、前一三〇年ごろ、この分野でリーダー的存在となったルキリウス（BC167-103）の作品では、彼の友人であったスキピオ・アエミリアヌスが友人たちと繰り広げた会話の反響が見られるし、それとともに、ヒスパニアのヌマンティアでの戦闘前夜の模様（ルキリウス自身、このとき、スキピオに随行していた）も織り込まれている。

さらに一世紀後、この風刺文学に別の様式を与えたのがホラティウスで、彼は、会話の場面でも、より深い内容を展開するとともに、形式面でも完成されたものをめざしている。そこには、イタリア人に伝統的な現実主義と、ときには戯画化にまで押し進められる生活感覚、そして、これこそ典型的にローマ的特徴なのだが、読者に智恵の道を教示しようとする意志といったものが見出される。

これもまたすでに述べたように、ローマ的雄弁術が現れるのは前二世紀のことで、公的生活の諸条件から日常的に弁論術が必要とされたことによる。共和制末期には、行政訴訟が増えたこととともに、元老院での議論の重要性が増大し、世論のもつ重みがますます大きくなったことから、貪欲に相手を言い負かそうとする弁論家をたくさん輩出した。

彼らは、競って雄弁術に磨きをかけていったので、弁論家個々の技術が向上するとともに、演説の美学と、今日にもその影響が看取される教育法の成立がもたらされたのだった。現実問題として、ローマ人の眼には、詩だの歴史、哲学だのといった純粋に文科系的な著作は、その無償性のゆえに疑わしいものと映ったのに対し、雄弁術は一人の市民が祖国に奉仕するために使うことのできる最良の手段と考えられた。

軍隊が常設軍となり、属州の治安維持や国境の安全確保は、専門の軍人たちの任務になり、その出世の道になっていたことから、市民のなかには、息子を、戦場の戦士でなく、フォールムでの弁論の戦士に育てようと考える人々が増えていった。キケロが、キリキア属州の長官として戦争に参加する道を断念し、それよりも、雄弁術概論の著述に力を注いだことは有名である。このとき彼が考えたのは、ギリシャの修辞家たちがやったように若者たちを形式的な処方箋によって教えるのでなく、彼らの精神を思索的生活に向かって開かせ、最も高貴な哲学の修得を可能にするほんとうの教養を身につけさせること、そのための最良の道を教えることであった。

『弁論家』や『弁論家論』といったキケロの著述が、雄弁術のなかに外面的な技術しか見ようとしなかったプラトン学派を批判しつつ、雄弁術についての伝統的観念を高め人間性の最も高く豊かな表現手段たらしめようとしているのは、このプログラムを実現するためであった。

若者たちに雄弁術を教えるうえで、しばしば、キケロはギリシャのデモステネスと対比され、デモステネスの『栄冠論』のほうがキケロの『カティリーナ弾劾』より優位に置かれのが普通であった。しかし、本質的にいえば両者は相補う関係にあり、どちらを重視するかは好みの問題であったろう。しかも、さらにいうならば、デモステネスの形式面の完成も、理由づけの精密さも、彼の義憤の力も、キケロが雄弁術と緊密に結びつけて思考の道具として仕上げ、ローマ世界全体に提示した〈教養〉に較べると、人間の歴史と文化においてもった重みという点では、とうてい及ばないことが明白である。

事実、キケロ以後、雄弁家に育てることがローマ人の教育のほとんど唯一の目的となる。それは、キケロ自身、その政治生活における成功を話術の力に負っていたからでもある。こうした若者たちの最も傑出した師匠であったクィンティリアヌスもまた、キケロの末学の一人でもあった。〔訳注・クィンティリアヌスは西暦一世紀の人で、ヒスパニア生まれ。要請されて、ローマのラテン語修辞学校教授になる。生徒に小プリニウスがいた。〕

彼は、師キケロの教えを守ることに生き甲斐を見出し、わずかでも刷新をもたらしそうなものに対しては、全力を傾けて戦った。それがラテン文学の凋落を加速することになったことも事実であるが、ウェスパシアヌス帝（69-79）のもとでは、最も成績優秀な若者に国費で教育を受けられるようにしたのもクィンティリアヌスである。

彼が師のキケロについて行った考察の成果は、それから何世紀も経って、ルネサンスの時代からロラン（1661-1741）にいたる文学研究の理論家たちにインスピレーションを与えることとなる。こうして、西欧の伝統的教育方法は、彼を仲介にしてローマ文明のなかに根を伸ばし、美への嗜好と形式面の完成と真理の探究を人間的に均衡させることを心がけたキケロの思想のなかから〈樹液〉を汲み取っているのである。

弁論家は人々に働きかけなければならない（それが彼の仕事である）。説得の仕方を習得するのは、そのためであるが、キケロとクィンティリアヌスは、忍耐強く熟成された正しく真摯な思考こそが耐久性のある説得をもたらすことを弁えていた。私たちの文学教育が相互理解の精神を形成することを本質的性格としているのは、おそらく、その源泉を修辞学から得ているからである。

弁論家は、独りよがりに陥らないためには、聴衆を理解し、聴衆がどのような反応をするかを予見し、自らを他者に同化させつつ他者を自分と同じ考えに導かなければならない。説得し、教育することができるのは、自分が完全に明晰であるときだけである。それが多分、「都市の女王」を自負し、暴政が行われるのを拒否した都市ローマの遺した最も持久力に富んだ一つの教訓である。

3　歴史と詩――ルクレティウス／ウェルギリウス／ホラティウス

ラテン文学の起源がイタリア諸民族にあることは否定できない。この民族は、リアリズムへの嗜好、人間性の最も異常な面も含めた、あらゆる側面を見尽くそうとする好奇心といった幾つかの深い傾向性と、人々を教育して〈よき人〉たらしめようとする欲求をもっていた。ローマ人著述家には、これら全てが認められる。

程度の差はあれ、全ての人が自分の都市に奉仕しようと望んでおり、ティトゥス・リウィウスのように《王たる人民》を称えるためにその祖国ローマの『歴史』を編んだ人もいれば、ローマが哲学者たちの夢見た《世界都市》、《全人類の祖国》になることを予想した人もいる。報酬をもたらさない作品は稀であり、その報酬を正当化するものはただ美しさであること、〈美〉こそ世界の秩序における一つの機能であることを、すべての人が示そうとした。

ルクレティウスは、自身の思想の基本となっているシステムの深い淵源をエピクロスの天才的直観に求めつつ、その哲学を素晴らしい詩によって表現する。彼は、詩的装飾を、医者が子供に苦い薬を飲ませるのにコップの縁に塗りつける蜂蜜に喩えつつ、難解な哲学を楽しく提示することの効用を主張し、韻律に頼ることの必要性を証明する。しかし、彼の詩が形而上学的直観から出て来ていること、その叙事詩的形態の孕む緊張感が、その一部は、単なる思考の脈絡に還元できないこの経験のえも言われぬ神髄に属している事実に、彼自身充分に気づいていたようには見えない。

彼は、自らの保護者であり友であるメンミウス〔訳注・前五八年の法務官〕を教育して人間の魂のなかに平安と静謐を確立する唯一の哲学に改宗させようとする。美的ディレッタンティズムとは遙かに異なるこのような使徒的情熱は、ギリシャ詩のなかには容易に見出すことができないものである。

だからといって、ラテン詩が、その充分な開花を遂げる以前から「芸術のための芸術」という快楽を知らなかったわけではない。

エンニウス（BC239-169）は後世の詩人たちから「父なるエンニウス」と呼ばれた人であるが、彼とその『食通学』（これは、まだ、ヘレニズム時代の世紀末的な冗談話を手本にした小手先の作品にすぎない）にまで遡らずとも、キケロやカエサルの時代に形成された《アレクサンドリア派》の詩人たちが目指したのは、ローマに一つの新しい贅沢、詩のそれを付与することであった。おそらくカトゥルスによって書かれた『テティスとペレアの祝婚歌』は、この美学を典型的に示している。

これは、少なくとも表面上は長編詩を蔑んだ人たちの弟子たる彼が書いたものとしては、かなり長い詩であるが、この詩の最大部分は、一枚のタペストリーの叙述に費やされている。詩人のいうところでは、このタペストリーはアリアーネの神話を表現するために神の手によって織られた。

アリアーネはミノス王の娘で、テーセウスによって育てられたが、眠っているうちにナクソス川のほとりに置き去りにされた。彼女が目を覚ましたときは、アッティカへ連れていってくれるはずであった船は、帆影が水平線の彼方に消えるところであった。彼女は絶望に陥った。しかし、そのとき、空にデイオニュソスの行列が現れ、彼女を神々の婚礼の場へ招待してくれたのだった。

この詩の内容は、一見したところ、すべてが根拠を欠き、同じ時代にモザイク画や絵画あるいは稀にレリーフが単なる住居の装飾であったように、これもまた飾りにすぎないかのようである。だが、近年になって、一つの神秘的意味を内包していると考えられるようになっている。しかも、これは、根拠のない説ではなく、この神話が多くの場合、石棺のレリーフに見出されることから、宗教的意味合いをもっていたことが充分に考えられる。アリアーネが眠っていたのは、神となる準備としての眠りであって、その魂はディオニュソスへの陶酔のなかで不死の天空へ向かって飛び立つのである。

もしカトゥルスがとりわけ美的・絵画的想像力に強い感性をもっていなかったら、この神話に解釈を施そうと望んだろうか？ ほんとうのところは私たちには分からない。かりにこの『祝婚歌』のなかにあるのが単なる美的探究でしかなかったとしても、当時のディオニュソスの信者たちにしてみれば、そこに彼らの信仰の反響を見ることができたことは疑いない。ローマでは全てが道徳的象徴性を帯びており、一見根拠のない作品であっても、自然のうちに啓示的な力をもっていた。

ウェルギリウスは、若い詩人たちにとって、仲間であることが誇りである存在だったが、ウェルギリウスが独自の作品を生み出す準備をしたのは青年期を卒業してからであった。彼も、同郷人のカトゥルスと同じく（ウェルギリウスが生まれたマントヴァは、カトゥルスの故郷のシルミオからそれほど離れていない）、はじめは好んで神話を題材に扱った。

残念ながら『牧歌』以前のウェルギリウスの初期作品は、私たちには闇に包まれている。ウェルギリウスの作品として伝わっている写本が幾つかあるが、おそらく全てが本物ではない。いずれにせよ、

『牧歌』までに限定して言えば、ウェルギリウスも、アレクサンドリア派詩人たちの弟子としてスタートしたことは明らかである。

『牧歌』は、南イタリアの詩人、テオクリトス〔訳注・前二七〇年ごろのシチリア出身の人で、ギリシャ語で詩作した〕の『牧人の歌』を模倣したものである。しかし、この二つの作品を見比べると、そこには、微妙な置き換えが行われていることが分かる。テオクリトスの南イタリアを彩った「燃えるような空」や「乾いた空気」「セミ」に代わって、ウェルギリウスの作品に描かれているのは、北イタリア（ガリア・キサルピナ）の、柳の木に縁取られた人工の運河やしっとりと湿った草原であって、その自然的背景は全く異なっている。

社会的環境もやはり同じではない。ウェルギリウスが描いているのは、イタリアの国土で繰り広げられていた緊迫した状況で、第一歌では、イタリア各地で起きていた内乱が取り上げられている。オクタウィアヌスとアントニウスは、自分たちを助けてくれた退役軍人たちに酬いるため、地方の資産家階層から土地を取り上げ、これを分配した。ウェルギリウス自身も、この強奪によって苦しめられた人で、オクタウィアヌスに庇護を求めている。この行動は、少なくとも報われた可能性があるが、真相は、私たちには不明なままである。

そうしたウェルギリウスの個人的事情はどうであれ、彼の詩は、そういったことを超えて、内戦の結果が小規模地主たちに及ぼした苦しみの全てを表現している。それが最も凝縮された形で描かれているのが「ティーテュルスとマエリベアの寓話」であるが、ここでも詩人ウェルギリウスの語る歴史は、《都市ローマ》的感覚を超えて、《祖国》の問題がますます大きな比重を占めていく方向へ進展している。

『農耕詩』は、少なくとも、その主題はマエケナス〔訳注・オクタウィアヌスのもとで文芸の振興を推進した〕によって示唆されたもので、ローマ人たちに田園生活への嗜好を喚起するためとはいわないまでも、古くから農村社会で尊ばれてきた道徳的美徳を甦らせようとの意図から作られた。それによって彼は、人間のあらゆる活動のなかで「労働と日々」〔訳注・ギリシャのヘシオドスが、このテーマで謳っている〕のリズムこそ宇宙的調和のなかに最もよく嚙み合っていることを示そうとしたのだった。

かくも美しく人間的な『農耕詩』であるが、それは、都市の平民層から闘技場の喜びを取り上げることを目指したのではなく、思考能力をもったエリートに一つの社会的階層としての高い威信を持たせ、内戦によって引き起こされた傷を手当することにその意図があった。そして、自然の哲学と、自然のなかにおける人間の哲学を表現することによって人々の精神のなかに秩序と平和を甦らせることでアウグストゥスの革命に協力したのであった。

『アエネース』の草稿を膝の上に広げるウェルギリウス
叙事詩のムセオンと悲劇のムセオンとが左右に（スーサ出土のモザイク画）

ウェルギリウスの芸術の第三段階を示しているのが『アエネース』であり、ここでは、ローマ自体の問題が取り上げられる。それが目指したのは、生まれつつある体制の精神的基盤を確固たるものにすることで、そのために、カエサルの養子（オクタウィアヌス）に神々が託した使命の深い意味を発見しようとした。

しかし、ウェルギリウスは、一党派のための政治的プロパガンダの詩を書くつもりはなかった。彼は全ローマ人の理念のために奉仕しようとしたのであり、彼を突き動かしたのは祖国の運命についての強烈な信仰であった。ローマが世界帝国となったのは、ローマ民族が「義にして敬神的な一人の英雄」によって生み出されたゆえであると信じた彼は、この『アエネース』によって、事物の秘密の法を明らかにし、ローマ帝国が宇宙的弁証法の必然の結果であることを明かそうと願ったのである。

この《至善》へ向かっての上昇の最終段階にあるものを、彼はすでに『第四田園詩』を書いて《黄金時代》を予告したときに直観していた。そうした信念がこの時代の精神的骨格であったことは、ウェルギリウスが、ホメロスとともに、当時の《若き詩人たち》の美学に従ってアレクサンドリアの詩人アポロニオス（前二九五年生まれ）の『アルゴ船冒険譚』を手本とした事実によっても確認される。とはいえ、そうした意図のためにウェルギリウスが画趣と愛情、偉大さを湛えた生き生きした作品を創り出すのを妨げられることはなかった。

しかし、この作品の出来映えに満足していなかったウェルギリウスは、前一九年、亡くなる直前、草稿を破棄するよう遺言していたが、彼の死後、アウグストゥスの特別命令によって『アエネース』は刊行され、公刊されるや、《新しいローマ》のバイブルとなった。今も、ローマの市壁には、あちこちに、この詩の一節または数節を書いた落書きが読み取れる。ローマ人にとって『アエネース』は古代ギリシャの詩人たちの作品よりずっと内容豊かで、読む人にローマの深い魂を形成した道徳的・宗教的価値への自覚と国民的不朽性の意識を呼び覚ますにふさわしい「わがイリアス」であった。

ウェルギリウスの同時代人で、マエケナスの取り巻きのなかでも最も親しい友であったホラティウスもまた、アウグストゥスが企てた刷新の事業に貢献した。しかも彼は、この事業には長い間、協力したがっていないようにみえただけに、多分、なおさら効果的であった。

彼は、ラテンの竪琴に弦をもう一本付け加えようと望み、《アイオリア詩》から霊感を得た抒情詩を、あらゆる素材を駆使して作った。それには、手本としたギリシャ語の韻律をラテン語のリズムに適用することで、これには、微妙な置き換えが必要とされた。この点では、先輩たちの努力の成果によって助けられたが、とくに彼に力を与えてくれたのは、同じ試みで成功をおさめていたカトゥルスであった。

こうして《道具》を手にすると、つぎには、自分の感情をどのように表現するかが課題となる。それまでのローマ文学では、人間的感情はほとんど無視され、かろうじてアレクサンドリア派詩人たちが、生きる喜びとか愛の苦悩と歓喜、幸福と友情、日々の移ろいと季節の循環のなかで感じられる儚い印象の数々、といったものを短詩で謳っていた。ホラティウスにとっては、そうしたものすべてが《頌歌》の主題になった。

しかし、次第に、こうした日常的事象を謳った詩から、実際的な哲学が姿を現していった。これは、マエケナスによって提唱されたエピクロス哲学に負っていたが、たちまち、それを超えた独自のものになっていった。ホラティウスは論理的なことや抽象的な表現を嫌い、もっぱら具体的光景を表現しようとした。

丘の中腹にたむろする山羊の群、荒れ果てた聖域、清冽な泉、凍りついた平野を吹き渡る春の最初の西風——、これは、世界が内包している神の神秘の表れである。そして、やがて、英知の横溢は神秘的観想として花開き、この詩人をしてローマの宗教の解説者たらしめることとなる。

ウェルギリウスと同様、彼もアウグストゥスの一身に肉化された民族の偉大な美徳の永遠性を謳う。彼の国民的頌歌は、かつて内戦のなかで危機に瀕したこの古い理想の再評価に雄弁な声を提供する。前一七年、《百年祭競技》が盛大に開催され、都市ローマと神々との偉大な和解と平和の回復が祝われたが、このときカピトリウムで若い男女の合唱により歌われた公式頌歌は、ホラティウスが作ったものである。

同じころ、ホラティウスは都市ローマにおける詩人の役割について考察し、情念の暴発のなかにあっても純粋な心を保ち、節度を守り、永遠的価値への感覚を保持して、市民たちが見習うべき手本となるのが詩人だとする。オルフェウスやアンフィオンのような伝説の英雄たちは、世界の秘密の調和に通じていたゆえに、彼らが竪琴を奏でながら歌うと、動物や植物たちもこれに魅了されたのであり、彼らはその神秘な力をもって人々が町を建設し、法を維持するのを助けたのだ、と。

マエケナスのサークルの第三の詩人で、ウェルギリウス、ホラティウスとともに今日も作品が遺っている唯一の人がプロペルティウス（BC48-16）である。彼は、《エレゲイア》という新しいジャンルを〈創造〉はしないまでも、少なくとも〈発展〉させることに寄与した。

古代文学史家たちは、長い間、ギリシャの《エレゲイア》とローマの《エレゲイア》の関係を追求してきた。そして、ローマのこのジャンルの形成に決定的な影響を与えたのが抒情詩よりも物語的・神話的モデルであったとはいえないことが、今日ではほぼ明らかになっているようである。

プロペルティウスは、ローマで、先輩であるガルスやティブルスなどから、二行連句のエレゲイア調の詩によって愛の苦悩と喜びを表現する手法を学んだ。彼は、あるときは彼を満足させてくれるかと思うと、あるときは彼をおっぽりだして金持ちのパトロンのもとに走ってしまう貴婦人、キュンティアとの波乱に富んだロマンスの展開に我々をつきあわさせる。ティブルスと同様、彼にあっては、《エレゲイア詩》は愛人に宛てた手紙を集めたもので、秘密の日記に似ている。ここでは、詩は天上から地面に降りており、都市（国家）のために尽くそうなどという気は、さらさらない。

しかし、そのようなティブルスやプロペルティウスでさえも、その最も内密な作品のなかに、当時の重大事件を謳った詩を遺している。とはいえ、ローマ帝国の軍隊がカラエ〔訳注・メソポタミアの地名で、ここでクラッスス麾下のローマ軍は前五三年、パルティアの優秀な騎馬軍に惨敗した〕で蒙った敗北を雪辱し、あるいはゲルマニアの国境を平定したとき、おそらくマエケナスやアウグストゥスが望んだのは、眼前の勝利の凱歌ではなく、ローマ人の精神的向上に貢献するもっと耐久性のある作品であった。ティブルスは、アウグストゥスが崇拝したパラティヌスの丘のアポロ神殿を称賛し、プロペルティウスは、宗教と政治に関するアウグストゥスの改革のなかでとりわけ重要な意味をもっていたローマ市内の地点を幾つか選び、それらに結びついた古い伝承を宣揚した。

4　アウグストゥス以後――オウィディウス／ルカヌス

アウグストゥス治下の壮麗な文学の開花は、その立て役者であった人々が消えていくと、あとが続かなかった。とくに、前八年にホラティウスが亡くなると、ラテン文学から全ての活力が脱け去ったかのような印象を与える。もっとも、こうした印象は、多分、アウグストゥス晩年の人々によって書かれた作品が、ほとんど今日に遺っていないためで、実際には、この時期にも、新しい作品が生まれつづけていたはずである。だが、それを証明しているのは、オウィディウスの名前だけである。

オウィディウスの今も残っている作品は、それなりの価値と面白さをもっていないわけではないが、大部分は、ティブルスとプロペルティウスが生み出したものを組み立て直したにすぎない。見方によると、オウィディウスは彼ら以上に、アレクサンドリア風の詩作法を巧みに模倣したといえる。

彼の『転身譜』は、安直な多産家らしいやり方で、ギリシャ神話を要約し、そこにローマの伝説を織り込んだものである。しかし、彼がめざしたのは、時の流れのなかで事物と人々が受ける変容を一枚の巨大なフレスコ画に収めることで、その全体的テーマの選び方自体に独特なものがある。その奥には、ピュタゴラス哲学から借用した、「宇宙は絶え間なく変転し固定されていないが、究極的には、一つの不変の秩序のなかにある」という理念がある。

この風変わりな叙事詩については様々な評価がありうるが、忘れてならないのは、それが西欧の中世を通じてずっと芸術家や著述家たちの想像力につきまとっていったことであり、これら中世の人々が敏感に反応したのは、科学的真実性ではなく、この壮大な動物寓話が提供してくれる象徴性に対してであったことである。

オウィディウスは、ある事件(おそらく、ある種の占いの催しに加わったこと)のために追放され、人生の終わりを黒海沿岸のトミス〔訳注・現在のルーマニアのコンスタンツァ〕で、流謫の身の辛さを嘆きながら、そして、土地の人々の話し言葉で詩作することで詩人としての情念を満足させながら過ごした。彼と共に、アウグストゥス時代を代表する最後の詩人が消える。

とはいえ、ローマに詩人がいなくなったわけではなかったし、おそらく、そのなかには優れた人もいたであろうが、その作品は失われてしまっているし、多分、今後も出てくる可能性はない。分かっているのは、作詩熱の高まりが帝政末期まで変わらなかったことだけである。この場合、詩は《教養ある紳士》にとって手頃な表現手段であるが、かつてのウェルギリウスやホラティウス、プロペルティウスにとってのように真面目なものではなくなり、《出来映えの美しさ》を競い合うだけのサロンの遊びの一つとなる。

《ギリシャ詩華集》といえば短詩が連想されるが、そこには、叙事詩や、読むための悲劇作品など、かなり優れた作品も含まれる。しかし、ローマでは、この時代には、劇からセリフがほとんど完全に姿を消し、無言劇（パントマイム）に取って代わられる。こうした無言劇は、当然、文学上に痕跡を残していない。

この時期の知られざるラテン詩も、それなりの美しさをもっていた可能性があるし、幾つかの興味深いこころみが行われていたことが、残っている幾つかの断片によっても分かる。たとえばマエケナス自身、凝り性の文章家で、強い印象を与えるイメージを好み、人を驚かせるような矛盾語法を巧みに駆使することによって、より秘密の真理を浮かび上がらせる詩を作っている。

こんにちに遺っている作品が見出されるのは、ネロの治世になってからである。西暦一世紀後半のこの時期は、アウグストゥス時代を《春》の開花期とすると、いわば爛熟した《晩秋》の季節である。詩人たちは技法面での才能を過剰なまでに発揮し、新機軸の作品をぞくぞくと生み出した。

このネロの時代、ペルシウス（34-62）とルカヌス（39-65）は、ストア哲学の瞑想を織り込んだ詩作を試みている。前者は、その生涯の短さ（二十八歳で亡くなった）から、幾篇かの風刺詩を遺しているだけである。その一生は謎に包まれているが、憤りと緊張に満ちたものだったようで、人生の最後に書かれた詩には、はじめはネロに希望を寄せたのに、たちまち失望させられた元老院貴族の政治的・道徳的信念が表現されている。しかし、この詩人の本当の気性を表しているのは、そこで用いられている教科書的修辞学の重々しさである。

同じことは、もう一人のルカヌスについてもいえる。彼も、西暦六五年ごろ、ピソの陰謀に加担したとしてネロの命令で追放され、二十六歳で世を去った。彼が詩作を始めたのは十五歳ごろからで、あらゆるジャンルに及ぶ膨大な作品を書き、「神童」と謳われた。とりわけ彼の名を高めたのは一篇の悲劇作品であったが、私たちが読むことができるのは『ファルサリア』という題の叙事詩のなかの十歌だけである。ただし、この題名は通称で、ルカヌス自身が付けたのは『内乱記』であった。

この作品は、作者の死によって未完成のままになったが、ルカヌスの構想では、前四九年から同三一年にかけてローマを血で染め、帝政誕生の母胎となった革命期の壮大な年代記になるはずであった。ルカヌスの胸中にあったのは、ユリウス朝を礼賛したウェルギリウスの『アエネース』に対抗して、元老院派の立場でストア哲学者たちの政治思想を表明した叙事詩を書こうという野望であった。

『ファルサリア』は帝政に敵対した寡頭政の立場の宣言書だとしばしば言われるが、これは間違っている。この作品がそのような意味をもつのは、ネロの体制とストア派の元老院議員の間に対立が生じ、セネカ（ルカヌスにとって叔父であった）の失寵が顕著になって以後のことで、実際には、この作品は、ネロへの熱烈な讃歌で始まっている。ただし、それは、ネロへの追従から謳われたものではない。

また「ネロは、はじめはルカヌスを可愛がったが、自分より才能があることに気づいてからは、嫉妬するようになった」とも言われている。たしかに、この作品の展開のなかには、そうしたことから来る作者の感情の変遷が反映しているといえなくもないものがある。しかし、ルカヌスは、アグリッピナ〔訳注・ネロの母〕暗殺後のローマに生じたムードの変化や、ポッパエア〔訳注・ネロの妻でアグリッピナ暗殺を唆した）のますます大きくなる影響力、とくに親衛隊長官ブルスの死などの状況の変化で、自分のほうからネロと距離を置くようになっていったのであって、それに較べると、右のような個人的事情は重要ではない。

この作品を読むと、ルカヌスが、これらの政情の変化から、ストア的理想が政治に及ぼす影響について次第に明確な意識をもつようになっていったことが分かる。彼の眼に最も重要な存在として映っているのは、セネカが称賛しているウティカのカトーであり、神が世界の調停者であるように、〈新しい世界〉と〈古い共和政的体制〉との論争という仮想場面において仲裁者の役目を演じるのがカトーである。治世の初めの何年かは理想を示しながら、それを裏切っていった暴君のもとに犠牲になり死んでいったセネカや多くのストア派の人々と同じようにルカヌスも、徳において他の追随を許さないカトーにインスピレーションを求めるのである。

『ファルサリア』は、ネロを初めとする暴虐な三皇帝の歳月から脱出しようとしていた《刷新されたローマ》にあって、復活した元老院政治の『アエネース』になりえたはずであった。この詩人の夢は、さまざまな事件によって裏切られたが、彼が作った詩そのものは、ローマの凋落と堕落を告発する人々に対抗してローマの偉大さを証言する精神的インスピレーションの源泉でありつづけるであろう。

エンニウスからルクレティウスにいたるまで、ウェルギリウスからルカヌスまで、ローマの叙事詩は、互いの間のさまざまな相違点や好みの多様性、基盤とする原理の対立にもかかわらず、この都市と世界の根本問題を考えるという使命に忠実である点では変わりない。ラテン詩がどの点まで宗教に浸透されているかも、ここから分かる。

ルクレティウスは、世界における神々の役割を縮小しつつも、神々の本質的役目は、その輝かしい身体から発出する幻影によって《至高善》のイメージを人間に伝えることにあると認めている。彼の詩の冒頭の『ウェヌスへの頌歌』は、宗教的抒情性を湛えた最も感動的な作品である。

ルカヌスもまた、『ファルサリア』から伝統的な超自然性を追放しているが、それは、歴史的事件のなかにおける運命の女神の意志と摂理の働きをよりよく識別するためである。こうして、ローマ的思考の究極の形は、不可抗力的に、瞑想と祈りに到達する。

5　セネカと帝政の遺産

セネカは、ストア哲学の重々しさを深く刻んだクラウディウス朝の文人のなかでも、間違いなく最も傑出した人物である。キリスト教時代の初めにコルドヴァで生まれたこのヒスパニアのローマ人の息子は、この世紀の文学的・精神的進展を見事に代表している。

彼の父は、アウグストゥスの治世の末期に広く感化を及ぼした大修辞家たちの熱心な生徒で、彼は、この父によって、幼いころから〈雄弁〉を人生の至上目標とする文学的環境に接した。しかし、成人してからは、哲学者たちとも好んで交わり、アッタロスあるいはセクスティウスのストア哲学にも、あるいはソティオン〔訳注・アレクサンドリア出身の哲学者〕の神秘的ピュタゴラス哲学にも傾倒した。

彼らのもとでセネカが学んだのは、《低俗な才能》を軽蔑すべきこと、通説で認められている真理に満足してはならないこと、であった。天分に恵まれ人々から期待された彼は、もしも運命の女神によって妨げられなかったら、慣例にしたがって齢を重ねるごとに栄誉職を歴任しつつ、最も多様な文学ジャンルの通人として創作していたであろう。

彼は、政務官としての第一歩を踏み出したときに病気にかかり、何年もエジプトで過ごさなければならなかったが、そのおかげで、さまざまな宗教・哲学の思潮が流れ込んできていたアレクサンドリアの文化的環境に触れ、それによって教養を深めることができた。ローマに帰ってからは雄弁で名声を博したが、宮廷の陰謀に巻き込まれ、クラウディウスの即位とともに、メッサリーナ〔訳注・クラウディウスの三人目の妻。乱行と暴虐で有名〕の差し金でコルシカ島へ追放された。初めは、この流謫の生活を受け入れるのに苦しんだが、この静かな環境に馴染むにつれて、彼の心はそれまでの生活を占めていた瑣事から離れて、哲学の研究と実践以外は関心がなくなっていった。

とはいえ、アグリッピナ〔訳注・ネロの母で、メッサリーナに代わってクラウディウスの后になった〕によって、彼女の息子のドミティウス・アヘノバルブス（やがて、ネロと名乗って皇帝となる）の教育を引き受けてほしいと要請されたときは、それを断ることができず、この若いプリンスの後見人となる。そしてこの生徒の名前で帝国を治め、重要な外交問題を処理し、統治方法と法律を示唆して、ネロの治世の最初の五年間を、若きプリンスとその人民の間の一篇の牧歌たらしめたのだった。

セネカは自らストア哲学者であり、元老院のストア派の人々を頼りとし、哲学を政治の上に君臨させるというプラトンの古い夢の実現を期した。しかし、やがてネロが自ら統治する年齢に達し、師匠から教えられた原則を放棄するようになると、セネカは敗北を認めざるを得なくなり、加えて、ピソの陰謀事件に巻き込まれ、自ら静脈を切開して命を絶ったのであった。

こうして、彼は、ストア哲学の原理を身をもって示す機会を与えられ、彼以前にあっては学校での観念の遊戯であったことが、彼にあっては（そして、彼によって）、行動上の現実になるという類い稀な運命を歩んだのであった。彼が遺した著作は、さまざまな躊躇を伴いつつも彼が辿った精神的な道をあとづけ、その人生を貫いた深い信念を証明している。

セネカは百科全書的精神の持ち主で、その『自然研究』(全七巻。六二年から六四年にかけて執筆)では、地理の問題についても研究(ただし、この部分は今日では遺っていない)して世界の秩序の奥に《神の摂理》を発見し、その創造プランを明らかにしようとしている。

自ら真理を所有していると確信した彼は、周りの人々をも英知へ導こうと情熱を燃やした。英知への到達こそ、人間にとって幸福を成就する唯一の手段であった。人々を改心させようとするこのセネカの情熱は、彼が受けた弁論術の教育と結びついていた。幾つもの道徳論を著したことも、この熱意の表れであった。それらの多くは、ある近親者あるいは友人に宛てた対話体の書簡という形態をとっているが、主役はあくまで著者自身で、対話相手は、論理が跳ね返ってくるのに必要な反論者の役目を演じるだけである。

セネカは繰り返し、自分がめざしているのは文学的完成ではなく、真理に迫ることだと述べている。しかし、彼は生まれつきあまりにも技巧的で、その思想を表現するうえで雄弁家的である。わたしたちは、そのバラバラの覚え書を分析することによって、いかに彼が精神的経験と絶えず直面しながら、ストア哲学の古臭い公式に生気を甦らせたかを辿ることができる。

セネカの文体は、それ自体が記述の形であるとともに思考の一つの方法にもなっているが、その古典的な大仰な文体は、当時の若い人々にとってはすっかり陳腐となっており、なぜ彼をめぐってそうした時代遅れの美学に反発し革新しようとする学派が形成されたかが理解できる。

セネカは、彼らから見て、あらゆる威信を備えていた。彼は驚くほどの力強さをもった散文作家であるとともに、人並み以上の詩人でもあった。彼の作として遺されている幾篇かの悲劇は、少なくとも私たち近代人からすると、劇場で上演されるためのものではなく、読まれるため、あるいは公衆の前で朗読されるための作品であるように見えるが、作者の意図は間違いなく劇場での上演にあり、多分、実際に上演されたし、その内容は、道徳的配慮の点でも思想の点でも豊かさを示している。若き日のネロも、この自由闊達さと偉大さへの感覚に惹きつけられたことは確かで、そうした闊達さは、ルカヌスにも見られるが、ペルシウスのかなり粗野な緊張感とは対照的である。

しかし、セネカの文学学校は、長く続くはずがなかった。ウェスパシアヌス帝（69-79）の時代以後、クィンティリアヌス（33-100）が古典文学を復活して、若者によき原理を尊重させようと努力したが、結局、古典主義は凋落し、ラテン文学は衰退していく。

ペトロニウスの小説も、ネロ時代の創造的豊かさに結びつけて評価されるべきである。『サテュリコン』の今日遺っている姿は、その全体像を復元するのには程遠い状態であるが、この散文作品において著者が語っているのは、叙事詩にも歴史にも属さない人物の冒険談で、そこには当時の社会がありのままに描かれている。

二人の若者が学校をやめて旅に出て、ネアポリス〔訳注・のちのナポリ〕からタレントゥムまで南イタリア各地の旅宿や公共の広場や柱廊で雨露を凌ぎながら放浪する。そこに、親切で金持ちだが見栄っ張りのシリア人や、背徳的で多情な女といったあらゆる種類の小市民が絡むのである。そこには、古来のラテン的写実主義が最高潮に花開き、見かけには騙されないぞという意志をもち、しきたりを軽蔑しながら、この世の有様を見つめている一人の自由な精神がある。

それに似た態度は、その何年かあとのマルティアリス（40-103）にも見られる。彼の『エピグラム詩集』は、これもまたフラウィウス朝ローマの絵巻といってよい。しかし、こちらは、いわば「スナップ・ショット」というべき作品で、ペトロニウスの小説がもっているような広がりはなく、一枚の戯画であったり、すぐ壊れる小像を思わせる。とはいえ、ときに味わい深い逸話でもあったりするその簡潔な詩句は、当時のローマの風俗の記録として、興味の尽きないものをもっている。

マルティアリスの同時代人であるユウェナリスは、ペルシウスの烈しさを再現している。彼は『諷刺詩集』を書いて、この古くからの国民的ジャンルに修辞学の重々しさを備えさせたが、ホラティウスがかつてそれによって示した《威厳ある自由》とは較べられない。見かけは繁茂していても、その樹液は涸渇しており、ユウェナリスが望んだのは、アウグストゥス時代のローマが、トラヤヌスやハドリアヌスのもとでも維持されることであったが、それは、時代錯誤であった。

かつてラテン文学が、多少なりともローマの枠組を超えてイタリア的になることによって始まったとすると、いまこれらの作家たちに起きていることは逆行である。彼らは、オリエントの影響に対して開放された帝都ローマに戸惑い、ことさらに偏屈な世界観に取りつかれているように私たちには見える。

この点ではユウェナリスは、タキトゥスや小プリニウスと少しも異なっていない。彼らも、イタリア人あるいは属州人で〔訳註・ユウェナリスがナポリとローマの中間あたりのアクィヌム、タキトゥスがガリア・ナルボネンシス、プリニウスは北イタリアのコムムの出身〕、そのことから来る限界と狭さをもっていた。

タキトゥスの『年代記』は、ティベリウス帝からネロまで続く皇帝たちの歴史を綴った（スエトニウスの『十二皇帝伝』はカエサルからドミティアヌスまでを扱っている）著作で、さまざまな事件が展開するが、彼はいっさい感情を交えることなく、淡々と事実を記述している。タキトゥスは、事件を惹き起した人物たちの動機を分析するが、人間の資質の問題には最小限の敬意しか払おうとはしない。

すべては、元老院貴族の代表たちと皇帝の宮廷とが対峙し合う一篇のドラマとして示される。一方には国家に奉仕しようとする欲求、他方には、宮廷の人々の嫉妬と貪欲、陰謀があり、それらが詳細に述べられているが、それが、帝国内の属州に、どのように重荷になっていたかという、今日の歴史家が知りたがる問題については、あまり詳しく書かれていない。

タキトゥスは、ローマがまだ小さな都市で、対立し合う派閥や繰り広げられる権謀術数、氏族同士の結合などの餌食になっていたころには有効であった古いカテゴリーを、ユリウス・クラウディウス朝の歴史にそのまま当てはめる。この点では彼もまた時代錯誤的である。

彼は、帝政が必然であることを充分に弁えつつも、共和制的価値を擁護する。これは、知的には居心地の好い立場である。彼のユリウス・クラウディウス朝元首に対する批判は、すでにアントニヌス朝の政治的ドクトリンによって公式に非難された過去の体制に向けられているだけに、なおさら烈しいものをもっている。

帝国がローマ市という枠組を超えて広がるにつれて、ラテン文学は衰退していった。ギリシャ語が表現手段として復活し、ローマはかつてないほど東方オリエントからの影響に屈服していく。もはや、《ギリシャ思想》と独立して並んでいる《ローマ思想》というものはない。そこにいるのは、かろうじて生き長らえている瀕死の病人でしかない。

属州の統治者や管理者、政務官、商人たちは、ギリシャのソフィスト（オリエントでは《第二ソフィスト時代》を迎えていた）、修辞家、哲学者、芸術家に親しみ、ローマの重要ポストも、オリエント出身の解放奴隷たちによって占められる。

《オリエント》と《オクシデント》——この東西共存体制にあって、ラテン語文学は副次的地位に退いた観があり、そのなかで、まだ（二世紀なかごろ）幾分かの活力を示している唯一の作品が、アフリカ人、アプレイウスによって書かれた『転身物語』である。この作品は、彼が生まれ育った精神的環境の複雑さを、対照性と矛盾性のなかに描いている。アプレイウスは幼年期からギリシャ語とラテン語という二つの言語文化を身につけていた。この作品は、題名自体もギリシャ語なら、そこで語られる数々の冒険が繰り広げられる舞台もギリシャである。しかし、そこに盛られた思想と感性、精神的環境はローマ的慣習を示している。

物語の概要は、ギリシャのコリントス湾に面したパトラス地方の若い貴族、ルキウスが魔術を習得するため世界を回ろうと決意する。テッサリアに着いて、偶然、ひとりの魔女の家に泊まる。彼女が鳥に姿を変えたのを見て、真似ようとしたが膏薬を間違え、ロバになってしまう。

そこから《悪漢小説》風の様々な冒険が始まるのだが、それがやっと終わるのは、ルキウスがコリントスの海辺に帰り着き、イシス女神に苦しみを終わらせてくれるよう祈ることによってである。この祈りによって人間の姿に戻ることができたルキウスは、イシス神に心から感謝して、ついにその秘儀を受ける。

この物語は、アプレイウスが全面的に創造したものではなく、それ以前からあった『パトラスのルキウス』という物語から借用したのであって、同じこの話の別の翻案がルキアノスによる作品として今日にまで伝わっている。だが、そこに織り込まれた「愛と魂」の物語などは彼の創造によるものであるし、最後の結びになっているイシス神による救いは、元の話にはなかった要素である。

アプレイウスは、根拠のない〈お飾り〉を付け加えたのでもなければ、伝統的テーマに一つの象徴的意味を与えようとしたのでもない。この作品の中心に巧みに挿入された「プシケの話」は、プラトンにインスピレーションを得たもので、肉体のなかに投入された人間の魂の冒険物語である。《プシケ》は《エロス神》の娘で、エロスのおかげで知らないうちに《愛の神》と結ばれるが、《愛の神》が自分に与えてくれる庇護に背いた瞬間、夫の本性を発見する。夫（愛）は逃げ去り、彼女（魂）は世界をさまよって、自分に不屈の情熱を吹き込んでくれる者を見つけ出そうとし、最後は天上の祖国に帰還する。

こうした《愛》と《魂》のカップルは、アプレイウスの同時代人の彫刻家たちが好んで取り上げたテーマで、柩に刻まれた彫刻に特にたくさん見られる。《愛》の概念を宇宙的原理として取り上げたのはプラトンであったが、おそらく、その淵源は『パイドロス』や『饗宴』からさらに超えて、オルフェウス教の伝統にまで遡るのであろう。

プラトン主義者をもって任ずるアプレイウスは、その精神主義を表すために、一つの古い民俗伝承（この物語は多くの民族に広がっており、『美女と野獣』もその一つである）を利用して哲学的神話を構築したのであった。したがって、彼の哲学は、おそらく、それほど独創的とはいえないが、そのなかに非常に多様な起源をもつ思弁を結合しており、《混合主義的思想》のよい手本となっている。

こうしてアプレイウスとともに、「異教ローマのラテン文学」は終焉する。そのあとに来る著述家たちは、昔ながらの様々な理念を繰り返し、同じ形式を倦むことなく再現するのみで、そこからは、真実の生命は消え失せる。

6　ローマ建築

ラテン文学は、おそらくギリシャの国々に起源をもつ《文学ジャンル》に素材を求め、その《文学技法》を借用しながらも、ローマ自身のありようとその関心事を表現しており、その多様性と対照性によって、ローマ文明に特徴的な独自の創造にまで到達しえた一つの感性の進展を明らかにしてくれている。ローマ建築と、彫刻や絵画、演劇などの芸術についても、これと同じことが言える。

都市文明としてのローマ文明は、あらゆる誘惑にもかかわらず、必要に応じたさまざまなタイプの建築を創り出すことに成功した。たしかに、それは多くをギリシャから借用したが、独自の伝統も創った。神殿にも、公共広場にも、ギリシャ的形態とは異なるイタリア的形態というものがある。なかでも、ギリシャ都市が、その神々を、不死の神々にふさわしい聖所に祀ることに専ら意を注いだのに対し、ローマは生きている人間に満足と喜びを与えることを忘れなかった。

多分、都市ローマにおいても、今日に痕跡を遺している最初の建物は神殿である。しかし、前二世紀以後、純粋に市民的な記念建造物が増え始め、まもなく、数においても多様性と壮大さにおいても、それらが都市を飾る主役となる。

前六世紀終わりごろのラティウムに現れた最初の建築を見ると、エトルリア人の影響が支配的であることが見て取れる。このころに建てられた神殿は、その全体的な平面プランではギリシャ神殿に似ているが、幾つかの大事な点で異なっている。たとえば神殿は常に土台石（podium）の上に建てられていて、正面に設えられた石段を登ってのみ本殿に達しうるようになっている。この特徴的な配置は、「神はその視線がカバーしている度合いに応じて、人あるいは事物に対し庇護の働きを示すので、神の視野のなかに意識して入らなければならない」という信仰によって説明される。

このアルカイック時代には、神殿は陶板で覆われ、レリーフと鮮やかな色彩の絵で飾られていた。この装飾スタイルはイオニア芸術に似ているが、それもそのはずで、当時は、イオニア芸術が地中海の西半分全域に君臨していたのである。

しかし、この装飾性は本物の美しさに到達していたとしても、建物本体の造りは、まだ非常に粗雑であった。石が使われているのは円柱と《ポディウム》(土台)だけで、壁は日乾し煉瓦、そして棟や梁は木であった。カピトリウムの丘のユピテル神殿、フォールムのカストル神殿、アウェンティヌスの丘の麓のケレス神殿といったローマ最古の神殿は、そのようなものだったと想像される。

装飾モチーフはギリシャから借用したもので、サテュロス〔訳注・ローマ神話ではファウヌス。半ば人間、半ば山羊の姿をした山野の精〕、バッカスといったディオニュソス神にまつわる図柄と、しなやかに絡み合い、びっしりと茂った植物の図柄がとくに好まれた。

こうした神殿建築のモデルになったのは、おそらくアルカイック期ギリシャのドーリス式建築であり、時代がくだると、古典期のギリシャとか、ギリシャ化されたオリエントから様々な要素がもたらされるが、それにもかかわらず、ドーリス様式がその後もずっとローマ世界の神殿建築の基本となっていく。

共和制時代のローマ建築については、実のところ、あまりよく判っていない。たとえばローマの「ラルゴ・アルジェンティナ」〔訳注・ローマの広場で二十世紀になって古代の遺跡が数多く発掘された〕の聖域で発掘されたものによっても、あまり明確ではなく、いつ、どのように改修されていったかは、ほとんど明らかにできていない。

私たちに判っているのは、彼らが古代建築の簡潔さをできるだけ守り抜こうとしたこと、ギリシャ人が神殿を大理石や黄金と象牙による像で飾ったのに対して、ローマ人は陶製の像やレリーフによって自分たちの神殿を荘厳するやり方をつづけたことである。この保守的なやり方のため、古典期ギリシャの建築家たちが見せたような繊細な美の追求は、ローマ建築においては阻害された。

ローマの円柱は、ギリシャのパルテノン神殿に見られるような完成の域にはついに到達しなかった。柱頭飾りが発展し、また柱身には軽快さを出すため線条が用いられ、それが極度の繊細さを示すまでになったとしても、円柱全体にはある種の堅苦しさが残っている。そして、列柱にふくらみをもたせ、ハーモニーを醸すのに貢献している古典期ギリシャの《エンタシス》が用いられることは滅多になかった。しかも、ギリシャのパルテノンが、あらゆる角度からの鑑賞に耐えられるように造られているのに対し、ローマの神殿は、とくに正面に力点が置かれている。列柱は、しばしば前面のポーチだけに限られていたり、一応は周柱式になっていたとしても、側面は半ば付け柱になっていたり、《ピラスター》〔訳注・壁面から柱が張り出している様式〕に置き換えられている。

神殿は一つの建物として独立性をもっていても、群衆が頻繁に往来する広場や、人々がひっきりなしにやってくる聖域のなかに統合されて、公共生活の飾りに過ぎなくなる。

帝政時代に入ると、最初の大理石造りの神殿が現れ、それと同時に、オリエント様式が支配するようになる。初期のドーリス様式は変わることなく引き継がれているが、より装飾的になっていく。たとえば、前一世紀初めのコーリ〔訳注・コーリは古代のラテン名ではコラ。イタリア中部のラツィオ地方、ローマの南二七キロにあり、この神殿はヘラクレスに献じられた疑似周柱式の神殿〕のドーリス式神殿がそれである。

イオニア様式の神殿もないわけではないが、純粋にこの様式の柱頭のものはなく、イオニア様式の特徴である渦巻き模様に、さらに花籠の飾りが加わっていて、明らかにコリント式の柱頭の影響が反映している。

このアウグストゥス時代のコリント式建築の好例が前一六年に建てられたニームの『メゾン・カレ』〔訳注・この呼び名は「方形の建物」ということであるが、神像を安置するための半円形の突出部、いわゆるアプシスはなく、周柱も内陣壁に組み込まれていて半円形になっている〕である。《フリーズ》〔訳注・軒下の帯状装飾〕に施された装飾の繊細さも、この時代の主潮である《エレガンス》を印象づけている。

ニームのメゾン・カレ

しかし、イタリアはじめ西欧の石工たちが大理石を扱う技術を向上させるにつれて、装飾は複雑さを増していく。ニームのメゾン・カレのフリーズに対比されるものとして、ローマのウェスパシアヌスの神殿の《アーキトレーブ》〔訳注・円柱の上の梁にあたる部分〕がある。ここでは、幾つもの層が重ねられており、まず、牛の頭部や盃、甕など供犠に関わる物をモチーフにした彫刻の施された層があり、その上に、歯状装飾、卵形装飾、渦型持送り〔訳注・持送りとは、壁や柱から突き出して梁や窓などを支える部材。渦巻き模様などによって装飾を施されることが多い〕があって、最後に、アルカイック期の装飾で好まれたモチーフを想起させる棕櫚の葉の装飾帯がくる。

この進展がオリエント建築の影響によることは明らかである。アシアの属州では、以前からのヘレニズムの流派が、その地の民族的嗜好を満足させる作品を作り続けていた。シリアのバールベックの神殿群は、疑問の余地なくローマ的インスピレーションのもとに造られた建物であるが、そこでは東方芸術が名人芸の域に達し、さらには過剰なまでに進んでいたことを示している。

しかしながら、最もローマらしい豊かな分野を構成しているのは神殿建築ではない。奇妙に聞こえるかもしれないが、神殿の装飾過剰ぶりに比して、それ以外の地味な建築のほうが、純粋にローマ的な作品になっている。というのは、神殿がヘレニズムの石の芸術を引き継いでその伝統的技術によって築かれたのに対し、神殿以外では、共和制末期から《ブロカージュ》という新しい技術が広がり発展する。

これは、壁の中まで石積みするのでなく、砂、石や煉瓦の砕片を石灰で練った《コンクリート》によって基本構造を作り上げ、これを芯にして、表面を大理石の薄板で覆い肌理の美しさを際立たせたり、または、モルタルを塗ってそこに絵を描いたりしたものである。この方式だと、伝統的なやり方にくらべて迅速でしかも安上がりで建てることができ、専門性の低い労働者で間に合うという利点があるが、とりわけ重要なのは、さまざまな新しい工夫が可能になったことである。

裁断した石を積んでアーチ状の梁や丸天井を造ることは極めて難しいが、《ブロカージュ》でなら、はるかに簡単にできる。大きな型枠を作って、そこに液状化した素材を流し込めば、大規模なアーチも容易に造れる。この技法で造られたローマの建造物は、それ自体が一つの巨大な人工の岩山で、建築家は、そこに思うままに開口部を設けていけばよいのである。列柱は装飾用の添え物でしかなく、《アーキトレーブ》も《フリーズ》も、その役目は、見た目に心地よいリズムを創り出すことだけとなる。

その結果、建築家は、石積みの場合には重大であった圧力と抵抗力の関係が生じる束縛からほとんど全面的に解放される。ローマの建築家たちは、この〈解放〉の恩恵に浴して、さまざまな工夫を思うようにできるようになり、とくに、大勢の人々を収容した共同浴場や、丘の斜面を利用できないところで階段席を設けた円形闘技場などの帝政ローマを代表する巨大建造物の大部分は、このやり方で造られた。また、丘陵や田園地帯を延々と横切って都市へ水を供給した水道橋のアーチの連続を可能にしたのも、この技法であった。有名なポン・デュ・ガールは、おそらく本来は実用的な目的のもとに軍事的技術者たちによって造られた建造物であるが、そこには、期せずして到達した真の美しさが表れている。

7 彫刻と絵画

それ以外の造形美術の進展には、これほどの革新的新機軸は見られない。彫刻、レリーフ、絵画は、手本としたギリシャのそれらの模倣の域を出なかった。とはいえ、そこには、ローマ的嗜好の発展も見られ、それが単なる模写に堕するのを防いでいる。

初期のころの神殿を飾った彫刻は、すでに述べたようにエトルリア人のアトリエで造られたものであった。くだって、ギリシャ諸都市の征服が進むにつれて、これらの《巨大美術館》からギリシャ美術の精華が、いわば戦利品として大量にローマへもたらされた。しかし、また、ローマ市内には、かなり早い時期から、地中海各地出身の芸術家たちがアトリエを構え、ローマ人の好みに合わせた作品を作っており、そこでは、こうした《移植》によって突如として身につけたとは思えないような、ギリシャ芸術

トラヤヌスの記念柱に施されたレリーフ

にはない力強さと豊穣さが観察される。

演劇的で、しかも絵画的な主題の追求にとりつかれたペルガモンの芸術も、ローマにその「選ばれた大地」を見出す。また、イオニア式の連続フリーズも、『トラヤヌスの記念柱』に凱歌をあげているような「絵画的レリーフ」を生み出すにいたる。〔訳注・トラヤヌスの記念柱は、円柱の全面が螺旋状の連続レリーフで覆われている。〕

ほんとうをいうと、ローマの記念建造物の彫刻は長い間アルカイックなままで、神殿は共和制末期にいたるまでエトルリア人から引き継いだ古風なものへの嗜好が支配し、陶板で装飾されていた。しかし、アウグストゥス時代から大理石が広く使用されるようになり、文学面でのウェルギリウスやホラティウスの古典主義と並行して、芸術でも写実主義と優美さを結合したレリーフが見られるようになる。その傑作が前九年にアウグストゥスによって奉納された『平和の祭壇』である。

この『平和の祭壇』のフリーズ（帯状装飾）は壊れてひどい状態になっていたが、今は復元されて、往時の雄姿を見せている。表現されているのは奉献儀式の様子で、皇帝が神々に生贄を捧げるために、家族や政務官、神官、元老院議員たちを従えて、行列を組んで進んでいくところである。

その一人一人が、当時の彫刻や通貨と照合して特定できるほどはっきりと表現されている。皇帝一家は子供たちも写実的に表現されていて、ガイウスとルキウスもはっきり見分けられる。兄のほうは、儀式の重要性を自覚して重々しさを湛えているのに対し、弟のほうはボンヤリした様子で、少し歩みがのろく、それを一人の若い女性が微笑みながら、もっとしっかり歩くよう促している。こうして、厳粛な宗教的一瞬を捉えるなかにも、生き生きした雰囲気を表わすことに成功している。

アウグストゥス時代には、レリーフに劣らず立像も盛んに作られるようになる。帝政の開始とともに〈帝国〉の神話が創作されるが、それと相呼応する形で《元首》の人格と使命の神聖さを表す芸術ジャンルが形成されていったのである。

「アウグストゥスの平和の祭壇」のフリーズ

すでに、ヘレニズムの彫刻家たちは、アレクサンドロス大王や、その帝国を継承した将軍たちを表現するなかで、《王者》の類型を創り出していた。帝政ローマの初期のころの皇帝像には、政治的・宗教的含意とともに、皇帝たちの容貌を永遠の若さのうちに理想化し神格化しようとする意図が見られ、この人物図像の手法の名残が窺われるのであるが、それにもかかわらず、彫刻家たちは〈元首の理想像〉という抽象物の表現では満足せず、その人物の特徴や髪の毛の動き、眼差しまで捉えた見事なポートレートを製作している。

帝政初期以後、彫刻技術はますます写実的傾向を強め、モデルの皇帝たちの個人的特徴を表現することに努力を注ぐ。このポートレート的感覚こそ、ローマの彫刻の最も独自的な性格の一つである。こうした厳密さの追求は、それが元首でなく、単なる一個の人間を表現するものになったとき、しばしばカリカチュアと紙一重のところまでゆく。

芸術家たちにとって顧客がなくなることはなかった。死後、墓に自分の肖像を遺したいと願わないローマ人は稀だったからである。こうして、いまも美術館には、ローマおよび地方の属州都市の有産階級とか大土地所有者の、膨大かつ多様な胸像のコレクションが所有され展示されている。

それらは、ときには、粗雑な大理石の造形物にすぎないこともあるが、名人芸といってよいものも稀ではない。職人たちは、ギリシャの有名な彫刻を模写することによって自分の仕事に習熟し、腕を磨いた。その結果、前五世紀以来のアッティカや小アジアのアトリエで生まれた偉大な伝統がローマに受け継がれ、帝政末期まで生き続けたのだった。

ローマ人たちも、贅沢趣味が高じるにつれて、装飾絵画を採り入れるようになっていった。ギリシャの画匠たちの絵を壁に掛ける風習は、かなり早い時期から見られたが、前一世紀のころから建築において《ブロカージュ》の技法が一般化し、じかに装飾絵画を描くのに適した滑らかな壁面が生まれたことから、それにふさわしい新スタイルが創り出された。こうして壁全体を幾つかのゾーンに分けて、それぞれに異なる装飾を施すやり方が編み出されていった。

当初、人々は、さまざまな色彩の大理石の薄板で覆うことで満足していた。これは《初期様式》と呼ばれる。しかし、やがて、列柱とそれに接する基壇、柱の上部の梁に当たるフリーズも含めた全体を美しく見せることをめざすようになり、列柱の間の壁には、歴史上あるいは神話上の有名な場面にインスピレーションを得た絵が描かれるようになる。これが《第二様式》と呼ばれるもので、前一世紀に普及したこの様式は、ポンペイの家々にその例を見ることができるが、ローマ市内にも、幾つかの事例が遺っている。

さらに時代が進むと、画家たちは《騙し絵》で窓を描くことを思い付く。そのなかには、造園術にヒントを得た独創的な作品がある。日常生活のなかに自然を入り込ませ、壁の存在を忘れさせようとしたのがこの様式である。

それと並行して、逆に、壁面を積極的に装飾のために活用しようとする《第三様式》が現れる。大きな壁面の真ん中に小さな風景画を描いたり、円柱などの凹凸に合わせて、アマゾネスだのアリマスピ〔訳注・前者はギリシャ神話で有名な女戦士。後者はペルシャの騎馬種族〕だのの姿が描かれ、その非現実の円柱や吹き流し、四阿と見事に調和するように工夫されている。

考古学者たちは、絵画が建築物において占める重要度の違いに応じて、この《第三様式》から《第四様式》を区別している。ネロの「ドムス・アウレア（黄金宮殿）」は、第三スタイルの装飾から影響を受けた絵やレリーフのスタッコ〔訳注・大理石を模倣した仕上げにするための塗装材料〕で飾られており、ラファエロは、その「グロテスク絵」のテーマを、ここから借用している。〔訳注・動植物や人間などさまざまなモチーフを曲線模様でつないで複雑に構成したもので、ラファエロはその一つをヴァティカン宮殿に描いている。〕

「黄金宮殿」の廃墟は、ティトゥス帝の浴場の下に埋もれていて、発見されたのは十六世紀であった（もっとも、初めのうち両者は混同されていた）。芸術家たちは、そこに描かれた絵の優美さに驚嘆し、それが闇の洞窟の底から現れたことから、これを「グロテスク」と呼んだのだった。

それから二世紀後の十八世紀にも、古代ローマの絵画は近代美術に一つの大きな影響を及ぼす。ナポリ王によるローマ時代の都市、ヘルクラネウム〔訳注・現在のエルコラーノ〕の発掘作業でフレスコ画が発見され、つづいて、ポンペイの遺跡が発掘されたことによる。

この絵画のモチーフは、複雑な要素によって形成されているが、それがヘレニズム芸術から影響を受けたものであることは間違いない。ギリシャの画家がよく扱った神話に題材をとった大判の絵から直接に生まれた《タブロー式画面》は、劇場でよく演じられたものを再現している。その純粋に装飾的な要素は、ローマ人の嗜好から加えられたものである。

劇場は、構図上の図式を提供した。とくに《第四様式》にあっては、宮殿の門や前庭を想起させるために列柱や幻想的な建造物を遠近法的に描いた《スケーネ》〔訳注・ギリシャ劇場でオルケストラの背後にある楽屋と舞台と背景とを兼ねる建物〕の前面と同じ手法で描かれたものが少なくない。

このようなローマの劇場を私たちは、アフリカのサブラタやドゥッガなどの遺跡に見ることができるが、一般の建物においても、重苦しさの束縛から解放しようとして、こうした装飾を施したものが少なくない。

これらの〈装飾スタイル〉の創造は、ローマ人にとって虚構の世界がいかに重要であったかを物語っている。それについては、またあとで述べるが、ローマ人の《スペクタクル好き》も、これと共通するものをもっている。いずれも、現実の事物の姿を別のものであるかのように装うことによってより美しく見せかけ、日常生活を驚きと夢で包もうとしたのである。

〔訳注・ここに述べられた絵画の様式区分は、一八八二年にアウグスト・マウがポンペイ絵画について発表したものに修正が加えられたもので、整理すると、次のようになる。

【第一様式】 大理石などで化粧張りしたり柱などの建築構体を漆喰の浮彫や彩色装飾で模したもの。別称「化粧張り様式」または「構造式様式」。前二〇〇―前八〇年ごろ。

【第二様式】 明暗と色彩、とくに遠近法を駆使して想像的空間を壁面に導入したもの。タブロー式画面が挿入されたりして壁面の処理の仕方によって種々の段階が認められる、別称「遠近法建築様式」。前八〇年―紀元ごろ。

【第三様式】 壁面全体が、広く鮮やかな色面と繊細な飾り模様で占められる。遠近は示されても、現実的ではなく、細密で空想的な像が色面の上に模様として加わる。エジプトの装飾やモチーフが多用される。別称「装飾的様式」。前一五年―後六二年ごろ。

【第四様式】 第三様式の構図と空想性が押し進められ、それに第二様式の遠近法的空間が復活して一層誇張されて加わり、粗く激しい筆触の「印象主義」的描写が特色。別称は「幻想的建築の様式」または「幻想的様式」。後四五年―七九年。ネロの《黄金宮殿》の壁画がその代表。」

第三部　素顔のローマ

第七章　ローマとその土地

1　農民的社会

ローマ文明を今日から振り返ってみると、本質的に都市的文明であったように私たちには見える。しかしながら、ローマ人たち自身は、習慣的にそのようには考えていなかった。さまざまな事実がもたらした妨害にもかかわらず、彼らは、その歴史が続いていた間じゅう、自らを《農民》と考えるのを好んだ。帝国が誕生し、ローマがペルガモンやアンティオキア、さらにはアレクサンドリアをも凌ぐ世界最大の都市になったときも、ウェルギリウスは、この世の最も完全な幸せとして、農民の生活以外に考えられないでいる。

だが私たちは、「実り豊かな広い領地でのゆったりした生活、清らかな水が湧き出る泉、緑滴る谷、そして、牝牛たちの鳴き声、木の根元でのまどろみ……」が喚起する田園讃歌にこころ惹かれつつも、プラウトゥスやテレンティウスの作品のなかで、奴隷たちが、田舎へ送られていくことを最も重い刑罰として恐れていることも、思い起こさないわけにはいかない。

そこには、たしかに矛盾があり、否定しようのない不安があった。詩人たちの眼に映った田園生活と、労働者たちにとってのそれとは、明らかに別ものであった。しかし、それにもかかわらず、ウェルギリウスがその『牧歌』において、苛酷で汚れた現実をさも素晴らしいもののように飾り立てようとしたのは政治的プロパガンダにほかならず、そうした彼の理想化は人を欺くものだった、などと考えるのは間違いであろう。

ローマ人たちは、その《黄金時代》にあっても、豊かな土地へのノスタルジーを抱いていたし、たしかにイタリアの田園は最良の兵士たちをローマ軍団に供給し、都市に対しても、最もエネルギッシュで聡明な政務官たちを送った。

第一次ポエニ戦争のさなかでさえ、ローマ軍の指揮官たちは自分の領地のことを気にかける農民であった。歴史家たちは、独裁官キンキナトゥスの人柄に言及するのに、人々が国家の重責を託すため彼を探しに来たとき、彼はヤニクルムの丘〔訳注・ティベリス川を挟んで、ローマの中心部とは反対側〕の麓で畑を耕していたという伝説を引く。

ローマは、その起源からして牧人ロムルスによって創建されたし、農民生活の粗野ぶりと簡素さは、のちのちまでローマ人の心の中に理想として残っていった。この農民的基盤は、言語そのものにも痕跡を残している。ラテン語の表現の多くが、農民的隠喩にその起源をもっているし、その古さ自体、ラテン人が非常に早くから農耕技術をもっていたことを証明している。

これは、先史時代にヨーロッパ西部に侵入してきたインド・ヨーロッパ系のあらゆる遊牧民についても同じである。このアーリア人たちがイタリアの大地で出会った地中海人たちもまた、農耕生活を営んでいた。ラティウムの土地は、極めて早い時期から農耕のために潅漑されていた。

ラティウム周辺の全域が、ローマ史の最初の何世紀かは、まだ人間の踏み込めない茂みに覆われていて、とくに伝説に出てくるように、そこでは、狼などの野獣が生息していた。牧人たちは、一面に広がる原生林のなかにところどころ開けた空き地で、羊の群や豚などを飼育していたのである。

この原始のままの森が、アルカイックな信仰の安息場にもなっていた。たとえばソラクテ山のヒルピニ人は狼を神として崇め、奇妙な魔術的儀式によって自らを狼と同化した。そのような儀式のやり方をローマ人も知らなかったわけがない。というのは、帝政末期にいたるまで、パラティヌスの丘の近くで、《ルペルカレス祭》という祭典が毎年行われ、若者たちは雄山羊を生贄に捧げたあと裸になり、山羊の皮を帯状に切って、これを振り回しながら走り回って、女たちを打った。この鞭が触れた女性は子供を産めると信じられていたのである。ルペルクスは狼から羊を守ってくれる神とされ、パラティヌスの丘には、この神が宿っているとされる洞穴があった。

アルバ山の近く、ネミ湖を見下ろす女神ディアナの聖なる森では、この女神を祀る儀式がずっと受け継がれていた。この祭司は「森の王」と呼ばれ、その立場を奪おうとする誰かに喉を掻き斬られて殺されるまで、その位置を維持した。このように、自然の豊かな力を統御しようとした人間の過去の努力を証明するものが、田園の至るところに生き続けていた。ローマ人に限らず、生命のリズムである四季の魔力と大地が生み出す力に対して無感覚な民族は、どこにもいないであろう。

ローマを構成したさまざまな人的要素について、それぞれが何をもたらしたかを識別してみるのもおもしろい。たとえばサビニ人は定住して農耕に携わることを好み、ラテン人は牧畜を好んだと思われがちだが、実際には、そのような定理どおりにはなっていない。同じサビニ人でも、牧羊に専念した人もいれば、反対に、集まって村を作り耕作に励んだ人々もいる。ラテン人で沿岸平野に住み着き、平地では小麦を栽培しながら、高地の草原では遊牧を行っていた人々もいる。こうしたことから判断するかぎり、彼らは当初から、二つの形態を共存させる混合型経済を営んでいたと考えられる。

『十二表法』が編纂されたとき、その言葉は土地に関する一風変わった古代の制度の記憶を残していた。事実、プリニウスによると、この法典の編纂者たちは《農園 villa》を指すのにのちに《庭園》を指すのに用いられた「hortus」という語彙を使い、他方、《庭園》は《世襲地》を意味する「heredium」を使っている。このことから分かるように、初期のころのローマ人は自分が耕し管理している土地を全き意味では所有しておらず、大部分は一時的に保有しているだけであった。今の半ヘクタールに当たる二ユゲラだけが家族の各員に認められた土地で、それを囲い地として耕していた。

この非常に古い仕組においては、土地は共同体のものであり、市民たちが持っていたのは《占有権》に過ぎなかった。多分、それは遊牧経済の名残である。なぜなら、この慣習は、土地に結びつけられた耕作者の社会としてよりも、各人が一年ごとに移動していく社会のものとしてはじめて理解できるからである。おそらくローマが誕生したのは、ラティウムの古くからの農民と混じり合うことによって、遊牧生活から定住的な農耕生活へ移行しはじめた時代であったのであろう。

いずれにせよ、ローマ市民がセルウィウスによって設けられた《トリブス tribus》の枠に収まっていたのは、王制時代だけであった。前五〇九年の革命のあと、《農村トリブス》が創設され、これがたちまち優勢になった。〔訳注・すでに本書でも述べられているように、ローマ中心部の《都市トリブス》はずっと変わらず四つだったのに対し、《農村トリブス》は次第に増えて三十一にまでなる。〕

このように、農民たちが支配階層を占めたのはエトルリア系の《暴君たち》のあとを引き継いだ寡頭政の時代にあっては、政治や司法にかかわる生活は、九日ごとの市の開催（これを「ヌンディナエ nundinae」という）によってリズムを刻んだ。このときは、すべての家長たちが集ってきたからである。

ローマの市門を出ると、そこから農園と田園が始まっていた。ティベリスの対岸のヤニクルムの丘、ウァティカヌスの平野、市の背後のエスクィリヌスの丘、アニオ川（ティベリス川の支流）の岸といった周辺部は農地で覆われ、その耕作は、家父長の権威のもと、息子や娘婿たち家族が共同して行われた。奴隷は、まだ僅かしかいなかった。農場は小規模だったから、家族だけで充分間に合った。何かを買うこともほとんどなかった。肉を口にするのは、ごく稀で、祭の日に神々に生贄として獣を捧げたときぐらいだった。しかも、家庭の祭で牛が生贄に捧げることはなく、こうした貴重な大型獣は、政務官が国家全体の名において行った公的祭儀のために取って置かれた。

家庭の祭で生贄にされたのは豚とか子羊であった。豚の肉は塩漬けにして保存された。塩はオスティア地方の塩田で採取され、ティベリスの谷を通る《塩の道》によって内陸部のサビニに運ばれていた。しかし、栄養補給の基本は野菜で、塩漬け肉は、その味付け程度に使われるぐらいであった。

野菜類は、住居に隣接した菜園で栽培された。この「第二の食料貯蔵庫」では、キャベツのほかニラネギ、フダンソウ、ヘンルーダ、キクヂシャ、キュウリなどといったかなり多彩な野菜が作られていた。食事の内容は、スペルト小麦または小麦の粥と、豚肉入りの野菜の煮物、リンゴあるいは野生の西洋梨などであった。

葡萄も知られていた。これは、遊牧民であったアーリア人たちが地中海沿岸部にやってきたときにはすでに先住民たちによって作られていた。このことは、「ワイン」の呼称を見れば分かる。というのは、ギリシャ語では「オイノス」、ラテン語では「ウィヌム」できわめて近い関係にあるが、これはインド・ヨーロッパ語の起源に結びついたものではなく、地中海地方の一つの言葉から借用されたものだからである。

ローマ人の場合、葡萄栽培の歴史は古いが、ワインとして飲用したのは限られた人々で、とくに女性は厳しく禁じられ、背いた場合は死刑に処された。この風習について、歴史家のなかには、いささか穿ち過ぎの感がなきにしもあらずだが、ワインが血と同一視されたこと、女性がワインを飲むと異邦人の血を自身のなかに取り入れたことになり、姦通の罪を犯したと同じになったからであると説明する人もある。また、古代の医学では、ワインは堕胎薬と考えられていたので、女性には飲用が厳しく禁じられたのだと指摘する人もいる。

いずれにせよ、ワインの飲用には種々の宗教的な注意事項が付随していたことは確かである。牛乳や血、水と同列の《供犠に関わる四つの飲み物》の一つとして、魔術的な力があると信じられていた。とくに、酩酊による精神の錯乱は、予言者が示す狂騒状態と性質を同じくする憑依の一種とされたのではなかろうか?

だからこそ、家父長たちは、彼女たちにとって危険な麻薬であるワインから守ろうとしたのであって、ワインの飲用が、男の場合はリーベル・パーテル〔訳注・古いイタリアの神でバッカスと同一視された〕、女の場合はウェヌスのように最も騒々しい神々の裁量に委ねられたのは当然であった。また、ローマでは長い間、ワインは男たちの酒盛りでのみ、しかも、細かく規定された儀礼にしたがって飲まれた。

ローマでは、このような農民的経済が長く続いたが、そのローマにおいてすら、家父長たちは、政治に関わる必要性から、ますます頻繁に都市ローマへ頻繁に行き来するようになった結果、その生活範囲は広がらざるをえなくなる。西暦二世紀には、ラティウムの農民たちも、先祖伝来の風習を捨てて都会人化する。

しかし、だからといって、ラテン人農民が姿を消してしまったと考えるのは間違いであろう。むしろ、その反対で、農民はサビニの山岳地帯だけでなく、都市ローマの城門のすぐ前にも生き残っていた。フラスカーティ、ティヴォリ、カステルガンドルフォといった現在のローマ近郊の丘陵地帯は、中小規模の農園で覆われていた。それらは、奴隷の使用を最小限にして土地所有者たち自身によって耕作されていた。

たとえばキケロの父はリリス川のほとりのアルピヌムにある領地に住んでいた。またローマの住人の多くは、政治上の役職を務めるためや野心を満たすためにローマに来た人々だったが、自分の生まれた自治都市では兄弟や甥などが先祖伝来の生活を続けていて、そうした地方都市との緊密な接触を保っていた。

だが、ローマが力を増大するにともない、かなり早い時期から、結果として土地の配分にも変化をきたす社会的変革が生じ、イタリアの土地の大部分は土地貴族の手中に収まっていった。この進展が始まったのは、貴族階層の各氏族が国家における優越的な地位を獲得していったときからである。

これは、《氏族 gens》の仕組からいって不可避のことであった。つまり、氏族にあっては、人々は《家父長》の権限下にあり、その意のままにしか動けなかった。それに加えて、法的規制によって、一片の土地も氏族外の者に移すことは禁じられていたため、土地資産は代々にわたって固定されていた。その反対に、「平民階級」の土地はこの規定に縛られなかったので、次第に貴族の土地が圧倒的に優位に立つようになっていった。

結局、すでに述べたように、私有地の比率は国有地の僅かな部分でしかなく、残りは公共のものになったのであるが、通常、国家が直接に開拓・経営することはなく、〈使用〉という名目でそこを占拠した人々に管理・経営させた。このシステムは、多くの人間と家畜を擁している大きな氏族には有利であったが、自分の直接の子供たちと給与労働者以外の補助的人員を持たない平民の耕作者には、ほとんど利益をもたらさなかった。その結果、貴族階層が勢力を増大し、小土地所有者たちは無力化してゆき、両者の不均衡はますます大きくなっていったのである。

絶えず凶作に脅かされ、しかも、物々交換が経済の基本であった時代にあっては、その日暮らしの小規模地主たちは頻繁に借金に頼らざるをえなかった。ところが、そうした借金の利率は、都市住民の場合とは比較にならないほど高かった。利子はたちまち元金を上回っていき、借金で雁字搦めになった債務者の家族は「ティベリス川の向こう」つまりエトルリア人の国へ奴隷として売り飛ばされ、二度と故郷の土地を見ることはなかった。

こうして、土地は金持ちたちに独占され、土地を失った農民たちは都市へ流入し、平民のなかに同化して何かのささやかな仕事によって生き長らえようとした。おそらく、都市の平民のかなりの部分は、このようにして形成されたのだった。

原則的にいうと、共和制の初めの何世紀かを特徴づけている混乱は、こうした農業危機によって生じたものである。すでに本書でも述べたように、その結果として、自力を増した平民が形成される一方、貴族のなかからも土地を失う人々が出てきて貴族のなかに分離が生じ、都市の古来の枠組は壊れて新しい種類の人々が権力を掌握し、それに伴って公的生活は世俗化していく。

都市ローマの平民になっていた人々の多くが農民であったことを顕著に示す一つの事実がある。それは、平民の最初の政治組織が、小麦の生長を司る古代ラティウム人の神、ケレスの神殿を中心に作られたことである。この神殿は、アウェンティヌスの丘の傍らにある大競技場〔訳注・現在のサンタ・マリア・イン・コスメディン教会のある場所〕の谷の出口に建てられていたが、ここは、ラティウム戦争のあと、ラティウムの農民たちが移されてきた土地で、彼らは、移住後ももともとの自分たちの守護神への信仰を頑強に守っていった。

このように、都市の平民たちも、かつて田園で生活していた時代の記憶をローマ史全体を通じて保っていたことを理解するならば、彼らが土地を取得するために、弁護人たちに要求して農業法を可決させたのだと指摘されても、驚くにはあたらないであろう。

ラティウムの容貌に痕跡を遺しているこの進展は、イタリアの他地域へも波及し、同じように土地資産の集中化が生じた。ローマによる征服は、多くの場合、富裕な都市住民が民主派から自己を防衛するためにローマに助けを求めたことで始まったから、彼らは、ローマからもたらされた新しい制度によって苦しめられるどころか、むしろ、これを利用して自分たちの立場を強化していった。

たとえばカンパニアについて確認されていることが、そうである。ローマ人たちは旧来の地主と共存する形で、征服した土地にローマ人植民地を設置した。入植者の多くは退役軍人たちで、彼らが最も良質の土地を分け合い、その残りは二つに分けられた。一つは、ローマ国家の集団的資産として譲渡不可能な《国有農地》になり、もう一つは、売却や賃貸借によって原住民に再譲与された。そして、それまで耕されてこなかった部分は、かつてラティウムで行われたのと同様に、耕作を希望する人々の手に委ねられた。

このやり方によって、ローマ人入植者およびその子孫によって形成された農民と並んで、土着の農民も生き残ることができたのであったが、《国有農地》は、慣習法に従ってローマ人の大地主たちと土地の地主たちによって占有され、これが、多数の奴隷労働によって支えられる広大な農地、いわゆる「ラティフンディア」となっていく。

要するに、ローマによる征服の結果、イタリアでは二種類の《農民》が生じた。一つは先祖伝来のやり方を続ける小規模農民であり、もう一つはヘレニズム世界との接触によってオリエントやアフリカで行われていた高度な生産性を追求する農業経営を採り入れ、土地を収入源と考える元老院議員や地方の富裕な大土地所有者のもとで働く農民たちである。

他方、都市では、人口増加によってますます大量の食料供給が求められるようになっていた。このため、それまでになかった農産物の市場がイタリア農業の前に開かれた。おそらく小麦はシチリアやアフリカから、イタリアの生産者が太刀打ちできない値段で大量に輸入されていた。しかし、ワインとオリーヴ油の商売は、イタリアの生産者たちにとって大いに有利であった。

こうした理由から、中小規模の土地所有者によって行われる慎ましい経営形態も全面的には排除されることなく、資本主義的農業がイタリアに誕生し、根づいていった。私たちは、幸いなことに、この経済の変革の最も貴重な証言となる一つの著作を読むことができる。

書いたのはカトーで、彼は慎ましい農民の出身ながら、ハンニバルに対する戦いでローマが勝利したあと、第一級の政治的役割を演じることに成功した人物である。彼の著作は、ローマ人土地所有者が農業生活についてどのように考えていたかについて貴重な情報をもたらしてくれる。そこには、伝統的観念と新しい野心とが入り混じっていたようである。

彼によると、田園生活は、人間に許された最も高貴な理想である。それは、人間の資質を活力で満たし、高潔にする。しかし、この否定できない理想主義とは別に、カトーは利得の魅力にも大きな位置を与える。彼は現実主義者として、政治活動に携わるローマ人資産家は、田園にある自分の家で生活する

農園の様子を描いたレリーフ
ローマのファルネジーナ荘出土。左の方に墓室。手前には橋があり、川で魚を獲っている。

わけにはいかないことをよく知っている。農園に主人が姿をあらわすことができるのは、次のシーズンのため作業の指図をしなければならないといった大事な時だけで、しかも、彼がそこで過ごすのは余暇の時だけである。

カトーが言うには、快適で心地よい家を用意することができたならば、喜んで田舎の家へ行くだろう。そうすれば、彼が留守している間の代理人であり、使用人たちを差配している執事（奴隷であることも解放奴隷であることもある）を監督することができるだろう、と。

彼は、農園としては一〇〇ユゲラ（約二五ヘクタール）の広さがあれば充分だとしているが、別の箇所では、この広さのぶどう畑またはオリーヴ園を、その一部として含む、もっと広大な農場を考えていたようでもある。いずれにせよ、農園は、自活できるものでなければならないというのが彼の信念で、「資産家がなすべきは専ら売ることであり、買うことではない」という彼の有名な格言が伝えられている。全てが自家製で、道具類も馬具も、籠も荷車も、労働者たちの衣類も、その農園のなかでまかなわれなければならない、というのである。女たちは、飼われている羊から刈り取った毛を紡いで、それを冬の間に布に織る。オリーヴの実を絞り油を採るのも、穀物を粉に挽くのも、農園の仕事である。

オリーヴやぶどうなどの換金植物を栽培するための土地のほかに、よく施肥された菜園（余った野菜は市場に出された）、牛を飼うための草原、使用人たちの腹を満たせるだけの小麦（これも、余剰分は売られた）を供給してくれる畑、籠や篩を作るための柳の林、建物や荷車を作るための木材が手に入る森（暖房用の薪は主人用で、枝は炭に焼いて売りに出された）、さらに果樹園、そして豚を放してドングリを食べさせるための樫の林もなくてはならない。

カトーの著述は、さまざまな施設についての簡潔な情報も与えてくれる。たとえばオリーヴの圧搾機は、カンパニア、とくにポンペイ地方で製造されていたことが分かる。彼はポンペイで買い付けた圧搾機をラティウムまで運んで設置させているが、そのために要した費用が七二四セステルティウスであったことも書いている。この額は、小規模地主にとってはかなり重い負担であったが、《資本主義的経営者》として利益を生み出すための「投資」であった。

農場はさまざまな人々によって構成されていた。執事（velicus）とその妻のほかに、何人かの奴隷たち、それに加えて昼間は足枷を付けられて作業に従事し、夜は地下牢に鎖でつながれる奴隷たちがいた。これらの不幸な人々は、逃亡を企てたり規律に背いたりして、近隣に迷惑を及ぼす恐れがあるということから束縛されていたのである。しかし、カトーが好んでこのような方法をとったと考えてはならない。彼は、このように束縛された奴隷たちは作業能率が悪いことを知っており、むしろ自由に行動させようとした。また、大きな作業のときは、必要な労働力を揃えられる専門の業者を呼んだし、こんにちも田舎で行われているように、近隣の農園同士で互いに力を貸し合った。

日々の生活に関しても細かく規定されている。一日の食料の供給量を調べてみると、興味深いことが分かる。労働者はそれぞれに、冬は一か月あたり桝四杯（約三五リットル）、夏は四杯半（四〇リットル）の小麦を支給された。執事や建設現場の親方、羊飼いといった、それほど肉体を酷使しない人々の場合は三杯だけだった。労働者たちは、受け取った小麦を自分で粉に挽き、パンを焼いた。

鎖に繋がれた奴隷たちは、焼いたパンを配給された。冬は四リーヴル（約一・二三キロ）、春のはじめの葡萄畑の仕事が始まる時期は五リーヴル、そして真夏になってイチジクの実が熟するころは再び四リーヴルになった。このパンに加えて、二級品のオリーヴ油またはヴィネガーに漬けた野菜を支給された。飲み物としては、ピケット〔訳注・葡萄の搾り滓を水で薄めて発酵させたワイン〕ないし普通のワインがあった。ピケットは、葡萄の収穫期につづく三か月間の飲み物で、これは量に制限はなかった。十二月になると、労働者たちもワインを飲ませてもらえた。冬の何か月かは一日当たり四分の一リットル、春になると半リットル、そして夏には四分の三リットル支給された。

祝祭日には、これらの配給物資に加えて、特別の手当があった。とりわけ農民たちが盛大に祝ったのが《サテュルヌス祭》と《辻神祭》である。それらを合計すると、一年間に支給されるワインは約二ヘクトリットルに達する。鎖に繋がれた奴隷たちもワインを支給されたが、その量は働きに応じて決められた。

農園での生活は、労働者たちにとっては厳しく、気晴らしの機会はきわめて稀であった。祭の日でさえ、こまごました仕事に追われた。

カトーは、農場の執事の妻に対し、あまり頻繁に近隣の家を訪ねないよう戒めている。彼はまた、執事とその妻はラレス神（家の守り神）に月々の捧げ物をすること以外は、宗教的行事に没頭すべきではないと述べている。神々に関わることとは、原則として主人つまり彼にのみ属する仕事だというのである。

こうした教訓の背後には、田舎の人々の生活が実際には、カトーが戒めているよりずっと自由であったことが窺われる。そこには、希望に飢え不可思議なことに憧れる単純な精神の人々を常に惹きつける様々な奇妙な迷信があった。

私たちは、このカトーの本が書かれたのが、イタリア全土にバッカス信仰が広がり、さまざまな神懸かり的なグループが生まれ、こっそりと、ときには残酷な、ときには不道徳な、しかし、常に公序良俗に反する乱痴気騒ぎに耽っていた時代であったことを忘れないようにしよう。

この《ディオニュソス信仰》は、奴隷たちにとってとくに、一瞬でも辛い生活を忘れさせてくれるという魅力があるとともに、田園生活にトラブルを惹き起こす危険性を秘めていた。元老院がこの蔓延を食い止めようとして厳しく対処し、禁令に背いたバッカス信徒には死刑をもって臨むことも敢えてしたことは周知の事実である。したがって、カトーの宗教的保守主義は、そうした現実の危険に対する初歩的用心に他ならなかった。

カトーの著述には田舎料理の献立も含まれている。たとえば祭のときに祭壇に供え、生贄の儀式のあとみんなで食べた《リーブム》というお菓子の作り方が示されている。それによると、「二リーヴル（七五〇グラム）のチーズをすり鉢で粉状にすり、そこに一リーヴルの小麦粉を混ぜ、卵を一個落として、よく捏ねる。これをパンの形に調えて木の葉にのせて、炉でゆっくり焼く」のである。

また、オリエントのチーズと蜂蜜のパイ菓子によく似た《プラケンタ》というお菓子もあるし、チーズとスペルト麦の粉を捏ね、ラードで揚げて蜂蜜をかけ、ケシの実をまぶした《グロビー》というコロッケのようなものもある。形はさまざまだが、フランス南西部の《トルティヨン》〔訳注・王冠型のゆで菓子〕を思わせる菓子もある。こうした菓子は、普通は主人の食卓用であったが、ときには労働者たちに振舞われることもあった。

料理は、その農園で出来る物を材料にした簡単なものである。このころ、ローマの上流社会にはギリシャやオリエントの影響で贅沢な料理が入り込んで来つつあったが、カトーは伝統的な素朴な田舎料理を讃えている。

2　農地の経営

カトーの著述から、前二世紀のこのころ、生産量増大のための種々の努力が行われていたことが分かる。とはいえ、基本はあくまで人間の労働力であり、労働者たちを督励することによってであって、機械の導入や農業技術の改良などということは考慮の外であった。犂は牛に牽かせる無輪犂で、畝溝をつけるには、耕作者の腕力に頼った。

カトーがとくに関心を向けたのは葡萄の品種改良と接ぎ木の問題であり、また、そのほか都会の市場に出して儲けになる作物の栽培に関わる問題である。それ以外の収益性の劣る作物、とりわけ小麦については無視されている。これは、時代の経過につれて、イタリア農業の特殊化を促進し、都市、とりわけローマの食料事情は遠隔地からの輸入に左右されるようになっていった。

農業経済の古い均衡が悪化するにつれて、ワインやオリーヴ油、果物も無限の市場があるわけではなかったので、大部分の土地は家畜飼育者に委ねられるようになっていった。家畜の飼育は小麦栽培のような土地の手入れを必要としないので、さほど熟練していない労働者、とりわけ奴隷でも、軍隊式にチーム編成され統率されていれば任せることが可能であったからである。カトーが考えているような農園は、伝統的手法と「工業化された作業所」の折衷であったが、彼の時代以後は、イタリアの土地は安易な収入の道を求める資産家たちの手に握られ、かつての自由農民と土地との間にあった人格的絆は希薄化し、土地そのものが痩せ衰えていった。

こうして大規模化した農場も、新しく獲得された西欧のプロウィンキア（属州）がイタリア農産物の市場を提供していた間は（たとえばガリアは、イタリア産ワインの大量消費地であった）、繁栄を謳歌することができた。しかし、そのガリアも、ローマ化の進展につれて、自身が生産する側になる。とくにボルドー地方やブルゴーニュ地方は、有力なワイン産地になっていった。

元老院議員たちは、しばらくはガリアにおける葡萄栽培の進展にブレーキをかけようとした。ドミティアヌス帝（82-96）の時代には、属州にすでにある葡萄の木を引き抜くべし、いわんや新しく植えることはまかりならんという勅令が出されている。しかし、これは全く効果がなく、イタリアはワイン生産の独占権を守れなくなっていく。そして、アントニヌス朝時代（138-192）には、たとえばローマ領アフリカの各地で、イタリアの産物と直接に拮抗する葡萄やオリーヴ、イチジクなどが大量に栽培されるようになる。

イタリアが特権的地位を失うのは、農業の分野だけではない。経済全般、さらには政治の分野でも同じことが進展する。この点でも、イタリアは、ローマがすべてを水没させて実現した帝国の巨大な総体のなかに沈んでいくのである。

カルタゴの決定的滅亡が、カルタゴ農業の繁栄を見て不安に駆られたカトーやイタリア地主たちの願望であったというのが本当だったとしても、また、カルタゴ滅亡ののち、ローマ元老院がアフリカ属州でローマ人用の小麦を増産させるために葡萄とオリーヴの木を切り倒させたというのが真実だったとしても、最終的にはそれらの目論みは失敗し、前二世紀が終わらないうちに現在のチュニジアの平野は以前の状態に戻っていた。

イタリアの地主たちは、自分の土地の収益が減るのを黙って見てはいなかった。前一世紀以後、農園経営を市場の要求に合わせようと、さまざまな努力が行われる。前三七年ごろ、テレンティウス・ヴァロ（BC116-27）がほぼ九〇歳で書いた『農事についての書 Rerum rusticarum』は、帝政初期のイタリア国土の状況と農業経営者たちが直面していた問題について明確に教えてくれる。

これによると、表面的には全てが巧くいっているように見える。同じころ、ウェルギリウス（BC70-19）が、ヴァロの影響を受けて『農耕詩』を書いている。

——イタリアでは葡萄畑一ヘクタールで二一〇ヘクトリットルのワインが生産され、イタリア産小麦は最も良質である。これほど肥沃で、巧みに耕されている土地が、どこにあろうか？　イタリア産の果物は評判がよく、ローマのフォールムの《サクラ・ウィア（聖なる道）》では、人々は大枚をはたいて果物を買い求めている。——

しかし、順調にいっているのは、労働者を無尽蔵に使い、それを忠実な代理人によって管理させている大地主の農園だけで、アペニン山脈のなかの失われた村々の問題はそこでは無視されている。ヴァロはローマの大土地所有者のスポークスマンであり、彼が考えているイタリアは、彼らの資産であるアドリア海沿岸やカンパニア地方の肥沃で恵まれた土地だけである。それ以外の土地は、それほど高い収益の見込めない牧畜用の草地である。可能なかぎり最大の利益を目標にして経営される集約型農業の必要性から、そうした条件に合致していない土地は無視されたのである。

ヴァロは「同じ広さの土地でも、先祖たちの時代は、ワインも小麦も、はるかに生産量も少なかったし、品質も悪かった」と満足げに述べている。だが、その先祖のころは、活用されていた土地の総面積はもっと広かったし、イタリアは、輸入作物に頼らなくても住民全員を養うことができたのだ。

ウァロは、ほとんど偏屈といってよいくらいに、商業的収益性にのみ関心を寄せ、その立場から贅沢な食材になる動物の飼育を推奨している。当時、貴族階級の人々は、ローマでもそのほかの自治都市でも、鵞鳥や若鶏だけでなく、孔雀、雉、マーモット〔訳注・高地に住むリス科の動物〕、猪、また、あらゆる種類の狩猟の獲物を大量に消費していた。あるサビニの農園では、巨大な鳥かごでツグミが飼育されており、その売却だけで毎年、六万セステルティウス（一万五〇〇〇金貨フラン）の収入があった。

公的祝宴や私的な饗宴が盛んに行われ、食事の内容もぜいたくになっていたため、カトーの時代には考えられもしなかったような、こうした食材の広大な市場が出来ていた。海に近い《ウィラ》は、別の食材を提供した。その生け簀ではさまざまな種類の魚が育てられ、肉と較べても劣らない量が供給されていた。

しかし、そうした資源消費が首都の富と帝国の繁栄に依存していたことは明らかである。それを楽しむことができたのは、ほんの一握りの特権階級であり、この傾向が極限にまで進んだとき、イタリア農業の均衡は深刻な危機に脅かされる。

もっと賢明な土地所有者の多くは、自分の領地から供給される資源に付随した工業に補足的収入の道を求めた。たとえば、石材とか砂の採取、石灰竈、煉瓦作り、焼き物などで、これらは建設事業に力を注いだローマでは、きわめて需要の高い資材であった。

煉瓦は、初めのころは公共建造物ではあまり使われなかったが、次第にその利点が認められ、帝政の初めごろからは、記念建造物も、芯はコンクリート（いわゆるブロカージュ）で造り、表面を煉瓦で覆うようになった。そこで、高まる需要に応じるため、ローマ周辺にはたくさんの煉瓦製造所ができた。ドミティウス家〔訳注・ネロ帝が出た一門〕はヴァティカヌスの丘に粘土の採取場を所有していたが、これは、ほんの一例にすぎない。

これを近代風に工業の「集中化」とか「大規模化」などと呼ぶことは、あまりにも時代錯誤的であろう。古代世界は近代工業に比較できるようなものはもっていなかったからである。だが、確かなことは、生産量がある水準以上でなければ割に合わなかったから、たくさんの奴隷を養うことのできる大土地所有者だけが、こうした製造所を維持できた、ということである。製品化は原材料が採取される場で行われたから、「重工業」と呼べるものが都市に集中する傾向はなく、町中には小規模な工房しかなかった。これは、煉瓦製造や焼き物作り（とくにエトルリアのアレッティウムで盛んであった）だけでなく、大きな牧場の近くに作られていた皮鞣し工場とか農園に付随していた水車についても言える。

元老院議員たちは、公式上は、全資産を不動産に投資しなければならず、商業を営む権利はもっていなかった。前三世紀、執政官、クラウディウス・カエクスのときの平民会の決議で、元老院議員は、船も自分の領地の産物の輸送に必要とされる二ないし三隻しか所有できないことになっていた。

この禁令の結果、政務官たちは統治を担当した属州で増やした富を土地に投資せざるをえなかったから、イタリアの肥沃な地域はたちまち彼らの所有地になっていった。この動きは、地方へも拡大し、シチリアやアフリカ、ガリア、ヒスパニア、さらにはギリシャやアシアでも、大領地が形成された。

とはいえ、これらの大領地の所有者は、いわゆる〈不在地主〉で、自分の領地を現実に目にすることは、ほとんどなかった。現場で領地経営に当たったのは《執事》たちで、そうした執事たちは、主人の信頼を得た解放奴隷であることが少なくなかった。とくに皇帝の個人的領地の場合、なかには、自ら領地経営の仕事に生涯を捧げた騎士階級の執事もいたが、多くは《執事》とは名ばかりで、領地経営の仕事は《下請け人》に任せ、たとえば、ある年は、どこそこの農場のオリーヴの収穫を誰に請け負わせるといったふうに「フィクサー」化する者も出てきた。

他方、領地に縛られて労作業に明け暮れる労働者たちは、努力に見合った報酬も与えられず、家族を満足に養うこともできない状態だったと思われる。ただし、いわゆる《農民》は、奴隷身分の労務者であることもあれば、自分の土地を耕す自由民であることもあり、後者の場合、求められた賦課租を納めているかぎりは自分の思うとおりにできた。

オリエントでも、様相はほとんど同じである。そこでも、ローマ人が地主である領地と、その都市の古くからのブルジョワの農園がある。よく知られた『ダフニスとクロエ』というギリシャ語の小説は、西暦二世紀のレスボス島の田園生活の様子を知らせてくれる。

そこで生活している農民たちは、ある人は小地主であり、ある人々は町の裕福なブルジョワが所有する農園の奴隷たちである。しかし、生活の酷しさは似たり寄ったりで、労働と貧困に明け暮れる毎日である。彼らは衣食はその土地で産する物でまかなっているから、カネを手にすることはほとんどない。これに対し、田園へ狩りをしにやってくるブルジョワの若者たちは、金貨を何枚ももっている。

小さな土地を持っている農民たちは、自分の畑のなかのみすぼらしい草葺きの小屋に住んでいる。一部屋しかない狭い小屋で、家族はすし詰めの生活だが、季節ごとに大地がもたらしてくれる喜びを妨げられているわけではない。

奴隷たちは奴隷たちで、農園に付属して造られた建物に住み、野菜畑を耕したり、何日かを田園で過ごすためにやってきた主人を喜ばすために、泉のある庭園で花や果樹の手入れをしている。奴隷身分だからといって、近隣の自由農民たちに較べても、ほんの幾つかしか違いはない。たとえば、子供を結婚させる場合に主人の許しを得なければならないとか、家畜が子を産んだり、死んだりしたときはいちいち報告しなければならない、とかであるが、全体としては、彼らは分益小作人と考えられており、日常生活においては完全に自由であった。

こうした農民社会の様相は、ほかの属州でも同様で、上記のように牧歌的ではあったが、貧しく、生活は苛酷で、とりわけ粗末な住まいに縛り付けられていた。豊作の年は収穫分で税と小作料を払えるが、凶作に見舞われると破滅的で、家族の誰かを身売りしてカネを工面しなければならないといった悲惨な事態になった。

帝政時代の最もよいころでも、しばしば農民たちの反乱が起きている。最も有名なのがエジプトで起きた農民反乱である。エジプトでは、労働者たちにとって不利なラゴス朝〔訳注・プトレマイオス朝のこと〕の土地制度が引き継がれていた。

しかし、反乱はシリアやアシアでも起きている。ここでは、農民たちは、都市住民を《搾取者》と考えて憎んでいた。このほか、帝政初期以後のガリアや、マルクス・アウレリウスの治世のダキアやダルマティアでも、農民の反乱事件が頻発している。

現実に、ローマ帝国は農民たちを半ば奴隷の状態に置いていて、都市は繁栄を誇っても、それが田園の平安につながることは滅多になかったし、つながったとしても、間接的でしかなかった。

3 《農園》から《享楽の園》へ

大地主にとって、領地の中心は《ウィラ》であった。本来、《ウィラ》とは、耕地の必要性に合わせて地主が住んだ家であった。私たちは、古代の《ウィラ》の発掘によって見つかった残骸と、文献のなかに散在している記述によって、原初時代のこの田舎の住まいから帝政期の広壮な邸宅にいたる歴史をかなり明確に再現することができる。

パラティヌスの牧人たちの小屋は、木造の骨組に草葺き屋根、壁は粗壁土という粗末なものであったが、かなり早い時期に、石造りの家に取って代わられている。間取りはまだ一部屋だけで、この部屋が古典時代の家においては、炉が設けられ、家族の守護神を祀る祭壇があって、主人夫婦と子供たちの生活の場である《タブリヌム》(家族用居間)となる。

《タブリヌム》の前はバルコニーになっていて、土を打ち固め壁に囲まれた庭に面しており、この庭は、大きい門を通って入るようになっていた。庭の中央には水盤あるいは池があって雨水が貯められるようになっており、家畜の水飼い場になっていた。ときには、庭を囲む壁に寄りかかるようにして、小さな小屋が造られ、召使いたちの住まいや家畜小屋に使われていた。都市の住まいも田舎の《ウィラ》も、この原初の住居が発展していったものである。

田園の住居の場合は、これに付随して菜園がある。菜園は母屋のうしろにある囲い地で、《タブリヌム》に沿って設えられた廊下で前庭とつながっている。その後、必要に応じて、少しずつさまざまな部屋が付け足されていった。ポンペイ周辺の発掘調査で明らかにされているような《田園のウィラ villa rustica》は、領地が発展し、ワインだのオリーヴ油だのの製造が行われるようになって、使用人の数がかなり増えた結果、出来上がったタイプである。

こうした《ウィラ》で最も有名なのが、十九世紀末にボスコレアーレ〔訳注・ヴェスヴィオ山の南麓〕

で発掘されたものである。これは、ポンペイから約二キロ北にあり、ワインとオリーヴ油を豊かに産出していたネロ時代の資本主義的農園の様子を教えてくれる。

ここでまず驚かされるのは、その《ウィラ》本体の建物の規模の大きさである。長さが四〇メートル、幅二〇メートルの長方形をしており、その半分以上がワインの製造、四分の一がオリーヴ油の製造と家庭用の製粉の施設に割かれ、その残りが住居と厨房に充てられている。主人の住まいは上の階にあったが、もちろん、それは遺っていない。

《ウィラ》へは、前庭に面した、馬車も通れる大きな門から入るようになっていた。この前庭は、三方を列柱で囲まれ、その上には上の階のファサードが載っていた。回廊は柱廊になっていて、雨に濡れることなく部屋と部屋とを行き来できた。庭の中央には雨水を貯めた池の代わりに、人力で水を補給する貯水槽がやや高い位置に置かれ、導管を使って家の各所に配水できるようになっていた。

厨房、食堂、浴室、粉ひき場、パン焼き竈などは、左側の部分に集められ、集中式の竈で調理が行われていた。煙と蒸気は竈の上に設えられた煙突で逃すようになっていた。神殿の形をした小さな壁龕のなかには、家の守り神たちが祀られ、食事の準備を見守っていた。

家畜小屋は調理場にすぐ面していて、動物たちは台所を通って出入りした。これは、私たちからすると奇妙だが、地中海地方の農家では普通で、おそらく何らかの実際的な意味をもっていたのであろう。これまた台所に面した別の部分には浴室のためのボイラー室があった。

竈はたくさんの用途に役立っており、湯殿（caldarium）の床下（suspensurae）を通す熱風や、配管を通して浴槽に送る湯を暖めるのも竈の役目だった。微温室（tepidarium）と脱衣室（apodyterium）が付設されると、かなり質素ではあるが、浴室は完成する。

一階の最大部分を占めていたのは、すでに述べたように、ワインやオリーヴ油作りに関連した施設であったが、庭に向かって左側は、ほぼ全体が葡萄とオリーヴの実を絞る圧搾機で占められていた。もとより、圧搾機の木製部分は今では完全に消滅してしまっているが、もっと保存状態のよい別の似たような装置を援用すれば、簡単に復元できる。

ポンペイの壁画に描かれているところによると、圧搾機には二種類のタイプがあったようである。ボスコレアーレのウィラの圧搾機は梃子式のもので、桶の上から、一方の端で連結された長い木の桁を上げ下げすると、その動きが滑車によって伝えられ、巻揚げ機によって圧搾するのである。別に、ねじ式のものや、台と可動部分の間にくさびを幾つも打ち込むことによって圧搾力を得るものがあったが、これらは処理能力が落ちた。

圧搾機で絞り出された果汁は、ボスコレアーレの場合、地面に据えられた石の水盤に集められ、この葡萄液を発酵させたのであるが、カンパニア地方の慣習では、露天の庭で行われた。このため、圧搾機と発酵を行わせる庭とは石造りの水路で結ばれ、この庭には大きなアンフォラ（大型の壺）が半ば土中に埋まった形で据えつけられていた。この壺は、ワインの発酵に使わないときは、穀物を保存する容器として利用された。

部屋の別の部分はオリーヴ油を作るために使用された。ここには、オリーヴの実を搾る前に、まず砕くための《トラペトゥム trapetum》という石造りの桶が据え付けられていた。この器具は内側が半球型の挽き臼になっていて、オリーヴの実が潰され、果肉と種とが分離されたのだが、種が残っていると、油が不快な渋みを帯びるため、その除去にはとくに神経が注がれた。

最後に、ウィラの建物の南側には麦の打穀場が広がっていた。

このような《ウィラ》が、カンパニア地方とイタリアの最も豊かな地域に多く見られたタイプで、ポンペイの壁画によっても、その当時の様子を知ることのできる平均的な「田園のウィラ」である。庭に面した側の壁には大きな入り口が開けられ、二階の部屋は木製の鎧戸の付いた窓が幾つかあって、開閉によって採光を調節できるようになっている。ときには、建物の隅に塔が一つないし二つ付設されていて、鳩小舎になっていた。

ワインを馬車で運んでいる光景　木の樽はなく、大きな皮袋に入れた

ボスコレアーレの《ウィラ》のワイン発酵用の壷

共和制末期以後のイタリアの田園の景観は、このようなもので、これらは、今もイタリアや南フランスの平均的な農業地域で眼にすることができる。

しかし、こうした領地経営のための《田舎のウィラ》とは別に、金持ちのローマ人たちは、町での仕事から解放された余暇を過ごすための《近郊型ウィラ》と呼ばれる新しいタイプのウィラを造るようになる。

ポンペイの壁画には、《田舎のウィラ》も描かれているが、おそらくは、それ以上に、こうした豪奢な別荘型のウィラの様子である。この種の別荘を特徴づけているのが柱廊で飾られたファサードであるが、これは、ローマ人の住まいについて、広間（atrium）と家族用居間（tabulinum）、柱廊が一つながりになっている古典的な屋敷をイメージとして持っている人々にとっては、驚くにあたらないところであろう。

多くの場合、このような《ウィラ》は、幾つかの階数から成り、横にも長く延びた建造物で、いずれの階の部屋も一つのテラスに向かって開けている。ファサードの先は翼部になっていて、この翼部が前方へ迫り出している場合は、中心の建物とつながって長方形の三辺を形成していたり、逆に、後方へ庭園を囲む形で出ばっていて、この庭園に植えられた樹木の葉叢が屋敷の正面から屋根越しに見えるようになっていることもあった。

タイプはこのようにさまざまだが、そこには、共通の特徴がある。それは、人の住む部屋を最大限に外側に向かって開放的にしていることで、ここに、柱廊を巡らした広間を中心にし、外側に対しては閉鎖的な古典期の都市の家との違いがある。

ポンペイの遺跡の絵は、すべて実際にあった《ウィラ》の様子を描いたものであることが発掘によって分かっている。たとえば、ローマのティベリス河畔で見つかった《ファルネジーナ荘》〔訳注・これ自体はルネサンス期に造られた別荘であるが、一八七八年ごろ、その敷地内でアウグストゥス時代の邸宅の遺構が発見された〕では、すべての部屋がクリュプトポルティクス〔訳注・壁で間を塞いだ柱廊〕か、それとも直接に庭に面している。

ティヴォリの有名な《ハドリアヌス帝の別荘》(一一三年着工、一三四年完成)の場合は、おそらくカエサル時代に建てられた家をハドリアヌスが再建し増築させたもので、この元の家は、三つの柱廊でファサードを形成しており、これも、ポンペイの壁画に描かれているものと合致している。ヘルクラネウム〔訳注・ポンペイと同じようにヴェスヴィオ火山の噴火で埋まった町〕の「海岸通り」には、柱廊を備えた同種のウィラが建ち並んでいた。

この建築スタイルが、もともとはヘレニズム世界の王宮を模倣したものである可能性は大いにある。その起源は、マケドニアの《パラティーザの宮殿》に求められる。ここでは、王族たちの部屋は、柱廊で囲まれた長方形の庭園と、これまた列柱で縁取られたもう一つの空間との間に配置されている。おそらく、このマケドニアの宮殿とローマのウィラの間を仲介したものがあったはずである。しかし、このローマ帝国の特徴的な建築の形成に対してギリシャの影響が決定的に作用したと考えても、それほど大きな間違いはない。

ローマ人たちは、アレクサンドロス亡きあとの諸王国を次々と征服してから、このオリエントの地で新しい欲求を感じ始めていた。「戦時法」によって莫大な富を手に入れた彼らは、自分たちが取って代わったオリエントの王侯たちに負けまいと、豪壮な宮殿を持ちたがるようになったのである。

彼らの住まいは、前一世紀までは、ローマにおいてすら比較的簡素なもので、別荘も菜園付きの農場で、農作業用の幾つかの建物に囲まれ、住まいである部屋も、多少の飾りがある程度であった。スキピオ・アフリカヌスがローマ政界から身を引いて隠棲したリテルナの別荘も、そのようなものであった。それから二五〇余年経って、その地を訪ねたセネカは、「これは《別荘》というより《要塞》に近い殺伐たる住まいである」と述べている。海賊や山賊の襲撃に備えて高い壁をまわりにめぐらしていたうえ、内部にはハンニバルを打ち倒した男にふさわしい豪奢な物は何一つとしてなかったからである。浴室は、城壁の矢狭間に似た窓が開けられた狭くて薄暗い部屋であり、セネカは「ネロ帝の御代の最もささやかなブルジョワの浴室とさえも比較にならないほどだ」といっている。この指摘は、前一八〇年ごろの金持ちのウィラは、すでに述べたボスコレアーレの《田舎のウィラ》に近いものだったという印象を抱かせる。

しかし、それから二世代後には、事情は大きく変わり、スキピオ・アフリカヌスの孫のスキピオ・アエミリアヌスは、ローマの市門の近くに農作業用ではなく、庭園に囲まれた《郊外型別荘》を所有していた。オリエントの王国から学んだことが、この間に成果をもたらしていたのである。

ローマ最初の大型公園がミトリダテスを打ち破ったルクルス〔訳注・スラのもとで財務官として活躍し、東方アシアで反乱を起こしたミトリダテスを倒した〕の造ったものであることは偶然ではない。彼は、この東方の王との戦いで、長い間ペルシャの影響下にあった地域を見てまわる機会に恵まれた。

ペルシャの王たちは伝統的に庭園付きの広大な別荘を持ち、これを「パラディソ」〔訳注・「庭園」の意〕と呼んでいた。こうした庭園は、大型の野獣を放し飼いにできる広さがあり、その一部は植え込みや果樹園、花壇になっていた。そして、この庭園のあちこちには、狩猟や飲食を摂るための四阿だの客人の宿泊用の小屋だのが配置されていた。こうした庭園を造る伝統は、アレクサンドロスの後継者たちにも引き継がれ、さらに、その後の王朝にも受け継がれて近代のペルシャにまで伝えられてきた。

ローマの将軍たちは、アナトリアやシリアといったアシアの地でこうした《庭園》を初めて目にし、イタリアに帰還してから、これを手本に《ウィラ》を造るようになり、それが全イタリアに広まったのであった。しかも、もし、彼らが単に見栄から、これを採り入れたのだったら、それほど広く流行はしなかったであろう。もともと、この様式は単調すぎて、オリエントでは例外的にしか行われなかったもので、もし、ローマ人たちが漠然とでも、自分の感覚に合った枠組を日常生活に提供してくれると感じていなかったら、あのように発展するにはいたらなかったであろう。

利潤追求欲と合理的経営への近代的誘惑にもかかわらず、カトーのような人の心に響いていた大地の太古の呼び声は、その後の幾世代かのローマ人の魂にあっても、鳴りやむことはなかった。オリエントの手本は、ローマ人の民族的魂の奥に太古以来ひそんでいた渇望と、次第に抑えがたくなっていく壮大さへの嗜好とを一致させる手段を、思いがけない幸運なやり方で提供してくれたのだった。

このため、古くからの《田舎のウィラ》は変貌する。建物の前面は長く延び、柱廊が付設されて、夏は散歩用に日陰をつくり、冬は太陽光線で微妙に暖めてくれる。主人の部屋は、一方は緑豊かな遠景に向かって開け、別のほうでは中庭の閉じられた庭園に面している。

農作業用の建物は、別荘敷地の反対側に追いやられているが、なくなることはない。夕方になると、牧場から帰ってきた家畜の群が、庭園の隅の生け垣に沿って行くことがある。このような田園の存在は、五感で感じられるより想像のなかで描かれるだけだったが、それでも、この別荘の所有者に、古人の美徳を自分も引き継いでいるのだという誇らしい気分に浸らせ、一種の《自負心》を呼び覚ましてくれるに充分であった。

この庭園好みは、オリエントの征服によって大きく広がったが、だからといって、突如お告げを受けたかのように採り入れられたのではない。

まず第一段階は、カンパニア地方に浸透したのがそれである。カンパニア地方は、その港を通じて東地中海と密接な交流があったが、とくに前一六七年、デロス島に自由貿易港が作られて以降、たくさんの商人たちがイタリアとエーゲ海とを行き来するようになった。それに伴って、イタリアの家々に、これら海の彼方からの影響による最初の変革が惹き起こされた。

ポンペイに初めて柱廊が現れるのも、この時代である。柱廊が設置された目的は、当初は一部屋しかない農民の住居に付随していた庭を《広間 atrium》に進化させて広く使うためだけのこともあれば、ヘレニズム都市の建築家たちが聖所のまわりに《境内》として設けたのと同じ意図で使用されていることもあるが、いずれの場合も、部屋を開放して庭園の緑や花が見えるようになったというその効果は同じである。

土地の広さが限られていて本格的な庭園を設けることができないときも、人々は室内の壁に樹木や茂みを描いて、外の風景が見えているような錯覚を起こさせようとした。柱と柱の間にいかにも美しい庭園の《騙し絵》が描かれているのがそれで、ローマ人は、庭に囲まれているのを愛するあまり、都市の家の、光の入らない部屋でさえ、絵によって開放感をもたせようとしたのである。

こうして、パラティヌスの丘にある「リウィアの家」では、壁は《庭園の四阿》に変えられている。ポンペイの第二様式の装飾は、想像上で空間的境目をなくして家のまわりに広がりを創出したいという欲求から考えられたものといえる。

小プリニウスの一通の書簡は、ローマの金持ちの地主が《田舎のウィラ》に期待したものが何であっ

「リウィアの家」に描かれた絵

たかを理解させてくれる。そして、この書簡は、考古学者に対しては、廃墟に生命を蘇らせようとする試みを助けてくれるはずである。

「あなたは、なぜ私のラウレントゥムの別荘が私をこんなに喜ばせるのかと訝っているが、この別荘の魅力、立地の便利さ、砂浜の広さなどを知るならば、疑問は解けるだろう。それは、ローマ市からわずか一七マイル。それゆえ、なすべき用事を全部果たしたうえで、丸々一日を削ることなしに、その地で過ごせるというわけだ。そこへの道は、ラウレンティーナ街道とオスティア街道と二つあり、前者なら一四マイルの里程標のところで、後者なら一一マイルのところで横道に折れる。どちらの街道を行っても、部分的には砂地道で、馬車で行くと重くて時間がかかるが、馬に乗っていけば早くて柔らかい感じである。沿道の景色は変化に富み、森を抜ける狭い道を通り抜けると、急に広々した牧草地に出る。そこには、冬もたくさんの羊の群や、山の上からおろされてきた馬や牛の群が、春のような暖かさのなかで草を食み肥えている。」

「別荘は、別荘としては充分な広さがありながら、維持費も大してかからない。玄関を入るとすぐ広間（アートリウム）になっている。これは、質素ではあるが汚くはない。それを通り抜けるとD字型をした柱廊（ポルティクス）に囲まれた中庭がある。これは小さい庭だが、非常にくつろげる所である。

この柱廊はガラスがはめられていて、しかも上には屋根が迫り出しているので悪天候でも安らげる。その先にサロンがあるが、これは露天になっていて、非常に明るい。その奥に食堂がある。これは砂浜に

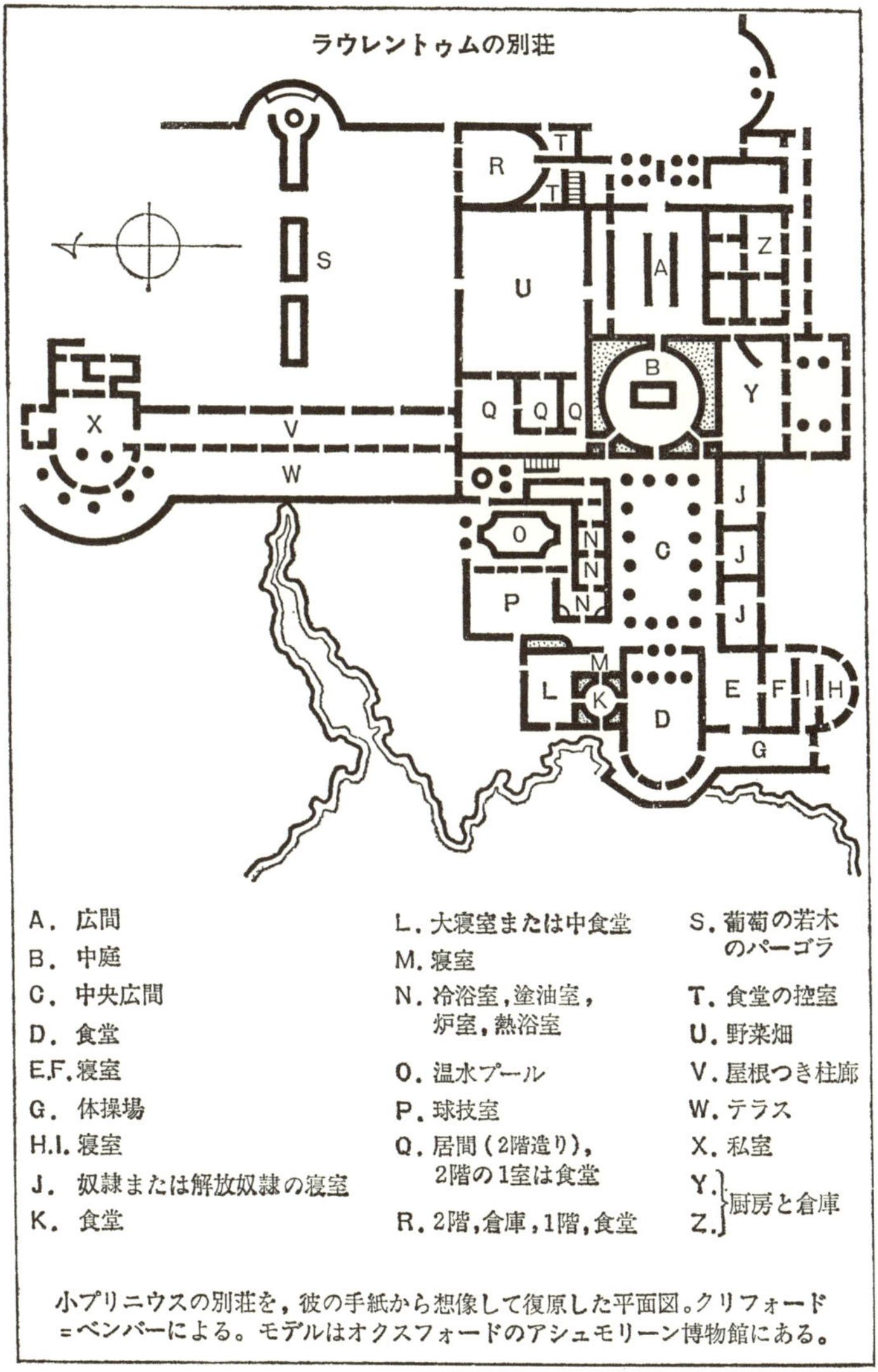

小プリニウスの別荘を，彼の手紙から想像して復原した平面図。クリフォード＝ベンバーによる。モデルはオクスフォードのアシュモリーン博物館にある。

ラウレントゥムの別荘
（弓削達『素顔のローマ人』（河出書房新社）より転載）

向かって開けているので、美しい景色を楽しむことができ、しかも南西風で海が荒れているときでも、波しぶきが軽くかかる程度である。この部屋の両開き戸の入り口と大きな窓からは、あたかも海の三つの入り江を側面からと中心からと見ることができるようになっている。しかも、別荘の後方に向かうと、サロンと中庭、柱廊、広間を通してその彼方に森や山が見渡せる。」

このラウレントゥムの別荘があったのはオスティア地方で、ここは、今日も緑豊かな地域である。プリニウスは、ローマ市に近いことを高く買い、馬でこの領地へ行くのを好んだことが分かる。ローマから田園を約二〇キロ進むだけで、熱烈に歓迎してくれる人々と、入念に考えられた快適な生活が待っているのである。しかも、途中には、気分をリフレッシュしてくれる森と草原の田園風景がたっぷりと広がっているのだ。

ウィラの中心を成している建物についての記述も、それに劣らず興味深い。プリニウスが部屋の配置に関して高く評価しているのは、自然が採り入れられている点である。一方は海に面しており、他方は田園に連なっており、その地平線を区切っているのは、頂上を松林に覆われたカステルガンドルフォの丘である。

この別荘を手がけた建築家は、この主がこうした風景を常に楽しむことができるよう、巧みな才能を発揮し、海から風が吹きつける悪天候のときでも、煩わされることなく景色を楽しむことができるように工夫した。そのために、板ガラスが利用されていたこと、建物のファサードの高さや屋根の迫り出しも、太陽光線をどこまで入れるかという観点から緻密に計算して見事に調整されていた。サロンは露天で、一種の「光の井戸」になっており、これは、ヒスパニアのムーア人の住居の中央サロンと同じ役割を果たしている。

プリニウスのウィラには、さらに家庭用の体育室、各種の寝室（昼寝用や夜用、主人用、客用、使用人用など）、また、昼間は太陽光線が入るように前面を曲面にした図書室もあった。当然のことながら、浴室、屋外プールもあり、泳ぎながら海を見ることもできた。

しかし、ウィラのもっている最も大事な魅力の一つは、庭園にあった。それについてプリニウスは、こう書いている。

「（ウィラの建物の向かって右側は二階建てになっていて）ここからは、北側の庭園とそれを巡っている散歩道が眺められる。この道の両側は、ローズマリーを間にあしらった黄楊の生け垣になっている。庭園のなかには、葡萄の若木でトンネル状の木陰を作っているパーゴラ（日除棚）がある。その土は柔らかく、裸足で歩くと気持ちがよい。そのほか、庭園のなかには、いちじくや桑の木が植わっている。」

これは、プリニウスが持っていたもう一つの、トスカーナのウィラの様子である。こちらは海から遠く離れているため、気候条件も違っていたが、さまざまな農作物が穫れた。その散歩道は灌木の生け垣がめぐらされ、バラの木がトンネルを形作っていた。この庭の中央には四阿があって、熱い日射しや冷たい風から身を守れるようになっていた。そして、幾つかの塔が木々よりも高く聳えており、そこからは、遠くまで見晴らすことができた。

文明は、それぞれに独自の自然の愛し方をもっている。人々は時代によって、ある光景には魅力を感じるが、別の風景には無関心であったり、嫌悪感を抱いたりする。ローマ人たちが何より好んだのは、うっそうとした植え込みと涼しい泉、岩の洞窟などで、庭師たちは、計算し尽くされた野趣あふれる《自然の風景》を巧みに創り出した。人々は、こうした風景を楽しみながら、友人たちと語り合ったり運動をした。

また、庭園のあちこちには、ヘレニズム絵画で好まれたテーマをもとにした種々の像を配置したり、小灌木を刈り込んで、神話のシーンを表現したり、牧歌的な装飾にすることもあった。神話のシーンで最も多かったのが葡萄と果樹の神であるバッカス〔訳注・ギリシャ神話ではディオニュソス〕をめぐる物語から借用したもので、そこでは、バッカスが信者の善男善女に囲まれ、ロバにまたがったシレヌス〔訳注・バッカスの養父〕や森の神サテュロスや水の精ニンフたちを従えている場面が見られた。

とくにサテュロスやニンフは泉を飾るのに多く用いられたが、そこで注いでいるのはワインではなく、冷たい水である。ローマでもポンペイでも、こうしたモチーフの像が無数に見つかっている。彫刻師たちは、この田園の神々に多様性をもたせようと懸命になった。それは、たんなる精神の遊びではなく、力の表示であり、人々はそこに、真摯な信仰を寄せたのだった。

なぜなら、自然に生気を与えているのは、こうした無数の〈デーモン〉たちであり、〈デーモン〉とは自然の秘めている神秘の象徴なのである。この点で、ローマの伝統は、ギリシャ人たちがその芸術作品に投影した信仰心と結びついていた。人々が庭園で出会う神々は、国家の儀式に属したオリュンピアの偉大な神々や女神ではなく、もっと身近な牧神ファウヌス、森の神シルウァヌス、森、泉、湖のニンフ、バッカス、ヴィーナスとそのお付きたち、《美の三女神》、そして、季節の女神ホーラといった神々である。

人々は、これらの神々のため、田園のあちこちに素朴な祠を建てた。果樹園で多く建てられたのは、豊穣と男性の生殖力の神、プリアプスで、これは、ヘレスポントスのランプサコス発祥のアシアの神で、ディオニュソスとアフロディテ〔訳註・ローマではウェヌスつまりヴィーナス〕との間に生まれた息子と言われていた。木片に一刀彫りで刻まれた像は、男性の立像で、その勃起した男根は生殖力の逞しさを表していた。この自然崇拝的な神（呪物といってもよい）は、まずカンパニア地方の、ついで全イタリアの庭園で見られるが、もともと《悪意の眼》の呪いを逸らさせるために使われていた男根的象徴に取って代わったのだった。

このプリアプスは、詩人たちによって揶揄の対象としてよく謳われたが、だからといって、庶民の信仰においては熱心な崇拝の対象であることに変わりはなかった。人々は、この像を《復活》と《永遠の生命》を約束するものとして墓の傍らに立てた。これは、資産と穀物、草木の果実、さらには人間まで含めた《繁殖の神秘》をイメージしていたのではないだろうか？　墓は、この神に守られることによって、子孫たちが実る畝となったのである。

こうして庭園は、家の宗教の聖域に変貌し、全能の自然全体を象徴するにいたった。ローマ人たちの生活の都市化が進み、田園から遠ざかるにつれて、古い神秘的自然崇拝者たちは、田園との接触をなんとしても取り戻す手段を考え出した。この欲求に応えたのが造園技術であり、別荘の流行であった。

このように考えると、私たちは、その後、何世紀も経ってのちに、イタリアやフランスで息を吹き返し、古典期やバロック期の庭園に影響を及ぼし、さらに《英国風庭園》の壮麗な開花を促すというふうに、この芸術が、不可解ともいえる表れ方をしてきた理由を納得することができる。ローマの庭園は、いま挙げた未来のあらゆるスタイルの萌芽というべきものを秘めているのである。

黄楊や糸杉など、一般に常緑の小灌木を人工的に剪定するやり方を考え出したのはローマの庭師たちである。彼らは、自然を美しく見せようとの欲求、造形的処理によって美的・宗教的理念をそこに表現したいとの欲求から、葉叢をさまざまな像に見えるよう調えることを考えつき、芝生の広がりの上で、鹿や猪といった獲物を馬に乗った狩人が勢子や猟犬を従えて追いつめている狩りの情景とか、一隻の帆船が港に入ってくる場面を黄楊の植え込みで表現した。

バロック様式の庭園に見られる泉や小運河、噴水なども、すでにローマの庭園にあったものである。その水路を軽快な感じの四阿とかパーゴラを設置した橋に跨がせることも、よく行われた。このような水路は「エウリプス」と呼ばれたが、これは、ギリシャのアッティカとエウボイア島の間のエウリプス海峡にちなんだ呼称で、生活を飾っているものを高尚らしくしたいとの欲求がローマ人にあっても、いかに強かったかを示している。

英国風庭園の手法は無数であるが、そこには、一幅の絵のような風景を描き出そうとする意志が表れている。私たちは、これとローマ人の造園術との類似を単なる偶然の一致と考えてはならない。プリニウスなどの著述家によって記され、フレスコ画に描かれた《ローマ式庭園》が、西欧においてはイタリアやプロヴァンスの伝統に受け継がれ、オリエントではペルシャやアラブの庭園に引き継がれて、近代世界にまで影響を及ぼしてきているのである。この芸術は、部分的にはおそらくオリエントから借用されたが、根本的にはローマ人の最も深い感性の求めに応じて再創造されたものであって、ローマ文明の不死性を示す痕跡のなかでも、その貴重さにおいてけっして最小のものではない。

4　公園と邸宅

アウグストゥス時代以後、ローマには幾つもの大規模な庭園が造られ、金持ちの貴族たちは、そうした区域で生活するのを好んだ。その後、ローマ市がますます発展し、土地の入手が困難になるにつれて、また、都市域の貴族の所有地が財産没収などで帝室財産に併合されるに伴って、《グリーン・ベルト》は小さくなり、消滅した。

しかし、それと同時に、貴族たちの《別荘》が、イタリア半島や属州の各地に増えていった。とりわけ元老院議員たちは、夏の暑い盛りのためには山の別荘、「ちょっとしたヴァカンス」のためには近くて簡単に行ける海辺の別荘という具合に、幾つもの《ウィラ》を持ちたがった。これに刺激されて、自治市の有力な市民たちも《ウィラ》を建てるようになる。

西暦二世紀以後は、遠く離れた属州でも、土地の大地主たちが《城》と呼んでもよいような大きな邸宅を建てるようになる。こうした生活様式は、とくに南ガリアのローマ化された領主たちの間で一般化した。ガロンヌ川やドルドーニュ川の谷で行われた発掘調査で、無数の《ウィラ》の跡が確認されている。

そうした《ウィラ》は、いずれも贅を極めたもので、頂きの部分に細かい彫刻を施した円柱、床にタイルを敷き詰めた柱廊、モザイク画で飾られた壁、室内外に幾つもの彫像を備え、周辺一帯における「ローマ文明の発信センター」の観を呈していた。まわりには粗末な草葺き家が集まっていたが、それらは、家族ぐるみ主人に奉仕することで生計を立てていた労働者たちの住まいで、いわば領主の生活を支えることを唯一の存在理由とする村が形成されていた。

こうした領地は地名にも痕跡を残している。領主の名前のあとに「——acum」という接尾辞の付いた地名がそれで、それが地方による音声変化の多様性によって様々な地名となって今日に遺っている。たとえば「アルビニウスの領地」を意味した《アルビニアークム Albiniacum》が地域によって《アルビニィ Albigny》になったり《オービニィ Aubigny》や《オービニェ Aubigné》あるいは《アルビニャク Albignac》になったりしている。

このような、末尾に「——acum」の付いた語に由来する地名がフランスの地名の二割を占めている事実からも、ローマ領ガリアで領主領地が占めた比重の大きさが測り知られる。しかも、それに加えて、「——anum」で終わる名前があり、こちらは、さらに早くからローマ化したプロヴァンスと地中海沿岸のラングドックに特に多い。そのほか、数の上の比率は少し劣るものの、これ以外の成り立ちをもつものも幾つかある。

ボルドー(ローマ時代の名は「ブルディガラ」)生まれの詩人、アウソニウスの作品は、こうした領地で営まれていた生活を生き生きと浮かび上がらせてくれる。彼自身、ブール・シュル・ジロンド地方に領地を所有していて、ボルドーの町が群衆で溢れる祭の時期は、この領地へ行くのを好んだ。そこで彼は、田園の豊かさを楽しみ、ひとりで勉学に打ち込んだり、瞑想の喜びに耽ったり、友人と過ごしたりした。こうしたローマ帝政時代の大きなウィラは、たんに特権的な人々の隠遁所ではなく、しばしばローマの思想と学問を保持し伝える文化センターでもあった。キケロの時代以後、ローマ人は、とりわけ精神的活動のための静寂の空間として庭園を好む一方、身体鍛錬のためにギリシャ人が大事にした公共体育場《ギムナジウム》も忘れなかった。

アテナイでは《ギムナジウム》の森が哲学者たちの好んで集まる場になっていたし、プラトンの《アカデメイア》は、英雄アカデモスの墓のまわりに樹を植えて造られた庭園であった。エピクロスの弟子たちはアテナイへ来たときは、大切に手入れされているその師の庭園に参詣した。健全な身体と健全な精神とを共に備えることがギリシャ人の理想であり、それはローマ人のめざした理想でもあった。キケロは、そのトゥスクルムの別荘に設けられていた二つの散歩道を、一つはプラトンにちなんで《アカデメイア》、もう一つはアリストテレスにちなんで《リュケイオン》と名づけている。そして、この雄弁家は、思想家と芸術家の守護神であるアテナの像を立て、この女神の見守るもとで友人たちと語らうのを常としたのだった。

このような風習は、その後もローマ人およびローマ化された貴族の間で受け継がれ、知的生活への強い志向性が生き生きと命脈を保った。都市が蛮族侵入の脅威のなか狭い城壁のなかに閉じこもらなければならなくなったときも、田園地帯の領地は長い間、ローマ文化の最も貴重な宝を守り続けた。

こうした《城》の様子は、ローマ領アフリカのモザイク画にも見ることができる。柱廊式のファサードの前には庭園が広がり、《城》の後方には麦打ちの庭や圧搾機のある農作業用の建物があり、カンパニア地方のウィラとかなり共通している。そうしたモザイク画には、領主が狩猟に熱中している場面も描かれている。

狩りは、帝政時代には、皇帝をはじめ上流階級がとくに好んだ娯楽である。共和制の初めのころは、狩りは家畜を護るためという必要性から、主として奴隷たちによって行われたのだが、前二世紀以降、若者たちによる一種の模擬戦として、またスポーツとして見直されるようになった。これは、オリエントのヘレニズム世界で、狩りが勇気を培い肉体を鍛錬する手段と考えられていたことと関連しており、それを流行らせた最初の人はスキピオ・アエミリウスで、父パウルス・アエミリウスに従ってマケドニア戦争で勝利して以後のことである。〔訳注・彼がギリシャ文明に触れる機会になったのがこのマケドニア

戦争である。なお、彼はスキピオ・アフリカヌスの養子になってスキピオを名乗るようになったのである。〕

その後、帝政期に入ってレジャーが盛んになり、大土地所有が進展するにつれて、狩りはローマ人貴族の日常生活の一部にまでなっていったが、属州の人々にとっては、狩りはローマ人の模倣などではなかった。ガリア人は、ずっと昔から狩りをしてきたし、ヒスパニア人は猟犬の扱い方の巧みさと馬の足の速さで昔から評判であった。アシアにおいては、ペルシャ王たちにより、大規模な狩猟の伝統が受け継がれていた。

属州出身のローマ皇帝たち、とくにアントニヌス朝の皇帝たち〔訳注・アントニヌス・ピウスはガリア・ナルボネンシス出身の一族の人である〕は、いずれも狩りが得意で、田舎育ちのアントニヌスは暇さえあればローマ市を抜け出して魚釣りや狩りに打ち込んだことが知られている。マルクス・アウレリウスが青年時代に師のフロントに書いた手紙には、彼がいかにヴァカンスの日々を、朝早くから馬を駆って猪や鹿を追って過ごしているかが述べられている。

狩人の装備は、猪槍、槍、剣、頑丈な狩猟ナイフ、さらには、獲物を追い込む大きな網で、この網は巻いてラバとかロバの荷鞍に載せて運ばれた。狩りをする人のほうへ獣を寄せるため《威し》も使われた。これは、赤く染めた羽根をところどころに付けた長い網である。この羽根が風で激しく動き、また、肉片の匂いが染み込ませてあるので、動物たちは怯えて逃げまどううちに、予定したところへ追い込まれていったのである。猟犬にも、様々な種類の犬が使われた。猛々しい大型獣にも敢然と跳びかかっていく犬もいれば、逃げる野兎を捕まえる犬もいた。

このようなのが田園での生活であり、ローマ文明は都市を発展させたことから、とかく《都市的文明》と見られがちであるが、だからといって、ロムルスの子孫たちがラテン民族の農民的起源を忘れたり否認したりしたことはなかった。少なくとも貴族階層の人々は、都市での生活を避けられなくした条件と、魂の深いところにある田園生活への民族的嗜好とをいかに調和させるかで種々の工夫を凝らしたのであった。

第八章　都市の女王、ローマ

1　ローマの拡大

ギリシャ文明にせよローマ文明にせよ、総じて古代の文明は都市社会を基盤としている。前五世紀のアテナイでは、アクロポリスを中心に都市生活を営んだ人の数のほうが《デーモス》〔訳注・アッティカの村落区域〕に散在していた農民よりも多かった。ローマの場合も、田舎の地主が優位に立ったこともあるが、前五〇九年の革命以後は、そうした土地貴族も都市のなかに吸収された。ポエニ戦争の時代には、政治生活と国家の経営になんらかの役割を担った全てのローマ人は都市ローマに住んだ。それは、都市機構によって課された必要性のためで、そこでは、市民権があくまで直接行使を前提とし、委任ということが許されなかったからである。

また、《都市 Ville》とりわけ《首都 Urbs》は《国家》と一体化していたので、やがて、幾つもの領地が《ローマ帝国》に付け加えられていくときには、そのことが《都市ローマ》そのものを危険に晒さずには済まない。しかし、《都市ローマ》の土地そのものは神聖不可侵である。いかなる侵略者といえども、都市ローマの土地全体を占拠することは、ついにできなかった。

すでに見たように、「ローマはパラティヌスの丘の上に誕生し、これを唯一の核として次第に大きく発展、ついに、その最大値にまで達した」とする古い観念は、事実とは合致していない。固有の意味での町がパラティヌスの丘に存在していたとは、とうてい思えない。それは、前八世紀のなかごろから、一つ、二つとあばら家が建て始められて村落になり、そこへ近在の村々が集まってきて、カエリウスやエスクィリヌス、クィリナリスの丘々の斜面に、さらには、のちのフォールムの近くにまで人々が住み着くようになっていったのであって、こうした集落の痕跡は、二十世紀になって次々と発掘され、その実態が明らかにされつつある。

本来の意味での《町》の様相を呈するようになるのは前七世紀のことで、その最初の痕跡はフォールムで発見されている。ローマ人にとっての《町》は、人々が集まって協議しあい、法律といえるものを受け入れ、神々への祈りが行われるところにのみ存在する。ところが、ローマ人たちの記憶は、パラティヌスの丘においてこの種の機能が行われた思い出をなんら留めていない。それに対して、フォールムこそ、つねに政治活動と宗教活動、司法活動が行われた場であり、それは、帝政末期にいたるまで変わることはなかった。

フォールムの谷を社会生活の中心にした《都市ローマ》のこの成立は、カピトリウムの丘でのエトルリア人部隊の定住という外部からの介入の結果として生じたことであった。この場所は、沿岸部のオスティアの塩を運ぶ隊商がティベリス川の谷を通って中部イタリアとエトルリア平野に向かうルートの中継点であり、市場を設けるのに最適の場所であった。

こうして、カピトリウムの城塞とフォールムの公共広場、それらを縁取る幾つかの礼拝所によって、最初のローマが姿を現した。そして、全住民にとっての富の源泉として商業活動が活発化していくにつれて、人々の粗末な家はますます数を増やし、互いにひしめき合うまでになっていった。

このローマ設立の図式が示しているように、フォールムの町が《ローマ市》の最古の人間居住地だったわけではない。むしろ、その周りの丘々に散在していた村落のほうが、《都市》の形成より間違いなく先である。固有の意味での《ローマ市》は、おそらくさまざまな起源をもつ住民たちの集落の連合体であり、エトルリア人が入ってきて、こうして創られた町の中心をカピトリウムの丘に打ち立てる以前は、まだ「ローマ市」と呼べるものではなかったと考えられる。

この《カピトリウムのローマ》を一人の王が支配する。その記憶を留めているのが「ロムルスはカピトリウムにいた」という伝説で、そこでは、サビニ人のタティウスが共同統治者になったとしている。それから二、三世代すると、たくさんの人々がローマの市場に惹きつけられてやってくるようになったので、恒常的な城塞を建てることが必要となる。こうして建設された《セルウィウスの城壁》が、何世紀かあとの共和制ローマにいたるまで、ローマの市域を固定する。

この城壁に囲まれた丘の全てが住民によって占められていたわけではない。その内側には集落が散在し、そうした村落の住民たちが城壁の各部分を分担して防御の責任を担ったのであるが、そこに二つの概念があった。これらは、時代がくだると一つに融合するが、初めのころは、はっきりと分かれていた。その一つは、実際に城壁によって防御されている全てを含む《オピドゥム oppidum》の概念であり、もう一つは、ただ標石によって名目的に区切られているだけの《ポメリウム pomerium》の概念である。確実に判明しているところで例をあげれば、アウェンティヌスの丘は、セルウィウスによる最初の城壁以来、囲いの内側に入っていたが、《ポメリウム》には含まれていなかった。

《ポメリウム》の本質は創建の儀式自体に由来している。「創建者」の犂が土の塊を盛り上げながら穿った溝が地下の神々の力を地中から解き放ち、この溝で囲まれた内側と世界の残りの部分とを分離する魔術的な輪が《首都 Urbs》の枠組を定めた。この町の《聖域 templum》の上を飛んだ鳥は神々によって送られた予兆を表すが、それが当てはまるのはこの町でなされる行為についてのみである。この区別は国の基本構造に関わる法に非常に重大な結果をもたらし、市民権と軍事権の間の明確な境界線を打ち立てさせてくれる。

《ポメリウム》の最初の線がどうなっていたかは、充分には分かっていない。フォールムとカピトリウムが含まれていたことは確かであるし、パラティヌスもやがて（いつからかは不明だが）含まれ、さらに、アウェンティヌス以外の幾つかの丘も包含されていった。アウェンティヌスの丘が含まれるのは西暦四九年以後のことである。〈マルスの野〉は帝政時代にいたるまで《ポメリウム》の境界外であった。この原っぱは軍隊の集合のために取って置かれたもので、《鳥占い市域》のなかに入れるわけにはいかなかったのである。

したがってローマの発展は、直線的に進行した現象として考えるわけにはいかない。そこには三つの異なる秩序が相並んでいる。〈軍事的都市〉としては、前六世紀のセルウィウスの市壁によって一挙にその発展の最大値に達した。この市壁は、その後、内戦時代にもスラの独裁時代にも、幾度も造り直されたが、帝政のはじめに決定的に取り払われた。これは〈住民居住区〉が、あらゆるところで境界を越えて広がり、各道路に沿って何マイルも郊外地が形成されていったためで、人家集合地域を保護する第二の市壁が築かれるのはアウレリアヌス帝時代（在位270-275）のことである。

この人家の集合地の進展は緩慢で、当初、セルウィウスの市壁の内側でもゆとりのある状態であったのが、窮屈になりはじめるのは前一世紀初めごろである。このころから、個人の住宅が〈マルスの野〉でも見られるようになり、市民の大きな集会や軍隊の集合のために取って置かれた建物や幾つかの聖域を除いて、ティベリス川の湾曲部分全体が人家で埋め尽くされるようになる。

本来のローマ市である《ウルブス》は、それよりずっとゆっくりしたスピードでしか広がらなかった。そして、《ウルブス》本体と《帝国》本体の間に一種の宗教的一致が存在していたように、《ポメリウム》についても、原則的には、ローマ国家が新しい征服地を増やした度合いにおいてしか広げる権利をもたなかった。

都市政務官の権力行使は《ウルブス》の内側に限られ、ローマ市の外側で権力を行使したのは《プロウィンキア（属州）》の統治者たちであった。

《ウルブス》には都市に欠かせない幾つかの機構があった。まず第一は民会の集会場であり、つぎは《クリア》（元老院）、そしてさらに、ローマ市民の宗教にとって重要な聖域があった。

この《都市ローマ》を図式的に確定しているのが「カピトリウム」と「フォールム」、そして民会が行われる「コミティウム」で、これ以外は全てアクセサリーでしかない。したがって、ローマに倣って植民都市を創設するということは、まず何よりも、これら三つの機構を設置することである。それ以外は、たとえ軍事的防御施設といえども、あとで必要に応じて付け加えていけばよかった。

ローマ人の都市は全て、首都ローマの似姿だということが本当であるとしても、だからといって、ローマを物質的に複製したものと決めつけてはならない。そこで模写されるのは《都市ローマ》の図面ではなく、あくまでその抽象された図式である。ただ、属州諸都市が、しばしばローマを「諸都市の筆頭」「女王」として、その記念建造物に着想のヒントを求め、それをなぞる結果になったのも避けられないところであった。

ローマの政治的中枢は、カピトリウムの丘の麓にあった。なかでも最も尊重されるべき位置を占めていたのが、元老院の会議が行われた《クリア》である。伝説によると、これはトゥルス・ホスティリウス王によって建てられたことから「クリア・ホスティリア」と呼ばれた。以後ずっと、都市とし国家としてのローマの意志決定機関の機能を維持し、共和制ローマの歴史的議決は全て、ここで行われた。

建物の規模は、共和制末期、スラによって拡大されたが、前五二年に焼失し、その五月十五日に、新しいホールの建設がカエサルによって始められた。これが三頭政治の執政官によって引き継がれ、前二九年に完成、「クリア・ユリア」の名でオクタウィアヌスによって奉献された。さらに、カリヌス帝の治世（283-5）に焼けたあと、ディオクレティアヌス（284-305）帝によって再建される。

今日、フォールムの北にあるのが、このディオクレティアヌス帝によるものである。ただし、私たちは、その威厳に満ちたファサードとブロンズの扉（本物は十七世紀中頃にラテラノ宮殿に移された）によって往時を偲んでいるが、古代においては、大理石と色鮮やかなスタッコ〔訳註・大理石の粉を混ぜた化粧漆喰〕で覆われた心楽しませるものであった。

縦二六メートル、横一八メートルのこの建物は、かつての「クリア・ユリア」や、まして「クリア・ホスティリア」と較べるとずっと大きい。しかしそれでも、ローマ帝国の広大さからすると、この建物はいかにも小さいし、大帝国の運命を左右したのが、いかに一握りの人々であったかを痛感させられる。

《クリア》の前方には「鳥占いを受けた聖域」（templum）である《コミティウム》が広がっている。前二世紀まで、ここは《コミティア・クリアータ》（貴族会）と《コミティア・トリブータ》（平民会）の集会場であった。平民会のほうは、前一四五年に、護民官、リキニウス・ストロにより、固有の意味でのフォールムに移されたのである。〔訳注・リキニウス・ストロは前三七六—三六七年の護民官で、前一四五年としているのは、誤りである。〕

このストロによる移転は些細なことのように見えるかもしれないが、ほんとうの意味での革命であった。平民が《コミティウム》を去ってフォールムの「鳥占いを受けない場」に集うようになったことは、《鳥占権》をもつ貴族による支配から解放され、宗教的にも政治的にも自由に活動するようになったことを示しているからである。

しかも、それだけではない。《コミティウム》は縦四〇メートル、横三〇メートルの長方形をしており、これは、収容人員がせいぜい五〇〇〇から六〇〇〇人というところで、前二世紀のローマの平民のほんの一部しか集まることができなかった。

それに対し、フォールムは二ヘクタールの広さがあり、これ以後、全ての平民が《コミティア・トリブータ》（平民会）に出席できるようになった。他方、《コミティア・クリアータ》（貴族会）のほうは、当時はすっかり力を失い、重要議題が提起されることはなく、これを代表していた何人かの端役的な人々を《コミティウム》に呼び出すために続けられているだけだった。

フォールムが長い間、土を打ち固めただけであったのに対し、《コミティウム》の床は、かなり早い時期からタイルで敷き詰められていた。しかし、さまざまな神聖な遺物は大切に保存するために舗装から外されていた。そのなかに、「乳母神のイチジク」がある。

これは伝説によると、ロムルスとレムスの兄弟が入れられ、ティベリス川を流されてきた籠が漂着したのが、この木の根もとであった。しかし、もう一つの伝説では、子供たちはパラティヌスの丘の上で発見されたとあることから、この矛盾を解決するため、一つの伝説が作られた。それは、王制時代の鳥占い師のアットゥス・ナウィウスが、自分が奇跡を起こす力を持っていたことを証明するために、この木をパラティヌスから《コミティウム》のある場所へ移したという話である。

《コミティウム》には、謎に包まれたモニュメントがもう一つある。それは、一つの墓の両側に配置された非常にアルカイックな姿をした二つのライオン像で、その土台石には文字が刻まれているが、非常に古びているため、古代の人々にも内容が分からなかった。このライオン像は土台も発見されているし、刻文も四分の三が現存しているが、私たちの知識は、古代人のそれ以上には進んでいない。ただ、古代人の言うところでは、これはロムルスの墓だという。だが、このローマの創建者は奇跡によって天に昇ったはずであるから、これは、たんに記念碑だというのであろうか？　また、トゥルス・ホスティリウスの父、ホストゥス・ホスティリウスの墓だという説もあったし、さらには、たんに羊飼いのファウストゥルスの墓だという説もあった。

私たちに言えることは、この墓がオリエント的なスタイルをしていたこと、多分、前六世紀に遡るだろうということだけである。書かれている文字に関していえば、近代の学者の説もまちまちで、確定することはできない。ローマ人たちは、その古さを尊ぶ心から、そのまま遺すことにし、《コミティウム》を改装するときも、床全面を黒大理石のタイルで覆ってしまうことを遠慮したのであった。

最後に、《コミティウム》の端には、演説用の演壇が設けられていた。これが有名な《船嘴演壇》で、ラテン戦争のときのアンティウム海軍に対する勝利の記念として、拿捕した敵船の船嘴が飾られていたことから、名づけられたのである。この船嘴があった場所は、最近、考古学者たちによって確定されたが、演説者は、《コミティウム》の東側にあったこの演壇に立つと、コミティウムだけでなくフォールムに集まった群衆に向かって話しかける形になった。

時代がくだると、別に船嘴演壇が造られた。そして、アウグストゥス時代には、フォールムの西の端に広大な演説場が完成し、《コミティウム》は決定的に放棄された。この大きいほうの船嘴演壇は、カピトリウムの丘の麓にあり、その痕跡が今もはっきりと見分けられる。それは、フォールムの地面から三メートル高く、長さ二四メートル、幅一二メートルの壇になっていた。

演説者は、こうして人々の前に姿を見せたのであるが、一人だけで壇上に登ることはしなかった。友人や知人があたかも脇役の俳優たちのように一緒に登り、声援した。このことは、演壇の廃墟からだけでは明確でないが、文書記録から確認できる。

その理由は、ローマでは、このような場面で、ひとりぼっちというのは信用されなかったからである。ひとりぽっちの男は、独裁を狙っているか、さもなければ、危険な無政府主義者とみなされた。人々に耳を傾けてもらうためには、友人たちに囲まれていることが必要で、これによって、語っていることが独りよがりではなく、一つのグループ全員の考えであるという印象を人々に与え、安心感を抱かせ、心を惹きつけたのである。

2　フォールム・ロマーヌム

共和制ローマにあっては、《フォールム》すなわち広場は、政治活動のためだけのものではなかった。それは商いの場でもあり、店舗が北側と南側と二列に並んでいた。南側のほうが古く、《旧商店街》と呼ばれ、夏の強い日射しを遮るように工夫されていた。これは、タルクィニウス（父）王の時代にまで遡ることが確認されている。事実、商業と手工業に長けていたエトルリア人がローマを牛耳っていた時代ということは、ありえないことではない。

これらの店舗は、肉屋などの商人たちが国から土地の貸与を受けて開いたもので、おそらく当初は屋台のようなものであった。くだって、ある時点で、肉屋などの店舗はフォールムの北側に移されて《新商店街》となり、《旧商店街》の店舗は銀行を兼ねた両替商などに割り当てられた。

このことは、貨幣の流通が発達し、イタリア各地のさまざまな通貨の交換がスムーズに行われることが必要になってきていたことを物語っている。もっとも、そうした事態になったのは、もっとあとの、タレントゥム征服後であったかもしれない。いずれにしても、前三世紀末には《新商店街》が存在していたことが、プラウトゥスの喜劇の一つにその名前が出てくることから確かである。

しかし、さらに時代が進むと、旧新とも商店街は両替商ばかりになり、古くからの商人たちは広場の北と南の端のほうに追いやられ、前二世紀にはフォールムから姿を消すにいたる。肉屋と魚屋は、《新商店街》の北、アルギレートゥムに隣接した場所に店を構えるようになる。ここが、やがて、さまざまな食料品の商人が集まる《市場》になり、第二次ポエニ戦争のときの前二一〇年に焼けたが、直ぐに再建された。

ただし、野菜を扱う商人たちは、このときから自分たちだけの商売の場所をもつようになった可能性がある。カルメンタリス門とカピトリウムの斜面の間のセルウィウスの市壁の外側に造られた《青物市場 Forum Holitorium》がそれである。

ティベリス川の河岸で、これまたセルウィウス市壁の外側にあった《牛市場》すなわち《フォールム・ボアリウム Forum Boarium》は、別の牛市場と対を成していたか、または、定期市として開かれたものであった。ここには、牛や馬の商人が集まり、農民たちが役牛などを買いにやってきた。

このころは、野菜や牛の売り買いは、固定した店舗ではなく露天の空き地で行われていた。それぞれが売りたい物を持ってきて、野菜売りは野菜を前に並べて坐り、牛の商人は牛たちの傍らに立って、客と取引した。これは、いまも地中海周辺全域で行われているやり方である。

前二世紀のローマは、すでに大国の首都であり、政治と商業の古くからの中心地では銀行的な業務が盛んになり、ますます抽象的な形をとるようになっていた一方で、田園の活動が市門のところにまで押し寄せていたし、町自体が相変わらず農民の大集落であった。

宗教から切り離された活動というものはなかったから、ローマのフォールムが幾つかの祭儀の執行に使われていたことは驚くに当たらない。《大競技場》からフォールムを突っ切ってカピトリウムへ向かう行列が通った道が《サクラ・ウィア》である。この「聖なる道」は、アウグストゥス時代に若干手直しされたが、もともとは《ウェスタ神殿》と《レギア》(王宮)というローマでも最も尊敬を集めた二つの聖所の間を通ってフォールムに入っていき、西へ進むとカピトリウムの丘の斜面に達する。この斜面を登ると、《至高至善のユピテル神》が人々の生活空間全体を見守っている聖域になる。

葬儀の行列や剣闘士の戦いは、かなり長い間、フォールムで行われた。そうしたときには、見物人たちは市場の商店の屋根や近くの家のテラスに登って見物した。剣闘士の競技専用の円形闘技場が、このフォールム以外のところに建設されるのは、もっとあとのことである。

《ウェスタ神殿》は、今日再現されている姿はアウグストゥス時代のものであるが、もともとは、ローマ市の象徴的な火が燃やされている炉があるだけの草葺きの円い小屋であった。これは、ラティウムの古いあばらやの面影を留めており、ウェスタの巫女たちによって火が絶えないように燃やし続けられているだけで、神の像はなく、宗教が物質的に表現されたものと無関係な時代であったことを証拠立てている。

とはいえ、さまざまな物が保存されており、その一つに、おそらく遙かな昔にオリエントからもたらされた《クソアノン xoanon》〔訳注・素材の木や石の原形が分かるような原始的な彫像〕があり、これについては、「天から降りてきたパラス女神の像」で、トロイ戦争のときにアエネースがフリュギアの地からイタリアへ持ってきたのだという伝承がある。

この「パラス女神像」とともに、ウェスタ神殿にはローマ人のさまざまな守護神が収められていたが、ウェスタの巫女たちと大神官以外は見ることができなかった。ローマが多くの災厄に遭いながら救われたのは、これらの宝を保持していたゆえであると考えられていた。

共和制時代には、ウェスタ神殿は《アトリウム・ウェスタエ Atrium Vestae》と呼ばれた「ウェスタの巫女たちの家」のなかの一棟となる。その全体の歴史は、原初から帝政末にいたるフォールムの進展そのものと結びついている。当初、この神殿は、パラティヌスの丘の麓まで広がっていた森のなかにあって、傍らの巫女たちの住まいでは大神官も起居を共にし、彼女たちを統括し保護・監督した。

森が開けてからも、《アトリウム・ウェスタエ》自体は一つの大きな庭園で、そのまわりを巫女たちの住居や務めを行うための部屋が囲んでいた。これは、ローマ人の一般の家と同じで、最初の都会的スタイルといってよいものであった。その後、建物は必要に応じて複雑化していくが、本来の基本的な性格は変わることなく引き継がれていった。今日も、「ウェスタの巫女たちの家」は、見て分かるように、庭を中心にして特徴的な形に配置されている。

フォールムの縁には、共和制の初めから、二つの神殿が建てられていた。一つはサテュルヌスの神殿であり、もう一つはカストルとポリュックスの双子の兄弟〔剣闘士として有名〕を祀った神殿である。

前者は、明らかに《ユピテル・カピトリーノ》のエトルリア式神殿と同じ時代のもので、カピトリウムの丘の斜面の下端に建っている。これが捧げられた神、サテュルヌスについては、私たちには、よく分かっていないが、かつてはラティウムに君臨し、おそらく大地の豊穣を司る神であったと考えられる。

その祭典である《サテュルナリア》は冬至のころに行われ、中世から近代にも行われている《カーニヴァル》と同様の乱痴気騒ぎを伴った。このときは、奴隷たちが主人になり、いたるところで陽気な余興が繰り広げられ、無秩序ぶりが展開された。このようにして本性を解放させることによって、その生産的な力を回復させようとしたのである。もともとは、生きた人間がサテュルヌス神に生贄として捧げられたようであるが、のちには、藁人形（アルゲイア）が代わりに用いられるようになり、五月十六日には、これを担いで盛大な行列を組み、ティベリス川に放り込んで終わりとなった。

それはともかく、このサテュルヌス神殿は、共和制時代には公共の蔵として使われた。このことは、この神の陪神が《豊穣》を意味する「オプス Ops」という名前をもっていたことと関連している。そして、これは、かなりありうることだが、この神殿のある場所では、さらに古い祭儀が行われていたと言われている。

事実、このすぐ近くに《ウルカヌス》という火の神の祭儀が行われていた場所がある。祭壇の跡があることで位置もはっきりしているが、神殿が建てられたことはなかった。サテュルヌス信仰も、同様のアルカイックな性格をもつものであった可能性がきわめて高い。

フォールム・ロマーヌムのサテュルヌス神殿

カストルとポリュックスの神殿のほうは、前四九九年のレギルス湖の戦いの最中に、勝利と引き替えに奉納する旨の誓いが立てられ、その後完成して、前四八四年二月二十七日に奉献された。ここに祀られた神は、ギリシャの《ディオスコロイ》〔訳注・「双子神」の意で、カストルとポリュックスはゼウスとレダの間に生まれた双子の息子とされた〕と同一視されたが、本来は前五〇九年の革命の主役であった裕福な騎士たちの守護神であったと考えられる。

この神がもっていた二分性がゼウスの双子の息子と同一視されたのであるが、それを助けたのが、この神殿の隣にある《水の神》ユトゥルナに捧げられた泉の存在である。騎士の神と泉の女神とがすぐ隣り合っていることが、エトルリア人を通してギリシャ的風俗が浸透していたローマ人に、ギリシャ世界でよく知られていたヘレネ（トロイ戦争の原因になった美女）とその双子の兄弟との《三体神》を想起させたのである。

いずれにせよ、カストル神殿〔訳注・普通はこう呼ばれた〕は騎士階層の聖域としてローマ騎士団の本部となり、騎士団の記録文書が保管された。たとえば前三四〇年以後、カンパニアの騎士たちにローマ市民権を与える旨の文章の刻まれたブロンズ板が置かれていたのも、ここであった。

このように私たちは、フォールムを取り巻き、その移り変わる輪郭を確定していった各聖域を巡ることによって、歴史のさまざまな段階がその地面に描かれているのを見出すのであるが、古代ローマ人の眼から見ても、フォールムは、この都市の進展の歴史を物語るものであった。建物それぞれが、その起源を示す印をもっていて（そこには、奉献の文が刻まれた石があった）、ある機構なり祭儀の永続性を保証していた。私たちはそれを辿ることによって、ローマ文明が成立していくのと並行して、フォールムも次第に確定的な形を獲得していったことを知るのである。

ローマ市の歴史において前二世紀初めは、一つの大きな結果をもたらす出来事によって特徴づけられる。それが《ポルチコ》（柱廊）の導入と普及で、ギリシャ建築がいたるところに柱廊を増やしたことが、多くの都市問題に解決をもたらしたことは確かである。

ローマで最初に柱廊が用いられたのは、前一九三年に、造営官（アエディーレス）のアエミリウス・レピドゥスとアエミリウス・パウルスが、オリエント都市のそれに匹敵できる商港をティベリス川に造ることを決意したときのことである。

こうして前一九二年には「ポルティクス・インテル・リグナリオス」つまり材木市場の柱廊が出来た。これは閉鎖式の柱廊で、内側が材木の倉庫になっていた。それと同時に《マルスの野》でも一本の大通りに沿って、もう一つ柱廊が建設された。こちらは商店が軒を連ねる、大型商店街の最初の試みであった。

その何年かあと、監察官（ケンソール）のカトーがフォールムに最初の《バシリカ》を建てている。《バシリカ》という呼称は、のちにキリスト教の教会堂をさすのに用いられるようになるが、もとは《王の柱廊》という意味のギリシャ語「ストア・バシリケー」の略称であった。

それは、中央の一列と左右何列かの列柱で大きな屋根を支えるようにし、一つの広間から成る建物である。出入りが自由だったので、日射しが強すぎたり、雨が激しく降っているときなど、フォールムに用事で来ている人たちは、ここで日射しや雨を避けることができた。

ローマでは《バシリカ》は、裁判が行われた建物として知られているが、実際には、裁判は長い間、露天で行われた。バシリカが使われたのは、特別の人々の便宜のためであった。そのことは、先の「王の柱廊」という呼称にも表れており、シリアやアシア、マケドニアなどの諸都市で、訴訟人たちを収容するために、多くの場合、王が気前よさを示して造らせたのが、こうした屋根付きの柱廊であった。

しかし、ローマ人は、ヘレニズム世界の「臣下たち」と違って、そのような「君主」の恩恵に浴したいとは思わなかった。ローマ最初の《バシリカ》は、建設者のポルキウス・カトーの名前にちなんで「バシリカ・ポルキア」と呼ばれたが、今日では遺っていない。

しかし、それとほぼ同時期に建てられたもう一つの「バシリカ・アエミリア」は、いまもフォールムの北の端に残骸が見られる。発掘調査の結果、これは、前一七九年の監察官であったフルウィウス・ノビリオルとアエミリウス・レピドゥスが《新商店街》に替わるものとして、幾つかの個人の家を買い取って建てたものであったことが分かっている。

その十年後には、監察官、センプロニウス・グラックスによって、《旧商店街》の跡地に、《バシリカ・センプロニア》が建てられた。これもまた、幾つかの個人の家（そのなかにはスキピオ・アフリカヌスの家も含まれていた）を侵食し、すでに「カストル神殿」によって食い込まれていた《ウィクス・トゥスクス》〔訳注・エトルリア街〕の線上にはみ出して造られた。

これ以後、《フォールム》の基本線は固定され、半ば農地であった昔の広場が、本物のヘレニズム的アゴラとなっていく。スラの時代には、ラティウムにおけるヘレニズム建築の傑作である《タブラリウム》〔記録保管所〕が建てられるが、その四辺形の土地は、前一七九年と同一六九年の監察官によって、カピトリウムの丘の斜面を切り崩して整地されたものであった。

しかしながら、古いフォールムの痕跡も幾つか遺っていく。以上に述べたような《バシリカ》の周辺には商店街の伝統を引き継ぐ店舗があっただけでなく、フォールムの中央部分も、相変わらずアルカイックな記念建造物によって埋め尽くされていた。こうしたフォールムの古い神聖ながらくたが私たちに想起させるのは、ミレトスとか、その近くのプリエネとかいった小アジアの少々合理的すぎて冷たい感じの《アゴラ》よりもアテナイの《アクロポリス》である。

都市ローマの宗教的過去は生き残っている。たとえばイチジクとオリーヴ、葡萄の三本の木が立っている囲い地の傍らに聳えているシレヌス〔訳注・バッカスの養父でサテュルヌスたちの指導者。ローマでは普通、マルシャスと呼ばれている〕の像のような記念建造物には、さまざまな風変わりな祭儀が結びついていた。

マルシャスは、足にサンダルを履き、頭にはフリュギア風の縁なし帽（ボンネット）をかぶった姿で表された。このボンネットが《自由》の象徴であったことから、新しく解放された奴隷たちは、この像のもとにやってきて、触ったり花の冠を捧げる風習が生まれた。イタリア市民権（ローマ市民権のかなり自由になったもの）を獲得した都市が、自分たちのフォールムに「マルシャス像」を建てたのも同じ理由からである。

アルカイック期の神々の多くは、フォールムに聖所があるものの、古典時代にはすでにローマ人たちにもその性質も働きも分からなくなっていた。そのなかで最も有名なのがヤヌス神であろう。この名前は神の名であるとともに、その神殿またはアルギレートゥム通りを広場のところで跨いでいる迫り持ち造りのアーケードに付けられた名称である。〔訳注・アルギレートゥム通りは、庶民の街スブラとフォールム・ロマーヌムを結ぶ古い道。「janus」には《アーケード》の意味がある。〕

この神の像自体は、アーケードの傍らの屋根のない礼拝堂のなかに安置されていた。この神は、ローマの万神のなかでも一風変わっていて、二つの顔を持つ姿で表された。慣習では、ローマ市が戦争をしているときは礼拝堂の扉が開かれ、平和になると閉じられた。帝政末期、蛮族たちによってローマが脅かされたときも、ローマ市民たちは、この神の救いを期待して扉を開くよう求めている。伝承によると、サビニ人の娘たちを誘拐したために起きた戦争のとき、この神は、襲ってくるサビニ人たちの前に沸騰する温泉を湧き出させて、その前進を遮ったという。

このようにフォールムの神聖な土のなかには、英雄たちの思い出と神々の臨御をめぐる数え切れないほどの伝説が根を下ろしていた。

ローマ市民によってフォールムに据えられた最後の神が、ほかならぬ独裁官、カエサルである。三月十五日の暗殺のあと、その遺骸は市民たちにより、広場の東の端、《レギア》のすぐそばで火葬に付された。この場所は偶然に選ばれたのではなかった。カエサルは軍神マルスの末裔とされ、ここで火葬に付されたのは、《レギア》に祀られている父祖たちのもとへ戻るという意味があったのである。遺骸が焼かれた場所には、一本の大理石の円柱が建てられ、祭壇が築かれた。通常でも、亡くなった人は、死というものの持つ力によって、一種の神的なものを獲得すると考えられていた。まして、何年間にもわたって敗北ということを知らず勝ち続けた無敵の英雄であり、生前からローマ市民が敬慕した英雄ユリウス・カエサルに神性が付与されたのは、当然のことであった。

このオクタウィアヌスが養父の政治的遺産を引き継ぐ決意をしたとき、最初に行ったことの一つが、この《殉難者》を神として祀るとの公式宣言であった。ついで彼は、遺骸が焼かれた場所の前に新しい神《ディウス・ユリウス》の神殿を建てさせた。この神殿は、ローマ人の慣習にしたがって高く築いた壇の上に建設され、台座前面の中央部は、半円形に引っ込んでいて、そこに祭壇が設けられた。

神殿前方の広場は、カピトリウムの丘の麓に接しており、広場の南側には、《バシリカ・センプロニア》に代わり新しいバシリカが建てられた。このバシリカは、アウグストゥスによって完成されたが、カエサルが生前から計画していたものであったことから、《バシリカ・ユリア》と名づけられた。その規模は、《皇帝広場》が建設されるまではローマ最大で、ドミティアヌス帝の時代には、民事訴訟を裁く《百人法廷》の審議に使用されている。

フォールムの様相は、帝政時代全期を通して、それほど大きくは変わらない。アウグストゥスが凱旋門を建てたが、これは、カエサル神殿とウェスタ神殿の間の広場の入り口で、昔の「聖なる道」の出口のところである。ティベリウスも、同じ「聖なる道」の西の端、《バシリカ・ユリア》の前に、もう一つ凱旋門を建てる。その約二百年後、セプティミウス・セウェルスがアウグストゥスの《船嘴演壇》の北に第三の凱旋門を建造する。この三つのうち前の二つは消滅してしまったが、セプティミウスのそれは今も《コミティウム》を見下ろしており、そのシルエットは《フォロ・ロマーノ》を訪れる人々にとって馴染みとなっている。

それ以後の皇帝たちによっても、列柱や胸壁など、それぞれの治世を特徴づけた出来事を記念する幾つかのモニュメントが追加されたが、本質的には《フォールム》は、共和制時代最後の建築家たちによって企画されたままの姿を留めているといってよい。

3　皇帝たちの広場

《フォールム・ロマーヌム》の七ユゲラという広さは、ポエニ戦争の当時には平民たちを集めるのに充分であったが、帝政時代になると、全領土から《プリンケプス》の裁きを求めてローマへやってくる人々を収容するだけでも、すっかり手狭になった。すでにカエサルの時代から、公的活動の枠組の拡大を考えなければならなくなっていて、この独裁官も、さまざまな大型プロジェクトを企画していた。

その一つは、カエサルがガリアに遠征していたときから着手されたもので、《元老院》すなわち「クリア」の北に新しい《フォールム》（広場）を建設することであった。この《フォールム》は、古いそれとはタイプが全く異なり、その構想は、都市ローマの建築の歴史を大きく変えるものであった。

このプランは、奥の一辺を高くしてウェヌス神殿を配し、残りの三辺は柱廊を巡らせた大きな長方形から成っていた。そうした発想の基盤になったのは、神殿の前庭として設けられたイタリア諸都市の公共広場であった可能性がある。しかしまた、カエサル自身、青年時代にオリエントでヘレニズム式の《アゴラ》を見ており、それにヒントを得たとも考えられる。あるいはまた、「これが民衆のための《アゴラ》だ！」といえるものを造り、自分が再建に一役買った《クリア》をその付属物でしかないようにすることに、彼の深い意図があったと推測することもできる。

また、彼は、ファルサロス戦争の戦場で、ウェヌス神に「もし、この戦いで勝利をもたらしてくれるなら、女神のために神殿を建設する」と約束したが、そのときから、《新しいフォールム》を造ろうとの構想を抱いていた、ともいわれている。いずれにせよ、《新しいフォールム》の構想は、一つの独創的な綜合として現れたのであって、これ以後の「皇帝のフォールム」はすべて、それぞれの皇帝が崇拝する神の社の前に設けられていくこととなる。

そして、この《カエサルのフォールム》が造られて以後は、ローマの公的活動は、もはやカピトリウムのユピテル神の監視のもとではなく、ウェヌス神の庇護のもとに展開される。ウェヌス女神こそ、アエネースの母であり、ユリウス氏族の守護神であった。というのは、ユリウス氏の神話上の創始者であるアエネースは、この女神から生まれたとされるからである。

この《カエサルのフォールム》のプランそのものが、都市ローマの新しい君主のうちに認められた神性を明確化しており、そこには、王朝樹立の野心が芽生えていたことが窺われる。アウグストゥスも、養父の手本に倣って、自身のフォールム（アウグストゥスのフォールム）を建設したが、それは、公的活動がそれだけ大きな空間を必要としたためというより、個人的モニュメントを造って、栄光を誇示しようとしたのであった。

カエサルだけでなく、過去においてはポンペイウスやスラも、ウェヌス神を守護神として招請し、その恩寵を期待した。オクタウィアヌスも、統治の初め、養父の仇を討つことを標榜してフィリッピの戦いに臨んだとき、《マルス・ウルトル》（復讐神としてのマルス）に祈り、神殿を建てることを約束した。そのとおりに、彼は神殿を建造するとともに、その前面にフォールムを造ったのである。

この《フォールム》は《カエサルのフォールム》の北側に九〇度の角度で延びる形になり、このため、アルギレートゥム通りとスブラ街にかなり食い込むことになった。オクタウィアヌスは可能なかぎり土地を買収した。しかし、当初のプランを完全に実現するのには足りなかった。今日、このフォールムは、中世と近世に造られた建造物によってほとんど埋め尽くされているが、それでも、往時の威容を偲ぶことができる。

アウグストゥスは、自身のフォールムのまわりの壁龕に、アエネースから始まって、その子孫のアルバ・ロンガ〔訳注・ラティウムの自治市で、アエネースの息子のアスカニウスが創設したとされる〕の王たち、さらには、共和制時代の凱旋将軍といった偉大な人物の像を配置した。これを《カエサルのフォールム》と較べてみると、アウグストゥスの政治革命を理解するうえで、きわめて示唆的である。

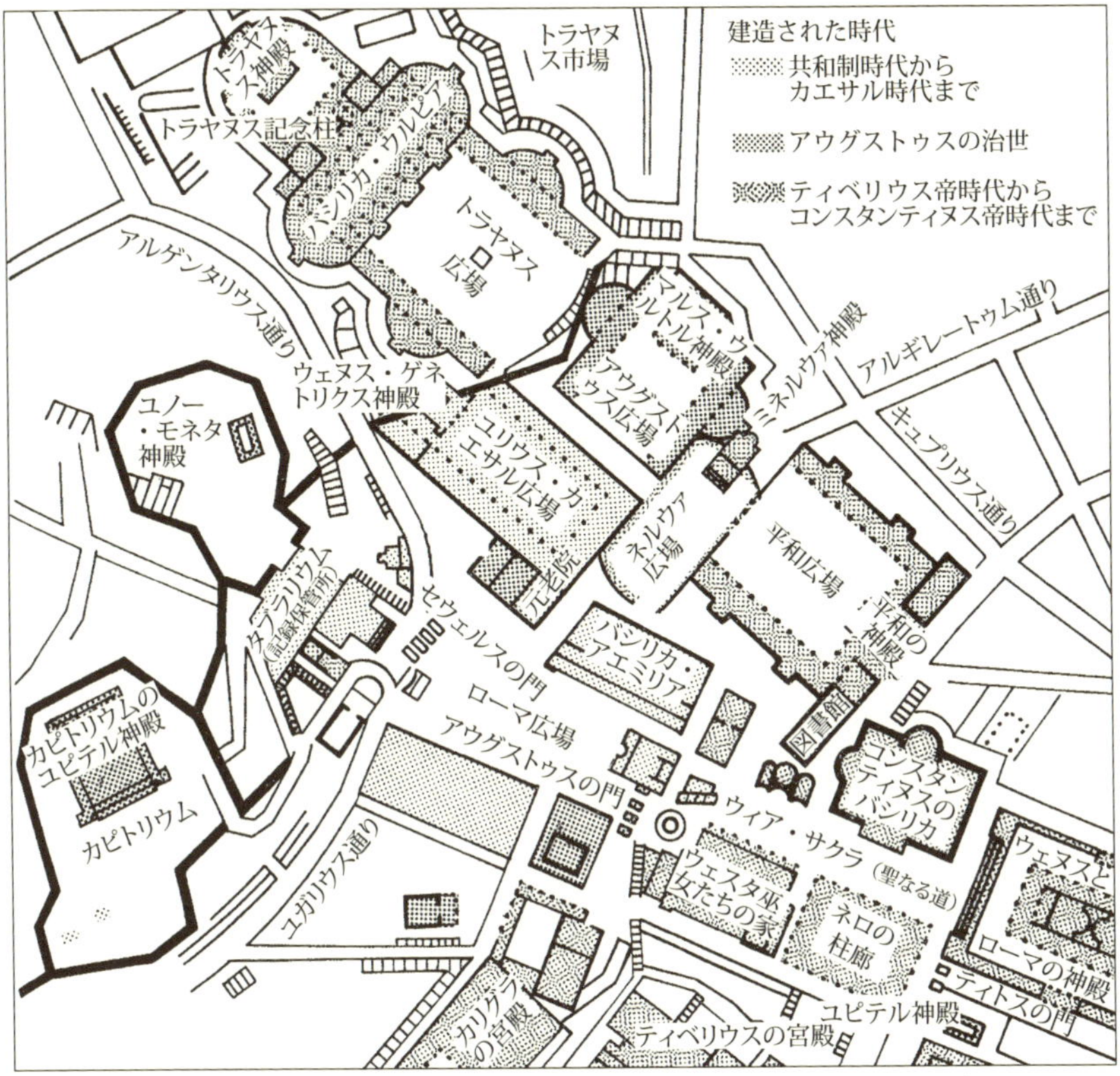

皇帝たちのフォールム　フォールムには歴代皇帝たちによって壮大な建物が次々と建てられた。

前者の場合、君臨しているのは独裁官の守護神だけであるのに対し、後者にあっては、ロムルス・レムスの双子の兄弟の父でありこの《牝狼の息子》の師である軍神マルスが、ローマを偉大ならしめたその後の《最高指揮官》たちを従えて列なっている。そのなかには、かつてカエサルと戦った人々や、傑出した氏族の先祖たちも、威厳を湛えた姿で並んでおり、これは、マルス神が見守るなかでの国民的和解の達成、いわゆる《コンコルディア》が回復されたことを表している。

カエサルのフォールムも、アウグストゥスのそれも、古いアルギレートゥム通りを尊重し、その西側に領域を限定していた。この原則を根底から破ったのが、フラウィウス朝の皇帝たちの建造プランである。ウェスパシアヌス〔在位69-79〕は、ユダヤ人に対する勝利のあと、《平和の女神》に神殿を建てることと、ユリウス・クラウディウス朝の皇帝たちが造ったフォールムに匹敵するフォールムを自分の王朝の名誉のために造ることを決意した。そのために共和制時代からの古い市場〔マケルム〕を選び、これを造り替えて、柱廊を巡らした広大な広場にしたのだった。

《平和の神殿》自体は、「エクセドラ」〔訳注・背面が半円形になっている談話室〕のように、前面は列柱によって開放されている。広場全体は一つの「テンプルム〔聖所〕」の形をしており、その中央部分は庭園になっている。従属する幾つかの広間のなかには図書館も一つ含まれていた。その全体が大きな柱廊で囲まれていたから、《バシリカ・アエミリア》や《フォールム》に隣接した小路を往来する評判の芳しくない群衆も、ここまでは入ってこず、瞑想に適した静かな一画になっていた。

ドミティアヌス帝〔在位81-96〕は、父親の仕事を引き継いで、ユリウス・クラウディウス朝の皇帝たちの広場と《平和の神殿》とを結ぶ新しいフォールムを造った。このフォールムが完成するのはネルウァ帝〔在位96-98〕の時代で、このため《ネルウァの広場》と名づけられているが、その位置的特徴から

《通り抜け広場》とも呼ばれた。

それは、《フォールム・ロマーヌム》の出口とスブラ街の間を結ぶアルギレートゥムの通りを広げた形になっており、広場の端（アウグストゥス広場のマルス神殿とほぼ並ぶ位置）には、カエサル以来の伝統にしたがって守護神ミネルウァ女神の神殿が建てられている。

ドミティアヌス帝の建築師たちは、このフォールムを造るのに、厄介な問題を解決しなければならなかった。それは、《フォールム・ロマーヌム》に面している《バシリカ・アエミリア》と、《クリア》に並行して設けられた《皇帝広場》とは少し角度のずれがあり、その間に割り込むのであるから、このずれに合わせなければならなかったからである。そのために彼らは、この広場の短いほうの辺を湾曲させ、曲線と直線とを巧みに結びつける方法を採用した。

このローマ中心部の全体的様相はトラヤヌス帝（在位97-117　うち97-98はネルウァと共治）の治世にほぼ完成する。《通り抜け広場》が完成したことで、世界に例のない柱廊式広場の連鎖に最後の環が塡め込まれたわけで、ここから先は、ローマ七丘の斜面となり、これ以上、フォールムを広げることは不可能と見えた。それにもかかわらず、アントニヌス朝〔訳注・アントニヌス・ピウス以下、コンモドゥスまで〕の皇帝たちは、壮麗さにおいても広がりにおいても、それ以前の皇帝たちを超えるべく、新しい統合体を創り出すことに成功している。

《トラヤヌスの広場》は、基本軸は《カエサル広場》のそれと並行しているが、これを設計したシリア人建築家、ダマスクスのアポロドロスは、それまでバラバラに建てられていた幾つもの広場を一つの大きな構想のなかに統合することをめざし、成功をおさめる。

前二世紀以来、《市場》はフォールムとは別のところにあったが、アポロドロスは、商業の中心と司法や知的活動の中枢とを隣接させようと考えた。幸い、ダキア人を打ち破って得られた戦利品が、トラヤヌスに、この事業を実現する財源を提供した。まず、充分な空間を確保するために、アウグストゥス広場の西側、フォールムとクィリナリスの丘の麓の間の全ての土地が買収された。

つぎに、技術者たちは、並々ならぬ大胆さをもって、この土地を平らにする仕事に取りかかった。クィリナリスの丘のそれまでは緩やかであった斜面を切り崩して切り立った崖にし、その土で低い部分を嵩上げした。《バシリカ》と皇帝たちの墓との間に立てられた円柱に刻まれた文章には、この作業で、最大三八メートル嵩上げされたことが記されている。

この《広場》が縦二一〇メートル、幅一六〇メートルの長方形であることを思い起こすならば、アポロドロスがいかに壮大な構想をもって、この事業を計画したかが分かるであろう。この《トラヤヌスのフォールム》は、その四半世紀後に建造される《コロセウム》と並んで、ローマ人の天才が生み出した最も巨大な作品の一つに挙げても、けっして的外れではない。

トラヤヌスの計画では、この《フォールム》は、それ以外のフォールムと異なり、神殿を中心とした聖なる空間ではなかった。トラヤヌスの死後、ハドリアヌス（117-138）がトラヤヌスを神格化して、図書館の西側に《聖所》を造ったことから前任者たちのそれと同じになったが、これは、トラヤヌス自身は関知しないことであった。

《トラヤヌスの神殿》が出来る以前にこの《フォールム》にあった唯一の神聖なものは「自由の女神」で、その礼拝堂は《バシリカ》の東北の後陣のなかにあった。このことは、彼がその統治のうえで掲げたスローガンに特徴的に表れている。それは、アウグストゥス時代の「自由主義」の復活であり、元老院議員たちを少なくとも理論上は、帝国の経営に復帰させようとしたものであった。

《トラヤヌスのフォールム》は、そのほかさまざまな用途をもった多くの部分を含んでいた。まず、中央にトラヤヌスの騎馬像が建っている大きな広場があった。ここへは、《アウグストゥスのフォールム》に面したアーチをくぐって入った。この長方形の広場は、床が白大理石のブロックで敷き詰められ、長いほうの辺は柱廊になっていて、その多色大理石の柱の列で支えられた上の階には、ダキア人捕虜の像や押収された楯などが飾られていた。

柱廊の背後は、半円形に外側へ迫り出す形になっていて、そこには、哲学者や雄弁家が弟子たちを従えてやってきたり、自分の著作を世に出したがっている著述家たちが集まってきた。《トラヤヌス広場》のこの「学校 scholae」は、帝政時代全期を通して、ローマの知的活動の活気あふれるセンターとなった。

この広場の北西側は《バシリカ・ウルピア》によって塞がれていた。「ウルピア」とはトラヤヌス帝の氏族名である。これは《マクセンティウス帝のバシリカ》が出来たあともローマで最大のバシリカであった。四列の列柱によって五つの身廊に分かれており、その長さは約一五〇メートルに達した。ちなみに《バシリカ・ユリア》の場合は、これより三〇メートル短い。しかも、《バシリカ・ウルピア》は、中央部分に後陣が突き出していて、その分、長くなり、木造の屋根で覆われたこの建物の全体をさらに大きくしていた。

内部の装飾も豪華であった。さまざまな色の大理石が使われており、内壁は明るさを増すためにルナの白大理石で覆われ、列柱上部のフリーズにはペンテリコンの大理石、そして円柱には灰色の花崗岩、アフリカ産の黄色の大理石、また、石目の浮き出たものなど、あらゆる種類の大理石が使用されていた。《バシリカ・ウルピア》の、《広場》とは反対の側は群衆の騒音は遮られていて、台地に面して二つの図書館が造られていた。この台地には高さ三八メートルの巨大な円柱が聳えていて、その頂にはトラヤヌス帝の像が立っており、柱の大理石の表面は、ダキア戦争の発端から終焉にいたる模様を浮彫で描いた絵巻で糸巻き貝のように飾られていた。〔訳注・この円柱は今も健在であるが、頂上の像は、一五八八年、法王シクストゥス五世の時代から聖ペテロの像に替えられた。〕

すでに述べたように、図書館は《トラヤヌスのフォールム》のそれが初めてではなく、《平和神殿》にもあった。さらにいえば、公共の図書館で最も時期的に早いのは、ウェルギリウスとも親交のあった執政官、アシニウス・ポリオが《アトリウム・リベルタティス》の別館として造ったそれである。しかも、同じころ、アウグストゥス自身、パラティヌスの丘のアポロ神殿の付属建物のなかに、ラテン語の著作ばかりを集めたのと、ギリシャ語の著作を集めたのと二つの図書館を設けている。

しかし、ポリオやアウグストゥス、さらにはウェスパシアヌスそのほかの図書館がいずれも完全に消滅してしまったのに対し、トラヤヌスの図書館は、部分的ながら遺っていて、その模様を検分することができる。これは、ヘレニズム世界の図書館と同じように、長方形のホールになっており、壁には壁龕が穿たれ、何段かの棚板が設けられて、容器に納めたパピルスや布の巻物の書物が収蔵されていた。

まず入り口を入ってすぐの所に神（おそらくミネルウァ）の像を安置した大きな壁龕があった。他のあらゆる人間の活動と同じく、知的活動も神々の見守るなかで繰り広げられなければならなかったからである。四周の壁には、かなり突き出した形で腰板が設けられており、踏み段で登って壁龕から蔵書を取り出すようになっていた。

こうして、トラヤヌス広場とその付属の建物は、壮麗な建造物が連なる《皇帝広場》の北西の境界になっていたが、その頂点を画している勝利記念の円柱は、のちにマルクス・アウレリウスにとって手本となっただけでなく、十九世紀フランスの建築家たちにとっても、着想の源泉となる。

しかし、トラヤヌスは、これで満足していなかった。クィリナリスの丘を切り崩した大規模な整地作業を利用して、《フォールム》の東北に半円形に大きく湾曲した長い建物を造り、これを新しい商店街にした。これは、その後に造られた建物のために埋もれてきたが、今日では完全に元の姿を現している。

この市場は、クィリナリスの丘に二段のテラス状に建てられていた。一階は《フォールム》と同じ平面に造られ、前面は半円形のアーケードの列になっていて、そのアーチの一つ一つに店舗が入っていた。この一階の店舗の列の上に列なった窓から光を採り入れた廊下が走っていて一階のそれと同じような他の店舗をつないでおり、二つのテラスの間は階段でつながっていた。

上のテラスは、一階の建物より少し後ろに引っ込んでいて、ずっと複雑な構造になっていた。店舗相互をつなぐ通路は中世の間もずっと存続し、「ビベラティカ通り via Biberatica」と呼ばれた。これは、おそらく《胡椒》という意味の「ピペラティカ Piperatica」が訛ったものであろうと考えられている。そこには、さまざまな商品を扱う商店があり、それぞれが廊下や《光の井戸》になっている中庭に面していた。

この市場は、トラヤヌス時代の商業活動の活発さを表しているが、それに劣らず、この時期の経済の非常に重要な側面を特徴的に表している。その建造は、ローマ市にふさわしい大規模商店街を作りたいということよりむしろ、それまで分散していた食糧の備蓄・配給のサーヴィスを、一つの同じ建物に集め、市民への食糧供給を国家の統制のもとに置こうとの欲求から、皇帝を動かして行われた。事実、これらの店舗と並んで、明らかに監視のための事務所とホールがあって、そこからは、行き来するすべての市民が見えた。

他方、《トラヤヌスのフォールム》では、帝室財務官たちが職務を遂行していたことも分かっている。これらの役人たちの仕事は、商業活動に関わる税を徴集すること、また輸入業者と国家による売り立ての準備をすることであった。したがって、《トラヤヌスの市場》は、市民に売却されるべき食糧品か、それとも無料で配給されるべき物かを仕訳する倉庫として使われていた可能性がある。

実際に、建造物の巨大さ自体に、私たちは、国家機関があらゆる輸入物資をコントロールするなど、大きな役割を果たしていたことの証拠を見ることができる。そこには晩期帝国の傷口の一つとなり、ローマ世界を半身不随にする経済国営化の最初の徴候が、すでに見られる。

しかしながら、《トラヤヌスの市場》は、食糧の備蓄と公的供給サーヴィスのためにのみ使われていたとは考えられない。《胡椒通り》の店舗で売られていた胡椒や香辛料のような「植民地産の品々」が国家の役人による分配の埒外にあったことは明らかである。そのほか、活魚用の水槽を備えていた痕跡のある店舗もあり、間違いなく独立した商人が、場所的有利さから、ここで営業していたものと考えられる。

四世紀の初め、最後のバシリカが建設された。これはマクセンティウス（在位306-312）が計画したものだが、コンスタンティヌス帝によって完成を見たので、後者の名によって「コンスタンティヌスのバシリカ」と呼ばれている。マクセンティウスは、トラヤヌス広場と平和神殿の間の《皇帝広場》のなかには、更に追加して建てる土地がなかったので、平和神殿の後ろで《聖なる道》に面したところに辛うじて空き地を見つけ、建設を計画したのだった。

この建物は、六世紀以後、本来の役目は人々から忘れ去られ、しかも、その一世紀後には、サン・ピエトロ寺院に使用するため法王ホノリウスによって、ブロンズの瓦を剥がされてしまう。このことからも、ローマの建築史において注目に値する位置を占めているとは、とうてい思えない。このモニュメントに言及したのは、のちにミケランジェロにヒントを与えることとなる興味深い建築上の試みを表していたからである。

すなわち、マクセンティウスは、伝統的なバシリカを真似るのではなく、大浴場のホールを手本として、天井は傾斜を成す木造の格間ではなく、厚みをもった側壁とアーチの迫り上げの柱の上に載せた乱積みの丸天井にした。のちに法王庁が古いヴァティカンのバシリカに代えて世界最大となる教会堂を建てようとしたとき、ミケランジェロはこの《コンスタンティヌスのバシリカ》の上にパンテオンの丸天井を置こうと考えついた。サン・ピエトロ大寺院の最初の構想は、こうして生まれたのであった。

4　都市ローマの変貌

これまで私たちは、都市ローマの記念碑であり市民生活を飾っていた中心部の発展の軌跡を、原初当時の素朴な建物から壮麗な建築群がひしめき合う《皇帝広場》が姿を現すまで辿ってきた。しかし、当然ながら、ローマは、それ以外の部分でも、約千年間にわたる歴史の間に見違えるような進展を遂げた。ポエニ戦争のあと、《マルスの野》を貫いて柱廊で縁取られた街路が造られたこと、アウェンティヌス地域に倉庫の建ち並ぶ港が建設されたことによって、大きな変貌が生じたことは述べた。これには、さらに、ヘレニズム世界の諸都市によく似た、柱廊で囲まれたたくさんの広場と、あらゆる種類の神殿とそれを取り巻く聖域を付け加えなければならない。

古い文献にも、これらすべてが記述されているわけではないし、近代になって種々の建造物が発掘されるにつれて考古学者たちに投げかけられた様々な謎も必ずしも解決されていないのが実情である。そうした例の一つが「ラルゴ・アルゲンティーナ神殿」の場合で、これは都市整備の工事中に偶然発見されたのだが、それがいかなる神に捧げられたもので、いつ、どのように建設されたのかといったことが確定されたのは、長い調査研究の末、ごく最近のことである。

しかしながら、そうした数々の発見によって、タイルを敷き詰めた広場や、まだ全面的には大理石の衣をまとっておらず、共和制時代に特徴的な、くすんだ紫色の凝灰岩を積み上げた無数の神殿があった古代ローマのほんとうの姿が再現されるようになったのである。

そうした広場と広場を結んでいた道は、しばしば非常に狭く、迷路のように曲がりくねり、路面を舗装している石は不規則で、ときに、公共の建造物によって行く手を遮られることがある。ローマは、《皇帝広場》のような例を別にすると、ミレトスやアソスなどのアシアの都市に今も見ることのできるような規則正しい都市計画というものを、ついに知らなかった。

せいぜいのところ、何本かの大道が《フォールム・ロマーヌム》から出発して放射状に走り、セルウィウス王の城壁の市門のほうへ向かっている程度であった。たとえばクィリナリスの丘の尾根を辿る《アルタ・セミータ》〔訳注・「アルタ」は「高い」、「セミータ」は「道」の意〕やウィミナリスの丘とエスクィリヌスの丘の間の谷間を通っていく《ウィクス・パトリキウス》〔訳注・「ウィクス」は「街路」、「パトリキウス」は「貴族」の意〕がそれで、そのほかにも帝国内を結ぶ大道につながる道が何本かあった。

《マルスの野》はセルウィウスの城壁の外側であったが、基本道路になっていたのが《ウィア・ラータ》〔訳注・「ラータ」は「広い」という意味〕で、ほとんど直線に走るこの道は、北イタリアへ向かう幹線道路《フラミニア街道》の市内部分になっていた。

しかし、こうした主要道路と主要道路の間には、細い道路が全く無秩序に入り組んでいて、なんとか秩序あるものにしようとする建設者たちの努力も、ごく部分的な成果しか生み出さなかった。ローマはあまりにも急激に拡大した。しかも、宗教的伝統のために、昔からの聖所をどこかへ移すわけにいかないばかりか、その規模さえもあまり大きく変えることができなかった。このことは、たとえばカエサルがローマの市域を拡大して人口増加に対応した規模にしようと計画したときにも看取される。カエサルは、もともと軍隊と《コミティア・ケントゥリア》（兵員会）の集合場所であるとともに若者の鍛錬の場であった《マルスの野》が、人口増加で民家に侵食され、使えなくなっているのを見て、ミルウィウス橋のところで湾曲しているティベリス川の流れを変えて、ウァティカヌスの丘沿いに流し、それによって出来る平野を《新しいマルスの野》にしようと考えついた。

そうすれば、古い《マルスの野》も、合理的プランに基づいて整理することができるし、ローマを、世界最大で最も調和のとれた都市にすることができるはずであった。実際に、そのための作業が開始され、新しい河床を掘る作業が始められたのだったが、ほどなくして不吉な事態が生じ、神聖な書を開いて調べてみると、神々はこの事業に反対していることが判明した。現実に、独裁官自身が、この間に暗殺されてしまった。あとを継いだオクタウィアヌスにとっても、この壮大な計画は、放棄する以外に選択の道がなかった。こうして、ティベリス川は、神々が定めたとおりに流れつづけることとなったのである。

くだってネロの治世の西暦六四年の火災のあと、都市ローマを造り替える新しいチャンスが訪れた。ネロは、思慮に富んだ行政担当者として、しかも近代的理念に対して開かれた精神の持ち主として、このチャンスを利用しようと試みた。彼は、建物の残骸を取り除かせて広い通りを造り、一種の防火線を設けることによって、将来に同様の破滅的災禍が起きる危険性を封じようとした。

ところが、世論がこれに反対した。道路の幅が広すぎると、太陽の光が入りすぎて、過度の熱のために災害が起きるというのである。皇帝は、この世論の反対に妥協せざるをえず、個人の家の高さに制限を設けることと燃えやすい素材の使用を禁じることには成功したものの、ローマ市を根底的に造り替えることはできなかった。

しかしながら、幾つかの特別な区域は、帝政のもとで、個人住宅の無分別な増殖を免れた。皇帝たちは、町の中心部に自分の栄誉を記念する広場を造り、西暦一世紀じゅうには、パラティヌスの丘全体を、皇帝とその一族の居住区にするにいたる。

この丘を選んだのはアウグストゥスで、そこには、感情的動機と同時に、政治的理由があった。彼自身、パラティヌスの丘の《アド・カピタ・ブブラ》〔訳注・「牛頭通り」といった意味〕という街で生まれた。この風変わりな名前は、おそらく、そうした看板か、または建物の飾りがあったことに由来するのであろう。そして、この神聖な丘で彼が生まれた偶然の成り行きについても、いろいろと取り沙汰された。彼は、かつて雄弁家のホルテンシウスのものであった質素な家に満足して住んだだけでなく、自らの守護神であるアポロにこのパラティヌスの丘を捧げることを決意した。

この計画の発端は、彼がセクストゥス・ポンペイウスと戦った前三六年に遡る。ポンペイウスは、アントニウスがオリエントでバッカス神に扮してクレオパトラと戯れている間に制海権を握り、海神ネプトゥヌスの恩寵を恣にしてローマを飢饉で苦しめていた。ネプトゥヌスはギリシャ神話ではポセイドンで、トロイ戦争においてはアカイア人たち（ギリシャ本土軍）を熱心に応援した。その反対にトロイ人の味方をしたのがアポロで、そのトロイの人々の末裔がローマ人である。オクタウィアヌスがポンペイウスを倒し、さらにアントニウスも倒して、ローマを危機から救ったのは、アポロ神の加護のおかげであったわけである。

パラティヌスのアポロ神殿は、ローマの聖域である《ポメリウム》の内側で初めてギリシャの神に捧げられた壮大な建物であった。中央にアポロ神の像が立っている大きな広場を囲む大理石の柱廊には、ダナオス〔訳注・エジプトのベルス王の息子、アイギュプトスの兄弟で、エジプトからギリシャへ渡り、アルゴスの王となった〕の五十人の娘たちと、その婚約者であるアイギュプトスの五十人の息子たちの像が立てられていた。

この神殿前の巨大なアポロ像は、平和の回復を象徴してキタラを奏でている姿で表された。門を飾るレリーフには、戦士としてのアポロ神が描かれ、ここには、タンタロスの娘、ニオベの子供たちの虐殺〔訳注・ニオベが十二人の子を生み、レトがアポロとアルテミスの二人しか生まなかったことをあざけったので、その侮辱への報復としてアポロとアルテミスはニオベの子供たちを虐殺した〕と、ケルト人がデルフォイの聖域を劫掠しようとしたときの彼らに対する勝利が描かれていた。そして、屋根の頂きには、四頭立ての戦車を駆る雄姿を表した像が載っていた。

この全体に秘められた秘儀的意図は、完全には分かっていないが、これらのものがあったことは確かで、アウグストゥスのアポロ崇拝は、ピュタゴラス的であると同時に太陽信仰を含んでおり、これが二、三世紀の皇帝神格化への引き金になった。

いずれにせよ、アポロは皇帝たちの神であり、その光り輝くルナ産大理石の神殿は、あたかもペリクレス時代のアテナイにおいてフェイディアスが刻んだプロマコス〔訳注・アルゴ船遠征隊長、イアソンの弟」の兜と槍が輝きを放ったように、帝政期ローマを照らした。

アウグストゥスは万事について簡素を好み、豪奢な宮殿などは望まず、一市民と変わりない住居に住んだ。しかし、ティベリウス以後の《プリンケプス》には、もっと大きな住まいを提供することが必要になった。そのため、皇帝の家庭に直接関わる仕事が増え、かつ複雑化していった。皇帝はローマの筆頭市民であるといったフィクションは、もはや維持できなくなっていた。

ティベリウスは、パラティヌスの丘のアウグストゥスの旧居から遠くないところに、ずっと現実に適合した宮殿を建てた。この宮殿の跡は今も「ファルネジーナ宮殿」の庭園の地下に埋もれたままで、当時の様子については知る術もない。ただ分かっているのは、それがパラティヌスの丘の北西の頂きを占めていて、《フォールム・ロマーヌム》の上に迫り出す形になっていたことである。

ティベリウスの後継者であるカリグラは、この宮殿を北西のほうへ広げ、入り口を《カストル神殿》にまで移したので、この神域は皇帝の住まいの前庭になってしまった。さらに、カリグラはウェラブルム〔訳注・パラティヌスの丘とカピトリウムの丘の間の谷〕に橋を渡して、カピトリウムの丘のユピテル神殿と宮殿を直に結ぼうと考えた。この常軌を逸した大建築も、今は全て消え失せ、わずかに廃墟を遺しているだけである。

さらにくだって、ドミティアヌスによって行われた大工事は、この一画をあまりにも根底から変えたので、それ以前の状態は、推測をもってしか辿れなくなった。しかし、このころから、パラティヌスの丘のフォールム側の斜面は、この丘の上の面積を広げるための強力な下部構造で占められるようになる。

かつての「クリウス・ウィクトリアエ」、すなわちパラティヌスの丘への登り口は、高く築かれた壁の間に挟まれ、その上を、こんにち私たちが見ているようなアーチが跨ぐようになった。

宮殿の拡張はネロ（54-68）によって継続された。しかし、今度の拡大は、南のほうへ向かって行われた。この宮殿は「ドムス・トランシトリア」〔訳注・「渡り宮殿」の意〕と呼ばれた。これは、エスクィリヌスの丘に所有していた《マエケナス庭園》の広大な別荘とパラティヌスの丘の宮殿を結びつけることを意図したものだったからである。（事実、両者を結ぶ約一キロの通廊が建設された。）

この壮大な計画は、ブルジョワ市民や貴族たちの間で皇帝に対する反発を誘発することに少なからず貢献した。ネロの失墜とそれに続く反動から、ここ何代かの皇帝たちを過度にオリエント的専制君主たらしめた宮殿は解体された。六四年の火災のあと、「ドムス・トランシトリア」に代わって《黄金宮殿》が建てられたが、これはティトゥス（79-81）によって解体され、中心の建物は厚い土で覆われて、その上にティトゥスの大浴場が建設された。皮肉にもこの暴挙のおかげで、《黄金宮殿》はほとんど無傷で地中に保存される一方、ティトゥスの大浴場は今では、ほとんど跡形も遺っていない。

ドミティアヌス（81-96）は、ネロの先例を参考に、いったん破壊された大宮殿を再建することはしなかったし、実際に、そんなことは不可能であった。しかし、少なくとも、自分が創り出そうとしていた神聖不可侵の君主制にふさわしい新しい宮殿をローマに付け加えようと考えた。

そのためには、ネロが用意していたパラティヌスの丘の土地で充分で、ティベリウス（14-37）とカリグラ（37-41）の古い宮殿は壊さないで利用することが可能だった。ドミティアヌスは、大きさでも壮麗さでも、それらを凌ぐ宮殿をその傍らに建てた。

この宮殿の平面図は、かなり複雑である。高さの異なる土壇に幾つもの建物が造られ、それらをたくさんの柱廊が結んでいた。ある視点からすると、この宮殿は、元老院議員たちがイタリアの至るところに建てていた《別荘》に似ているが、それ自体で閉じた幾つもの庭園に大きなスペースが割かれており、建物のファサードを豪華にすることにはあまり力が入れられていない。このようにしたのは、おそらく《安全性》のためということと同時に、礼儀上、謙虚さを示すためということで説明されてきた。

しかし、賓客と会ったり陪臣を従えて裁判を行ったりした《玉座の間》など豪華な部屋部屋を別にすると、彼がローマのこの中心部に建てたかったのは、あくまで一種の気晴らしのための別荘であったことが明らかである。そうした部分は、それ以前の皇帝たちの宮殿より低い位置にあり、《大競技場》の谷のほうへ向いていて、これを囲む庭園は、同じ時代のポンペイの庭園よりはるかに広大で美しく、そこには、さまざまな形の水盤を備えた噴水が配置され、石造りの植木台があり、柱廊が巡らされていた。しかも、プリニウスの別荘と同じように、競馬場まであった。これは、二重の柱廊を巡らしたもので、その形から「ギリシャ式スタディアム」と呼ばれていた。また、散歩用に、植え込みと噴水のある秘密の庭園も造られていた。

こうして、ドミティアヌスによってパラティヌスの丘全体が一つの宮殿になり、もはや、個人用の家を建てるスペースはほとんど残っていなかった。ドミティアヌスの後継者たちはこの丘に住みつづけ、皇帝によっては、記念建造物を一つぐらいは追加したが、経済的理由から全体像を変えることはしない。

宮殿を《フォールム・ロマーヌム》の上に迫り出させてまで拡大しようとしてきたユリウス・クラウディウス朝皇帝たち以来の方針にドミティアヌスが決別したことは注目に値する。これ以後、皇帝たちは南と西へ眼を向ける。オリエントからアッピア街道を通ってローマに到着した人々の眼に真っ先に入るのが彼らの宮殿になる。〔訳注・アッピア街道は、長靴型のイタリア半島の踵部分にあってオリエントからの玄関口になっていたタレントゥムからラティウム街道やオスティア街道と合流し、パラティヌスの丘の南西

を通ってローマの中心部へ入る道である。〕

5　競技場と円形闘技場

ローマというと真っ先に脳裏に浮かぶのが、コロセウムに象徴される見世物的競技が盛んに行われた町というイメージであろう。神殿や宮殿、大きな広場、壮麗な柱廊といったものは忘れられても、円形闘技場と大競技場が忘れられることはない。しかしながら、ローマ人たちが見世物専門の建造物を造る決意をするには、何世紀も待たなければならなかった。

ムルキアの谷は、その地形からして、最も古い形の娯楽であった縦列行進と戦車の競走に適した場所であった。この谷は、パラティヌスの丘とアウェンティヌスの丘の間を緩やかに傾斜しながら延びていた。一本の小川を中心軸(これが、のちに《スピーナ》になる)として、ほんの簡単な工事で、幅一五〇メートル、長さ六〇〇メートルというトラックを造り、斜面には木製の座席を設けて見物客を入れることができたので、祭ともなると、ローマの全市民がここに集った。

その後、少しずつ装飾が付け加えられていった。《カルケレス》〔訳注・出走準備用の小舎〕が造られ、競走に加わる戦車は、目の前の柵が降りると、ここから一斉に走り出した。トラックと見物席を隔てる低い壁が造られ、《スピーナ》は像で飾られ、その端には標石が立てられた。標石の上には卵が七つ置かれていて、競走している戦車に今は何周目かを報せるようになっていた。

カエサル時代のように、ときとしては、戦車競走以外の見世物が行われた。たとえば、ライオンなどの大型の野獣が姿を現し、これを狩るゲームとか、何千という人間と戦闘用の象との模擬戦とかである。

このときは、いつもと模様を変える必要があり、カエサルは競技場のなかに広い溝を掘ってこれを水で満たし、象やライオンなどが見物人のところへ飛び込んでこないようにしている。この溝はネロの時代にも残っていたが、自ら戦車を駆ったほど戦車競技に熱狂したネロは、大競技場の装飾や座席の増設にも力を入れた。

しかし、ネロだけではない。帝政末期にいたるまで、元首たちは、この競技場にさまざまな改良を加えた。すでにアウグストゥスが、アクティウムの戦いの勝利のあと、《スピーナ》にエジプトのヘリオポリスからオベリスクを一本運んできて立てたが、その三五〇年後、コンスタンティヌスが二本目のオベリスクをテーベから運ばせて立てている。前者は、今日、ローマのポポロ広場に、後者はラテラノのサン・ジョバンニ教会の前に立っている。

前三世紀末、もっと正確にいえば前二二一年から、ケンソル（監察官）のフラミニウス・ネポスが《マルスの野》に第二の競技場の建設を始めた。これが《キルクス・フラミニウス》で、この名は隣接する街区に遺っている。

私たちの知る限り、ローマにあったこのタイプの記念建造物は、この二つだけである。ウァティカヌスの競技場は、ネロ時代に多くのキリスト教徒が殉教した所とされているが、これは、カリグラ帝によってその庭園の中に建てられた私的施設にすぎなかった。しかも、これは、最初のサン・ピエトロ寺院建設のために、四世紀に壊されており、本来の意味でのローマ市の記念建造物のなかにランクされたことは一度もない。

剣闘士同士の戦いは、共和制時代にフォールムで催されるようになり、これはカエサルの時代まで続いた。ローマ人たちは、この種の見世物用の専門の建物は、長い間、造りたがらなかったようである。

この見世物は、ローマの国民的伝統にもともとあったものではなく、前二六四年、ユニウス・ブルートゥスの葬儀の際に、カンパニア地方の、とくにサムニウム人の風習にしたがって行われたのが最初で、それ自体も、偉大な人物の墓に人間の生贄を捧げた大昔の風習の名残であった。

剣闘士の戦いが市民の娯楽のプログラムに姿を現すのは、その約一五〇年後で、しかも、例外的に演じられたにすぎなかった。貴族階級も、民衆の娯楽としては推奨しなかったばかりか、なるべく、施設の条件も悪くして、不満足なものにするよう努力したようにさえ見える。

しかし、共和制末期には、様子が変わる。この時代の行政官たちは、民衆に提供する娯楽を、より大規模にするために、たくさんの剣闘士を何組も出場させ、情け無用の戦いを行わせるようになっていた。

一般に、円形闘技場は、ローマ建築の最も特徴的な建造物の一つと考えられているが、実際には、ローマ最初の石造りの円形闘技場がスタティリウス・タウルスによって建てられたのは前二九年のことで、ローマ建築のなかでは、遅れて登場した。その起源は、剣闘士の見世物自体がそうであったように、カンパニア地方にあり、今日遺っている最古の円形闘技場はポンペイのものである。

このポンペイの円形闘技場は、いわゆる闘技場とは似ておらず、スラの時代の前八〇年ごろに、町の中心から離れた城壁の出っ張り部分に造られたもので、このジャンルの建造物の起源を理解するうえで興味深い。建築家たちは、ローマ人が《ムルキアの谷》でそうしたように、土地の自然の起伏を利用しようとしたようである。外周部分に比して低くなっている所を均してグラウンドにし、まわりの斜面に階段席を設けた。階段席は三階になっていて、真ん中の階が町の地面と同じ平面になっていた。

上の階は土止めの壁で支えられていて、そこへは、外側に設けられた階段を登って入るようになっていた。この階段の様子は、ポンペイの人々とヌケリアの人々が、競技場での闘技をそっちのけで喧嘩している場面を描いた有名なポンペイの壁画に今も見ることができる。〔訳注・これは西暦五九年の事件で、タキトゥスも『年代記』一四巻一七章で触れている。〕

この絵に表れているところでは、円形闘技場は、ギリシャ式の半円形の劇場を二つ向かい合わせにつないだものというよりは、長円形のローマ式競技場を短くして円形にしたもののように見える。というのは、グラウンドはギリシャの劇場の円形のオルケストラ席と違って楕円形になっているからである。これは、全体の規模を大きくすることなしに見物人の数を最大限に増やせるやり方であった。

スタティリウス・タウルスの円形闘技場は、西暦六四年の火災で崩壊した。ネロは、直ちにその場に木造で闘技場を造ったが、あくまで、これは仮の建築でしかなかった。この時代には、競技ゲームは皇帝にとって、都市平民の暇つぶしと、彼らの暴力的本能を満足させるために欠かせない政治的手段になっていた。ウェスパシアヌスも、世の中が平和になると、市民の大部分を収容できるだけの円形闘技場を造ろうと決意した。こうして出来たのが《フラウィウスの円形闘技場》で、これがのちに「コロセウム Coliseum」と呼ばれるものである。〔訳注・工事を始めたウェスパシアヌスも完成したティトゥスもフラウィウス朝の皇帝であったことから、こう呼ばれたのである。〕

ローマ世界最大のこの建造物は、ネロの《黄金宮殿》の庭園になっていた場所に建造された。そこは、ネロが水を満たして湖にしていた窪地で、ウェスパシアヌスは、前の王朝によって徴用された土地を市民に返すためと、地形上、大規模な整地工事をしないで済むことから、選んだのだった。グラウンドは窪地を活かし、それに続くカエリウスの丘とウェリアの斜面は階段席の下部構造として活用された。

コロセウムの落成式は西暦八〇年、ティトゥス帝（79-81）の治世に行われた。引き続いて百日間にわたり、猛獣狩りや人間対猛獣の戦い、海戦、戦車競走、剣闘士同士の戦いなど、あらゆる種類のスペクタクルが繰り広げられた。それに加えてティトゥスは、気前よさを見せるため、時々、贈り物を指示する文字を書いた「くじ」を配らせた。当たった人は帝室の事務所へ持参すると、奴隷だの高価な衣類、銀器、そのほか様々な物をもらうことができた。

しかし、この落成式のときは、円形闘技場は完全には出来上がっていなかった。四階部分の見物席が完成するには、さらに十年近い工事を要した。収容能力を増すために、ドミティアヌス（81-96）は、木造でもう一階追加し、ファサードの頂上部分に飾りの防護壁を装備させたからである。

ローマのコロセウム

コロセウムは、外壁の長径一八八メートル、短径が一五六メートル、グラウンドは八〇メートルと五四メートルの、上からみると楕円形になっている。外側の壁の高さは、木造の追加部分を別にしても四八メートル五〇センチに達し、そのファサードは三階までは窓のついたアーケードから成り、四階は窓のないコリント式付け柱で装飾されていた。

三階までのアーケードを構成している柱は、一本一本、その頂部が、一階の場合はドーリス様式、二階のはイオニア様式、三階のはコリント様式になっており、見物席は同心円状の雛壇になっていた。迫り持ち造りの二階から上は、当然、上の階ほど席の列数は少なくなっていた。雛壇の桟敷それぞれには、見物人が動き回れるよう廊下が設けられ、また、各階を結ぶ階段が要所要所に設けられて、その出入り口（ウォミトリア）は大勢の群衆が迅速に出入りできるよう幅が広くとってあった。

グラウンドのまわりには柵が巡らされ、柵と一階見物席（これはグラウンドより約四メートル高く造ってあった）との間には通路があって、見物人へのサーヴィスのために使われると同時に、万一、猛獣が見物人に襲いかかってくるのを防ぐ役目をもっていた。

太陽が強く照りつけるときは、四階の帆柱で支えられた布が広げられ見物席に陰を作った。この帆布は、船員で編成された特別チームが拡げたり畳んだりした。風の具合によっては、この作業は大事故を引き起こしかねなかったからである。

グラウンドは、地下五、六メートルからアーチ状に築かれた支えの壁の上に床を張ったものであった。猛獣たちは、この地下の溝や檻に入れられており、出番がくると、係りが荷揚げリフトや揚げ蓋でグラウンドへ上げて、スペクタクルを繰り広げさせた。グラウンドの床面は、水を張って池にし、戦艦を浮かべて模擬戦を展開できるほど優れた防水性能をもっていた。

コロセウムは帝政末期にいたるまで、見世物のための施設だけでなく、人々の眼からすると、《永遠の都》のシンボルでもあった。八世紀初めになってもなお、ベーダ・ウェネラビリス（尊者ベーダ）は、次のように書いている。

コロセウムが続くかぎりローマもつづく
コロセウムが崩壊するときローマも崩壊する
そしてローマが倒れるとき、世界も倒れる

コロセウムは崩壊を免れ、四分の三以上がいまも建っているが、それは、古代ローマ人の末裔たちが保存に努めたからではない。中世には領主たちによって城塞として使われ、十五世紀にはローマの建築業者たちによって石灰華の採取所にされただけでなく、キリスト教の殉教者たちを苦しめた元凶として、一貫して破壊に脅かされた。表面を覆っていた大理石は剥ぎ取られ、石と石とを繋ぎ止めていた金属の鎹や、石同士を固着させていた鉛は削り取られるなど、まさに「人間白蟻」の執拗な攻撃を被りながら、何世紀もの間、耐えてきたのは、この建造物自体の堅固さによる。

こんにちではまわりが整備されたので、その均斉のとれたファサードは、全体の巨大さにもかかわらず、一望のもとに捉えることができる。しかし、古いローマを愛する人々のなかには、この建物のまわりはごみごみと建て込み、狭い小路は夜にはローマのホームレスたちのねぐらになっていた往時を惜しむ人もいる。いま私たちは、かなり離れたところからも、コロセウムを見ることができるが、かつて視界を遮っていたものと一緒に、ドミティアヌスやトラヤヌスの時代の人々がこの建物について抱くことのできたロマンティックな神秘性も剥ぎ取ってしまったのかもしれない。

ローマには、アウレリアヌス帝の城壁の内側で、ポルタ・マジョーレの近くの堡塁を形成していたもう一つの円形闘技場があり、いまもその姿を見ることができる。これは、《皇帝の円形闘技場》という意味の「アンフィテアトルム・カストレンセ」という名称で呼ばれていた。考古学者たちは、これが建造されたのはトラヤヌス帝の時代であろうと推測しているが、ウァティカヌスにあった《ネロの闘技場》と同様、皇帝の所有地に造られた個人的施設であった可能性がある。

6 劇場

すでに見た《円形闘技場》は狩りや戦いの見世物のための競技場であったが、ローマには、もっと古くから、本来の《劇場》もあった。《円形闘技場》が南イタリアのカンパニア地方から始まったように、最初の《劇場》も、マグナ・グラエキアやシチリアのギリシャ人植民都市あるいはギリシャ化された都市のそれらの模倣であった。

しかし、そこで演じられた劇が、ギリシャの詩人たちが取り上げた主題を踏襲したものであっても、少なからずローマ的特徴を表していたのと同様に、劇場自体も、ギリシャ人のそれとは同じではなかった。

ギリシャの劇場の場合、本質的中心は円形の空間である《オルケストラ》にあり、劇はここでの合唱によって展開した。俳優も、当初はオルケストラの合唱団と未分化であったのが、次第に、背後の舞台(プロスケニオン)で演技するようになっていった。そして、舞台の背景として建物のファサードを象った《スケネー》があり、これが舞台裏の役目をしているが、その左右の長さは、オルケストラ席の直径と等しかった。

ローマの建築家たちは、これに変更を加えた。ローマの劇には合唱を含んでいなかったので、彼らは《オルケストラ席》を半円形に小さくし、そのぶん、前方に何列か観客席を増やした。そして、舞台(プロスケニオン、ラテン語では「プルピトゥム」)を低くし、オルケストラ席に近づけた。

舞台背景のファサードには多くの場合、交互に半円形と長方形の壁龕を設け、そこから噴水が出るようになった。それに加えて、客席と舞台を隔離するために、移動式の幕とか隔壁が設けられた。隔壁は、床に作った溝に収納できるようにしたもので、劇が始まると、これを下げ、終わると、これを上げた。《舞台背景（スケネー）》は、ときには、ギリシャの劇場の場合よりも高くさえなっている。その役目は、ほぼ同じであるが、造りはずっと複雑化する。ときには、三階の高さからなる宮殿のファサードを象り、舞台はその宮殿の前庭になったり、公共広場とみなされたりした。そして、舞台（pulpitum）と舞台裏（skene）をつなぐ通路は、背景のファサードに三つとか五つとかの入り口が設けられていて、役者たちは、劇の筋立てに応じて、ここから舞台に登場したり退場したりした。

ローマ劇の最初の上演は前一四五年で、劇場は木造、祭のたびに建てられ、終わると解体された。観客は立ったままで見物した。ローマ人は、劇場を心地よくしすぎると、ギリシャ都市で見られるように、民衆が過度に演劇好きになり軟弱化する恐れがあると考えたからである。

階段席に坐って観劇できる石造りの劇場が建造されるのは前五五年以降である。これを実現したポンペイウスは、この前例のないことを正当化するのに奇妙な策略を弄しなければならなかった。すなわち、階段席の正面の最上部に《ウェヌス・ウィクトリクス》〔訳注・「勝利の女神、ウェヌス」の意〕の神殿を設け、劇場そのものがこの《聖所》へ至る壮大な階段になっているように工夫したのである。

このポンペイウスの劇場が建てられた場所は、のちに建造される《コロセウム》やスタティリウス・タウルスの円形闘技場から、さほど離れていない《マルスの野》の一画である。〔訳注・ポンペイウスは初め、この劇場をパラティヌスの丘の斜面を利用して建てようと計画したが、保守派の反対で実現できず、その後、《マルスの野》の総合的整備計画に合わせて、この劇場の建設を実現したのであった。〕

カエサルは、自分が倒した敵（ポンペイウス）に借りがあると民衆から見られないために、自分も劇場を造ろうと考えた。彼は、その場所として、当初はカピトリウムの丘の傾斜地を利用しようと考えた。

おそらく、アテナイのアクロポリスの丘の斜面に建てられたディオニュソス劇場が彼の記憶にあったのであろう。しかし、彼ができたのは土地の買収だけで、この仕事を仕上げる時間はなかった。しかも、後継者であるアウグストゥスは、実際に作業を始めると、この土地では充分でないことが分かり、そのため、カエサルが考えていたのとは別の場所を選んだ可能性がある。今日私たちが目にしている劇場は、カルメンターレ門を通って出ていく道やたくさんの建物によって、カピトリウムの丘とは隔てられたところにある。この計画変更には、一つの理由があった。

劇場を《フォールム・ホリトリウム〔青物市広場〕》のアポロ神殿の近くに造ることは、アウグストゥスのかねてからの念願であった。このアポロ神殿は、アントニウス支持からオクタウィアヌス支持に鞍替えしアウグストゥスのために貢献したガイウス・ソシウスが復興したもので、その近くに劇場を造ることは、ソシウスに新しい光を添えることになったからである。

いずれにせよ、この劇場が前一七年の百年紀祭〔訳注・ローマ建国を百年ごとに祝った祭〕のときに完成したのは、アポロ神の加護を祈ってのことであった。アウグストゥスは、おそらく養子にして跡を託そうと考えていたのに前二三年に亡くなった甥のマルケルスの名を、この劇場に付けている。〔訳注・アウグストゥスがこの劇場に自分の名を付けなかったのは、栄誉を独占しない謙虚な市民であることを印象づけるためであり、前記のアポロ神殿を「アポロ・ソシアヌス」と名づけたのも、敵対者であっても帰順してきた人間に対しては寛容であることを知らしめる意図があったとされる。〕

この《マルケルス劇場》のファサードとコロセウムのそれとはよく似ている。同じようにアーケードを何層にも積み重ねた形になっており、同じように、幾つかの建築様式が交互に使用されている。コロセウムが、この劇場を手本にして造られたことは明白である。

しかし《マルケルス劇場》は、十六世紀の初めにバルダサーレ・ペルッツィが、サヴェリ家のために三階部分を宮殿として模様替えしたために、今日では全体の様相がすっかり変わってしまった。コリント様式の柱のアーケードは無くなって、のっぺりしたファサードになり、このため、建物全体が押し潰されたような印象を与えている。この印象は、近年になってさまざまな装飾が取りのけられたことから、いっそう強められている。

アウグストゥスが建てさせたマルケルス劇場の外観

その内部模型

当時の収容人数は約一万四〇〇〇であったことが確認されている。これは、当時のローマ市の大群衆からすると少ない。五万という群衆を収容できるようにしたのが《コロセウム》であった。マルケルス劇場とほぼ同じ時期（前一三年）に、同じ区域に、もう一つ劇場が完成している。それが《バルブス劇場》で、こちらは七〇〇〇人を収容した。ローマの場合、すべての劇場を合わせても、収容能力は《フラウィウスの円形闘技場》すなわちコロセウムの約半分である。この数字は、ローマでは、演劇に対する評価が、円形闘技場での見世物に比して、かなり低かったことを物語っている。

しかし、だからといって、ローマ人は愚かだったなどと言わないようにしよう。いつの時代も、知性に訴えかける内容をもった演し物は、品位などお構いなしに最も深い本能を満足させることだけを狙ったスペクタクルに較べると、ずっと少ない愛好者しか見出さないものなのである。

7　大浴場と水道建設

ローマには、帝政の初め以来、もう一つのカテゴリーの公共建造物があった。これは、中世にいたるまで、とりわけ愛好されたので、今日の私たちには、ローマ文明から切り離せないものとして映るほどである。それが《大浴場》である。しかしながら、円形闘技場と同様、これがローマに導入されたのは共和制末期になってからのことであった。はじめて現れたのは、これまた円形闘技場と同じくカンパニア地方で、ポンペイでは、スラの時代、あるいは多分、その少し前である。

もともとは、ギリシャにおいて、青年や成人男子が体育場で身体を鍛錬したあと、汗と汚れを流した狭くて暗い小屋から発展したものである。ポンペイ最古の浴場である「スタビアの浴場」には、この本来の特徴がよく表れている。建物の前には若者の肉体鍛錬のための、柱廊で囲まれた庭があり、入浴施設は、ここではまだ、付随的なものでしかなかった。供給されたのは水だけで、人々は水槽から汲んで身体にかぶったようである。

しかし、次第に、体育競技者が身体を清めたり疲れを癒すためだけのものではなく、一般市民が、仕事の終わった午後の終わりを過ごすためにやってくる所となり、それに合わせて、平面プランにも少しずつ変化と改良が加えられていく。

本書では、これらの浴場の雰囲気、それがどのような活気を呈していたか、市民の日常生活のなかでどのような役割を担っていたかといったことは述べない。ただ、ローマの建築史における発展の軌跡を粗描するにとどめる。

ポンペイよりほぼ百年遅れてローマでも、競走や格闘技、武術などの鍛錬を済ませた若者たちが汗を洗い流すための公共浴場が造られた。前二三年ごろには、アウグストゥスの側近のアグリッパが《マルスの野》のパンテオンの近くに体育練習場を設けるとともに、そこに浴場を建てさせている。これが、のちに皇帝たちによって建造される大浴場の元祖になったわけであるが、当時は「ラコニウム」すなわち《ラコニア式の風呂》と呼ばれていた。というのは、身体を鍛えたあと入浴するのはラコニア発祥の風習と考えられていたからである。ラコニアとはギリシャのペロポネソス半島の東南部、スパルタを含む一帯の呼び名である。

アグリッパは、ヘレニズム世界の諸都市で文芸庇護者たちがやっていたように、ギムナジウムを運用し維持する費用を提供し、入浴した若者たちに必要なオリーヴ油を、常時あるいは一定期間、気前よく供給した。

それまでは、浴場は私設のもので、入浴には料金を払わなければならなかった。そうした浴場が前三三年の時点で、ローマには百七十あったといわれている。こうした私設の浴場は、その後、無料で使用できる帝室提供の浴場との競合にもかかわらず、ずっと存続している。

アグリッパの「ラコニウム」のあと、ネロによる大浴場が造られる。これは、《マルスの野》に造られたギムナジウムに併設されたものである。ついで、ネロの《黄金宮殿》の敷地にティトゥス帝が大浴場を建て、さらに二世紀初めには、トラヤヌス帝が別の大浴場を建造している。しかし、なんといっても最も規模も大きく有名なのは、アウェンティヌスの丘の南にその廃墟が遺っているカラカラ帝の大浴場と、いまはサンタ・マリア・デ・ランジェロ教会と並んでローマ国立美術館が建っている場所にあったディオクレティアヌスの大浴場であろう。

こうした皇帝の肝いりで造られた大浴場に共通している点は、入浴者に提供されたサーヴィスのあり方である。脱衣室（apodyterium）から、まず最初に冷水浴場（frigidarium）で垢を落として身体をきれいにし、つぎにぬるま湯で身体を馴らしてから温浴室（caldarium）でたっぷりと汗をかく。それぞれの部屋には水盤とか浴槽が備えられ、そこに満たされた水や湯を汲んで自分の身体にかけたり、あるいは、浴槽の中に身体を浸した。

帝室建造の豪奢な大浴場になると、この流れはずっと複雑である。たとえばカラカラ大浴場では、幾つもの脱衣室があり、広大な冷水室に入って身体を洗う。温浴室もたくさんの種類に分かれ、客は好みによって選べるようになっていた。しかも、いわゆる入浴施設は、全体のごく一部でしかなく、散歩道、庭園、テラス、ときには図書館だの商店まであって、平民たちは、ここで《別荘》生活を味わえるようになっていた。

大量の湯を沸かしたり、蒸気を発生させたりするための技術上の問題は、さまざまな手順を踏む、創意工夫に富んだやり方で解決されていた。最も広く行われたのは、地下に幾つもの異なる湯沸かし室を設け、また、熱した空気を送るための導管〔通常は煉瓦を組んだものや陶器製の導管〕を壁の中に通すやり方であった。これに必要な水を供給するためには、特別の導水路が建設された。

こうした装置はすべて、私設の浴場も備えていたし、とくに特権階級の人たちの《別荘》では、ずっと昔から、少なくとも前二世紀以来、装備されていたから、帝室の大浴場を造った建築家たちは、これを規模を大きくして適用すればよかった。唯一の難問は、部屋の大きさに合わせて竃の火力を調節すること、燃焼ガスの流れを計算して、適切な方法で熱を配分することであった。

このような問題は理論的にはむずかしいが、この技術に習熟した技能者たちは、経験に基づくやり方で解決していたと想像される。ローマ人たちは、湯や温風の温度が自分の好みに合っていないと、すぐ不満の声を挙げたので、この仕事を巧みにこなせない労働者は、不幸な事態に陥った。

もっと重大な問題がある。都市ローマへの水の供給の問題がそれで、これは、浴場のためだけでなく、市民生活の基盤にかかわった。さいわいなことに、私たちは《水道長官》のセクストゥス・ユリウス・フロンティヌス〔訳注・七三年から一〇〇年までの間に三度執政官を務めている〕が書いた概論書『ローマ市水道論』のおかげで、この偉大な公共事業について、非常に明快に知ることができる。この人は、小プリニウスとも親しかった元老院議員で、トラヤヌス帝から、導水とその配分の仕組を全面的に作り直すよう責任を託されたのであった。

彼の言うところによると、共和制時代にこの任に当たったのは、《ケンソール》〔監察官〕であったが、アウグストゥスに始まるユリウス・クラウディウス朝の治下においては《ファミリア・プリンキピス》つまり皇帝直属の人々がほとんど全面的に独占しており、騎士階級の《プロクラートル》(代官)すなわち皇帝によって任命され専ら皇帝に依存している政務担当官によって占められていた。しかるに、トラヤヌス帝は、この事業の実際の指導権を本来そうであったように元老院クラスの《長官》に戻すことによって、元老院にその特権の一つを回復させるとともに、この種の任務がいかに重要であるかを明確化したのである。

最初の導水路は、前三一二年にアッピウス・クラウディウスによって建造された。いうまでもなく、この人は、ローマからカプアに至る有名な《アッピア街道》を線引きした人物である。アッピウス・クラウディウスは、当時の最も開明的な精神の持ち主で、これらの工事にあたっては、おそらく南イタリアのギリシャ人都市の技術者たちが使っていた方法を手本にした。

しかし、その技術の原理そのものは極めて簡単で、農民たちが畑の潅漑用に用いたと思われる方法を超えるものではなかった。導水路は、地面に直接に設置するか、あるいは地中に埋められた石造りの導管によって、自然の地形のもつ傾斜を辿っていくものであった。そのため、水路はうねうねと際限なく野山をうねっていかなければならなかった。

大事なことは、つねに最後の貯水タンクよりも高い標高を維持しつつ水路に適切な勾配をもたせることであった。したがって、この《アッピア水道》は、水源からローマまで直線距離では約一一キロに過ぎないのに、実際には一万六六五〇〇キロもの長さをもっていた。ローマ市の近くでは、場所によっては地面から八八メートルもの高さのアーチや支持壁で通さなければならなかった。

この簡素で初歩的な技術は、惨憺たる結果を招いた。水源地を出た水路は、急激に高度を下げていき、水は、その最終ゴールの貯水槽にただ流れ込むだけで、さまざまな所に給水することができず、人々は貯水槽へ汲みに行く以外になかった。せいぜい洗濯屋や染物屋、民間の風呂屋に甕で奴隷に運ばせて売るだけで、溢れた水の大部分は下水渠に流してしまうほかはなかった。

共和制時代には、この《アッピア水道》に加えて、三系統の導水路が建設された。前二七二年の《アニオ・ウェトゥス》、前一四四年の《マルキア水道》、前一二五年の《テプラ水道》がそれである。

第一の《アニオ・ウェトゥス》は、ローマから少し上流のところでティベリス川と合流しているティブル（ティヴォリ Tivoli）川を古くはアニオ川といい、これを分流させただけのものである。水は硬質で、しばしば濁った。

《マルキア水道》は、水質の点でも導水技術の点でも、かなりの進歩を示している。水源はサビニ地方の奥地で、谷を越えるのにうねうねと曲がりくねっていくのを避け、導管の一部に圧力を加える逆サイフォンの手法が用いられている。これによって、ローマ市の丘を通すことが可能になり、パラティヌスとカピトリウムの丘に、最初の噴水が造られた。

もっとも、これにも抵抗がなかったわけではない。保守主義者たちが「カピトリウムの神聖な丘に、よその土地から来た水を引くことは神への冒瀆である」と言い張ったのである。しかし、この計画の発案者であるマルキウス・レックスは、これを押し切って工事を行い、神々も、この変革を受け入れたのであった。

《テプラ水道》は、急激な人口増加に対応するために造られたもので、生温い水しか供給できず（「生温い tepula」という名称はこのために付けられた）、新鮮な冷たい水を好んだローマ人には、ひどく評判が悪かった。

アグリッパが造営官に任じられてローマの水道システムの全面的再構築を企画することになったのは前三三年のことである。彼は、その前に執政官（コンスル）を務めた人で、普通からいうと、順序が逆であった。これは、アウグストゥスの要請によるもので、その任務の重大さと彼への期待の大きさを示していた。

アグリッパは、アーチを利用することによって水路を近代化したが、約百年のちのクラウディウス帝やネロ帝による導水路と異なり、壮大さを追求するようなことはしていない。できるだけ既存の水路を活用しながら、新しい水源から引くことによって流量の増加を図った。ほかにも、《ユリア水道》をその造営官在任中に、《ウィルゴ水道》（「小娘」の愛称で呼ばれた）を前一九年に完成している。後者は《マルスの野》に建設した「アグリッパ浴場」に水を供給するためのものであった。

彼が建造したものは、いまもローマの田園を横切って走っている何本かの水道の一本として残っており、そのアーチは低く斬新性に欠けるが、《マルキア》《テプラ》《ユリア》の三本の水量をこの一本でまかなう流量をもっていた。

アグリッパは、給水量を増やすことによってローマ市の至るところに噴水を造った。ある日、民衆がワインの配給を強く要求したとき、アウグストゥスが「飲むには充分の水を私の娘婿のアグリッパがくれているではないか！」と答えたという話は有名である。

こうして、《プリンケプス》の公共導水路によって、充分な水が、しかも無料でローマ市民に供給されるようになったのである。個人の家への給水管は、原則的には設置されなかったが、例外として、戦争を勝利に導き、元老院が国家として謝意を表した将軍などの重要人物には、自家用の導管を設置して公共の水道から引くことが認められた。

このような特別の恩恵は、皇帝からの贈与の一つとして利用されたので年月の経過とともに増えていったうえ、行政の腐敗から、小役人と共謀し非合法の導管を設置する事例も少なくなかった。フロンティヌスが水道管理制度再建の仕事を引き受けたときは、《水道役人》の責任者は「穴あけ人」という意味深い通称で呼ばれるまでになっていた。

アグリッパの死後、アウグストゥスは、それまでの六本の導水路がいずれもティベリスの左岸地域の給水のためであったのに対し、右岸地域のためにエトルリア湖から引いた七つ目の導水路を建設させた。もっとも、この《アルシエティーナ水道》は、アウグストゥスの構想では、飲用水ではなく、彼が建造した《ナウマキア Naumachia》（模擬海戦場）に水を供給するためのものであった。

しかし、この《模擬海戦場》は、それ自体、短命であった。ネロの時代にはまだ存続していたが、夜祭などに使われただけで、ネロが亡くなると消滅した。こうして《アルシエティーナ水道》の水は、右岸の、とくにヤニクルムの丘の斜面に広がっていた多くの別荘の庭園を潤すために利用されるようになった。

いまも美しい連続アーチを見せながら、アルバヌス山地から、ローマ市のポルタ・マジョーレまで延びているローマの水道は、クラウディウス帝によって西暦四七年に着工、五四年にネロによって完成された。

アグリッパの努力にもかかわらず、ローマ市の標高の高い地域では相変わらず水が不足していた。そうした地域に給水するためには、非常に高い所を走る水路を造らなければならなかった。《クラウディア水道》と《新アニオ水道》が、ポルタ・マジョーレのところで、地上三二メートルもの高さに造られているのは、このためで、これでようやく、皇帝の宮殿にまで給水できたのであった。

こうした幾つもの公共導水路によってローマに供給された水の総量は、西暦一世紀末には一日当たり九九万二二〇〇立方メートルに達したと思われる。この量は、当時のローマ市の人口が一〇〇万であったとしても、充分に需要を満たせるものであった。ローマ市内には大量に水を消費する工業はなかったから、この水は全て、公共用と例外的措置を認められた個人用、浴場、染め物の工房、縮絨業者、皮鞣し、そして、とくに噴水にまわされた。噴水は、市内のほとんど全ての辻にあった。

ポンペイでも、たくさんの噴水があり、イタリア人が流れる水に対し強い執着をもっていたことが分かるが、さらにいえば、それは地中海都市にあっては、なくては済まされない贅沢の一つだったのである。帝政時代のローマでも、信じられないほどの気前よさで水が供給されていた。そうした噴水の幾つかは、派手に装飾を施した文字通りの記念建造物であった。バロック時代のローマでその伝統を再現したのが、《トレヴィの泉》や、スペイン広場のそれである。

しかし、水は市民の娯楽や憩いのためにのみ使われたのではなく、町を清潔にし人々の健康を守るためにも欠かせなかった。

古来、効率的な下水道システムを考案し装備したのは、ローマ人の功績とされてきたが、それは買いかぶりであり、せっかちな評価を下すべきではない。ただ、この都市の地形自体、窪地の沼を干拓するためと、丘から流れてくる水を処理するために、排水路を造らざるを得なくしていたことは確かである。

これらの排水路は、要するに、自然の水路をより深くし、改修しただけのものであったが、その主要なものとして三つを区別することができる。

一つは、《マルスの野》を貫いていて、《カプラの沼》の排水路になったものである。アグリッパが練兵場を造るために利用したのも、この水路網であった。

第二は（これが最も重要なものであるが）、《フォールム・ロマーヌム》を通って、アルギレートゥム地区を排水した水路である。これは、「クロアカ・マクシマ」（「クロアカ」は排水溝、「マクシマ」は最大の意）として有名であった。歴史家たちは、長い間、これを造ってティベリス川に流し込むようにしたのはタルクィニウス王たちで、その切石造りのアーチは、前六世紀のローマの建築技術の水準の高さを証明していると主張してきた。

しかし、今日では、このアーチが建造されたのはアウグストゥス時代で、アグリッパが、上水道の整備だけでは満足せず、下水道として完全なものにしたこと、他方、少なくとも前三世紀末にいたるまで、この「クロアカ・マクシマ」は暗渠ではなく普通の水路であったことが分かっている。これが暗渠に変えられたのは、《バシリカ・アエミリア》の建設のために、これを覆って土地を嵩上げする必要に迫られてのことであった可能性がある。

ローマでも最も重要なこの下水道の本質的役割は、クィリナリスの丘とウィミナリスの丘の間からくだってくる水によってフォールムが浸水するのを避けることにあったが、それに付随する役目として、汚水をティベリス川に流すことがあった。

第三の水路は、パラティヌスの丘とアウェンティヌスの丘の間の《ムルキアの谷》を辿り《大競技場》の「スピナ」の下を流れていくものである。これによって、この二つの丘から流れてくる水と、カエリウスの丘から流れてコロセウムが建っている《ウェラブルム・ミヌス》と呼ばれた沼地を形成していた水が排除された。

これら三本の主要下水路は、いずれも、たくさんの水路に分岐していった。しかし、それでも、その数はさほどでなく、多くの街区は下水道がないため、雨水や生活排水を道路の中央の溝に流すようになっていた。

しかも、広場や大浴場には、傍らに公衆便所があったが、個人の家、とくに人々が折り重なるようにして生活していた貧しい家々では、多くの場合、便所がなかった。古代の著述家たちの書いた物を見て分かるように、借家人たちは、汚水を遠慮なく街路にぶちまけていた。これは、ローマだけの現象ではなかった。そうしたなかでも辛うじて基本的な衛生水準が維持されていたのは、噴水を流れていた有り余る水のおかげであった。

最後に、公共の噴水の水は、火災のときにも役に立った。とはいえ、加圧式の放水器などはなかったので、容器に水を汲んで、いわゆる「バケツ・リレー」で火災の現場に運び、浴びせる以外になかった。この原始的なやり方は、火の手が大きくなったときには、ほとんど役に立たなかった。あとで見るように、火の手が大きくなったときは、消火を任務とする夜警隊が、もっと強力な手段を使うようになる。

8　ローマ人の住居

このように、壮麗な記念建造物や全市民を収容できる巨大建築と、最も初歩的な道路とが結びつき合っていた、多様なローマにあって、庶民たちはどのような家に住んでいたのだろうか?

今から百年足らず前まで考古学者たちは、ローマの家々はすべて広間を中心にした《アトリウム式》であったとし、このことは、古文献によっても、また、カンパニア地方（十八、九世紀の当時でいえば本質的にポンペイ）の遺跡発掘によっても確かであるとされていた。しかし、今日では、ヘルクラネウムやオスティア、さらにローマ自体で行われた発掘調査によって、この見方は変わってきている。古典的な《アトリウム式住居》は、多分、長い間、ローマ人の典型的な住居であったが、しかしまた、かなり早い時期から（おそらく前二世紀ごろから）、もっとさまざまな住居が建てられ始め、それが急速に増えていた。そうした住居は、古代から《インスラ》という名で呼ばれていた。「インスラ insula」とは《島》という意味であるが、集合住宅式の貸家を指した。

とくに帝政時代になると、ローマの家は、この両方のタイプと、その中間的なタイプもたくさん存在した。しかし、《アトリウム式住宅》つまり《ドムス domus》（邸）は、比較的に大きな敷地を必要とし、しかも一家族しか住めないので、次第に減少し、代わって、ずっと経済的で、土地所有者にしてみると収入源になる《インスラ》が増える。

私たちは、ポンペイの最古の住宅によって《ドムス》の古典的タイプが、見方によってはギリシャの家の幾つかのタイプを想起させること、もっと近いところでは、マウレタニアの住居の前触れとなっていることを知っている。その本質的な特徴は、外に対して閉鎖的であること、生活のすべてが《アトリウム》すなわち屋根がなくて雨水を貯める水盤（あるいは池）が中心にある広間に集中していることである。

《アトリウム》の広さはいろいろで、これを取り巻いている建物も、その屋根が全面的に内側の《光の井戸》に向かって傾斜しているのもあれば、外側に傾斜していて、軒樋を通して雨水を街路へ吐き出すようになっているのもある。さらに、列柱で屋根を支え、柱廊になっている《アトリウム》もある。

しかし、その仕組がどうであれ、平面図は似たり寄ったりで、《アトリウム》の役割も、ほぼ同じである。それは、建物の外側に窓を開ける必要がないように、ここから屋内に光を採り入れるようになっていることである。この閉じられた家には、入り口を入り、短い廊下を通ると、すぐ《アトリウム》に達する。ときには、玄関とアトリウムの間に扉があって、玄関の扉が開いていても、無遠慮に内部を覗き込めないようになっていることもある。

玄関と同じ軸線上で、アトリウムの中心を基点にした反対側に《タブリヌム tabulinum》(食堂・執務室)が開けており、ここが、家族の生活の中心であったと考えられている。《タブリヌム》という呼称は、「板」を指す「タブラ tabula」から来ており、多分、もともとは板小屋にすぎなかったことを示している。

しかし、古典期にはまだ、《タブリヌム》が主人夫婦の寝室であった時代の名残が遺っていた。そこには、多くの場合、家の守護神の像が祀られ、貴族の場合は、先祖たちの面形や、一家の古い記録帳簿その他の貴重な文書も保存されていた。

《タブリヌム》は、一方はアトリウムに向かって開けているとともに、多くの場合、他方は家の後ろに広がっていた庭とか菜園にも、出入り口または広い窓で通じていた。庭とアトリウムの間を強い風が通り抜けるときは、可動式の鎧戸とか壁掛け、あるいは屏風だの折り畳み式の仕切壁だので風を避けるようになっていた。

《タブリヌム》の左右には、これより小さい張出し部屋があって、さまざまな用途に使われた。例えば食堂になったり、サロンになったりした。結局、すべての部屋が《アトリウム》に面していたのであって、ポンペイの家では、台所は定まった場所をもっていなかったようであるが、多くは《タブリヌム》と隣り合っていた。ときには、家の他の部分とは別の入り口をもった部屋が道路に面して造られ、商人とか職人とかに店舗として貸されていた例もある。

一般に《ドムス》は、使える部屋数を増やすために、何階建てかになっていた。忘れてならないのは、ローマ人の家庭は、自由人である家族のほかに、比較的つつましい家でも、何人かの奴隷を抱えていたことである。奴隷たちを男女別々に住まわせるためには、それだけの独立した部屋が必要であった。各階に設けられたそうした小部屋や屋根裏部屋は《アトリウム》と街路の両方に面し、ときには張り出したバルコニーを備えていた。これは、あとで見る集合住宅（インスラ）においても同じである。

このようなのが古典期の家で、これが、もともと町家に起源をもつものではなく、田舎の住居が都会的条件に合わせて進化したものであることは明白である。《アトリウム》についても、本書で《田舎のウィラ》について明らかにした、昔からの庭に由来するものであることが認められている。

この理論は、《フォールム・ロマーヌム》のアントニーノ・ファウスチーノ寺院に隣接する住居跡の発掘によって裏づけられているように思われる。ここでは、住居は単純な長方形をしており、前に庭が一つあるだけであった。しかし、同時に、この進展は、しばしば考えられてきたようには単純ではなかった可能性がある。

すでに私たちが見たような《アトリウム》が古典期に持っていた機能と様相をもつようになったのには、もっと別の影響が作用した可能性がある。事実、キケロ時代の大貴族の邸は、毎朝、たくさんの客人を迎えることができるように作られていた。早朝から、ときには夜明け前から、街路に面した門は閂を外して開け放たれ、人々は挨拶をしに入ってくることができた。《アトリウム》は、その接客の場であった。

当時の《アトリウム》は、ポンペイに見られるような快適な柱廊ではなく、一種の大きなホールで、軒先も、ほんの少し出ているだけか、さもなければ、ないこともあった。こうしたことから、《アトリウム》という言葉自体、公的な接客用の大ホールの空間全体を指すようになっていった。

この種の《アトリウム》には、完全に屋根のないもの（ウィトルウィウスはこれを「アトリウム・テストゥディナトゥム atrium testudinatum」と呼んでいる。「テストゥディナトゥム」は「アーチ状の」という意味）もあれば、狭い煙抜きの開口部のある屋根付きの（これを「アトリウム・ディスプルウィアトゥム atrium displuviatum」と呼ぶ。「ディスプリュウィアトゥム」は「雨よけ」の意）もあるが、後者の場合は起源が異なり、キウシ〔訳注・北イタリアのペルージア西方。古代ローマ時代はクルシウムと言った〕のそれのように、骨壺型のエトルリア式住居から来ている可能性がある。

キウシの住居は長方形の小屋で、屋根は外側へ向かって傾斜した四つの斜面になっているが、棟はなく、その代わりに長方形の煙抜きのような穴が開いていて、光はここから採り入れられた。このタイプの家は、中央イタリアの、もっと特定していえばアペニン山地に属するもので、古典期のローマ建築の「アトリア・ディスプルウィアタ」や「アトリア・テストゥディナータ」は、これから生まれた。これは、ガラスがなく、窓を大きくできなかった時代の採光と煙抜きの問題に対する優雅な解決法を示している。

この形の《アトリウム》がより複雑な家造りのなかに統合されていったと考えられるが、では、古典期のローマの住居に本質的な二つの特徴、つまり一本の軸に沿って延びていく性格と、すべての部屋を外側には閉ざし内側の空間に開かせるやり方をどのようにして両立させることになったかは、ほとんど分かっていない。

《ドムス》の発展は、本書ですでに見たローマ文明の発展と結びついている。それは、イタリアの各地から借用した要素を統合する複雑な総合化の結果として生じた。社会生活上の必要性から《アトリウム》を大きくすることが必要になった一方で、全般的な裕福化、特に貴族の家庭の安定化の結果としての家族構成員の増加のため、個室を増やす必要性が増した。こうした様々な要素が結びついて、《ドムス》の、それ自体で閉じていると同時に、幾つかの部分を客人を迎え入れるために開放的にした、混合的性格が生み出されたのである。ポンペイの家は、共和制ローマの住居がどうであったかを想像するうえで助けになるが、その正確なイメージを与えてくれるわけではない。

帝政ローマの宮殿の発展については、すでに見たとおりである。パラティヌスの丘のドミティアヌスの宮殿、ティベリウスの宮殿、ネロの《黄金宮殿》等々から分かることは、庭園に面して開放されているものにせよ、中庭を取り囲んでいるものにせよ、《ポルチコ》(柱廊)が多用されていることである。

ポンペイでも同様に、古来の《アトリウム式の住居》に次第に柱廊が多く付け加わっている。ここでは、以前なら菜園であったのが柱廊に取って代わられ、それによって、食糧供給のためであった庭園が楽しみのための庭園に変わっている。同時に、《アトリウム》も堅苦しさが減り、規模も大きくなるとともに、円柱で支えた屋根が付けられるようになった。四隅だけ円柱で支えているのもあれば、もっとたくさんの円柱を設けたのもあるが、まとめて、この形のアトリウムをローマの建築家たちは「コリント式アトリウム」と呼んだ。

「ファウノの家」(訳注・ポンペイ、前二世紀)のような大きな邸は、サロンを周りに配した中庭が幾つも連なっていく構造になっている。玄関から内部に入って(ファウケス fauces)を過ぎると、一つの古い形のアトリウムがあり、これに面して一つの《タブリヌム》(執務室、食堂)がある。その向こうに第二のアトリウムがある。これは四辺は柱廊だが、開けた中央の空間が伝統的な池になっている「コリント式アトリウム」である。

このアトリウムの中心を支点にして対称の位置にサロンが一つある。これは、ギリシャ語で「オエクス oecus」といい、《アルベラ戦争》〔訳注・前三三一年にアレクサンドロスがダレイオス三世の軍を打ち破った戦い〕を描いたモザイク画で飾られた壁は、先の第一の柱廊と、その向こうの、もっと大きい柱廊とに同時に面している。そのうえ、最初のアトリウムの近くに、もう一つアトリウムがあり、これは《四柱式 tetrastyle》になっていて、これを囲んで幾つかの個室が集まっている。

ローマでこれだけの広い敷地を確保することは容易ではなかった。しかし、大貴族たちは、自分の邸の周りの家々を買収して自宅を拡張し、そこを柱廊にして樹木を植えた。そうした例としては、アッティクス（BC110-32 キケロの友人）の所有であったクィリナリスの丘の「ヤンピリウスの家」とか、ホルテンシウスやキケロの家に近い「クラッスス邸」がある。

こうした豪勢な《邸宅》はあくまで例外的で、その多くは時の経過とともに解体され、帝政時代には、ローマ市内で最も目につく建物は《インスラ》（貸しアパート）になっていく。幸いなことに、そうした《インスラ》については、オスティアの発掘によってその様相を知ることができる。

オスティアは古くからのローマの港であるが、スラとアウグストゥスによって発展したあと、トラヤヌス帝によってケントゥム・ケライ〔訳注・チヴィタヴェッキアのこと〕の港が建設されると急速に凋落し、三世紀から四世紀の間に放棄され、砂に埋もれていたのが、近代に発掘されて往時のローマの様子を窺わせる都市として姿を現したのである。

このオスティアで観察されるところによると、その住居は、二つの点で古典期の《ドムス》との本質的相違を示している。古典期の《ドムス》が一つの中庭の周りに部屋を集めていたのに対し、オスティアの住居は外側の街路に向かって大きく開けた形態になっていて、《アトリウム》は小さな「光の井戸」

でしかなくなる。

他方で、《インスラ》つまり貸しアパートは、ますます高層化する。《ドムス》が階数を増やしても二、三階であったのに対し、《インスラ》は七、八階に達した。こうした住居の高層化は、かなり早い時代から始まり、キケロ〔前一世紀前半〕も、そうした高層アパートが賃貸しされていることに触れている。ローマでは、すでにポエニ戦争のころから土地不足を補うために建物を高くするようになっていたが、固有の意味での《インスラ》がオスティアに現れるのは前一世紀になってからで、それがアウグストゥス時代にローマに広がり、とりわけネロの時代のあの火災のあと、一挙に一般化したのであった。

集合住宅《インスラ》の復元模型

《インスラ》は、今もナポリやジェノヴァ、あるいはフランスではニースの下町によく見られる建物によく似た外見をもっていた。各階が独立したアパートメントになっていて、街路に直接面した階段を通って入った。光は、建物の前面あるいは内側の「光の井戸」に向かって開けられた窓から採り入れられた。
普通、一階は店舗で、それぞれ街路に大きく開いた独立した区画になっており、日が暮れると、取り外しできる鎧戸で閉じられた。一つのアパートメントは幾つかの部屋から成っていたが、台所とか便所とかの特定の目的に合わせた造りにはなっていなかった。水そのものが引かれておらず、近くの辻の水場へ汲みにいかなければならなかった。しかし、古代人は、私たちが想像するほど不便を感じてはいなかった。というのは、毎日、夕方になると、人々は長い時間を大浴場で過ごし、そこでは、近代人も羨むような配慮と効率性をもって衛生管理が行われていたからである。

アパートメントには暖房施設がなかったが、これは《ドムス》でも同じであった。ひどく冷え込んだときでも、人々は《ブラセーロ》〔訳注・火鉢〕に火を入れるだけで我慢した。

食事に関しては、少なくとも奢侈禁止令と警察の取締りが見逃してくれている時代には、近くの《テルモポリウム》〔訳注・温かい食べ物を売っている店で、いまでいえばお惣菜屋さん〕へ、そのままで食べられる皿物を買いに行くか、さもなければ木炭コンロで調理した。

《貸しアパート》に住む人々は、お手伝いは少人数しか使っていなかったが、どんなに貧しい人でも二、三人の奴隷を住まわせるだけの部屋はもっていたはずである。なぜなら、ローマ人にとって、それくらいの奴隷はもっていなければ恥だったからである。奴隷たちは夕方になると、床にじかに藁のマットを敷き、一枚の毛布にくるまって眠った。主人は、木の枠に布地を張った床座とクッションから成る、もう少し心地よいベッドをもっていた。ただし、当時はシーツはなかった。

オスティアの《インスラ》には、非常に美しい建物も幾つかあった。そのファサードは街路に迫り出したバルコニーで飾られているのや、煉瓦とスタッコが美しいコントラストを成している記念建造物並みのポーチをもっているのもあった。ときには、店舗の前は、買い物に来る人に便利なように、車道と建物の間が柱廊になっているのもあった。二階以上では、ある種の荘重さを感じさせる趣で窓がズラリと並んでいた。

残念なことに、ローマの全ての《インスラ》が、オスティアのそれに匹敵するものであったわけではない。少なくとも文献資料が呼び起こすイメージは、憧憬を抱かせるには程遠い。建築家たちの主要な関心事は、いかに階数を増やし、たくさんの借家人を住まわせるかで、これについては、皇帝たちも干渉せざるをえないほどであった。

アウグストゥスは七〇ペス（およそ二〇メートル）を超える高さの《貸しアパート》の建設を禁じているが、この高さ制限では甘かったようである。というのは、トラヤヌスは、六〇ペス（一八メートル弱）に制限を強化しているからである。だが、このような賢明な規制も、必ずしも守られていなかったようである。

かりに、それが守られていても、ほかにもさまざまな規制があって、それが結果として、充分に堅固な基礎を築くのを妨げていた。たとえば個人の住宅の外壁の厚さを制限する法律があった。ウィトルウィウスによると、その厚さは最大限、一・五ペス（約四五センチ）を超えてはならなかった。この規定は、土地の利用効率向上を目的としたものであった。

それでも、注文主が基礎壁のために、切り石を積み、砕石で隙間を埋めるやり方を承知してくれている間は、大した問題は起きなかった。しかし、煉瓦で建造するようになると、《貸家》の強度は影響を受け、時とともに倒壊事故が増えていった。そうした建物の脆さについて述べている古代人の証言はたくさんある。ウィトルウィウス、ユウェナリス、マルティアリス、セネカなども、法律に関する著述のなかで、この問題を取り上げている。

建物の重量を減らすため、上のほうの階は交差した小梁の上に積み上げ、壁は、ときには粗壁土だけといった抵抗力の弱い素材で造られた。その場合、建物は、骨組の間を全く耐久性のない壁で仕切っただけのものになり、骨組の木が反り返ったり縮んだりすると亀裂が生じた。人々は、それをなんとか修理しながら住み続けたのだが、限度を超えると崩壊した。

しかも、このような建物はきわめて燃えやすく、これが、もっと深刻な危険性をはらんでいた。とくにローマの夏は乾燥がひどかったから、頻繁に火災が起き、大きな損害をもたらした。家々はつぎつぎと延焼し、あっという間に街区全体が焼けてしまった。少しでも風が強いと、何へクタールも焼け野原と化した。西暦六四年のネロ時代の大火災では、ローマ市の三分の一が焼失している。

火災が発生したときは、大至急、夜警隊が召集され、火勢の行く手に空き地を作るため、建物を壊した。燃える物がなくなって火事がおさまったときは、何百人もが家も財産も失っていた。しかし、その廃墟のなかで、企業家の配下の連中はすでに残骸を片づけ始め、同じように脆く、同じように燃えやすい新しい《貸しアパート》を建てる仕事にかかっていった。

当時、ローマ人が示した建設熱と活力は、想像を絶する。《貸しアパート》の家賃は土地所有者にかなりの収入をもたらした。『判例集』のなかにある事例によると、一棟の《貸しアパート》が生む平均的な年間収入は四〇〇〇金貨フランにのぼった。《貸しアパート》は、まとめて一人の借家人に貸され、この借家人は部屋ごとに別々の人に又貸しして、そこから、かなりの利益を得た。

普通、土地所有者は、幾つもの《インスラ》を持っていた。彼は、自分の所有地に、奴隷たちを使って幾つかの《貸しアパート》を建てさせ、これを運用することによって厖大な収入を得た。ローマ市の最も有力な金融業者たちはこの種の不動産に盛んに投資したが、住居の数はたえず増大する人口の需要には追いつかなかった。帝政末期には、一戸建ての《ドムス》が一七九〇戸であったのに対し、集合住宅の《インスラ》は四万六六〇二棟あったことが分かっている。

しかし、この《インスラ》の起源については、いまもよく分かっていない。このタイプの住居が、オリエント、とくにシリアから伝わった可能性は高いが、この仮説に頼る必要があるだろうか？ ローマの住居から《アトリウム》をなくし、外側に向かって開かれるようにした要因がここで働いた可能性が大いにある。《インスラ》は、一階に店舗を配し、各階を独立させ、付属部分を切り離している点で《ドムス》と異なっているが、全面的に別物といえるのだろうか？ これらは、ローマ市の発展から生じた土地の狭さの問題を解決するために、ローマの建築家自身によって編み出された可能性もあるのではないだろうか？

事実、同じ《インスラ》といっても、三つの異なるタイプが観察されている。

一つは、道路に沿って別の建物に背をもたれかからせるようにした平屋建ての長屋タイプ。もう一つは、並行する二本の道にファサードを向けて造られた、二列のアパートメントから成るタイプ。これらは、細長い土地のために採用されたものである。第三は、横幅も奥行きもかなりある四辺形の《インスラ》で、これを囲んでいる四本の道それぞれに面してファサードをもち、繋ぎ合わされた建物の内側に中庭が設けられているタイプである。これらの変種は、純粋にローマ人が創り出したと思われる。

このように、相互には似通っていない《インスラ》と《ドムス》であるが、両者の間を繋ぐ糸は捉えることができる。たとえば、ヘルクラネウムでは、アトリウムを備えた《ドムス》を、そのまま取り込んで《インスラ》に造り替えた例がある。そのためには、建物裏の庭園をなくし、建物の階数を増やして階段を設置し、一階を店舗にすることで充分であった。

これは、都市的・経済的要請のもとに行われた建築上の創造性の一例であるが、そこでは美的効果も配慮されていることが明らかである。《ドムス》そのものも、アトリウムの容積比率から来る古い調和に代わって、神殿とか劇場とかに見られる、列柱とアーケードが醸す動感を活かしたものになる。

《インスラ》は、あくまで実利的な建物で、伝統的な装飾に頼ることはない。ここでは、支柱、アーチ、平らな表面といったさまざまな建物としての基本要素を活かして部分部分を調整することによって、《簡素美》といったものが追求される。《インスラ》が優位を占めるようになったときに建設された「トラヤヌスの市場」が、大理石の衣で覆うやり方を放棄して、ファサードを煉瓦で造り、これまた各要素の混合による装飾性を工夫しているのは意味深い。

こうして、《威厳》という点では、多分、ギリシャの神殿より劣るが、人間の住まいとしては、より実用的な、ほんとうの意味でのローマ建築の伝統が形成された。それが中世のイタリア建築や、さらには南フランスの町に痕跡を刻みながら、何世紀にもわたって持続していく。これら地中海地方に見られる、煉瓦を規則正しく組み上げた大きなファサードは、明らかにローマ建築をモデルにしたものである。

第九章　市民生活と楽しみ

1　公共生活

ホラティウスは、四十歳になると、都会での生活が我慢できなくなり、大部分の時間をティブル（ティヴォリ）の田園とか海辺の別荘、また「穏やかなタレントゥム」で過ごすようになる。しかし、ティブルの荘園の耕作を任されていた奴隷は、この田舎での生活をあまり好まなかった。多分、彼も、かつては町でよりも裕福に生活できることを願ったし、長い冬の夜は、食糧やワインを貯えた部屋で、好きなだけ飲み食いできることを夢見たのだったが、ひとたび農園の執事（vilicus）になると、気持ちが変わり、都会での楽しみの数々を名残惜しく思うようになったのだった。

そこで、ホラティウスは皮肉をこめて、こう語りかける。

「今では、お前はローマに戻りたいと望んでいる。農夫なのに、競技や入浴を楽しみたいと願っている。お前と私とでは、好みが違う。脂っこい料理を食べさせる割烹屋や《悪所》がお前に都会を恋しがらせているのだ。そして、この小さな農場で、ぶどうよりも胡椒のほうが早く出来ればよいのにと思い、ワインを飲ませてくれる居酒屋も手近になければ、フルートを吹いて、ぶったおれるまで踊らせてくれる愛想のよい娘もいないことを侘びしがっているのだろう。そんなことは、私には、よく分かっている。」

この農園執事の、安っぽい快楽に対する好みは、私たちには俗悪に見えるかもしれない。だが、ローマの平民たちの好みがこれと似たり寄ったりであったことは確かで、若い女たちに囲まれて心ゆくまで酒を飲み、踊り、競技を見に行き、浴場に通うことは、都市で生活する者の特恵であった。しかし、おそらく、それ以上に、人々が求めていたのは多くの群衆に交わる喜びであった。ローマの人々（これは平民だけのことではない）は、社交が大好きだったのである。

すでにカトーは、荘園の農夫や、とくに農婦たちに対して、近隣のおしゃべり仲間をあまりにも自由気ままに迎えることを禁じている。ローマの住民にとっても、何よりの楽しみは、《フォールム》や《マルスの野》の公共広場の柱廊の下とか大浴場でゆっくりと過ごすこと、また、金持ちの場合は自分の邸宅に人を招いて御馳走を一緒に食べ、そのあと、夜遅くまで酒を飲み交わすこと、それほど贅沢ができない場合は、居酒屋で友達と逢うことであった。

友人とは頻繁に逢った。これは何よりも、町の規模が比較的小さく、その中心が長い間、唯一の公共の場であったこと、人口の増大にもかかわらず、有力な人々の第一の義務は、市民の一人一人を名前で知っていることであったことからも、当然であった。

おそらく共和制末期から帝政時代にかけて、金持ちのローマ人は、偶然に出会う人々の名前を忘れているかもしれない場合にそなえて、こっそりと教えてくれるためだけの奴隷（これを「ノーメンクラトール nomenclator」といった）を従えていた。前二世紀にはまだ存在しなかったこの種の奴隷が、共和制末期以後に現れたことは、フォールムで知らない人間があってはならなかった、かつての原則に対するローマ人たちの忠実さを示している。

ここには、ローマ人の慣習のよい一面が現れている。それは、社会生活が、なによりもまず、個人的関係を基盤としていたことである。個人は、家族、仲間、友人、そして敵といった様々な人々との関わりのなかで存在している。そこには、伝統的な盟約関係と、それに劣らない敵対関係がある。政治の原理も、結局のところは人間と人間との関係でしかない。そして、都市の生活は、少なくとも法律に則っているかぎりでは、こうした慣習によって規定される人間関係に基づいていた。

こうした友人たちとの会話の思い出を伝える文献も少なくない。話題はあらゆる分野に及び、ときには、祭の最中に、幾人かの元老院議員たちが群衆から離れて会って、ある重要な問題について討議することもあった。ウァロは、その『農業論』三巻の導入部をこの方式によって構成している。民衆が地母神テルスの神殿で《播種祭》を催しているときに、何人かの農園主たちが《マルスの野》の「ウィラ・プブリカ」に集まるのである。彼らの話しぶりはゆっくりしているが、その分析は農民特有の鋭さと頑固さをもっている。彼らにとってローマは、いつまでも「肥大した村」であり、自分の領地の問題や祖国の運命にかかわる問題が起きるたびに足を運ぶ町である。しかし、みんなで、こうして話し合えるという喜びをもたらしてくれる町でもある。

私たちが知っているのは、元老院での会議が終わって帰宅した彼らが、そこで繰り広げられた議論を語るという口実と枠組で展開される文学的対話である。ラテン作家たちが《対話》というギリシャ的ジャンルを特に好んだこと、しかし、それを自分たちなりに変えたことは意味深い。つまり彼らは、純粋にプラトン的な対話の代わりに、重々しさや技巧を犠牲にしても、ローマ人の生活の大きな部分を占めていた現実の会話の雰囲気を再現しようとしたのである。

カトー自身、《フォールム》をぶらぶら歩くことが欠かせない習慣になっていたので、雨や日照りを避けておしゃべりできる《バシリカ》を、彼が毛嫌いしたギリシャのものであったにもかかわらず、好んで利用している。

《フォールム》に集まって議論したのは〈お偉方たち〉だけではなかった。庶民も、頻繁に利用した。ただ、彼らがそこで話し合った議題は、世界を動かすような重大問題ではなく、こんにちでもプロヴァンスの村人たちがプラタナスの並木の下でしゃべっているような、なにかの競技の劇的展開に関する話などであった。

当時の庶民たちの楽しみがどんなものであったかについては、いまも《フォールム》の板石などに刻み込まれている痕跡から知ることができる。地面に線で描いた幾何学的な枠は、石蹴りがかなりポピュラーなゲームであったことを物語っている。そのような痕跡は、《バシリカ・ユリア》のタイル張りの床でも、《ウェヌスとローマ女神の神殿》の前の石段や親衛隊本部でも見られるし、ローマから遠く離れたアフリカのティムガドやエルサレムのローマ人統治者の住居跡でも見つかっている。

そこでは「小骨遊び」や「ダイス」、さらには「ラトロンクレス」〔訳注・これは、兵士を象った駒を動かす双六〕などが行われた。「ダイス」は、あらゆる賭事と同様、公式には禁止されていたが、アウグストゥス自身、夜など、ベッドに入るまでやめられなかった。

ゲームに加わる人々は、床面に描かれたこれらの盤のまわりに群がり、後ろからは見物人たちが一手一手について批評を加えた。その一方で、トーガを着た元老院議員たちが重々しい様子で行き来し、執政官の行く先々には、罵り声や哀訴の声がわき上がっていた。

前二世紀のなかごろから、これらとは全く異なる気晴らしが《フォールム》で見られるようになる。

ギリシャの哲学者たちが弟子を求めて、はじめはおずおずと、ついで大量にローマに姿を見せ始めたのである。最初にやってきたのは《エピクロス派》の人々であった。彼らは人生の究極の目的は快楽であり、各人はなによりも自分の本性の求めるところを満足させるべきだと説いた。

聴衆たちは、それを聞き逃さなかった。若者たちは《マルスの野》での身体の鍛錬を擲って、彼らの話を聞きに駆けつけた。しかし、政務官たちは苛立った。哲学者たちは、「自分の言う快楽とは五感のそれではない。自分たちは放縦を教えているのではなく、欲望の調節を教えたのだ」と言い張ったが、言い訳は通じず、元老院は、これらの〈無頼の輩〉を追放するよう執政官に命じた。

若者たちは、哲学者たちの教えに好意を抱いた。元老院議員たちのなかにも、彼らの主張に魅力を覚える人は少なくなく、前一五五（または一五四）年にカルネアデス（BC213-129）、ディオゲネス、クリトラオスの三人のギリシャ人哲学者がアテナイの立場を弁明するためにローマに来たときは、たくさんの人が話を聞きに押し寄せたほどだった。

カルネアデスは三人のなかでも最も巧みな弁舌家であった。ある日、彼は「正義」について擁護する演説を公衆の前で行った。これは、世界で最も正義の民であると自負していたローマ人には、大いに気に入ったテーマであった。カルネアデスは「正義こそ全ての徳のなかで最も高貴であるとともに有力な徳である。なぜなら、正義のみが国家と法の基盤を成すものだからである」と述べた。ローマの聴衆は拍手喝采した。

ところが、翌日、同じカルネアデスが、同じテーマで演壇に立ち、今度は、まるで逆のことを主張したのである。すなわち、「正義は、それ自体ではいかに優れていようと、現実には無能なキマイラ〔訳注・ライオンの頭と山羊の胴、竜の尾をした怪獣〕でしかない。もしローマ人が全き正義の民でありたいと欲するなら、これまでに征服した土地をすべて返却しなければならない。というのは、戦争は不正義の一形態にほかならないからだ。しかし、もしローマ人が征服した土地を放棄したならば、およそ愚か者となり、正義とは愚かさの一形態にほかならなくなる」と述べたのである。

カルネアデスは、この相矛盾する二つの演説によって、アテナイ人に馴染みであったストア学派の独断主義に対する論争を、ローマのフォールムに持ち込んだのだった。しかし、この演説がローマで惹き起こした騒ぎと、このアカデメイアの学頭のアイロニーを文字通りに受け取った元老院議員たちの混乱ぶりは察するにあまりある。当局は、この三人の哲学者をイタリアに呼び寄せた命令を大急ぎで取り消し、三人はアテナイへ送り返された。

この前一五五年の使節は、ローマ人たちに鮮烈な記憶を遺した。カルネアデスの二つの演説の反響は、すぐには消えなかった。そして、幾度も禁止令が出たにもかかわらず、哲学者たちはますますたくさんローマへやってきたし、入門する弟子にも事欠かなかった。彼らは、ローマの有力者たちとも親交を結び、ある場合には、彼らに助言を与えた。

哲学者全部がギリシャ人というわけではなかった。ギリシャ文明の洗礼を受けたオリエント人や、ギリシャ思想に改宗したイタリア人もいた。後者の例としては、ストア学者であったクマエのブロッシウスがおり、彼はグラックスに多大な影響を与え、また、ポルチコの教師たちが説いた人間愛(philanthropia)の理想を現実に反映することにも大きく貢献した。

同じ頃、もう一人のストア哲学者、パナイティオスは、スキピオ・アエミリウスと親しくなり、このコルネリウス家の一族や友人の間で大きな影響力を発揮し、ストア哲学の理念をローマの貴族階層に浸透させることに寄与した。

これらの哲学者たちは、有力者たちの宮殿や別荘で、その教えを説いた。元老院議員だの最も影響力のある執政官だのが保証人になっている人々に対して、演説をしてはならないなどと誰が言うことができただろうか？

それでも、帝政の初めからドミティアヌス帝の治世まで、哲学者の何人かがローマから放逐されている。しかし、それは、ほんものの哲学者に対して取られた措置ではなく、キニク派の立場から社会生活の基本的規範を軽蔑するよう聴衆に吹き込んだ説教者や、占いだの魔術だのを売り物にしている神秘主義者（これらは、社会に重大な危険性をもたらさないとも限らなかった）を対象としたものであった。ときとしては、ほんものの思想家を巻き添えにすることもあったが、彼らは一時的にローマを離れて誰かの家に身を寄せるだけで済み、嵐が去ると、戻ることができた。

ネロとドミティアヌスの時代に哲学者たちが遭った災難については、フィロストラトスの著した『テュアナのアポロニオス伝』によって、かなり詳細に知ることができる。

アポロニオスは《ネオ・ピュタゴラス主義》を唱え、禁欲の力で神々と直接に交流できるようになったと主張し、オリエントとギリシャの諸都市を歩き回ったあと、ローマへ行こうと考えた。ところが、（フィロストラトスがいうには）「当時、ネロにとって哲学者は、偽の占いを行う不届き者で、容赦できない存在であった。このため、哲学者のようにマントをまとっているだけで、捕らえられて牢獄にぶちこまれる始末であった」。すでに、もう一人の哲学者、ムソニウス（多分、エピクテトスの師であるムソニウス・ルフス（30-101）のこと）は、牢獄に入っていた。

そして、アポロニオスがオリエントからついてきた三十四人の弟子たちとともにアッピア街道を通って、アリキアの近くまで来たとき、キッティウム〔訳注・キプロス島の町〕のフィロラオスに出会った。

フィロラオスは巧みな弁舌家であったが、追放処分にあう危険性を察知していち早くローマから逃れてきたのだった。彼は、途中で哲学者たちに会うたびに、できるだけ早く逃げるよう促していた。

彼は、アポロニオスに、いまからローマに入ろうなどというのは無分別だと忠告した。「君は、いかにも哲学愛好者だという連中を引き連れている（事実、アポロニオスの弟子たちは、その短いマントと裸足、波打つ髪の毛によって一目瞭然であった）。これでは、悪魔の餌食になりに行くようなものだ。市門を入って一歩も行かないうちに、待ち構えているネロの手下たちに捕らえられてしまうだろう！」

アポロニオスは、恐怖がフィロラオスの理性を失わせていることを見抜いていた。しかし、待ち構えている危険は理解した。そこで、弟子たちに向かって、引き返したい者は自由にするよう告げた。三十四人の弟子のうち八人が残った。

アポロニオスの一行がローマ市に到着したとき、実際には、番兵たちは何も咎めなかった。市内に入ると、もう夕方だったので、夕食をとるために一軒の旅籠屋に入った。食事をしていると、ひとりの酔っぱらった男が入ってきて、歌をうたいはじめた。彼は、皇帝からカネをもらって、居酒屋から居酒屋をまわってネロが作った歌をうたい、それに興味を示さなかったり、小銭を払うのを拒んだ者を見つけると、不敬罪で告発することを役目としていたのだった。

アポロニオスは、この仕掛けを見抜いたので、男にカネを払って裏を掻いた。この出来事は、居酒屋で酒を飲んでいる人の側へ来て坐り、皇帝の悪口を言い、同調した人間を逮捕した警察官について述べたエピクテトスの一節を思い起こさせる。

その後も、アポロニオスは、用心深さのおかげで、直接的な迫害は免れた。あるとき、親衛隊長官のティゲリヌスから尋問されたが、これは、さほどの悪意を持って行われたものではなかった。他方、彼は、執政官とも近づきになり自分の思想に関心をもち尊敬と支持さえ得て、自分にとってよいと判断したところでは、雄弁を振るうこともできた。彼の仲間の一人は、ネロの大浴場の落成式にあたって、贅沢全般と、とくに風呂に入ることを自然の秩序に反するとした演説を行い、帝室警察によって話の途中で追い出されるという目にあっていたが、彼は、ずっと巧く立ち回っている。

くだってドミティアヌスの時代、アポロニオスは権力とのいざこざにぶつかっている。今度のは、ずっと深刻であった。彼はローマに呼び出され、捕らえられて裁判に引き出された。控訴理由は、アポロニオスがオリエントで反皇帝プロパガンダに加担したとかいろいろなものがあったが、魔術を行ったということで起訴された。

この訴訟を起こしたのは、アポロニオスを憎んでいたストア派的傾向性をもつ哲学者のエウフラテスという男であった。ドミティアヌスはアポロニオスに弁明の機会を与えた。彼がとりわけ知りたかったのは、アポロニオスがどこまで敵方の陰謀に引っかからないでいるか、であった。

それ以外のことについてはドミティアヌスは、哲学者同士の争いだと見抜いていたし、彼がとった態度は、正統派ユダヤ教徒たちが聖パウロを法廷に引き出したときの、セネカの兄、ガリオ〔訳注・アカイアの総督〕のそれに近いものであったようである。つまり、社会秩序を乱すものでないかぎりは、こうした争いに係わらないとする態度である。

エウフラテスは、ローマの貴顕の家に頻繁に出入りしている。小プリニウスも彼を贔屓にし、友人たちにもエウフラテスの話を聞くよう勧めている。彼と同じように取り巻きの聴衆からちやほやされたソフィストは数え切れないほどいた。彼らは、そうした貴顕の邸だけでなく新しいフォールムの柱廊にもよく姿を現し、雄弁家たちと弁舌を競って聴衆から喝采を浴びていた。

教師の前で自作の演説を披露する子供（ルーヴル美術館蔵）

読み方を教える学校　教師の後ろにいるのは遅刻してやって来た子供（トリエル博物館蔵）

　哲学者だけでなく、いわゆる雄弁家たちも、ローマにやってきていた。彼らも、追放の憂き目に遭うことがあったが、それは、哲学者の場合と同様に、若者たちを惑わせ軍事訓練をなおざりにさせているという理由からであった。彼らも、追放は一時的で、追放を解かれると、ローマに戻ってきた。前一世紀の初めには、多くのローマの若者たちが彼らの講義を聞きに行っているし、なかには、もっと有名な雄弁術教師のもとで学ぼうと、ギリシャにまで出かける若者もいた。

　こうした状況のなかで、雄弁術は《教養ある人間》、とくにキケロによると、「その名に値する全てのローマ人」にとって欠かせないものになっていた。とくに帝政時代には、雄弁術を学ぶことは、教育の仕上げとして必須で、この学問の教師をローマから無くすなどということは不可能なまでになっていた。

　若者たちは言葉についての基礎を《文法教師》のもとで習得したあと、ほぼ十五歳になると、雄弁術教師のもとへ通いはじめた。そこでは、教師から幾つかのテーマが提示され、それについて演説原稿を作る練習が行われた。同じ一つのテーマで一種のコンクールも行われた。新しい論証法を見つけ出したり、聞く人の心を揺さぶる生彩のある文章を作る競争も行われた。このようなときには、生徒の両親や土地の有力者、雄弁家として名を成した人なども招かれた。ときには、大人も志願して出場したり、教師自身が妙技を披露することもあった。

少なくともハドリアヌス帝時代（117-138）のころには、フォールムのバシリカに半円形に突き出す形で設けられた談話室で雄弁術教師たちの講義が行われるようになる。人々も、生徒たちの練習ぶりを見ようとやってきて、講義が終わると、柱廊のあちこちで演説の出来映えについて議論が行われる光景が見られた。

こんにちにまで遺されている『サテュリコン』の断片の冒頭で、雄弁術教師のアガメムノンが即興で乱雑な演説を行い、それを、生徒たちが庭園で手厳しい批評を加える場面がある。当時は、こうした知的活動が、街路だろうと、公共広場のホールだろうと、談話室だろうと、いたるところで見られたし、それが社会的活動の重要な一部分を形成していた。

そうした哲学者たちのお説教や、雄弁術の教師と生徒の演説以外に、公けの場での自著の朗誦があった。これを流行らせはじめたのは、アウグストゥス時代のアシニウス・ポリオ〔訳注・前四〇年の執政官。最初の公共図書館を作った〕である。これ以後、著述家たちは、自分の著作を特別に招待した人たちを前に公表することが慣習となった。

そして帝政時代には、教養あるローマ人で、なんらかの文学的野心を持たない人は珍しいくらいになる。ある人は詩を作り、ある人は叙事詩とか悲劇を、また、歴史を記述したり、頌辞を書いたり、さまざまな概論書を著したりした。それらは、こんにちの言葉でいえば全てが「初版」であった。批評を求めてきた作者に対しては、大いに讃辞を交えながら批評を呈示するのが礼儀であった。皇帝たち自身も、自分が書いた作品を誰も読んでくれないときは、公衆のなかに出かけていくことも厭わなかった。

この慣習は、文学活動に一つの深い影響を及ぼさないでは済まなかった。作品は公衆に耳で聞いてもらうことを前提にしたものになっていき、作者たちは朗読による表現効果を追求した。その結果、著作で述べたことを一つの《格言》に要約して聴衆の注意を喚起するやり方が一般的になっていった。

また、公衆の前での朗読は、新刊書や再版書を広く世に知らしめる手段になったので、このことに気づいた書籍業者たちによって、盛んに朗読会が催された。この慣習も、ギリシャでは、かなり早くから行われていたようで、ストア哲学を創始したキティオンのゼノン（前三世紀）は、それより百年ほど前にクセノフォンが『ソクラテスの思い出』の第二巻を本屋の店頭でアテナイ人たちに読んで聞かせたことを語っている。

ローマの図書館には朗誦用のホールがあり、そこが文学の問題についての通人たちの出会いと議論の場になっていた。巻物の本が並べられた棚の下で繰り広げられるそうした議論に、若者たちは耳を傾け、老人たちは長広舌を振るった。本屋の入り口には発売中の著作を報せる紙が貼られ、ときには著者の彫像が飾られ、その台座には詩の一節が書かれていた。近くの列柱には宣伝ビラも貼られていた。

こうした書店は、当然のことながら、《フォールム》の近くにあった。キケロの時代には、フォールムのなかにあったが、その後、アルギレートゥム通りに沿ってたくさんの本屋が軒を連ねるようになり、さらに《平和のフォールム》が完成し、ウェスパシアヌス帝の図書館が造られると、多くの本屋はその近くに場所を移した。

アウグストゥス帝時代のローマで最大の書店であったソキウス家（ホラティウスの著作も、ここが扱っていた）は、トゥスクス通りがフォールム・ロマーヌムに出る角の《ウェルトゥムヌス》（季節とその産物を司る神）の像が立っていた所に店を構えていた。

以上が、文化の普及につれて、ローマ人エリートたちにもてはやされた楽しみである。このようにして、知的活動の普及が進展するなかで、ギリシャ人たちが果たした役割は際立っていた。かつては東方オリエントの大都市のアゴラで演説をしていた同じ人々が、いまはローマの《皇帝広場》で講演していた。絶え間なく行き来する知識人や教師たちによって、東方の進んだ種々の理念や流行が帝国全土に持ち運ばれた。しかし、彼らがとりわけ熱心な聴衆と豊かな素質をもった弟子たちを見出したのは、ローマにおいてであった。

ローマの文化には、ギリシャの《パイデイア》〔訳注・教育・教養〕に劣らない独創性があった。いまやローマでは、都会的洗練とある種の知的理想とが不可分となっており、市民のなかでも最も教養のある人たちは、余暇を下品で粗野な享楽に浪費するようなことはなくなっていた。

2　競技場の娯楽

ギリシャでは、若者たちは《ギムナジウム》で鍛え上げられた。その知的文化は身体の鍛錬をもって完成した。《ギムナジウム》が基本的目的としたのは、都市のための戦士を鍛えることではなく、スポーツと体育はそれ自体が目的であり、こうして鍛え上げられ均斉のとれた高貴な魂に期待されたのは

《平和の技術》であった。人々は《大競技会》で名声を博すにふさわしい体育競技の準備をし、自分の都市の栄誉のために貢献することを求められた。

その反対に、ローマでは、身体鍛錬自体をめざした純粋な体育は、長い間、知られていなかった。若者たちは《マルスの野》で、跳躍、槍投げ、走ることと泳ぐこと（武具をつけてにせよ裸になってにせよ）、熱暑にも寒気にも耐えること、槍での戦い、乗馬、など、専ら軍事訓練に没頭した。そこでは、美しく見せようということは関心の外であった。

前一六九年、パウルス・アエミリアヌスがアンフィポリス〔訳注・ギリシャの東北部〕で体育競技会を開催したとき、ローマの兵士で輝かしい結果を出した者はいなかった。はじめてローマに体育競技会を導入したのは、ギリシャ文化に傾倒していた元老院議員、フルウィウス・ノビリオル（執政官在任BC189）であったが、その競技者のほとんどは、急遽よばれたギリシャ人であった。ローマ人大衆は、この催しを喜ばなかったようである。ローマ人が喜んだのは、剣闘士同士とか、野獣を相手にした戦いのスペクタクルのほうであった。

しかしながら、次第にギリシャ風の生活が浸透するにつれて、共和制末期には体育競技の開催も増えていった。ポンペイウスは自分が造った劇場の落成を祝う大々的な祭典を、体育競技会抜きでは考えられなかった。カエサルも、前四六年、《マルスの野》に仮設のスタディアムを大急ぎで建造している。

ギリシャの各地を訪れたり、アシアの宿営地で生活するローマ人が多くなると、ギリシャのこの技能について知らないでは済まされなくなった。もっとも、彼ら自身、心の中では、こんなことは一人前の男にはふさわしくない子供っぽい娯楽にすぎないと思ったし、体育競技で勝つことへのギリシャ人たちの熱狂ぶりは、ローマ人には大袈裟に感じられたが、それにしても、その栄誉が称えられる様子は、惹きつけるものがないわけではなかった。

また、ギリシャ征服に伴ってたくさんの像がローマに運ばれてきて、人々の目に触れるようになった結果、《ギムナジウム》が理想とした筋肉美の基準がローマ人の間にも定着していった。こうして、少しずつ新しい世界が彼らの前に開かれていったのである。

辻々で見物人を前に格闘技が行われることは、ラテン人の諸都市でも以前からあった。スエトニウスによると、アウグストゥスはこの種のスペクタクルを大いに喜び、ギリシャのプロの競技者を対決させることもしばしばあった、という。おそらく彼は、自分にとって楽しみであった体育競技に対する嗜好をローマ人にも分かち与えようと考えたのであろう。

アクティウムの戦いの勝利を記念する競技会がアクティウムに近いニコポリスの町で四年ごとに開催されているが、これを定着させたのはアウグストゥスとされる。彼は、これによって、自分の守護神であるアポロを称えようと考えたのであったが、その根底には、ギリシャの伝統であったオリュンピア、デルフォイ、コリントス、ネメアのギリシャ四大聖地の《大競技会》に比肩するものにしようとの意識ももっていた。

この礼式は、ローマのパラティヌスのアポロ神殿の献堂式の際にも再現された。このときは、剣闘士同士の戦いのほかに、戦車競走、体育競技のエキジビションが催されている。このアウグストゥスの競技会は、それ自体では治世のあとまで生き残らなかったが、体育競技会の慣習は生き続け、ローマの諸都市に定着していった。

ギリシャ式の競技会がピークに達したのは、ネロの治世で、「ネロニア」と呼ばれた五年ごとのコンクールが始まるのであるが、体育競技熱は、それ以前から、さらにいえば、《マルスの野》のギムナジウムが落成し、ヘレニズム世界の君主を真似て、ここでトレーニングする人のためにオリーヴ油を用意させるようになる以前から、高まっていた。たとえばセネカの概論書〔訳注・前四九年に書かれた『人生の短さについての対話』〕には、ローマの貴族たちが体育競技会のチャンピオンに熱狂し、スタディアムや練習場に伴っていったり、自分の庇護下にある新しい競技場の宣伝に利用したことが書かれている。その意味では、ネロは、この種のスペクタクルを盛んに催したが、すでに確立されていた一つの様式をなぞっただけであった。

彼の治世のあとも、ギリシャ式の競技は頻繁に行われていった。ドミティアヌスによって始められた有名なカピトリウムの競技会は、大勢の群衆を惹きつけ、少なくとも西暦二世紀から三世紀にいたるまで引き続き開催された。

ドミティアヌスは、ネロと同様、体育競技と文学コンクールを結びつけ、ギリシャ語による雄弁、ラテン語による雄弁、それに詩作のそれぞれに優等賞を設けた。これは、ギリシャ人の《パイデイア》の理想がローマに受け容れられ、精神の優秀性と肉体の逞しさとが分離すべからざるものとされるようになったことを示している。

この競技会のためにドミティアヌスは、特別のスタディアムを《マルスの野》に造った。その跡が今日の「ナボナ広場」で、そこにはいまも往時のスタディアムの形が見分けられるし、最近の発掘によって、その基礎構造が掘り出されている。これは、おそらく三万人の観客を収容できた競技場で、このことは、このスペクタクルが大衆に好まれていたことを物語っている。

多分、この「ギリシャ式パイデイア」に難癖をつける伝統主義者も何人かいた。とくに元老院の反対派は、これは我らの先祖からの伝統を踏みにじるものだと攻撃した。しかし、ローマとしては、体育競技のコンクールをオリエント都市の独占物にしておくことはできなかった。ローマは世界の首都として、あらゆる形の栄光を受け容れる義務を負っており、ギリシャの古典主義が過去に息吹きを吹き込んだ《人間美の理想》を、己の狭量な保守主義から拒絶するわけにいかなかったのである。

体育競技に中傷を浴びせた人々の大部分を不快がらせたのは、体育に熱中する人々が本来の理想である《均斉のとれた身体》でなく、異常に筋肉を盛り上がらせる方向へ走っていったことであった。それについては、セネカが次のように書いている。

「ルキリウスよ、身体の筋肉を鍛え、首を猪のそれのように太くし、横腹を鍛錬しようなどというのは、およそ教養ある男にはふさわしくないことで、お前は、なんと馬鹿げたことに夢中になっているのだ！　もし、お前が望んでいるように全身の筋肉が盛り上がり、太い身体になったとしても、力の点でも重さの点でも、肥った牝牛にはとうてい及ばないだろう……。」

しかし、セネカがどう言おうと、若者たちが有名な体育家のもとへ殺到する勢いは止まなかった。彼らは、つぶれた耳たぶを格闘技と体育の鍛錬の栄えある勲章とし、金持ちのローマ人は、トレーニングしてくれる体育家を自宅に養い、日々、寸秒を惜しんで鍛錬に入れ込んだのだった。

3　ローマ人たちの気晴らし

しかし、体育競技のスペクタクルは、ギリシャから持ち込まれたままでは、ローマ人大衆を魅了しなかった。その原因は、民族的競技と違って、都市ローマの深い宗教的伝統に根差していなかったからである。そうした民族伝統の競技会が開催された主要な建造物に関しては、すでに述べたので、ここでは、どのようなスペクタクル的要素がそこに含まれていたかを探り、それが都市住民にとってもっていた意味を分析しよう。

ローマ人の伝統的競技会は、その本質は宗教的行事であった。それは、自分たちの都市と神々の間に望ましい関係を維持するのに必要な儀式であった。この本来の性格が忘れられることは決してなかったし、時代がくだっても、人々は供犠の場に臨むのと同様に、頭を被う物を脱いで円形闘技場や戦車競技に立ち会った。

最古の競技は《大競技会》とも呼ばれた「ローマ競技会」で、この祭典は、カエサルの死後、延長されて十六日間になる以前は、九月半ばの四日間に行われた。開始にあたっては厳粛にユピテル神に捧げ物をし、高位の政務官と神官たちが参加して饗宴が行われた。ついで、光り輝く刺繡を施した緋色のトーガをまとい檜の枝の冠をかぶってユピテル神に扮した執政官または神官が、カピトリウムの丘から大競技場へ行幸した。

この行列には、騎士階級を先頭に、若者たちの〈ケントゥリア〉と全市民が身分ごとに並び、さらに、そのあと、競技者たちと踊り手、パントマイムの役者、そのほか、あらゆる道化た扮装の人物たちが続いた。そのなかには、シレーヌスやサテュロスが淫らな所作をしながら加わっていた。曲技者のように身体をくねらせて踊る彼らの姿は、すでにエトルリア人の墓にも描かれていることから、おそらく、もともとはエトルリア世界のものであったのが、タルクィニウス王の時代にローマの儀式に採り入れられたと考えられる。

行列は、フルートやタンバリン、トランペットの甲高い音楽の伴奏つきで進んだ。これらの踊り手たちのうしろから、宝物庫に仕舞われていた黄金の甕とか香料を満たした壺など、都市が所有している豪奢で珍しい品物が台に載せて運ばれた。最後に、神々が進んだ。古くは、人間がそれぞれの神の象徴物を身につけてこれに扮したが、前二世紀以後は、神々の像が運ばれるようになった。この神々の像は、行列が大競技場に着くと、競技を見渡せるよう高く設えられた台座の上に据えられた。《平民競技会》も同じような手順で、この《大競技会》と同じくらい盛大に行われた。

しかし、ローマの年中行事は、これらだけではなかった。共和制のもとで起きた危機のたびごとに、もっとくだると、新しい事件が起きるたびに、さまざまなものが付け加わっていった。

ハンニバルによってローマ市自体が脅かされた第二次ポエニ戦争の大きな災厄のあと、前二一二年には《アポロ祭競技会》が行われるようになる。これは多分、タレントゥムの影響であろうが、馬に乗ってのデモンストレーションと曲馬芸が大きな比重を占めていた。

そのほか、農耕儀礼に結びついたものもあった。四月に行われる《ケレース祭》、それに引き続いて五月三日まで行われた《フローラ祭》がそれである。これらは、今日ではその意義が分からなくなっているが、ローマ人たちにとっては重要な意味をもった特別の祭儀に恒例のエキジビションが混合したものであった。

《ケレース祭》では、燃える松明を尻尾に結びつけられた狐を競技場に放った。《フローラ祭》では、ローマの娼婦たちが素裸になって扇情的なダンスを踊るのが慣わしであった。後者のあらわす意味は明白である。それは、年が改まるに際し、多産の力に逞しさを蘇らせようとするもので、どれほど、このスペクタクルが淫らであろうと、凶作になることへの恐れから、敢えて廃止されることはなかった。

第二次ポエニ戦争中の前二〇四年、ローマ人たちは『シビュラの書』〔訳注・女予言者シビュラに帰せられる予言が記された書〕の命じるところによってフリュギアのペシヌスへ行ってキュベラ女神の像を見つけ、ローマに移したが、このとき、新しくやってきた女神のために、ローマ人の慣習にしたがって競技大会が催された。これが《メガレンシア祭》である。

しかし、前一九四年からは演劇がこの祭儀に付け加えられ、それが次第に大きな比重を占めるようになっていった。前一四〇年以後は、《大競技会》にも演劇が行われるようになる。ティトゥス・リウィウスによると、最初に劇の上演が導入されたのはペストが猛威を振るっていた前三六四年で、これは、神々の怒りを鎮めるためであった。しかし、このときは、まだエトルリアの祭儀を模倣して、セリフのないパントマイムが演じられただけであった。

その後、ローマの若者たちは、このパントマイムに、風刺的な語りや歌を付け加えながら踊るダンスを組み入れていった。この民衆的な詩と宗教的ダンスの結合から、《サトゥーラ》〔風刺劇〕と呼ばれ、演劇の芽生えとなる新しい一つのジャンルが生まれる。

しかし、本当の意味での演劇が生まれるのは前二四〇年、タレントゥム人のリウィウス・アンドロニクスが、一つの筋をもった舞台劇として《サトゥーラ》を仕立てたのが最初である。

このとき、ローマは第一次ポエニ戦争でカルタゴに最初の勝利を収めたばかりで、イタリア半島だけでなくシチリアにおいても優位を示し、ギリシャ人諸都市も敬意をもってローマを見るようになっていた。そうしたなかで元老院議員たちも、取り残されまいと、古風な儀礼を近代化しようという意向をもっていた。しかも、ちょうどシュラクサイ王、ヒエロン二世がローマ人への返礼のため訪ねてくることになったので、リウィウス・アンドロニクスに祭儀の改革を注文したのだった。

とはいえ、正直なところ、このローマ最初の演劇はギリシャ人の見物人には、かなり不自然に映ったにちがいない。彼らからすると、その主題はエウリピデスが悲劇で扱ったもので、組み立て方も伝統的で、自分たちの国ではすでに古臭くなっていた筋書きだったからである。しかも、演じ方にいたっては全く陳腐であった。ギリシャでは、一つの人物の役は、初めから終わりまで、同じ一人の役者が演じたのに対し、ローマでは部分部分で交替して演じられた。たとえば、同一人物について、振りを演じるのと、フルートの伴奏で詩を朗誦するのとは、別の役者が演じた。しかも、そのフルートを吹く音楽家も、同じ舞台の上にいるのである。

この奇妙な慣習は古い宗教的パントマイムの名残で、そこには、革新を受け入れはするが、過去のものも、放棄しないで、手直しして活かそうとするローマ的気質が反映されている。

前三世紀末以降は、演劇はほとんどあらゆる催しに付き物となり、戦車競走も演劇と交互に催されるようになったことから、《競技会》にかける日数も増えていった。ともあれ、これによって、《ラテン演劇》の誕生が促進され、何世代かにわたり詩人たちによって傑作が生み出されたことも事実である。

プラウトゥスがその劇作品のほとんどを生み出したのは、第二次ポエニ戦争の最も沈鬱な時期であった。しかも、このころ、喜劇を書いたのは、彼だけではなかった。カンパニア人で、彼の先輩にあたるナエウィウスも、たくさんの喜劇を書き、上演されている。

ナエウィウスもプラウトゥスも、題材を少なくともそれより百年以上前にギリシャ人都市で演じられていた《ギリシャ新喜劇》のレパートリーのなかから汲み上げている。この翻案は、かなり受けた。というのは、そこに登場するヘレニズム時代のギリシャ人は、いまや地中海世界のあらゆる流れに対して門戸を開いてギリシャ化していた新しいローマ人にもそのまま当てはまったからで、そこには、ギリシャと同様、金持ちの商人や貪欲な娼婦、父の遺産を狙っている若者たち、それを手助けしようとする狡賢い奴隷たちがいた。

ローマ喜劇は、たとえば古代アテナイのアリストファネスのそれのような政治的当てこすりは含んでいなかった。ペリクレス時代のギリシャと違って、ローマでは、行政官たちが風刺の自由を認めなかったのである。そこには、ローマ人の家庭生活や当時の実社会の描写も見られない。ローマ人にしてみると、そうしたものは無遠慮な視線に晒されてはならないものだったからである。

したがって、そこにある雰囲気はあくまでギリシャのそれであった。人物の名前や、設定されている土地も、ギリシャのそれであったし、社会の仕組や風習に言及した内容も、ローマのそれとは別の世界へ観客を誘った。逆に、それが、大胆な試みの言い訳として役立った。喜劇の中の世界は現実世界の周縁にあったおかげで、道徳性の問題を問われないで済んだ。人々が笑い、公衆と一緒に神々も楽しむ。それで祭儀は、本来の目的を達したことになるのだ。

とはいえ、ローマ人が作ったのは喜劇ばかりではなかった。この時代の作品として悲劇よりも喜劇が知られているのは、古文献の伝承の偶然性による。悲劇で遺っているのは、幾つかの題名と僅かな断片だけであるが、それらによっても、ポエニ戦争当時のローマ人たちが何を悲劇に求めたかを垣間見ることはできる。

主題は、おそらくギリシャ的なものであったが、通常はトロイ伝説の連作のなかから選ばれた。その底流には、ローマ人が自分たちの遙かな淵源をトロイに求めた事実がある。確立しつつあったローマ文明に「血筋の高貴さ」の根拠を与えてくれたのが、ホメロス叙事詩のこのトロイの思い出であった。

このように、《女神ローマ》が齢を重ねた神であることが人々から好まれ、ギリシャがその年代記の始まりを求めたアカイア人とフリュギア人の対決の歴史という地中海世界最古の歴史のなかにローマも自らを組み込ませようとしたことは、意味深いものがあるといえよう。

イタリアの歴史的年齢を延長させる伝承もたくさんあった。マグナ・グラエキアの植民者たちは、自分たちの歴史に、好んで古い時代の思い出を見出そうとした。それは、長い間信じられてきたように作り話にすぎないものもあるし、より蓋然性をもつものとして、遙かな昔の東方から西方への移動という歴史的事実を、このような伝承として潜ませたのかも知れない。

いずれにせよ、南イタリアの諸都市（ラティウム諸都市も含めて）は、ギリシャ神話のなかに登場してくるし、そうした悲劇はローマ人たちにまったく違和感を抱かせはしなかった。むしろ逆に、彼らのなかに、地中海文化共同体に属しているのだという感情をしっかりと根づかせる働きをしたのであろう。そのうえ、イタリア人たちは、エトルリアの芸術や口承文学のおかげで、古くからギリシャ神話の宝庫に馴染んでいた。本来、典型的にギリシャ的で、およそ輸出は不可能と思われた演劇に、ローマ人が楽しみを見出し得た理由も、このことから納得できる。

初期のラテン詩人たちは、ギリシャ的レパートリー（喜劇と悲劇を問わず）とは別に、ローマ人を登場人物にした民族的演劇を樹立しようと試みた。そこで創り出されたのが、《プラエテクスタ悲劇》〔訳注・「プラエテクスタ」とはローマの貴族や高級官吏が着た緋色の縁付きトーガ〕である。

題材は、ある都市の占領にまつわる話とか、古い年代記が伝える有名なエピソードとかといった民族の歴史から採られた。それらはホメロス叙事詩の英雄たちの冒険談に匹敵すると見られた。この観点からすると、悲劇は間違いなく《愛国心》に精神的意味を与え強化することに貢献した。こうして、観客たちを祖国の偉大さと栄光の一つの理想のなかに溶け合わせたのが《プラエテクスタ悲劇》であった。

ギリシャ悲劇の主人公たちが《生まれ》によって半神であったのに対し、ローマのプラエテクスタ悲劇の主人公たちを神格化したのは、その《武勲》であった。この感情がいかに顕著であったかを示している事実を一つ挙げると、前一八七年に、一人の凱旋将軍はヘルクレス・ムサールムに神殿を建てさせ、自分を《記憶の神》の娘で〈不死〉を司る女神たちと交わる神として祀らせている。

4　民衆劇――幕間劇とミモス劇

演劇は、前二世紀ごろ急速に発展を示し、多分、共和制末期までは、悲劇においても喜劇においても、脚本が大きな比重を占めたが、次第に、脚本の占める位置はアクセサリー的になり、演出のほうが重要性をもつようになっていった。

たとえば、トロイ占領を表現する必要があるときは、鎖で繫がれた人々を延々と行進させる手法が採られた。また、金銀財宝や高価な甕、像、オリエントの布、タペストリー、刺繡の施された衣装などが舞台の上を次々と運ばれ、まだ物質的豊かさに馴染んでいない公衆に対して、《戦利品》の豪華さと膨大さでその想像力を刺激した。

こうした写実主義的傾向から、伝説のなかの種々のエピソードについても、その恐ろしさを生々しく再現する方法が採られた。大惨事の場面では、死刑囚を使って、観衆の眼前で死なせることも珍しくなかった。また、ペンテウス〔訳注・テーバイの神話上の王で、ディオニュソス信仰に反対し、信徒たちに殺された〕がバッカス教徒たちにバラバラに引き裂かれて殺される場面でも、実際に人間が殺された。トロイの城が炎上する場面でも、ほんとうに火がつけられた。ヘラクレスが薪の山の上で焼かれる場面でも、生きた人間が焼かれた。パジファエが木製の牝牛の型の中に入って牡牛と交わる場面も、ほんものの発情した牡牛が舞台の上に放たれた。〔訳注・パジファエはミノス王の妻で、牡牛に恋心を懐いて交わった。その結果、半人半牛の怪物、ミノタウロスが生まれ、その生贄としてギリシャの少年少女が捧げられた、という伝説がある。〕

こうした野蛮な奇行から、ローマの平民たちは特別に退廃的で残酷趣味をもっていたなどと決めつけることは誤りである。アプレイウスの言うところによると、ギリシャのコリントスでも、演出家たちは、ロバを主人公にした彼の作品を上演するのに、実際にロバと人間の女を性交させた、という。これには、毒殺などの罪を犯し有罪を宣告された女性が使われ、彼女は、このあと、猛獣に与えられたのだった。

このような見世物が古代人たちを喜ばせたなどといっても、私たちには理解することが難しい。しかしながら、そもそも演劇とは、ギリシャにおける起源からして、魔術的魅惑の世界であり、日常の道徳的規範から外れたものであった。それが意図し、実現しようとしたのは正常な自然の法則がもはや当てはまらない、不可能なことは何もない一つの世界に観客を誘うことであった。

ローマ演劇もまた、しばしば、一種の夢幻の世界を実現しようとした。それが提供してくれる「素晴らしい世界」に不可能なことがあるはずはなかった。ゆえにそれは、残虐性ばかりでなく、有り余る富と奇跡を誇示するものでもあったわけである。

ローマ人は、みずからが世界の王であり、全能であることを自覚し、夢が現実になることを望んでいた。その夢が残忍で淫猥であるか、豪勢で享楽的であるか、それとも詩的で幻想的であるか、それは大した問題ではない。大事なことは、それが現実になることであり、公衆は、この期待に応えられるスペクタクルを提供できないほど工夫の才能もなく、富ももたない行政官には、いつでも引っ込んで貰うつ

喜劇の場面（ナポリ博物館蔵）

踊り手たち（ローマ・テルム博物館蔵）

もりでいた。したがって、演劇が文学の道から逸れて別の方向へ引きずられていった理由は明白である。

文学的演劇とは別に、多分、原初的な《円形競技場の祝祭行列》と農民の祭の幕間劇から直接に出てきた民衆的ジャンルがもう一つあった。いわゆる《アテルラーナ劇》〔訳注・「仮面即興劇」と訳される〕がそれで、シチリア喜劇の影響の強かったカンパニアで生まれ、ローマにしっかり根づいていった。

そこに登場するのは四人のステレオタイプ化した人物で、一人は気難しい老人のパップス、もう一人は勿体ぶった様子のせむしのドッセニウス、そして大食漢で居候のブッコ、間抜けのマックスである。筋書きは日常生活から採られた、きわめて単純なもので、たとえばドッセニウスは学校の先生とか占い師といったお決まりの役割を振られ、それに端役の連中が絡んで滑稽な所作を繰り広げた。

《アテルラーナ劇》は本質的には風刺劇であるが、卑俗性によって人々を惹きつけようとして、淫らな演技も辞さなかった。ときには、舞台で演じられた劇の結末を引き継いだ内容であることもあり、スペクタクルの最大部分を占めた文学的作品の一種のパロディーとして《エクソドス》〔訳注・悲劇のあとに演じられる滑稽劇〕の代わりに演じられた。

もう一つ、《ミモス劇》〔訳注・「物まね狂言」とも訳される〕があり、これは更に大胆であった。導入されたのは、おそらく前三世紀ごろで、《アテルラーナ劇》と同じく、古代末期にいたるまで続いた。これは、ローマ人の深層部にあった嗜好に応えたもので、文学的な悲劇や喜劇と同様にテーマを伝説に借りながら、喜劇に特有のドタバタが織り込まれていた。

とくに好まれたのは恋のアヴァンチュールで、中世フランスの《ファブリオー》を劇にしたものではないかという印象を受けることがある。たとえば、美女が亭主の目を誤魔化して愛人を匿っていた衣装タンスが家の外に運び出されてしまうといった筋書きである。それらは、ミレトスの小咄によって、当時、広く人口に膾炙していたもののようである。

《ミモス劇》は、神だろうと人間だろうと、何者にも敬意を払わなかった。当時のキリスト教護教論者テルトゥリアヌスも、さすがに、神々が余りにも不名誉な状態で舞台に引き出されるのを見て憤慨している。彼は、アニュビス神が不義を働いたり、ルナ神が浮気をするために人間の男に変身したり、ディアナ神が鞭打ちの罰を受けるなどといった姿で表されているミモス劇があったことを伝えている。

また、ある詩人は、ユピテル大神が死ななければならない事態を設定し、滑稽至極な遺言状を朗読させている。そこには、飲まず食わずで痩せこけたヘラクレスががつがつと食べ物を貪る様子に嘲笑を浴びせるといった、アリストファネスの『鳥』を思わせる場面もある。

こうした「不敬神」と感じられることが人々から受け入れられたのは、ギリシャにせよローマにせよ、古代宗教がある意味のユーモアのセンスを無くしておらず、祭の目的が神々を笑わせることにあったことを忘れては理解しがたいところであろう。

《ミモス劇》では、テキストつまり脚本は重要ではなかった。とはいえ、全く脚本がないわけでなかったことは、たくさんの証言から明らかである。しかし、その会話はごく簡単で、ふざけか、さもなければ、分かりやすい道徳的格言に過ぎなかった。中心になったのは身振りとダンスで、抽象的知性によりも感覚に訴えるものであった。そのため、観客を喜ばせることなら何でも大胆に採り入れられた。プルタルコスは、ウェスパシアヌス帝の治世に、麻酔薬を呑まされた犬が目覚めて立ち上がり、次第にしゃんとしていく様子がパントマイムで演じられたことを書いている。

《アテルラーナ劇》では、喜劇も悲劇も、女の役も男の役者が演じたが、《ミモス劇》では、女の役は女が演じた。観客は、女の役者が一糸まとわぬ姿で踊ることを要求したが、思いがけない筋の展開が、それだけで充分に人々を満足させることも少なくなかった。

5　戦車競走

このように夢幻劇と写実主義的演劇が交差し、詩と陳腐な催し物が並存するなかで発展していったのがローマの数々の気晴らしであり、そうした雰囲気は、戦車競走にも剣闘士の戦いにも浸み込んでいた。大競技場や円形闘技場、劇場で繰り広げられたものは全てが〈奇抜さ〉の後光に包まれており、単純な現実性とは関係のないある重要性を帯びていた。

一つの戦車競走で、ある御者が勝利を収めることは、ある民衆の勝利という意味合いをもっていた。逆に、ある御者の負けは、彼を支持した民衆にとって破局であった。そこに、たんなるスポーツとしては説明しきれない熱狂ぶりを人々が示したゆえんがある。

帝政時代には、白組・青組・緑組・赤組の四つがあり、民衆は、これらの四つに分かれて応援した。純粋にスポーツ的熱狂の場合は、ある御者個人を贔屓したはずであったが、この戦車競走では、御者が誰であるかにかかわりなく、特定の色の組が勝つことが大事であった。

この理由は、最近になって分かったことであるが、色ごとの「サポーター」は社会的階層によって分かれていて、それぞれが自分の色を自分たちのシンボルとし、そこに自らを同一化したからである。カリグラ、ネロ、ドミティアヌス、ルキウス・ウェルス、コンモドゥス、エラガバルスといった、歴代皇帝のなかでも最も〈庶民的〉であった人々は全て、《緑組》を贔屓していた。

ユウェナリスは、ある戦車競走の競技会に触れて、次のように書いている。

「きょうは、ローマの全市民が大競技場に集まった。その耳を聾する歓声から、勝ったのが緑組であると分かった。というのは、もし緑組が負けていたら、執政官たちがカンナエで敗れて倒れたかのようにローマ市民が悲しみに打ちひしがれる情景が見られたはずだからである。」

これは、庶民たちが緑組を応援していたことを物語っている。その反対に、元老院と伝統主義者の貴族は青組贔屓であった。ウィテリウス帝が「青組を悪く言った」という理由で緑組の何人かのサポーターたちを死刑にしたエピソードは有名である。外面的には単なるスポーツの対抗試合であったが、その下では別の重大な関心が火花を散らしていた。

それは、神々は自分にとって〈善〉と映った人々に勝利を授けるはずであるから、勝利こそ、神々が贔屓してくれている証拠であるという信念である。しかも、神々の贔屓は、戦車の馬と御者に対してと同時に、その組に自らを同化し自分の運を託した全ての人々に向けられると考えられた。

現代人のイメージでは、戦車競走のスペクタクルは、御者は二頭ないし四頭の馬に牽かせた戦車にすっくと立ち、身体にぴったりの袖無しチュニカ（貫頭衣）を着て、ベルトに繋がれた手綱を左手で操りながら、右手で鞭を振るって全力疾走させる雄々しい様子が浮かぶ。戦車は二輪で、その上に前方と左右の三方に枠の付いた台が載っており、実戦用と同じだが、なるべく重量を減らす工夫がされていた。

そのスピードのため、ほんのちょっとした衝撃でも車輪は壊れ車体は転覆し、しかも、身体が革ベルトで馬たちと繋がれていたので、御者は致命傷を受ける危険性があった。このため、御者は、いざというときに自分と馬とを繋いでいる革ベルトを切り離せるよう、ナイフを腰のところに挟んでいた。もし、巧く切り離せなかった場合は、馬たちに引きずられて、コースの中心軸の《スピーナ》とかコース外側の柵に叩きつけられた。

出走の合図は主催者の政務官が桟敷席の上から白い布を振って出した。その瞬間、柵の横棒が下ろされ、馬たちは一斉に走り出した。競走はトラック七周で、その距離は約七・五キロになる。一周するごとに、《スピーナ》の上に吊り下げられた〈卵〉が一つずつ切り離された。

最後の〈卵〉が切り離されたとき、場内の興奮は頂点に達した。戦車それぞれが、最も有利な内寄りのコースを取ろうとして境界石すれすれに走った。ひとりの御者がへまをして車輪が石にぶつかって壊れたときには後続の馬車も巻き込まれ、他の御者たちも不幸な目に遭った。この種の事故は絶えず起きたので、サポーターたちは、ライバルの戦車が事故にあうよう呪いの文句を書いて、地底の神々に届くよう墓に埋める連中もいた。したがって、事故が起きたときは、不幸な事態に悔しがり悲しむ群衆がいる一方で、幸いに巻き添えにならなかった戦車を応援している観衆のなかには、願いが見事に叶ったと喜ぶ姿も見られた。

6　剣闘士の戦い

剣闘士同士を戦わせるゲームがローマで初めて行われたのが前二六四年、ユニウス・ブルトゥスの葬儀に際してであったことは、すでに述べた。このときは、葬儀のなかの一部でしかなかったが、やがてローマ人にとって、これ自体が楽しみになっていった。

前二六四年のときに行われた試合はわずか三組だけだったが、その五十年後のアエミリウス・レピドゥスの葬儀の際は二二組の闘技が行われている。それに競争心を刺激されて、その後まもなく、一つの催しで一〇〇組を超える剣闘士の試合が繰り広げられるようになる。

大領主たちの間では、田舎にある自分の領地で自前の剣闘士団を養成することが流行した。このため、カエサルの時代には、ひとりの領主が所有する剣闘士の数を制限する元老院・執政官令が出されるまでになっている。これは、自分の主人に全面的に服従し、その手先となって動く武装集団が形成され強大化するのを防ぐことが目的であった。そうした危険性は、すでに《スパルタクスの乱》（BC74-72）で証明済みであった。この反乱は、カプアの剣闘士学校から脱走した剣闘士たちが中核になって起きた事件であった。

前五七年から同五二年まで護民官ミロとそのライバルのクロディウスの反目に関連して、前者には元老院が肩入れし、後者には民衆派が味方して、国を二分する内乱が続いたが、両者ともに目を付けたのが剣闘士たちであった。剣闘士は彼らの身辺警護を務める一方、敵方を倒すための「刺客」にもなった。しかし、政治的意図とは無関係に、スペクタクル用に貸し出す（その費用は高額であった）ために剣闘士養成をビジネスにする人もいた。また、帝政時代には、他の召使いたちと同じ資格で元首の家の一員となり、皇帝が開催する競技会に出場することを任務とする剣闘士もいた。

アリーナで戦わされた人がすべて職業的剣闘士だったわけではない。死刑を宣告された人が、死刑執行の一つの形として、武器をもつ人間や猛獣に素手で立ち向かわされることもあった。ただし、猛獣相手に戦わされたのは、自由人であれ奴隷であれ、ローマ市民権を持たない人に限られていた。また、罪人のなかから最も若くて強健な何人かが選ばれて、ただ死刑に処される代わりに剣闘士学校に入れられ、プロの剣闘士として訓練を施される例もあった。少なくとも三年間の訓練で技を身につけ、チャンスを摑んで生き残ることができた場合は、刑を免除され、ほかの引退する剣闘士たちと同様、鉄の穂先の付いていない槍の柄を授けられ、自由の身となった。

アリーナに引き出されたのは、政治犯を除く普通法の罪人たちであったが、戦争捕虜も、しばしば回された。クラウディウス帝の治世の四七年には、ブリトン人捕虜が大量にこの方法で虐殺された。同様に、ティトゥス帝がレバノンのベリトゥス、パレスティナのカエサリア、またシリアの多くの都市で開催したスペクタクルのなかでユダヤ人捕虜がこのやり方で処分されたことも、ヨセフスの証言によって知られている。このやり方は、帝政時代全期を通じて引き継がれ、コンスタンティヌスも、反逆したブルクテリ族〔訳注・西北ゲルマニアの部族〕について、同じ方法を採用している。

しかし、民衆は、そうした一方的な流血の見世物をさほど喜ばなかった。双方が同じように武器の扱い方の訓練を受けていて、そのうえで、頭を使って戦うことを喜んだ。そのため、自らの意志で剣闘士になろうという人間への需要が高まり、剣闘士は一つの職業となっていった。

剣闘士を養成する教師は《ラニスタ》（剣術師範）と呼ばれ、志願者は、《師範》に対し、「撃たれ、焼かれ、斬られ、殺されるも、すべて師範の意のままに任せる」旨を誓えば仲間に入れてもらえた。学校は文字通りの《兵舎》で、この職業の古参の先輩であるコーチのもとで厳しい訓練を施された。

剣術は、何人かずつのグループに分けられて、地面に打ち込まれた杭に敵の剣闘士を象った人形の「パルス」を相手に練習した。経験に基づいて考案されたカリキュラムがあり、「プリムス・パルス」と呼ばれる最上位に達すると、《師範》と見なされた。

規律は厳格で、すべての武器は、鍛錬の演技のためと試合のための他は、《武器庫》の中に厳重に保管され、男たちは滅多なことでは外出させてもらえなかった。規律を破った者は、笞で打たれたうえ、焼き鏝を当てられて、鎖に繋がれた。しかし、男たちの体調に関しては、常時、注意が払われた。とくに栄養については細かい配慮がなされた。学校には医師がついていて男たちの健康管理に当たり、入浴を規則づけマッサージを施したり、よい体形を維持するための特別の食事も考案されていた。

最後に、試合の前夜には、出場する剣闘士たちは特別に豪華な夕食《リベラ・ケナ》（訳注・「自由な食事」の意）を摂る権利を認められた。それは、多くの場合、「最後の晩餐」になったからである。この夕食は公開で行われ、好奇心の強い人々が明日の出場者の様子を見ようとやってきた。剣闘士たちは努めて平静を装いながら、楽しげに飲み食いし、間違いなくその多くは、自分のためにこのような機会が提供されたことに幸せを感じた。

こうした剣闘士の試合は、ティベリウス帝の時代には、滅多に行われなかったので、セネカは、一人の有名な剣闘士が、こうして無為に過ごせる日々を「人生最高の毎日だ」と述べた言葉を記している。剣闘士たちの心を支配したのが、武器に身を晒して恐れない勇気であったことは確かである。彼らが勇敢さを誇示したのは、勇者にのみ向けられる大衆の贔屓を勝ち取り、運悪く殺される事態になっても、観衆が助命を求めてくれることによって助かろうとしたからだ、と言う人もいる。しかし、多くの剣闘士は、そのような打算からではなく、ただ単純に、自らが選んだ仕事を立派にやり遂げようとしたのであって、兵士と同様、自分の使命は相手を殺すか、そうでなければ死ぬことだと覚悟していたのが真相のようである。彼らは、そのために養われ、金銭を得ていた（その額はかなりのものだった）のだ。

帝政時代になると、剣闘士たちは軍隊として奉仕するよう求められる事態が頻繁に見られるが、これは驚くまでもない。しかも、その活躍ぶりはめざましく、アリーナでのそれに較べても見劣りしない英雄的な活躍をしばしば示している。

帝政時代の剣闘士たちは、もはや、執行を猶予された死刑囚ではなく、自分の命を賭けているとびきり勇敢な体育競技者である。だからこそ、名門に生まれた若者でありながらアリーナに立ち、自分の勇敢さと力量を大衆の前で示そうとする例も少なくなかった。その点でとくに有名なのはコンモドゥス帝で、彼は自らの《ウィルトゥス》〔訳注・ローマ人が最も重視した徳で、勇気と力のこと〕がいかに優れているかを証明することによって「新しいヘラクレス」たらんとしたのだった。

帝政時代の剣闘士がどんな武器で、どのような装備をして戦ったかについては、多くの図像化されたものが遺されているので、かなり明確に知ることができる。そこには、幾つかのカテゴリーがあった。戦いの仕方として最も好まれたのは一対一の対決だが、両者の装備には、劇的効果が計算されていた。

たとえば、庇付き兜と楯だけの簡単な防備で、剣を一本もっているだけの剣闘士は「セクトール」〔訳注・「従者」の意〕と呼ばれ、相手に攻撃を加える場合の身軽さとともに、攻撃を受けるうえでの弱さが好まれた。同じように動きの敏捷な戦士に「レティアーリウス」と呼ばれるのがあった。これは、漁師の使うそれに似た鉛の錘付きの網と、これまたマグロ漁師のもつ三つ叉のやすを持つもので、服装はほとんど裸で、短いチュニカに幅広の革のベルトを締め、左腕を腕甲で保護しているだけである。

さまざまな重装備の剣闘士もいた。最も多く描かれているのが、サムニウム人、ガリア人、トラキア人といった蛮族兵士の姿をしたものである。鎧兜で身を固め、楯を持ち、攻撃用には長刀と短剣を使ったことでは共通していたが、そのそれぞれに民族や部族の特色が表れていた。

たとえば、サムニウム人は身体全体を隠せるほど長い楯と短めの剣を持っていた。トラキア人は、円型の小さい楯と偃月刀のような剣を持っていた。また、中世の騎士のように全身を鉄の鎧で覆った剣闘士もいたが、これは、一度倒れると容易には立ち上がれず、鎧の隙間や兜の穴から短剣を差し込まれて命を奪われる危険性があった。

こうした剣闘士のさまざまなタイプは、ローマ人が戦った多様な部族の装備から借用したもので、当然、ローマ軍団が多くの経験を重ねるにしたがって、さらに多様化していった。馬に牽かせた戦車で戦う剣闘士、「エッセダリ」が導入されたのは、多分、カエサルの発案によるもので、このタイプの戦闘部隊を持っていたブリトン人との戦いからヒントを得たと思われる。カエサルは、自分の軍隊が敵軍に合わせてどのように戦ったかを見せたかったのである。

そのうえ、いわば特選スペクタクルとして、かなり急な斜面でも戦車の轅の上や馬の背に乗って平衡を保ちながら全力疾走する「エッセダリ」の妙技も披露された。クラウディウスやネロ、さらにくだってドミティアヌス帝の時代にブリテン島で展開された戦いのおかげで、「エッセダリ」はますます流行し、ときには、オルガン演奏の音が流れるなかで、《皆殺しの騎馬パレード》として繰り広げられた。

これら多様な剣闘士の組合せも、行き当たりばったりで決められたのではない。たとえば、網を持った「レティアーリウス」同士を戦わせることはけっしてなく、必ず剣を持ったトラキア人とかガリア人と戦わせた。他方、戦車部隊の「エッセダリ」は同じ「エッセダリ」と戦った。こうした組合せの原則は、戦う双方にほぼ同等の勝機を確保することにあったことはいうまでもない。

スペクタクルの開催理由は様々であったが、いずれにせよ、政務官によってスペクタクルの開催と、そこで、かくかくのチャンピオンを対決させる旨が告されると、人々はその前評判で持ちきりになった。

近代人は、古代ローマ人が見せた「流血ゲーム」への熱狂ぶりにしばしば嫌悪感を抱く。これは至極自然な反応であろうが、これをローマ人、ラテン人独特のものであるかのように論じることは正しくない。すでに述べたように、剣闘士競技の起源はローマ以外のところにあり、ローマにもたらされたのは、比較的に時代がくだってからであった。それは、イタリア各地にあった原始的儀式の名残で、その宗教的性格をずっと残していたことも否定できない。これに熱狂した観衆も、その大部分は地中海各地からやってきた人々で構成される平民層で、もともとのローマ人のなかでも最も優れた人々は、この種のゲームをあまり喜ばなかったことが明らかである。

事実、剣闘士の戦いが民衆の熱狂を喚起するようになったのは、ローマの平民層が本来のローマ人ではない人々によって占められるようになったころからである。オリエントの諸都市では、ローマ以上に残虐なスペクタクルが、ローマ以上に頻繁に開催されていたことが分かっている。

いうなれば、〈血腥さ〉は、古代文明が共通してもっていた特色であり、ローマでのこのスペクタクルは、こうした民衆がもっていた残虐趣味への嘆かわしい譲歩であったともいえるだろう。人間生命に対する同様の軽視は他の時代にも見られる現象で、それに目をつぶることは不合理というべきである。最後に忘れてならないのは、剣闘士たちがアリーナで戦っている姿は、客席からはかなり遠く離れているため、シルエットとしてしか見えず、その戦う様子は、実際にはドラマチックなスポーツとしか映らなかったことである。この円形闘技場のスペクタクルを支配していたのは、舞台の上での演技と同じく、人を驚かせるもの、日常生活では目にできないものを見たいという欲求であった。

私たちは、さまざまなところに散在している証言によって、たとえば、離れたところにいる相手の腕や脚に一種の投げ縄を懸ける「グラディアトーレス・ラクェアリ」という異国風の風変わりな試合があったことを知っている。網を使う「レティアーリウス」がマグロ漁師を模したものであったように、この「ラクェアリ」は明らかに《ヴァケロー》〔訳注・スペイン語で「牧畜者」「家畜商人」の意〕を模したものである。

こうして円形闘技場には、世界にある、より珍しいもの、より絵画的なものが、つぎつぎと持ち込まれ、観衆の前で演じられたのであって、なかでも、あっと驚かせたのが、カエサルによる海戦のスペクタクルであった。この独裁官は、前四六年の勝利のあと、《マルスの野》に人造湖を掘らせ、そこで〈ティルス艦〉と〈エジプト艦〉と名づけた二隻の戦艦を戦わせている。

これに似たスペクタクルは、前二年、アウグストゥスによっても催された。彼は、突貫工事でトランステヴェレに模擬海戦場を造らせ、これに水を満たすために、前に述べたように特別の水道を建設させたのだった。今度の場合、対戦したのは〈ペルシャ軍〉と〈ギリシャ軍〉で、いわゆる《サラミスの海戦》が再現された。

もっとくだると、円形闘技場が、模擬海戦にも使えるように造られた。歴史書には、クラウディウス帝時代に、フチーノ湖干拓事業を記念して、総勢一万九〇〇〇人を動員した大々的な模擬海戦が行われたことが伝えられている。

こうして、剣闘士の試合は、最終的には写実性と壮大さにおいて、沈黙のスペクタクルに立ち戻るのである。

前三世紀以来、闘技場のゲームをおもしろくするために、エキゾチックな動物たちを登場させるようになっていた。この草分けになったのは、前二七五年、タレントゥムを後押ししていたギリシャのエペイロスの王、ピュロスをローマ軍が撃ち破ったとき、捕らえた戦闘用の四頭の象を見世物に供したことであった。それから二四年後の前二五一年には、カルタゴ軍を撃破したパレルモの戦いの勝利によって、百頭の象が手に入った。私たちを驚かせるのは、この象を戦勝パレードに加えるのに、数人の奴隷に棒を持たせて操らせていることである。

北アフリカがローマ人のものになるや、珍しい動物たちがぞくぞくとローマにもたらされるようになる。前一世紀にはダチョウが公開され、つづいて、豹やライオンが登場する。ローマに臣従を誓ったヌミディアの王たちが、間に立つローマの高官たちを喜ばせるために、アフリカのさまざまな動物たちを献上した。各地に出かけた将軍たちも、自分が征服した土地の獣たちを戦利品として持ち帰った。

こうした動物たちは、ときには、民衆の好奇心を満足させるために、ただ展示されただけであった。たとえば、インドやエチオピアの蛇とか、色彩豊かな鳥などである。しかし、活動的で獰猛な動物については、ほかの動物と戦わせるショーも行われた。ちょうど、異なる武器をもつ剣闘士同士を戦わせたのと同じ感覚で、ライオンと象とか、ライオンと虎、ライオンと牡牛といった具合である。

こうした異種の動物が戦うのを見る喜びは、たんなる好奇心以上に、動物たちの本能の目覚めとその本性の隠れた力の発現を、実物に即して捉えたいという欲求を満足させた。

マルティアリスは、ドミティアヌス帝がコロセウムの落成祝賀のために開催した見世物において、おとなしそうな犀が突如、荒々しい動きをみせて大きな牡牛をボールのように空中に舞わせたのを見て感嘆している。こうしたスペクタクルは、かつてはイタリアやヨーロッパの土着の動物たち、たとえば熊同士を戦わせたり、あるいは、猟師が牡牛を興奮させてこれと戦う闘牛などとして行われたものが、いまや、外来のエキゾチックな動物たちを主役にして行われるようになったのであった。

動物と狩人を対決させる伝統は、ローマ人のゲームよりずっと古くからあり、すでにミノア人の絵に見られる。プラトンも、《アトランティス大陸》に関わる神話を語るなかで、どうして、ある特定の日に牡牛を神に捧げる儀式が行われるようになったかを述べている。したがって、この伝統が儀式に付随してローマに入ってきたのだが、その際、本来の宗教的意味はほとんど消滅してしまったということも考えられる。

しかしながら、こうした《狩り》の演技が、原始的な動物崇拝の痕跡を遺していた神話的題材を利用したものであったことも忘れてはならないだろう。《狩り》にまつわるエピソードを多く含むヘラクレス神話群は、このようなスペクタクルに神聖な意義を付することに大いに貢献した。

コンモドゥス帝は、自ら《剣闘士》としてと同時に、あるいは、それ以上に、《狩人》としてアリーナに立つことを望んだが、それは、自分の神的な《ウィルトゥス》を証明するのに欠かせなかったからであった。現在の私たちには想像しがたいが、神的なものへの想像力と感覚が、そのような動物の殺戮に一種の尊厳性を付与する働きをしたと考えられる。

こうして、この種のスペクタクルは、民衆を闘獣士に同化させる一種の《血の洗礼》ともいうべき集団的供犠という意義をもっており、それ自体、原初の自然をその本源的純粋性において見出し、それと一つに結ばれたいという、ローマ人の魂の深層にある傾向性に応えるものだったのである。

7　入浴と食事の喜び

時代の経過とともに新しいプログラムが付け加わり、それとともに、競技の開催日数も増えていき、そうした競技が開催される日は、その円形闘技場だの劇場、大競技場へ全市民が詰めかけたから、都市生活がほとんどストップするほどであった。しかし、それは、あくまで例外的な「祭騒ぎ」で、それ以外の日は、普通の市民生活が営まれたわけである。とはいえ、古代ローマの市民は近代都市の市民のように勤勉ではなく、生活のなかで余暇と娯楽に遙かに大きな位置を与えていた。

人々の起床はかなり早く、朝のうちは、政治だの商売だのといった仕事のために《フォールム》で過ごしたが、午後は、太陽が西に沈むにはまだ程遠い時間に仕事を切り上げ、《宵どき》が始まった。冬は午後三時、夏も四時には《フォールム》から人影が消え、バシリカの入り口は閉められた。ときには、ぐずぐずしている人たちを追い出すために犬を放す必要があった。柱廊の下で行われていた会議も、途中で打ち切られ、市民たちは思い思いに大浴場へ向かった。

このように午後の時間をくつろいで自分のために使う慣習は、大浴場が造られるより以前からあらゆる階層の人に共通していた習慣で、ホラティウスは、下層民たちも、同じような時間の使い方をしていたことを述べている。たとえば、ある解放奴隷は、朝のうちは、自分と同じような貧しい人々を相手に古着を商い、午後は仕事を終えて、露天の床屋に髭を剃ってもらい、それから、木陰に坐って、爪の手入れなどをして時間を過ごしたりしている。

西暦一世紀に皇帝たちによってつぎつぎと大浴場が建設されると、入浴の楽しみは誰にでも手の届くものになった。大浴場は平民にとってのいわば《ウィラ》で、そこにはあらゆる種類の楽しみが揃っていた。文化人たちなら、本を借り出して読んだし、友達仲間で語り合える場所もあった。テラスで日光浴をしたり、医者に診察してもらうこともできた。開けた空間では、ボール遊びもできた。国家の重要人物たちも革製のボールを投げたり打ったりして汗を流し、そのあと、入浴した。

入浴それ自体、複雑で長い手順を踏んで行われた。最も単純なのはすでに述べたが、もっと複雑なものについて述べよう。

まず《アポディテリウム apodyterium》（脱衣室）で着物を脱ぐが、ここでは、脱いだトゥニカ、マント、サンダルを盗まれないよう、連れてきた子供の奴隷に番をさせた。

それから《テピダリウム tepidarium》（冷水あるいは微温湯室）に入って身体をきれいに洗い、ついで《スダトリウム sudatorium》（発汗室）に移り、雑談しながら時間をかけて、乾いた熱気によって、たっぷりと汗をかいた。ときどき、受水盤から掌で水をすくって身体にふりかけた。これは、健康によいと考えられていたからである。

それから、「ストリギリス strigile」と呼ばれる道具で身体をこすり、垢を落としてきれいにしたあと、マッサージ師に、香油をたっぷり漬けた手で筋肉の一つ一つを揉みほぐしてもらう。最後に、元気な人は、冷水プールに飛び込んで泳いだりしたが、普通は、微温の浴槽に身体を浸すことで満足した。

この〈コース〉を全てこなすには、かなり時間を要した。大浴場のあちこちでは、売り子たちがさまざまな種類の小型の菓子などを売り歩いていたので、おなかが空くと、好きなのを食べて、夕食までの繋ぎにした。セネカの次の一文は、当時の浴場の活気に満ちた雰囲気をよく伝えた文章として有名である。

「ありとあらゆる種類の声が満ちているのを想像してごらん。一方では、種々のスポーツに熱中している人々がいる。呻き声をあげながらバーベルを持ち上げる人、終わって、激しい呼吸のため笛のような音を立てている人もいる。そして、マッサージ師を見つけると、さっそく頼む。すると、肩や背中を平手でパンパンと打つ音や、掌を筒のようにして打つ音がポンポンと響く。

向こうのほうでは、ボール遊びをしている人がおり、その跳ね返る音も聞こえてくる。それに加えて、どこかではケンカも始まったらしく、怒鳴り合う声や、泥棒だ！という叫び声、風呂のなかで気持ちよさそうに歌う声、プールに飛び込む、バシャン！という音も響く。

こうした、浴場に付き物の音と別に、異様なのが、身体の毛を抜いてもらっている人の悲鳴だ。とくに、脇の下の毛を抜いてもらうときの声が凄まじい。

そのほか、ケーキやソーセージ、小型パイの売り子の声、また、自分の扱う商品を文句に折り込んで独特の節回しで告げる店員たちの声も聞こえる。」

入浴が終わると、夕食の時間である。これが、友情の絆を強めるための最も大事な時間で、自分が友人を招くか、さもなければ、招かれていった。これは、貧富を問わない共通の慣習であったが、食事の内容は、当然、身分の高い人たちほど、豪勢であった。そうした食事の豪華さについて、ローマ人は、しばしばオーバーなくらいに褒めちぎり合った。美食趣味や奇抜好みの気性を満足させるために、大金を惜しげもなくはたく人たちも少なくなかった。

しかし、現実には、多くの庶民たちの食生活は質素なものであった。もし、古代ローマの人々が今日の市場の品々を見たら、びっくりしただろうし、たとえばアスパラガスを品種改良して栽培していることなどを知ったら、憤慨したにちがいない。大プリニウスは、エキゾチックな食品や、遠い海岸地帯から運ばれてきた魚などが商われていることに対して厳しく非難している。

おそらく共和制時代から、元老院は贅沢な食事を規制する『奢侈取締り令』を出さなければならなかった。それらは、ローマ的風習の純粋さを守るために、伝統を厳格に維持しようとする全般的政策の一環として行われたものであったが、あまり効果はなかった。征服された人々が親しんできた快適さを、征服によって豊かになった民衆に対しては禁じるなどということが、どうしてできただろうか？

共和制末期の美食家ルクルスが、アシアでミトリダテス〔訳注・ポントス王〕と戦い、オリエント都市の快適な生活を経験した人物であったことは意味深い。サクランボをイタリアに移植したのもルクルスであるが、こんなことが非難されるべきこととは、こんにちの私たちには考えられないことである。

前二世紀末、ストア哲学者のポセイドニオスは、食事の質素さをローマ的風習の特徴の一つであると指摘しているが、そのころには、オリエントやギリシャのヘレニズム都市では、すでに多彩な料理が採り入れられていて、それが時間をかけてローマに入ってきたのであった。

帝政時代に入ると《料理術》が現れている。それについて私たちは、有名な美食家、アピキウスの名前で伝えられている書によって知ることができる。〔訳注・「アピキウス」は美食家に与えられた渾名で、この人物の本名は「マルクス・ガイウス」といい、ティベリウス帝時代の人である。〕ここに記されている料理は、ローマ伝統のものもあればオリエントから伝来したものもあるが、香辛料とハーブをふんだんに使うところに特徴がある。

香辛料でよく使われたのは胡椒で、これも、粒のままのや、すり鉢で粉にしたのやいろいろであった。それについで多く使われたのが、クミン（ひめういきょう）、ういきょう、にんにく、タイム（いぶきじゃこうそう）、玉ねぎ、ヘンルーダ、パセリ、オレガノ（花ハッカ）、シルフィオム〔訳注・北アフリカのキュレナイカで産したセリ科の植物だが、こんにちでは残っていない〕、そして、とりわけ〈ガルム〉がある。

〈ガルム〉はマグロや鯖の内臓を塩漬けにして作った、ヴェトナムのニョク・ナムに似た一種の魚醤である。風味が強く、地中海盆地のほとんど全域で作られていたが、とくにスペインのガデス（カーディス）のものが好まれた。これにも品質によっていろいろあって、きわめて高価な上質のものから、ずっと安価なものまであった。また、魚醤を絞ったあと壺のなかに残った滓である〈アレック〉もよく使われた。

次に挙げるのは、「鴨、鶴、山鶉、雉鳩、森鳩、鳩など」の調理法である。

「材料の鳥は、羽根をきれいに抜き、内臓を除去するなど下拵えをして土鍋に入れ、水を注ぎ、煮詰めながら、塩とういきょうを加えていく。まだ、鳥が形を保っている間に引き上げ、ココット鍋〔訳注・厚手の鍋で、長時間煮るのに使われた〕に移し、油とガルムを注ぎ、束ねたオレガノとコリアンダー〔訳注・セリ科の植物〕を入れる。ほぼ煮詰まったところで、熱したワインを少量注ぐ。それに、胡椒とレピスチカム〔訳注・これも、セリ科の植物〕または山のセロリ、クミン、コリアンダー、シルフィオムの根、ヘンルーダ、ワイン、蜂蜜を加え、少量のヴィネガーをかけて仕上げる。残った汁はデンプンを加えて、とろみをつけ、皿に盛った鳥にかける。」

もっと複雑な調理法もあった。たとえば「庭の子豚」というのは、子豚の内臓を取り出し、その腹のなかに若鶏、ソーセージ、挽肉、鶫、燕雀、種を取り除いたナツメヤシの実、燻製にした玉ねぎ、エスカルゴ、そして様々な種類のハーブを詰め、子豚の腹を縫い合わせて、オーブンに入れてじっくりと焼く。焼き上がると、背中を切り開き、ヘンルーダ、ガルム、ワイン、蜂蜜、油で作ったソースをしみ込ませるのである。

これらは、蜂蜜の甘味と塩の味が一つに結合し、それぞれの肉の香りを調和させた強い風味の料理で、その技法は、たとえば豚肉の塊に家禽の肉のような様相を与え、雌豚の乳房を魚のように見せるというふうに、素材と見た目とを異なったものにすることにあった。

素材として特に好まれたのは、黒海地方の雉、ヌミディアのホロホロ鳥、エジプトやその奥地のフラミンゴなどといった、遠い世界からもたらされた珍しい鳥類であった。しかし、日常的にたくさん使われたのは、やはり、ローマ近辺で獲れる鶫や山鶉など、さらにイタリア各地で飼育されていた雌鶏、鴨(当時は、まだ「あひる」として完全には家禽になっていなかった)などであった。

古代に定められた厳格な法律では、雌鶏を肥らせることは禁じられていたので、飼育業者たちは代わりに雄鳥を肥らせた。ガリアから鵞鳥がもたらされると、その肝臓は、とくに好まれるようになっていった。

カエサル時代、親衛隊長を務めながら『サトゥルナリア』を書いたマクロビウスは、神官たちに提供された公式の食事のメニューを遺している。その詳細をここに挙げると、まず牡蠣やムール貝など海の貝類に、アスパラガスに鶫をのせたもの、雌鶏と栗を煮たものなどが〈オードゥヴル〉として出された。次に、第一膳として、種々の貝類に海の魚、燕雀、猪の肉、家禽と獣の肉のパテ。〈メーン・ディッシュ〉が雌豚の乳房、豚の頭、魚と鴨、野ウサギの煮込みシチュー、焼いた家禽である。デザートについては、残念ながら、分かっていない。

これらの料理は、テーブルごとに一枚の皿にのせて一斉に運ばれ、客は、自分の好きな物を選んで取った。一つのテーブルには、身体を横たえる小さな寝台が三つ、馬蹄形に配置され（これを《トリクリニウム》と呼ぶ）、会食者たちは、これに横たわって食事した。一回の会食でセットされるテーブルは三つが原則で、したがって、会食者が九人を超えることはなかった。九人という人数は、《ムーサイの神々》の数にちなんでいた。客のそれぞれには、連れてきた奴隷がついていて、主人の欲するものをいち早く察して対応するように気を配った。

食事が終わると、酒宴になった。会食者の気性や御機嫌の具合によっていろいろだったが、ときには乱痴気騒ぎになった。酒宴は、あらかじめ《酒番》（いわゆるソムリエ）がクラテル（甕）のなかでワインと水とを程良く混ぜ合わせておいた。当時は、ワインを生のままで飲むことはほとんどなかった。醸造法が不完全だったので保存も利かず、アルコール度が高かったので、様々な物と混ぜ合わせ、薄めて飲んだのである。
ワインの強さと各人が飲む量を決めたのが《宴会の王様》で、宴会出席者たちの互選によって決められた。この《王様》がおとなしい人で人望がある場合は、人々は静かに語り合ったり、ダイスやサイコロ遊びに興じたり、歌や音楽演奏、〈語り〉に聞き入ったり、あるいは、軽業師や曲芸師の演技に見入ったりして、万事がスムーズに進行した。しかし、《王様》が酒乱だったり、《家臣たち》を抑えられなかった場合は、めちゃくちゃな宴会になり、挙げ句の果ては、各人、奴隷にやっと支えられて帰っていく始末になった。

共和制末期までは、男たちに混じって宴会のテーブルに着いたのは娼婦たちだけで、妻や娘が同席することはなかった。一家の主婦や子供たちは自宅で食事するのが伝統であった。しかし、帝政時代になると、貴族階層では、女性が男たちの宴席に加わることも、さらには、女性たちだけで宴会を催すことも珍しくなくなる。

古代の著述家たちが書いているからといって、全面的に信頼するのは正しくないかもしれないし、ペトロニウスが書いているシリア人解放奴隷、トリマルキオンの宴会の様子をもって、全ての宴会を判断することはできないかもしれない。にもかかわらず、そこから一つのきわめて意味深い特徴が引き出せることも事実である。

それは、なんでもスペクタクルにしたいというローマ人の欲求で、たとえば、主人が猪を客に御馳走するのに、狩人に変装し、食事を一種のパントマイム劇に変えるといったやり方である。これは、いうなれば、食堂にまで演劇が入り込んできたわけで、《あり得ないこと》、少なくとも《驚くべきこと》を飽くことなく追求するローマ人の行き方、想像力の逞しさが重要な特徴として浮かび上がっている。

8　快適さの追求

王政時代や共和制初期のローマの町は、借金で押しつぶされた惨めな平民たちであふれ、田園では、土地に縛り付けられ専ら主人のために畑を耕す労働者たちで占められていた。それに対し、アウグストゥスによる《革命》後のローマ市民は、きわめて幸福な生活を営むことができるようになっていた。帝政は、元老院の寡頭政治に対する反発から生まれた。カエサルは、はじめ、平民を基盤としたし、アウグストゥスも、幾つかの点では元老院に譲歩したが、貧しい庶民のための施策を次々と打ち出した。ユリウス・クラウディウス朝のその後の皇帝たちも、ローマ市民を自分の庇護民と考え、気前よさを示した。彼らは、全面的に費用を負担して公共事業を行い、食糧を支給し、スペクタクルを開催した。とりわけネロは民衆に愛された。この感情を、たんに彼の趣味の卑賤さへの共感ということで片づけるのは誤りであろう。

さらにくだると、貧しい市民への救済策は、トラヤヌス、ハドリアヌスといった皇帝たちによって、いっそう組織化されていく。属州の諸都市で大土地所有者によって行われた慈善事業が、ローマでは公的事業化されたのである。伝統的に行われていた食糧の支給に加えて、孤児たちは引き取られ、娘には嫁入りの資金が与えられた。これを、見返りとして民衆の服従を買おうとした皇帝たちの打算だなどと決めつけないようにしよう。

たしかに、どんな政府も、最大多数の支持者を確保するために、できるだけ多数の人々から苦悩をなくそうとする。しかし、ローマの場合、貧しい人々に食物を供給する政策は、グラックス兄弟が、ストア哲学者であるクマエのブロッシウスの助言を受けて始めたことで、彼は、だれが見ても〈政治的デマゴーグ〉とは程遠い人物であった。むしろ、そこにあったのは、征服によって増大したローマの豊かさのせめて一部分でも市民の間で分け合うのが人間的に正しい行き方であるとする考え方であった。ローマ市民が、帝国内のほかの住民たちより厚遇されたことは確かである。しかし、程度の相違はあっても、それがすべての都市の住民にも及んでいったことも否定できない。都市に集中した富は、持てる人々から、持たざる庶民たちに自然に流れていった。

古代社会は、さまざまに批判されてきたが、真実の人間的連帯（おそらくは選択的であったが現実的でもあった氏族的連帯）によって支えられていた。この原則は、各都市とも絶え間ない攻撃に対し団結の力で自らを守らなければならなかったことから、都市のあるべき姿として現実化されたものであった。ローマ人たちの場合、このことは、はやくから《女神コンコルディア》を祭っていたことに表れている。《コンコルディア》とは、その名のとおり、市民の調和と結束の象徴にほかならなかった。

こうしたことから、ローマでの生活が、ほかのところより快適なものであったことは確かである。あらゆる都市のなかで最も豊かなローマは、市民が生きていくうえで最も快適な都市であって当然であった。有力者たちは、ときには信じがたいほどの奢侈ぶりを見せびらかした。ほかのローマ人たちは、そこから、パン屑を集める以上のことをしたし、事実、情け容赦のない労働の代償として、幾つかのパンのかけらを手に入れた。

《フォールム》の柱廊や大浴場は、オリエントから運ばれた貴重な大理石で飾られた。居酒屋では世界のさまざまな食物が供されたし、商店には、あらゆる種類の商品が並べられていた。町のあちこちに泉が設けられ、新鮮な水が得られた。

ローマの群衆のなかには、主人たちに虐待される惨めな奴隷たちがいたが、その彼らも、やがて解放されて自由の身になっていった。また、《奴隷》という身分はそのままであっても、都市ローマが提供してくれる楽しみに与ることができた。それはあくまで、彼らの立場に合った楽しみの域を出なかったが、それでも、ホラティウスによると、サビニの山奥にいる人々からは充分に羨ましがられるものであった。

彼らには、やがては、もっと高級な仕事に携わる道も閉ざされていなかった。クラウディウスの治世、ネロの治世、ドミティアヌスの治世と、この首都の人々の撹拌が進むにつれて、解放奴隷たちが重要な役割を演じる場面が現実化する。ユウェナリスが「いまや、オロンテス河がティベリスを流れている」と嘆いて言った言葉は有名である。オロンテス河はシリアにある川で、この言葉は、ローマに敗北し奴隷として連れてこられたオリエント人が、解放されたあともローマに住み着き、いまでは、ローマを占拠せんばかりになっていることを言ったものである。

彼らは奴隷や小商人としてやってきたが、まもなく、多くのお得意を持つ裕福な商人になっていった。あとで実例に即して見るように、ローマが敗者に対して寛厚で、きのう自分が征服した人々にも、それなりの席を与えることを弁えていたことは注目に値する。

第十章　地方の主要都市

ローマ文明が牧歌的過去へのノスタルジーと夢を抱いていたにもかかわらず、私たちの眼に何より《都市的文明》として映るのは、そのオリエント地域でもオクシデント地域でも、この帝国のもとで諸都市が前例をみない繁栄を示したからである。それとともに、ローマ人の考え方において政治生活の基盤となったのは《都市ローマ》であったし、その帝国の実体は、法的には都市間の連合以外の何ものでもなかった。

この概念は、征服した際に結ばれた契約条件に表れており、それは、ローマ帝国が終焉を迎える日まで変わらなかった。ローマがラティウムの近隣の町に対し最初の戦争を始めたとき、相手にしたのは、自分と同じタイプの都市国家であった。ローマにとって、それらの戦争の目的は、相手を破壊したり掠奪することではなく、自分に向かって攻撃してこないようにすることであり、潜在的な敵を友邦と同盟者にすることであった。

これとは異なる事例は、皆無ではないが、きわめて稀で、しかも、それには必ず、それなりの理由があった。たとえばアルバの場合は、征服のあと破壊されたが、これは、住民をローマに移したあとの空き家を壊したのだった。この町は《ラテン連盟》の中核であったことから、ローマとしては独立的に存続することを認めるわけにいかず、ローマ自体の中に同化してしまう方法を選んだのであった。アルバ人は、このあと、ローマのなかで、それなりの位置を占めつつ、独自の宗教的祭儀を維持している。

また、ずっと時代がくだって、前二世紀中頃、スキピオ・アエミリアヌスは、打ち破ったカルタゴを跡形も残さないまでに破壊し、しかも、土地には塩まで撒いている。これは、第二次ポエニ戦争でローマとローマ人を消滅の危機に追いつめたハンニバルのことを忘れられなかった元老院が、二度とカルタゴに息を吹き返させないようにせよ、と命じたからであった。運命の女神たちは、この二つの都市の共存を許さなかったのである。

この二つの事件を別にすると、あとはすべて、敵対関係を終息させるという形の条約の締結によって処理されている。これを「フォエドゥス foedus」といい、降伏した都市とローマとの関係を基本的に規定する法規になった。征服された都市の存続は保証され、ローマは、その同盟あるいは従属した都市が危機に直面した場合は、救援の手をさしのべることを最重要の義務として自らに課している。

しかも、征服された都市は、ローマ人政務官によって管理されたわけでもなければ、ローマに対し隷属的立場に置かれたわけでもなかった。カプアの場合、属州長官が派遣されたが、これは特殊例で、多くは大幅な自治権を認められていた。その都市自体で行政官を選び、自分たち独自の呼称を使った。たとえばイタリアの古い民族であるオスキ族は、自分たちの最高長官を「メッディキス meddixis」という名前で呼び、ガリアのハエドウェイ族は「ウェルゴブレトゥス vergobretus」という自前の呼称を使うことを認められていた。

そのほか、裁判や公的秩序の維持、通商に関しても、独自の権限を与えられていた。ローマが行使したのは一種の監督権のようなもので、その発動は、同盟の利益を守るのに避けられないと判断されたときに限られていた。たとえば軍隊のための資材や首都への食糧の供給、あるいは補助兵力の徴募のために必要な場合とか、さらには、公序良俗に反する宗教的儀式を禁止する場合などである。この最後の

《宗教》に関わる事例としては、前一八九年に行われたバッカス教徒の結社に対する排除があり、帝政時代には、ガリアやアフリカで地方的伝統によって行われていた人身御供の風習が禁止されている。ローマ人権力者たち（ということは、属州長官とそのスタッフ）が保持した権限は、各属州のなかでの都市間の調整・紛争の調停・地方役人たちに対する民衆の不満を受けての問題解決・そしてとくにローマ市民の通商上あるいは法律上の特権擁護などであった。その属州に軍隊が駐留している場合も、軍隊が介入することは、ほとんどなかった。

駐屯部隊がいたのは、原則的には皇帝直属の属州（いわゆる「皇帝私領」）だけで、例外的にアフリカが、一人の元老院議員によって統治されていたが、軍団が駐屯していた。軍が駐屯したのは、帝国領土の国境地帯であるか、あるいは、民衆が充分に鎮撫されていない場合で、充分に平和が維持されている所では、属州の自治を見守るだけにとどめた。

では、帝国の住民たちは、ローマ人としての意識をもっていたのだろうか？　それとも、力でねじ伏せられたためにやむをえず従属していこうと考えていたのだろうか？

この疑問に対し、あらゆる時代と全ての社会階層に当てはまる一つの回答を出すことは不可能である。ミレトス島とかサント〔訳注・古代の名前は「メディオラーヌム」で、フランス南西部の町〕とかの裕福な市民は、イタリア人農場主に使われていたギリシャ人農民よりも間違いなくローマの元老院に対して親近感を抱いていただろう。

たしかなことは、ローマが土着民の反抗にはあまり遭わなかったことである。属州民たちは、《ローマ市民権》のもつ法的恩恵に近づくにつれて（事実、ますます多くの人々がそうなっていった）、〈ガリア人〉だの〈ヌミディア人〉だのである前に〈ローマ人〉だという感情をもつようになっていった。《国民 nation》という枠組は、こんにちの私たちには過度なほどに当たり前になっているが、当時は、ほとんど存在しなかったのであって、あったとしても、実際的効力のない漠然とした観念にすぎなかった。

ローマ人たちがギリシャ都市を征服したとき、彼らが何より関心を注いだのが《解放》を宣言することであった。近代の歴史家たちは、こうした《解放者》を征服者の偽善にすぎないと非難し、その後も「自由をもたらした」といっても、実際には、あくまでローマが宗主兼調停者として留まったのだから《隷属の押しつけ》であることに変わりないと主張してきた。しかしながら、ローマは、征服した都市に完全にして充分な自由とまではいかずとも、少なくとも《自治》を現実に回復させたことは認めなければならない。

ローマの統治形態は、アレクサンドロスの後継のヘレニズム的君主たちが樹立したそれとは全く異なっていた。マケドニア王たちが古代からの都市を純粋かつ単純に王国の中に統合し併合したのに対し、ローマ人たちは《帝国》と同盟させるに留めた。アテナイもスパルタも、その他の諸都市も、自分たちの法律を取り戻している。

ただ、それまで都市が存在しなかった地域では、事情が少し異なる。こういうところでは、その地方の権力者たちとの間で同盟条約が締結された。この地方的権力者が《王》である場合は、その《王国》とローマとの間で同盟都市のそれに似た友好条約が結ばれ、寡頭政である場合は、平民層の反乱の企てからローマが守る旨の約束が与えられた。

そのうえで、同盟関係に入った民族や王国は、きわめて迅速に〈町〉の体制を備え、それによって〈都市 cité〉ローマに近づいていった。ある場合は、こうした町の建設は、自分の王国を近代化したいと熱望する土着の王たちの主導権で推進された。たとえばマウレタニアのユバの王国には都会風の中心地が幾つもできたが、その最も有名なのがウォルビリス〔訳注・ジブラルタル海峡の南の内陸部〕である。しかし、新設都市の多くはローマ人が住み着き、ローマをイメージして造った町であった。アウグストゥスは、北イタリアにセグシオ、アウグスタ・タウリノールム、アクィレイアなどの新しい植民都市を建設して《ローマ化》を進めると同時に、既存の町を発展させることに情熱を注いだ。これらのイタリア都市の人々も、町の発展に取り組み、そのエリートは、やがてローマの元老院議員になっていった。同じ政策は、ヒスパニア、ガリア、ブリタニアでも適用された。

とくに注目される点として、西欧の大きな町はその大部分がローマによる征服と同時に創設されたが、これらにあっては、中心となった地方貴族たちが、自らを〈ローマ人〉と考えていたことが挙げられる。こうして、ティベリウス帝の時代になると、ガリアの貴族たちは、自分の古来の名前を捨てて、ローマ風に個人名と氏族名と家族名を連ねる《三連呼称 tria nomina》を使用するようになる。また、その一方で、ガリアやヒスパニアからローマに出て、才能を発揮し、自分の祖国を讃える詩などを作って、ローマ人から好評を博する人々も出た。

ローマ帝国では植民地問題は起きなかった。先にも述べたように、民族感情から起きた反乱は、ローマ史を通じてごくわずかで、そのいずれも、初期の段階で挫折している。二世紀半ばのオリエント出身の雄弁家、アイリオス・アリスティデス（118-180）が一四四年に初めてローマを訪れ、『ローマへの頌詩』を作って、ローマ帝国全体が元首の権威のもとに結びつき合った自由都市の集合体であると称えているが、まさに、その通りであった。

共和制時代には政務官たちに対するコントロールが効かず、権力の濫用が起きたが、帝政下では、そういうことはなくなった。他方、地方的独立主義も消えていった。《属州都市》というローマの複製が増殖したおかげで、同じ一つの理想、同一の観念がいたるところに浸透し、中央権力が発動される事態はずっと少なくなった。

古くから都市機構が整備され、多くの点でローマ自体と似ていたオリエントでは、都市自治が伝統的枠組のなかで発展していた。アレクサンドリア、アンティオキア、ミレトス、エフェソスは、物質的繁栄とともに、そこを舞台に繰り広げられた濃厚な知的活動によってひときわ光を放っていた。これらの都市は、ローマ帝国に参画する以前から引き継がれた直接税と間接税の複雑なシステム（商業施設の賃料、財産税、物品入市税、営業税その他）によって、独立予算をもっていた。皇帝が介入（属州の統治者を介してだが）するのは、その地方の財政が困難に陥ったときだけだった。

西暦前の約二〇〇年間は、とくに東地中海地方は、度重なる戦争のため税収が落ち込み、都市のなかには、重い債務を背負っていたところもあったが、アウグストゥスの肝いりで財政建て直しが行われた。それが容易にできたのは、内戦時代の終わり頃には、貴族階層の動産と不動産のほとんどがアウグストゥス自身と彼の友人の手中に集まっていたからであった。

彼は、そのようにして確保していた戦利品のかなりの部分を破綻した都市の財政援助のために投資した。これによって、さまざまな災厄で疲弊していたアシア都市の多くが活力を回復した。そして、都市の繁栄が回復されると、地方貴族層もその伝統的役割を取り戻して、たとえば公共建造物の建設や再建、競技会の開催、ギムナジウムへのオリーヴ油の支給、青年たちの教育と鍛錬、教師たちへの給料支払い、さらに飢饉のときの食糧の供給など、その都市の基本的需要をまかなうことができるようになっていった。

もし文学的著作しか遺されていなかったら、私たちは、このことの重要性を正しく評価することができなかったであろうが、いまでは、種々の文献によって、そうした気前よさの事例を知ることができる。アテナイのヘロデス・アッティクスもその一例で、彼が公共のために投げ出した富の厖大さは例外的だが、祖国のために貢献しようとした事例としては、けっして例外的ではなかった。〔訳注・ヘロデスはハドリアヌスなどの歴代皇帝とも親交があり、アテナイに通称「ヘロデス・アッティクス劇場」と呼ばれる劇場や競技場を建設・寄進しただけでなく、デルフォイやエレウシス、オリュンピアなどにも建物を寄贈した。〕

このような巨大な富の源は、商業の隆盛に求められるべきである。すでに指摘したように、おそらくオリエント都市のブルジョワたちは土地所有者で、その富の大きい部分は田園で働く自由人や奴隷の労働によって生み出されたが、土地からの収益だけでは、これだけの資金をまかなうにはとうてい足りない。むしろ、商業による利益がその大きな部分を占めていたと考えられる。

いずれにせよ、属州間の物流は、こうした大規模な通商機構があったればこそであったことが明らかで、すでに述べたように、ローマの元老院議員は伝統的に商業活動を制約されていたのに対し、とくにオリエントの地方貴族は、そうした束縛がなく、自由に商業活動に専念することができた。

帝国の生命にとって欠かせない最も重要な商品の一つが小麦である。小麦の取引は強力な組合を形成する小麦卸し業者たちによって行われていた。彼らにとって主要な顧客は国家であったが、地方都市も大事な客で、収益性においても、首都の市場にひけをとらなかった。しかも、扱ったのは小麦だけでなく、同じ商人が皮革や蜜蠟、亜麻、麻、羊毛、タール、木材といった手工業の材料も都市の工房へ供給した。

これらが製品化されると、今度は別の商人たちが町の市場（souks）の商店で売ったり、遠隔地へ輸送して販売した。西方でも東方でも、商人たちは、扱う品物の種類によって住み分けていた。地方で税として納入された小麦やオリーヴ油、ワインを除く二次産品も、収益性の高い商品であった。

《魚醤》がイベリア半島のガデスの名産であったことについてはすでに述べたが、黒海沿岸地帯でも、《魚醤》のほか様々な種類の魚の干物を輸出する企業があった。ダマスクスの商人たちは、スモモをはじめとする種々の乾燥果物を各地へ輸出していた。シリアと小アジアは織物産業が栄えたが、深紅色の染料の元である貝の採取、そして布の染め付けといった産業がその富の源泉であった。シリアでは、それに加えて、もっと東方から運ばれてくる香料や絹の中継貿易が大きな利益をもたらしていた。

この手工業時代にも、織物産業は高度に専門分化していた。そのため、どの町は何の専門というように産業の独占化が行われていた。たとえば、ラオディケイア〔訳注・同じ名の市は幾つかあるが、これは現在のラタキア〕の亜麻布、ダマスクスのラシャ地とクッション、ベイルートとティルスの絹織物という具合である。

海上交通の安全は《帝国》の威信によって確保されていた。西方でも、広大な範囲で平和が実現され、オリエントからの商品の販路が開かれるとともに、オリエントに対抗できる産業が各地に芽生えてきていた。しかし、とくに裕福な人々が求めたのは、オリエントからの商品であった。

オリエントでも、エジプトは都市の発展が立ち遅れていた。エジプトがローマ帝国に併合されたのは《アクティウムの戦い》のあとで、しかも、他の属州とは異なり、プトレマイオス家の後継としての《ローマ元首》に個人的に帰属した、いわゆる〈皇帝私領〉であった。

このエジプトで、ギリシャ化された地中海世界の大都市に比肩しうる唯一の都市はアレクサンドリアだけであった。この国のそれ以外の部分は全て、土着民が集落生活を営んでいる世界で、ローマ文明に特徴的な〈都市化〉とは全く無縁であった。そこでは、生活に関わるあらゆる活動は幾人かの高級官僚の手に集中していて、通商や輸送に携わったのも、直接・間接を問わず、国家の役人であった。

したがって、アレクサンドリアを別にすると、人々の生活自体が、オリエントの他の国々と違って、それぞれの地域の枠組のなかで営まれていた。エジプトの農民たちは、無知と貧困のなかにどっぷりと浸かっていて、奇妙な神々を信じ、僧侶たちに従順で、ローマ世界の他の部分の人々からは〈野蛮人〉と映っていた。ユウェナリスは、『風刺詩集』第一五篇で、オンボスとテンチュラというエジプトの二つの村の住人たちが争い合った揚げ句に、オンボス村の人々がテンチュラの一人の村人を捕らえて貪り食ってしまったことを、恐怖をこめて語っている。

この詩人に言わせると、人肉を食った話は、ヒスパニアのカラグリスの人々についても言われているが、これは、町が攻囲されて飢えに苛まれた末の、やむを得ない最後の手段としてやったことであった。それに対し、エジプトのこの農民たちは、ただ血に飢えた野蛮人であり、人間的優しさを生み出す感情が欠けた「ならず者」でしかない。そうした〈優しさ〉の感情は、都市でしか発達しない、というのである。

オリエントに較べて西欧（オクシデント）では、当初から、条件が異なっていた。しかし、アントニヌス朝の皇帝たちの時代には、かなり遅れを取り戻し、東方の属州とそれほど違わなくなっていた。たとえばガリアでは、地方のブルジョワは、都会的生活の枠組を提供することのできる都市共同体を、一、二世代で創り出すことに成功している。

多くの場合、都市化は古い《要塞 oppidum》のある場所では敬遠された。ローマ人たちは偶発する暴動に対する備えを忘れたわけではなかったが、そこで作用したのは、都市の性格を変えることによって新しい生活環境を創り出そうという意志であった。重要なのは、伝統を維持することではなく、新しいものを創造することであった。

ガロ・ローマの都市は、もはや単に宗教的中心や防御用の要塞であればよいというものではなく、有力者たちの居住地であり、経済的・社会的活動のセンターでなくてはならなかった。それには、立地も、かつての《要塞》にとって貴重であった丘の上よりも、開けた平野が便利である。

この政策は、この時期に始まったものではなく、ローマ軍によるその地の制圧が完了したころにはすでに現れていた。たとえば南イタリアのカプアでも、そのもともとの場所から離れた所に新しい町が建設され、古い町から溢れた人口が吸収されている。ガリアでも、このやり方が体系的に適用され、ガリア人の古い《都》は、ほとんどの場合、作り直されてローマ世界に組み込まれている。

まったく何もなかったところに人工的に造られた町も幾つかある。たとえばルグドゥヌムすなわちリヨンがそれで、この地に最初に注目したのはカエサルであった。彼は前五〇年、ヘルウェーテス族との戦いの最中、作戦上の有利さに目を付けたのだったが、町を建設するだけの時間はなかった。建設は前四三年の多分、十月十一日に開始された。創建者の栄誉はムナティウス・プランクスに帰せられる。

彼はカエサルの副官で、カエサルの死後、《長髪族のガリア》〔訳注・カエサルによって征服が達成された地域〕を統治した。この植民都市に最初に住み着いたのは、これより何年か前にアロブロゲース族によってヴィエンヌから逐われ、ソーヌ川とローヌ川の合流点に集落を作っていたローマ人の貿易商たちであった。プランクスは、そこに、カエサルの部隊の退役兵たちを加えたのだった。

この地域では、ヴィエンヌがもともとアロブロゲース族の《都》で、ローマ人も住むようになっていたが、リヨンが前述の人々を中核にして次第に大きくなるにつれて、ヴィエンヌの地位は低落していった。リヨンには女神ローマとアウグストゥスの神性に捧げられた祭壇が造られ、やがてガリアの全都市から代表が毎年集って、ガリア人伝統の祭儀を連合で行い、ローマ世界への帰属を確認し合う場所になった。

西欧の属州都市は、ローマを手本にして造られた。ローマが《フォールム》を中心にして、そのまわりに生まれたのと同じように、一つのローマ都市が形成されるには、一つの《フォールム》が中心になった。事実、私たちは「フォールム」という意味の名前をもった街道沿いの小集落をたくさん見つけることができる。南仏プロヴァンスでも「フレジュス Fréjus」という小さな村があるが、もともとは《ユリウス・カエサルのフォールム》という意味の「フォールム・ユリウム Forum Julium」と呼ばれていたのが変化したものである。

こうした《フォールム》は、本来は近隣の農民たちが品物の売り買いのために集まり、裁判なども行われた場所に、ローマ人やイタリア人商人が居を構えるようになったことから始まった。この人々が《コンウェントゥス》〔訳注・市民共同体〕として結束し、首都ローマのそれを手本にした機構制度（その共同体を管理運営する行政官と参事会から成る）、そして神官を備えるにいたり、そうした公的活動に土着の有力者たちも参画を認められるようになっていったのである。

地形的条件が許せば、それに合わせて、合理的な都市計画が立てられた。《フォールム》のところで

《カルド》と《デクマヌス・マクシムス》と呼ばれる二本の道路が直角に交差する。前者の《カルド》は南北に走り、後者の《デクマヌス》は東西を貫く。この二本を基軸に、それ以外の道が規則正しい碁盤目を形成するように線引きされた。町を囲む城壁も、長方形に造られた。

この配置は、すでに見た軍隊の野営陣地のそれと同じであるが、町の建設者たちが軍隊の野営地を手本にしたとは思われない。おそらく、その起源は《ヒッポダモス・システム》〔訳注・ヒッポダモスは前五世紀のミレトスの人で、道路を直角に交差させる大規模な都市計画を創案した〕を生み出したオリエント都市にあり、それがエトルリア人を仲介にするのと同時に、マグナ・グラエキアやシチリアのギリシャ人都市を手本とすることによって、イタリア半島に広がったのであった。その場合、イタリアに適合した改変が加えられたが、とくに、それぞれの集合体が神々の見守る範囲のなかに収まるよう配置が考えられた。

これまで長い間、《カルド》と《デクマヌス》を直角に交わらせ、城壁も長方形に巡らすやり方が好まれたのは、《テラマーレ文明》〔訳注・すでにのべたように北イタリアに栄えた青銅器文明〕に起源があると考えられてきたが、これは充分な証拠に基づいた説ではなかった。より厳密な分析の結果、その創建の儀式においてはエトルリアの「占いによる決定」が重要な意味をもっており、都市の形に関しては前六世紀以来、南イタリアのギリシャ人都市が手本とされてきた可能性の大きいことが判明している。

私たちが驚かされるのは、ローマの場合、「カストル神殿」が建設された時代以来、《フォールム》にこの原則が守られてきた事実で、そこでは、明らかに長方形の新しい平面配置が行われている。とはいえ、長方形に整然と配置された都市は、ごく少数しか見られない。この最も完成された姿を示しているのが、西暦一〇〇年に、トラヤヌス帝のもとでオーレス〔訳注・アルジェリアの東北部〕を治めるために建設されたタムガディ〔訳注・のちのティムガド〕である。

しかし多くの場合、地取りは昔から土着の人々が定めたものに左右され、完全に規則正しい町を建設することはできなかった。また、最初は長方形の城壁のなかに閉じこめるように造られた町も、人口が増大し外側に溢れていくにつれて、宗教的規範から外れた《廓外地》が出来、そこは、好き放題に延びていった。そうした例の一つがオスティアで、そこでは、旧市街が核になっているが、新しく延びた道路網は、当初の碁盤の目を延長した線に従ってはいない。

北アフリカ・アルジェリアに残るローマ都市タムガディの列柱

とりわけ、こうした属州都市の発展の様子を教えてくれるのが、レプティス・マグナとジェミラという北アフリカの二つの都市である。

こんにちのリビアにあったレプティス・マグナは、ローマ人がこの地を占領した当初から《フォールム》を中心に作られていたことが発掘によって明らかである。この最初の《フォールム》に加え、セプティミウス・セウェルス（在位193-211）の時代に第二の《フォールム》が造られた。このセウェルスのフォールムは新市街として建設された第二の町の中核の役割を果たした。

これと似た現象はジェミラでも見られる。この町は、キルタ〔訳注・近代名はコンスタンティーヌ〕からシティフィス〔訳注・近代名はセティフ〕へ向かう道と、南方のランバエシス〔訳注・

近代名はタズールト）に至る道とが交差する地点に、西暦九七年、トラヤヌス帝の命令で造られた。しかし、ゼロから新しく建設されたわけではなく、もともと二つの谷の合流地点にヌミディア人が古くから集落を作っていたのを引き継いだものであった。

当初、ローマ人は、二つの谷の間に突き出した台地の突端を要塞に変えただけであった。南北線の《カルド》はこの突端部の軸線に従って引かれ、その脇に《フォールム》が作られた。土地が狭いため、居住区は、この中心道路の左右どちらにも広がることができず、道路沿いに延びていた。

しかし、町の繁栄は、速やかに訪れた。創建から七〇年ちょっとで劇場が一つ、城壁の外側に造られた。さらに、その二〇年後には、その大きさと装飾の豪華さでアフリカの大都市のそれと肩を並べる大浴場が建造される。そして、この劇場と大浴場のまわりに新市街が形成され、セウェルス帝時代には、この二つの建物の中間あたりに、古い城壁を背にする形で、新しい《フォールム》が作られた。都市はさらに発展を続け、セウェルス時代の街区の南側にキリスト教徒の区画ができ、そこには、幾つもの《バシリカ（聖堂）》や洗礼堂、そして司教館が建てられた。

これで分かるように、属州都市には、厳格な枠組といったものはなかった。ローマは自分の形を押しつけることは全くしなかった。都市をどのように飾り、発展させるかは、その土地の建築家たちの創意工夫に任されたのである。

おそらく大浴場とか劇場、円形闘技場、凱旋門、フォールムに付属するバシリカ、柱廊、市場、都市参事会の会議場などといった社会的・政治的・商業的目的に使われる建物は、首都のそれが模倣された。また、《フォールム》には通常、ユピテル、ユノー、ミネルウァの三神を祀る神殿が、自然の高台（それがない場合は、人工の台地）に建てられ、ローマの場合にカピトリウムの丘から見下ろしていたのと同じように、《フォールム》を見渡していた。

さらに広場の縁には、そのときの皇帝の神性を称えて建造された神殿があった。たとえばクイクル〔訳注・先のジェミラ〕には、ユリウス家の守護神、ウェヌス・ゲネトリクス（母神ウェヌス）の神殿が、ニームにはアウグストゥスの相続人であるガイウス・カエサルとルキウス・カエサルのために捧げられた《メゾン・カレ》（四角堂）が、ヴィエンヌにはアウグストゥスの妻、ユリアに捧げられた神殿があった。

今のリビアに残るローマ都市ジェミラの遺跡

しかし、これらも、ローマ中央から強制されて造られたわけではなかった。属州都市が元首たちの守護神のために祭壇や神殿を建てたのは、元首たちへの感謝の気持ちからであり、また、首都ローマの建造物が、再現のために努力を注ぐだけの価値のある、人間精神の最も美しく最も威厳ある創造物と映ったからでもあった。

忘れてならないことは、こ

のようにして西欧の属州の人々が手本としたのが、ヘレニズム世界の都市の伝統を引き継いだものであったこと、ローマによる征服が、古代文明に〈断絶〉を引き起こすどころか、むしろ、それを速やかに熟させ、世界全体に伝播させることに寄与したことである。属州諸都市の金持ちのブルジョワたちが、ローマだけでなくオリエントの大都市に比肩できるだけの壮大な建造物を自分たちの町にも造りたいと考えたのは、自然な心情であったろう。

こうした《ローマ化》が、ある種の画一化をもたらす可能性は確かにあった。しかしながら私たちは、たとえばアフリカの町をガリアやヒスパニア、ブリタニアの町とは似ても似つかないものにしている地方的特徴の痕跡を廃墟のなかに幾つも見つけ出すことができる。これは、古い宗教が生き残ったことによってその祭儀の必要性から、ローマの芸術や慣習からすると明らかに異国的なタイプの建築物が造られ、それが今もそれぞれの聖所に痕跡を遺しているためである。

こんにちのチュニジアにあたるアフリカ属州では、バール・サトゥルヌスやユノ・カエレスティスに捧げられたフェニキア・ローマ型の神殿を見ることができる。前者のバール神殿には、幾つもの小祭壇を備えた柱廊を周りに巡らした大きな庭があり、そこで行列行進が行われた。ローマ型の神殿が町の中心広場(フォールム)に集まっていたのに対し、この種の神殿は、多くの場合、町の外縁部に建てられていた。このような例は、チュニジアのドゥッガやティムガドにも見られる。

同じように、ガリアの町でも、土着起源の建築タイプが遺っている。たとえば、円形ないし多角形の《お堂》形式の神殿がそれで、これにも、まわりに柱廊を巡らしたのと柱廊のないのとがある。ペリグーにある有名な《ヴェソンの塔》、オータンあるいはサンクセイの《ヤヌス神殿》などがそれである。これらはケルト人に独特のもので、明らかにケルト古来の祭儀に適うようローマの建築様式に修正を加えたものである。

　個人の住宅まで、州ごとに、はっきりした多様性を表している。現在のモロッコにあたるマウレタニア・ティンギタナのウォルビリスやジェミラの住居については、当初、《アトリウム》と柱廊を備えた古典期ローマの家と関連づける試みが行われた。たしかに、そこには、イタリアの住居と同じく、柱廊を巡らした中庭がある。しかし、イタリアの住居が一本の軸線を中心に対称性を示しているのに対し、アフリカの住居は、小さなエントランスから庭に入るようになっており、全ての部屋や台所などがこの庭に面している。

　このアフリカ式住居のモデルになったのは、ポンペイのそれよりもむしろ、前二世紀のデロス島に見られるヘレニズム式住居であったようにも見える。しかし、さらにいえば、これはカルタゴ人の個人住宅に遡る土着的なもので（もっとも、カルタゴ人の住居がどうであったかについては、ほとんど分かっていない）、私たちが今も目にしているアラブ人の住居は、このタイプの末裔なのかもしれないのである。

　ローマ帝国の別の端であるブリテン島でも、個人の住居は、それに劣らず興味深いものをもっている。それらは、アフリカやイタリアといった地中海地域のそれと違って、かなり広い外庭をまわりに備え、一つの区画を囲むような配置にはなっていない。家は、仕切り壁でホールと隔てられた一種のヴェランダによって庭に面しているうえ、大きな屋敷の場合、大広間が二つ、直角に接するように設けられ、三つの翼部を備えている。

　この配置は、帝政時代初期のイタリア半島の大きな《別荘 villa》を想起させ、このタイプの住宅は、もともと田園地帯の家が町に移され、新しい用途に合うように変形されたものである可能性がある。

　西欧での都市のローマ化を進展させたのは、多分、人口密度の増大であった。ナルボンヌ地方のような古い歴史をもつ属州が、たくさんの繁栄した都市を擁していたのに対し、北部ガリアやライン河の国境地帯、ブリテン島などでは、大領主の屋敷のまわりに形成された集落がやっとであった。

その後、蛮族が頻繁に襲撃してくるようになって、城壁を周囲に巡らした町になっていったが、その場合、急場の城壁構築のために記念建造物や町外れの道路沿いに造られていた墓など、利用できるものは全て犠牲にされた。いまも、大理石も切石も、円柱の太鼓石も帯状装飾のかけらも碑文の石も構わず、ごちゃ混ぜに積み重ねた城壁の残骸を見ることができる。

そうした城壁は、迅速に仕上げる必要性から直線に引かれ、町の一部でも特別に防御の必要のない部分は、外側に取り残された。こうして、中世の都市は、ローマの町を引き継ぎながらも、ローマの町が内側にゆとりをもって広がっていたのに対し、非常に狭い城壁の内側に詰め込まれたものとなる。

この制約された空間のなかで、街路は曲がりくねり、公共広場はたちまち住民に占拠された。住民たちは劇場の柱廊の壁を背にしたアーケードのなかにまで住まいを構えた。社会生活の形態そのものまで変わる。古くからの市民共同体（civitas）は消滅し、それと同時に、自由と平和も失われた。

結び

「ローマ文明」について明快な判断を下すことは容易ではない。先行する「ヘレニズム文明」と、あとから来る「中世世界」（西欧のそれにせよ東欧のそれにせよ）の間にそれを正しく位置づけることも、けっして簡単ではない。

「ローマ」に《独創性》はあったのだろうか？

この質問は、ヴィンケルマン以来、何度も提起されてきたし、彼の弟子たちは「ローマ文明はギリシャ世界の一地方の、ヘレニズム文明からの相続権ももたない一属州のものでしかなく、それが及ぼした影響は有用というより有害であった」と考えた。しかし、ヴィンケルマンは芸術史家であり、彼の判断は、究極的には古典期ギリシャ芸術の規範に遡る《美の理想》にしたがったものであった。

それは、明らかに《循環論法》である。フェイディアス（BC450-430ごろ活躍）とかリュシッポス（BC360-315）の美学のみを《完全美》に達したものとするならば、芸術家の名に値する人はリュシッポス、フェイディアス本人とその流派の人々以外にはありえなくなる。しかし私たちは、問題をこうした言葉で提起する必要があるだろうか？

まず第一に、ローマ文明が全ての分野でギリシャ文明の模倣にすぎなかったなどと、そんなに簡単にいえるだろうか？

すでに明らかにしたように、ローマは時間系列からいって、ギリシャのあとに来るのではなく、その文明はギリシャ文明と並行して発展した。アテナイがペイシストラトス一族の軛から解放されたとき、ローマは創建から二世紀半を経ていた。タルクィニウス王家が建てたユピテル・カピトリヌスの神殿は、アテナイのパルテノンより約半世紀古い。ウェイイの美術の開花は、アテナイ人たちがアクロポリスの丘に「こわばった微笑のコーレー（少女像）」を奉納したのとほぼ同じ時代であり、エトルリアやローマの彫刻家たちに劣らず、アッティカの芸術家たちもイオニア芸術から恩義を受けている。

おそらく「エトルリアとローマは別だ。ローマには芸術家は少ししかいなかったではないか」と反論されるかもしれない。だが、この理屈が当てはまるのは、ローマをその《帝国》と切り離した場合だけである。ある時代からではあるが、ローマは《帝国》として全イタリアの活力を吸収した。《エレゲイア詩人》プロペルティウス（BC54-16）がアッシジの生まれだからといって、ローマの詩人ではないなどと誰が言い張れるだろうか？

しかしながら、前六世紀のギリシャ文化の開花以後は、ローマがアテナイに後れをとったことは事実である。前五世紀の時期、ローマは周辺の山岳民族たちとの際限のない戦いに煩わされ、ペリクレスもフェイディアスもソクラテスも生み出しはしなかった。とはいえ、芸術家や哲学者がすぐに現れたかどうかで文明の偉大さを測る必要があるだろうか？

ローマも、おくれはしたが、成熟期に達したときには、芸術家も哲学者も生み出し、重要さにおいて無視できない一つの仕事を成し遂げているのだ。

ローマは、アテナイがやり損ねたことを見事に成し遂げた。ペリクレスは、アテナイをリーダーとする一つの帝国を建設したかった。だが、ペルシャ戦争が終わると、アテナイの同盟都市には、自分たちの《連合体》を《帝国》に変えようという意図に献身するだけの情熱は残っていなかった。反対にローマの場合、第二次ポエニ戦争の恐るべき震動に動揺したのは、ローマがまわりに集めた帝国のうちでも、比較的脆弱な部分だけであった。というのは、ギリシャ世界が、外敵の消滅とともに、同盟都市同士で激しく反目し合ったのに対し、ローマの同盟都市の場合は、ハンニバル軍の脅威に直面したとき、勝ち誇って進んでくる「解放者」には目もくれず、ローマとの条約を尊重したからである。

ローマの長い歴史の最も際立った現象の一つである〈征服地の安定性〉は、少なくともその一部は、エーゲ海の島々よりずっと自主独立主義的誘惑に晒されることの少ない《大陸》であったという偶然的要因によるのではないか、といわれるかもしれない。だが、この言い分は、イタリア半島が政治的分断を助長する地形をもっていたこと、事実、何世紀もの間には何度も、このために統一が阻まれた事実があることを無視したものである。この半島に堅固で耐久性のある一つの政治的実体を創り出したのが《ローマ》という名前であり、それが統一をもたらしたのである。

ヘレニズム世界には、幾つもの王国があった。それらは、元首の人格のみを唯一の絆とすることにより、内部の諸都市を犠牲にし諸国家を地均しすることによって形成されたものであった。イタリア半島やシチリアでも、タレントゥムやシュラクサイが《帝国》たらんとしたが、いずれも成功しなかった。

ローマが《帝国》を創り支配権を樹立することに成功したのは、各地の王政も専制政治も排除して唯一の君主の権威に服従させようとする行き方を採らなかったこと、かつて敵対した国をも同盟国として迎え入れて彼らの自律性を認め、征服された民をも、この際限なく広がる一つの都市（ローマ）に参画させる柔軟性を貫いたことによってであった。

ローマの帝政は共和制によって産み出された。それは、カエサルがその唯一の指導者になろうとしたとき、すでに、ほとんど〈臨月〉に達していた。しかし、カエサルは《女神ローマ》ではなかった。その生まれつつあった《君主制》は、「陰謀の加担者たち」によって倒された。彼らは《自由》の名のもとに、カエサルの試みを挫いたのである。事実、彼らがそのようにしたのは、一人の人間のためにこれを譲ることは自己否定になってしまうとする「ローマの論理」に従ったゆえであった。

アウグストゥスはこうした《ローマ的現象》の複雑さに、養父（カエサル）よりずっと巧みに、鋭敏に対処した。すなわち、都市ローマを、それが築いてきた伝統的形態のなかに維持することを何より心がけ、《元首》の人格とは別に独立して存続できる政治システムを創出し、自分はその筆頭政務官としか見えないよう注意した。

《ローマによる支配権》（これは「インペリウム・ロマーヌム imperium romanum」の訳で、これを「Empire romain ローマ帝国」という曖昧な語に置き換えると誤解を生じることになる）は、法的・精神的本質をもった抽象的実在であり、西暦一世紀以後は《ローマの神性》によって象徴される。アウグストゥスの《神性》も、それに結びつけられるが、あくまでその位置は第二列目である。

《女神ローマ》は、おそらく、世界に働きかけることによって自らを現わすが、その《神性》そのものは、そうした〈作用〉を超越してその上位にある一つの超自然的実体である。これに対してギリシャ都市で、それ自体が神格化された例はない。古典期のギリシャ諸都市は、それぞれの象徴として一つの神を持ちたがったが、市民共同体（ローマの「ポプルス」が、これにあたる）が政治的権力の行使者として、個人たる市民を超えた高位の尊厳性をもつにはいたらなかった。それに対しローマは、それまで知られていなかったこの観念を全ての市民に抱かせただけでなく、これを定式化し（これが、より重要な点である）、全ての民族に、この聖なる都市に参画できる希望をもたせた。

共和制時代の軍隊が粒々辛苦を重ねながら実現した征服が、どのような奇跡によって《帝政》に変質させられたかが、しばしば問題にされてきた。だが、現実には、そこにはなんらの変質も変節もなかった。なぜなら、〈帝政〉と〈征服〉、〈政治的現象〉と〈軍事的事績〉とは共存関係にあるからである。最初の《ラテン同盟》が、ラティウムのユピテル神殿を中心としてカピトリウムに姿をあらわしたとき、すでにそれは《帝国》であった。その軍団が行ったことは、境界線を少しずつ広げていくことだけで、領域が広大になるにつれて管理・運用の機構も当然複雑になっていったが、その結合の基盤である原理そのものは変更されなかった。国家の頂点に「執政官（コンスル）」の代わりに「皇帝」を置いた《革命》も、「インペリウム」〔訳注・指揮権・支配権〕の根底的本質については、何一つ変更を迫るものではなかった。

何世紀にもわたって継続されたローマの政治的成果は膨大であった。私たちは、それを、東方でよりも西方でよりよく測ることができる。西方のほうが、その情報を生のままで伝えてくれる素材がずっと豊富にあるからだ。

最近発見されたものから分かっているように、本来のガリアの文明が約束したものがどうであったにせよ、屈服させられたガリア民族が何年かのうちに征服者であるローマの文明を採用していったのは、けっして強制された結果ではなかった。ガリア人貴族たちも、その何世紀かあとのゲルマン蛮族たちも、同じように《ローマ人》になることを望んだ。

このように、「ローマに征服された人々」(ガリア人)も「ローマに侵入した人々」(ゲルマン人)も、ローマに接したとき、同じように敬意を抱き、あたかも蛮族の王たちが《インペラートル》の権威に裏づけられた称号で身を飾ろうとしたように、ガリア人やヒスパニア人の族長たちも、ローマ風のトーガを進んでまとったのであって、これは、きわめて意味深い事実である。

これは、敗北によってであれ勝利によってであれ、この文明に近づいたとき、この文明こそ、より安定し、より正しい、よりよい生活の条件を保障してくれるものであること、それまで馴染んだ文明よりも、政治的・知的生活についてより豊かな構想に応えてくれるものであることを直観したからであった。ローマが征服に乗り出したとき、それによって利益を得た人々が都市貴族のメンバーに限られていたことは事実である。しかし、それにしても、平和の帰結である繁栄は、征服された人々にも、新しい属州のなかに同化しようとする気持ちを掻き立てる働きをした。

この《帝国》の懐に入ることによって市民が受けた恩恵は、ローマ市民にだけ特別のものではなかった。ローマとオリエントの国々との間には、古代文明全体に備わる基本的特徴ともいえる《予定調和》がその効力を保っていた。ギリシャ人とローマ人が似通っていること、ギリシャ的領域のなかにローマ的名称を定着させることが容易であったのは、このためである。

都市の優位性については、ローマが発展をはじめた初期の何世紀かに田舎住まいの貴族階層が町に住むようになり《不在地主》という一つの階級に変化していったときに、ローマ市が整備した機構の特質によってすでに必然化していたと考えることができる。その場合、手本として大きな影響力を及ぼしたのが、エトルリア人の都市や、南イタリアにあったギリシャ人都市あるいはギリシャ化された都市であったことは確かである。そして、この観点から見たとき、ローマ都市はギリシャの《ポリス polis》の姉妹であり、アドリア海の両岸で並行的に進行したこの発展から、《文明 civilisation》の概念は《都市 civitas》のそれと切り離せないものとなったと考えることができる。

しかし、それでも、ローマとギリシャ両世界の間には、非常に重要な相違点がある。それは、ローマ人たちは、決して全面的には都市の優位を承認しなかったことである。彼らは常に、田園こそ倫理的にも宗教的にも人間にとって本当の環境であると考えていた。ローマ人は、都市にあっては、自分を《追放された人間》と感じた。だからこそ、世界を治める必要からティベリス川のほとりに束縛されている人々については別にして、そうでない貧しい人々に対しては、植民都市に住まいを移してそこで土地を所有し自分の畑を耕せるようになるチャンスを提供しようと努力したのだった。

こうした「自然との融和」というローマ人に潜在している理想一つをとってみても、ローマ人はギリシャ人とは根底的に対極にあると言うことができる。ギリシャ人の場合、《自然の呼び声》への感受性は、無限に小さいといわなければならない。

要するにローマ人は、人間の使命と性向について、ギリシャ人とは異なる考えをもっていた。ローマ人にしてみると、人間は自然の中に組み込まれた存在であり、自然こそ、とりわけ神の宿るところである。ローマ人が神々を、より直接的に、より完全に感じるのは、泉や川のほとりの草木の間や《聖なる森》のなかにおいてであって、どんなに荘厳であっても都市の神殿のなかではない。

ギリシャの哲学者たちは、柱廊の下で神々について推論することができたし、思考から思考へと辿っていって、最も高い思弁にまで上昇することができた。それに対してローマ人は、生来的に宗教的で、特別の価値をもっている日々あるいは季節ごとの祭式の現実とは別に神的なものを求めるのを常に嫌った。ローマ人にとっては、祭儀こそ世界の秩序のなかに列なるための手段であった。

この態度の違いを把握するには、一つの事例だけで充分であろう。アクロポリスの丘にあるパルテノン神殿には、古典期のアテナイ人の魂を体現したすばらしい帯状装飾が巡らされている。他方、ローマでは、《マルスの野》の「平和の祭壇」に帯状装飾を見ることができる。どちらも、人々の行列行進の様子を表現しているが、アテナイのそれが、アテナ女神を称えるため、何世紀もの間繰り返された同じ儀式の執行による年ごとの更新を表していたのに対し、《マルスの野》のそれにおいて芸術家が大理石に刻み込もうとしたのは、唯一で他と置き換えることのできないある明確な瞬間の、ある定まった動作、生け贄を捧げる動作である。

言い換えると、パルテノン神殿の壁に刻まれた《パン・アテネ》(アテナイ全市民)の行列は、現実の行列から抽出された、無限に繰り返される行為の象徴である。それに対し、ローマの帯状装飾が表しているのは、一つの振舞いを「幸福と平和の時代を開く一つの絶対的な始まり」とする魔術的価値において固定したものである。

また、ローマ市では、常に個人の慈善的行為のほうが公的宗教より優位にあった。ローマ人は、政務官たちが神官たちの指示どおりにユピテル大神に生け贄を捧げれば、個人個人と神々との和解も達成されるなどとは考えない。自分に関わる問題のためには、自分が超自然的力と直接に結合する必要があると考えた。

彼は常に神の現前を意識しており、不条理なことに遭遇しても嫌悪を覚えない。彼は、それぞれの行為がどんな結果をもたらすかは、神々によってよしとされるか、それとも怒りを買うかによるので、人間が予測することは不可能だと考える。ギリシャ人が理性で判別できる普遍的なものへの飽くことのない欲求を特徴としたのに対し、ローマ人がそのような欲求をほとんど感じないのは、そのためである。また、ローマ人は、太古からの残滓や、その後流れ込んできた、あらゆる種類の神秘主義を受け入れる性向をもっていて、秩序と政治的・社会的安定や誓約と法律への尊重心といった基本的価値が明らかに脅かされないかぎりは、この寛容的な姿勢を崩すことはなかった。もしローマの根底的価値が脅かされると分かった場合も、危険を伴う狭量な拒絶を嫌って、多くは和解・調停の道を求めることで満足した。その結果、ローマは、世界でも前例のない、人間にとって最良の土地となったのである。

このことは、キリスト教化する以前についても言える。この人間的なものへの受容能力については、本書でもさまざまな証拠を挙げることに努めた。法律の歴史も、そうしたたくさんの例を示してくれているが、とりわけ文学がこのことを証言している。その点では、

「私は人間である。人間に関わるもので私に無縁なものは何もない
homo sum; humani nihil a me alienum puto」

との有名なテレンティウスの詩句から、ガリア人のルティリウス・ナマティアヌス〔訳注・四、五世紀のトゥールーズの人〕の次のような祈りの言葉にいたるまで、幾つもの例を挙げることが可能である。

彼は、ローマ帝国が蛮族の侵入によりあらゆるところで脅かされているさなかにあって、こう言って

いる。

汝は、さまざまな民によって唯一つの祖国を作った
汝の支配のもとで邪悪な人々は敗北を喫した
汝は征服した人々に汝の法の恩恵を施し
それまで世界であったものを一つの町とした

ローマ帝国の統治機構の骨組は、蛮族侵入の巨大な圧力に抗しきれず、帝国は崩壊した。ローマがもっていた、なんでも再生させる能力は消耗し、属州は、それぞれの王国となって分離し、世界は未知の大地の上に開かれた。このため、均衡は破れたが、ローマの理念そのものは不滅の神話として生き残った。それは、ローマこそ《人間の祖国》が実現不可能な夢などでなかったことを歴史によって証明した実例であるという神話である。

訳者あとがき

本書は、フランスにおけるローマ史学の権威であったピエール・グリマル教授（ソルボンヌ大学）が《ローマ文明》そのものを真正面から採りあげ論じられた著作である。グリマル氏は一九九六年になくなられたが、数多くの著書を遺され、《クセジュ文庫》にもたくさん執筆し、その幾つかが邦訳されている。

本書を読んで、ローマ史といえばお馴染みの悪名高いネロやカリグラ帝のことには全く触れられていないので、物足りなく感じられた方もあろうかと思われるが、本来、ネロなどについて言われている話は、ライバルたちがでっちあげたゴシップがほとんどであるうえ、《ローマ文明》とは関係のない些末な問題なのである。

わたしはローマ文明を専門的に研究した人間ではないが、西洋文明、したがって、その流れを汲む現代文明を知るうえでローマ文明を無視できないことは、わきまえているつもりである。アンドレ・シーグフリードが「ギリシャ人もユダヤ人も、原理からにせよ情念からにせよ、規範・規則を抽出することはできなかった。私たちが西洋的な《秩序の理念》と《法律の体系》を受け継いだのはローマからである」と述べ、同じ西欧でも二千年以上前の古代ローマ時代からその支配下に入り、ローマ文明の影響を受けてきた地域と、数百年前からキリスト教化や文芸復興などを通じて間接的に受けるようになった地域とでは、その文明の基底部には、比喩的にいうと水深数百メートルの海と数千メートルの海のような違いがあると言っている（『諸民族の魂』。かつて角川文庫から『西欧の精神』の訳名で出ていた）ように、ローマ文明は、滅びたあとも消えことのない豊かさと深い痕跡を社会と文化に遺した。それがどのようなものであったのかを理解させてくれるのが本書である。

あらゆる《帝国》は征服し、収奪する。しかし、征服された人々から収奪したものを《文明》に変えて返還するやり方に、その《帝国》の品位の違いがある。返すのを嫌って最小限にとどめようと被征服民を差別し、貧困のなかに閉じ込めようとする下品な帝国もあれば、民族的差別などなく受け入れ、その能力にふさわしい働き場を提供し、ともどもに繁栄を求めていく上質の帝国もある。古代ローマ人たちは、最も度量が広く、平和と文化を提供しただけでなく、かつて自分たちが征服した民族の出身者を皇帝として受け入れることとさえしている。古代ローマ文明は、いまもわたしたちに《文明》のありかた、もっといえば、人間としてのありようについて、多くのことを示唆してくれる。

本書の翻訳にあたってわたしが何より心がけたのは、当然のことながら、原著にあくまで忠実であることである。その意味では、わたしの主観の入る余地は、そこにはない。ただ、この邦訳版に転載する図版の選定に関しては、主観が反映せざるをえなかった。

まず、本書を象徴的に代表することになる表紙カバーには、表側にコロセウムの写真を採用した。これは、わたしが最初にローマを訪れたとき宿泊したホテルが、この目の前にあったことと、一般的にもローマ観光であまりにも馴染みなのと、それ以上に、ローマ帝政が人心を惹きつけるために採った、いわゆる「パンとサーカス」の施策の象徴でもあったので、やはり避けるわけにはいかないとして選んだのである。

表紙カバーには、もう一枚、南フランスの水道橋、いわゆる「ポン・デュ・ガール」の航空写真を選んだ。これは、皇帝属州であったガリアのローマ都市、ニームに数十キロの彼方から新鮮な水を供給する導水路が谷を越える部分に設置されたものである。通常、都市は、もともと水の供給が容易な場所に建設されるのであるが、ニームは、新鮮な水の確保という点では条件がよくなかったものの、ほかの条件から、都市として重要だったのである。ここは、ローヌ川交通で北方へ向かう道と西方のイベリア半島に向かう道の分岐点になっていて、西暦前一、二世紀にローマによって建設された。事実、ローマ時代に建設された円形闘技場や本書でも出てくるメゾン・カレ神殿などが、いまもその姿を遺しており、ガリア統治のうえで重要な都市であったことを物語っている。イベリア半島からは、カルタゴのハンニバルが象軍を率いてここを通過して、アルプスの峠を越えイタリア半島を南下して、一時は首都ローマさえ命運を脅かされたという、ローマ人にとっては忘れることのできない苦い思い出がある。その意味でも、ここは、ローマ防衛の要の一つであり、その後、カエサルの力で全ガリアがローマの版図に収められたのにしたがって、ガリア人の反乱や、ラインの境界線を越えてくるゲルマン人たちの侵入に備えるためのローマ軍の拠点となったのであろう。それとともに、ガリアの人々に向けてのローマ文明のショー・ウィンドーの役割も果たしていた。だからこそ、ローマ帝国としては、文化的施設も充実して維持する必要があり、その弱点であった給水の問題を解決するために、このように大規模な導水路を建設する必要があったわけである。同様の水道橋は、スペインなどにも遺されている。首都ローマ自体、すぐ眼前にティベリス川はあるものの水質はよくなく、良質の水を市民に供給するために何本もの導水システムをもっていたことは、本書でも述べられているとおりである。

石材を積み上げて三層にアーチを重ね、その最上部に水路を走らせた「ポン・デュ・ガール」の水道橋は、もっぱら、そのシルエットの美しさと堅牢さに目を奪われがちであるが、その最上部の水路も石材で造られている。日本語に「水も漏らさぬ」という表現があるが、普通に石材を組み合わせただけでは、水は石と石の継ぎ目から漏れて、どんどん失われてしまう。継ぎ目の隙間をなくすために如何に精緻な作業が行われたかを想像すると、それだけでも溜息が出てくる。こうして、二千年以上経っても牢固として谷間を跨いで空中に架かっている「ポン・デュ・ガール」が表しているのは、ローマ人たちの建築技術の優秀さだけでなく、この都市を維持しようとした帝国としての強い意志、駐屯する兵士や市民の健康生活を守ろうとした考え方の確かさである。まさに《文明》というものの本義がそこにある。

同様の視点から、本文中に挿入する図版にも、《ローマの道》の写真を選んだ。「すべての道はローマに通ずる」という格言はあまりにも有名であるが、ローマ人たちは、帝国を維持するために、首都ローマからライン河畔の辺境まで、また、アラビアやサハラの砂漠のへりにまで広がった領土内を網の目のように結ぶ道路を建設した。緊急事態が起きたとき軍勢を急行させるためであったから、ちょうど現代の自動車道路のように田園地帯をほぼまっすぐに突っ切って走っていることが多い。しかも、道路が真に道路として使えるためには、雨が降るとぬかるんだり、崩れて通行できなくなるようなことがあってはならない。路面はしっかり石材で舗装されるとともに、側溝が設けられた。ただ人畜の足で踏み固められただけの農道とは異なり、まさに道路は建造物なのである。

ローマ帝国の滅亡はゲルマン蛮族たちの侵入によるとされてきたが、そのゲルマン人たちも、実際には、ローマ帝国の恩恵に憧れを抱き、蛮族の長たちはローマ帝国の軍事的役職を授けられることを名誉とさえしたことが知られている。結局、帝国を衰亡させた最大の要因は、ローマ人たち自身が私利私欲の追求に走り、自らを投げ出しても、その社会を支えようとする精神と気概を失ったことに求められなければならないであろう。

《帝国》は滅びても《文明》は生き続けた。一応、本書『ローマ文明』は、歴史的には二分された帝国のうち西半分が滅亡した五世紀までの経緯しか扱っていないが、東半分では『ビザンティン文明』として、西方でもローマ・カトリック教会と神聖ローマ帝国として生き続ける。それだけでなく、「カロリンガ・ルネサンス」と呼ばれる九世紀のシャルルマーニュ帝国での文芸再生、「十二世紀ルネサンス」と呼ばれる、中世盛期の学芸の興隆、そして、十四世紀の「イタリア・ルネサンス」や十五世紀の「フランス・ルネサンス」といずれも、「ルネサンス」とは古代ローマ文明の再生を意味しており、《ローマ文明》は死に絶えることはなかった。

最後に、本書の翻訳にあたっては、とくに行政・法制などの専門用語に関して、電気通信大学等でローマ史を講義されている倉橋良伸氏から御助言をいただいた。出版については、論創社社長森下紀夫氏、同社編集部の平塚健太郎氏、松永裕衣子氏、さらに校正に関しては安田理夫氏にお世話になった。ここに厚く謝意を表したい。

二〇〇九年三月

桐村泰次

BC43	第二回三頭政治（アントニウス・オクタウィアヌス・レピドゥス）
BC33	アグリッパ、ユリウス水道を完成
BC31	オクタウィアヌス、アントニウス・クレオパトラ軍を破る《アクティウムの戦い》。エジプトは皇帝直轄属州となる
BC27	オクタウィアヌス、《アウグストゥス》の称号を受け元首政を開始
BC25	アグリッパ、ローマ市最初の共同浴場を建設開始
BC19	アグリッパ、ウィルゴ水道を竣工
BC2	ナウマキア池で模擬海戦ショー
AD6	アウグストゥス、自由民による警察消防隊を編成
AD52	38年にカリグラが着工したクラウディウス水道と新アニオス水道が完成
AD60	ネロ、《マルスの野》に総合体育施設（共同浴場）完成
AD64	ローマ市、大火災
AD79	ヴェスヴィオス火山の噴火でポンペイが埋没
AD80	ティトゥス、コロセウムと娯楽施設化した大浴場を竣工
AD109	トラヤヌス、水道と大浴場を完成
AD305-6	ディオクレティアヌスの共同浴場が完成
AD330	コンスタンティヌス、首都をビュザンティオンに移し、コンスタンティノポリスと改名
AD380	テオドシウス、キリスト教を国教に定める
AD395	テオドシウス死去。ローマ帝国は東西に二分
AD476	西ローマ帝国滅亡（東のビザンティン帝国が滅亡するのは1453年）

BC287	平民会の議決に法的効力《ホルテンシウス法》
BC272	タレントゥム陥落しマグナ・グレキアの征服が完了
BC264	ローマ市最初の剣闘士の興行を実施
BC264-241	第一次ポエニ戦争
BC229	イリュリアに進出。オリエント征服の端緒
BC224-218	ガリア・キサルピナを征服
BC218	元老院身分の海外貿易を禁じる《クラウディウス法》制定
BC218-201	第二次ポエニ戦争（ハンニバル戦争）
BC215-205	第一次マケドニア戦争
BC196	ギリシャ諸都市、ローマの傘下に
BC187頃	デナリウス銀貨の鋳造始まる
BC182	饗宴の人数などを制限した奢侈禁止法《オルキス法》制定
BC149-146	第三次ポエニ戦争。カルタゴ滅亡。ムンミウスがコリントスを破壊し、ローマによるギリシャ征服完了
BC133	グラックス兄弟による改革
BC111	公有地占有を私有地所有に変え、大土地所有を促進する《トリウス法》制定
BC107	マリウスによる軍制改革
BC91-88	同盟市戦争
BC80	ポンペイ、ローマの植民市となる
BC82-79	スラの独裁
BC73-71	スパルタクスの乱
BC60-59	第一回三頭政治（ポンペイウス・クラッスス・カエサル）
BC55	ポンペイウス、最初の石造劇場を建設
BC58-51	カエサル、ガリアを征服
BC44	カエサル、暗殺さる

ローマ史略年表

BC2000年紀	インド・ヨーロッパ人がイタリア半島に侵入。リグリア人やシケリア人と混淆してウンブリ人、サビニ人、ラテン人の先祖になったと思われる。《テラマーレ文化》
BC1000頃	《ヴィラノヴァ文化》
BC900頃	エトルスキが恐らく小アジアから移住
BC800頃	ギリシャ人がシチリア島とイタリア半島南部に植民《マグナ・グレキア》
BC753	ロムルスによるローマ市創建（伝承）
BC509	共和制始まる。執政官創設
BC507	カピトリウムにユピテル神殿建立
BC496	平民層、アウェンティヌス丘で祭祀を行う
BC494	平民層、集団退去。護民官創設
BC459頃	アキリウス法制定（アウェンティヌスの丘を平民居住区として開放
BC450-449	平民層、二度目の退去。《十二表法》公布
BC447	財務官創設
BC445	執政護民官創設
BC443	監察官創設
BC390	ガリア人の侵入。ローマ市掠奪される
BC367	法務官、高等造営官創設。リキニウス・セクスティウス法制定。執政官職への道が平民にも開かれる
BC338	ラティウム同盟を屈服させる
BC312-308	アッピウス・クラウディウス監察官在任。アッピア街道建設
BC304	高等造営官フラウィウス、方式書を公開

Grimal, P. "Les villes romaines" Paris, 1954

Homo, L. "Rome impériale et l'urbanisme dans l'Antiquité" Paris, 1952

Platner, S. B. "A topographical dictionary of ancient Rome" Oxford, 1929

Robertson, D. S. "Greek and roman Architecture" Cambridge, 1928

（F）教育

Marrou, H.I. "Histoire de l'éducation dans l'Antiquité" Paris, 1948

Wilkins, A.S. "Roman Education" 1905

7.宗教

Warde Fowler, A. "The religious experience of the Roman people" Londres, 1911

Dumézil, G. "Naissance de Rome" Paris, 1944

Dumézil, G. "L'Héritage indo-européen, Rome" Paris, 1949

8.日常生活

Aymard, J. "Essai sur les chasses romaines des origines à la fin du siècle des Antonins" Paris, 1951

Carcopino, J. "La vie quotidienne à Rome à l'apogée de l'Empire" Paris, 1939

Grimal, P. "La vie à Rome dans l'Antiquité" Paris, 1953

Harcum, G. H. "Roman Cooks" Baltimore, 1914

Jennison, G. "Animals for show and pleasure in ancient Rome" Manchester, 1937

Johnston, H. W. "The Private Life of the Romans" 1932

Wilson, L. W. "The clothing of the Ancient Romans" Baltimore, 1938

Salvioli, G. "Le Capitalisme dans le monde antique" Paris, 1906

Toutain, J. "L'Economie antique" Paris, 1927

6．知的活動と芸術

（A）科学史

Brunet, P. et Mieli, A. "Histoire des sciences, Antiquité" Paris, 1935

Farrington, R. "Science in Antiquity" Londres, 1936

Taton, R. "Histoire générale des Sciences. La science antique et médiévale, des origines à 1450" Paris, 1937

（B）ラテン語

Devote, G. "Storia della lingua di Roma" Bologne, 1940

Ernout, A. "Morphologie historique du latin" Paris, 1927

Meillet, A. "Esquisse d'une Histoire de la langue latine" Paris, 1938

（C）文学

Bayet, J. "Littérature latine" Paris,1941

Castiglioni, L. "Il problema della originalità romana" Turin, 1928

Guillemin, A. M. "Le public et la vie littéraire à Rome" Paris, 1938

Pichon, R. "Histoire de la littérature latine" Paris, 1912

Rivaud, A. "Histoire de la philosophie.I-Des origines à la scolastique" Paris, 1948

（D）造形美術

Grimal, P. "Les Jardins romains" Paris, 1944

Maiuri, A. "La Peinture romaine" Genéve, 1953

Reinach, S. "Répertoire de la statuaire grecque et romaine" 6 vol., Paris, 1910-1931

Reinach, S. "Répertoire des reliefs grecs et romains" 3 vol.,Paris, 1909-1912

Strong, F. "Roman Sculpture from Augustus to Constantin" 1907

（E）建築

3． 軍事史

Cheesman, G. E. "The Auxilia of the Roman Army" Oxford, 1914

Couissin, P. "Les Armes romaines" Paris, 1926

Durry, M."Les Cohortes prétoriennes" Paris, 1938

Le Roux, J. "L'armée romaine de Bretagne" Paris, 1911

Parker, H. M. D. "The Roman Legions" Oxford, 1928

4． 法制度

Declareuil, J. "Rome et l'organisation du Droit" Paris, 1924

Fustel de Coulanges, N. D. "La Cité antique" Paris, 1893

Girard, P. E. "Textes de droit romain,6e éd." Paris, 1937

Homo, L. "Les Institutions politiques romaines de la cité à l'Etat" Paris, 1927

Lévy-Bruhl, H. "Quelques problèmes du très ancien droit romain" Paris, 1934

Magdelain, André "Auctoritas principis" Paris, 1947

Stevenson,G.H. "Roman Provincial Administration" Oxford, 1939

Warde Fowler, W. "The City State of the Greeks and Romans" 1893

5． 経済史

Cavaignac, E. "Population et capital dans le monde méditerranéen antique" Strasbourg, 1923

Charlesworth, M. P. "Trade Routes and Commerce of the Roman Empire" Cambridge, 1926

Davies, O. "Roman mines in Europe" Oxford, 1935

Heitland, W. E. "Agricole, a study in Agriculture and Rustic Life in the Greco-Roman World" Cambridge, 1921

Louis, P. "Le Travail dans le monde romain" Paris, 1912

Rostovtzeff, M. "Economic and Social History of the Roman Empire" Oxford, 1926 suiv.

(C) ローマ文明の歴史

Baumgarten, E. Poland, F., Wagner, R. "Hellenistisch-römische Kultur" Leipzig, 1913

Grenier, A. "Le Génie romain dans la religion, la pensée et l'art" Paris, 1925

Homo, M. "La Civilisation romaine" Paris, 1930

Aymard, A. et Auboyer, J. "Rome et son Empire" Paris, 1954

Bailey,C. "The Legacy of Rome" Oxford, 1923

2. 政治史

(A) 通史

Glotz,G. "Histoire générale""Histoire romaine"I-IV, 1935-40

(B) 起源

Bloch, R. "Le mystère étrusque" Paris, 1957

Bloch, R. "Les Origines de Rome"Paris, 1959

Bérard, J. "La Colonisation grecque de l'Italie méridionale et de la Sicile dans l'Antiquité" Paris, 1957

(C) 共和制時代

Bloch, R. "La république romaine,conflits politiques et sociaux"Paris, 1913

Grimal, P. "Le siècle des Scipions"Paris, 1953

Holmes, T. Rice "The roman republic and founder of the Empire" 3 vol. Oxford, 1923

(D) 帝政時代

Bloch, G. "L'Empire romain, évolution et décadence" Paris, 1921

Chapot, V. "Le Monde romain" Paris, 1927

Homo, L. "L'Empire romain,Le gouvernement du monde.La défense du monde. L'exploitation du monde" Paris, 1925

参考文献

1．ローマ文明全般

（A）書誌学

Bibliotheca philosophica classica Index librorum, peridicorum, dissertationum ... Suppl.au Jahresbericht über die Fortschritte der klassischen Altertumswissenschaft

Marouzeau, J. "Dix années de bibliographie classique,1914-1924" 2 vol., Paris, 1928

Marouzeau, J.（avec la Collaboration de J.Ernst）"L'année philosophique" Paris, 1928 et suiv.

Nairns, J. A. "Classical Hand-List" B. H. Blackwel éd., Oxford, 1939

Petit, P. "Guide de l'étudiant en histoire ancienne" Paris, 1959

Piganiol, A. "Histoire de Rome" coll. Clio,4 éd.,Paris, 1954

"The Years Work in classical studies" Bristol, 1907 et suiv.

（B）百科事典

Daremberg, Saglio, Potter "Dictionnaire des Antiquités grecques et romaines" 10 vol., Paris, 1877-1919

Pauly, Wissowa, Kroll "Realencyclopädie der Altertums wissenschaft" Stuttgart, 1894 （en cours de publication）

Seyffert, O. "A dictionary of classical Antiquities.Mythology, Religion,Literature and Art" New York, 1899

Cornish, Fr. W. "Concise Dictionary of Greek and Roman Antiquities" Londres

Walters, H. B. "A classical Dictionary of Greek and Roman antiquities, biography, geography and mythology" Cambridge, 1916

Mommsen et Marquardt "Handbuch der römischen Altertümer" 7 vol. Leipzig, 1876-1888

Ruggiero, E.de et Cardinali,G. "Dizionario Epigrafico di antichite romane" Rome, 1886 et

ブルートゥス（ルキウス）Brutus,Lucius 92
ブロッシウス Blossius 374, 417
プロティノス Plotin 78
プロマコス Promachos 331
プロペルティウス Properce 228-229, 438
フロンティヌス Frontinus 349, 353
フロント Fronte 296
ペイシストラトス Pissistrate 37, 438
ヘシオドス Hésiode 225
ベーダ Bède 340
ペトロニウス Pétrone 237, 238, 415
ペリクレス Périclès 390, 438, 439
ペルシウス Perse 231, 237, 238
ベルス（王）Belus 331
ペルセウス Persée 56
ペルッツィ Peruzzi 345
ヘレネ Hélène 311
ヘロデス・アッティクス Hérodes Atticus 425
ペンテウス Penthée 392
ポセイドニオス Posidonios 411
ポッパエア Poppaée 72, 232
ホノリウス Honorius 326
ホメロス Homère 226, 390, 391
ホラティウス（英雄）Horace 18, 140
ホラティウス（詩人）Horace 16, 117, 218, 221 227-229, 231, 238, 248, 369, 381, 408, 418
ポリオ（アシニウス）Pollion,Assinius 324, 379
ポリュビオス Polybe 90-91, 175, 184, 193, 199
ホルテンシウス Hortensius 129, 330, 362
ポンペイウス Pompée 62-67, 163, 169, 318, 330, 343, 382

【マ】

マエケナス Mécène 225, 228, 231, 333
マクシミアヌス Maximien 85-86
マクシムス（ファビウス）Maximus,Fabius 149, 161
マクセンティウス Maxence 87, 326-327
マクロビウス Macrobe 414
マスタルナ Mastarna 26, 32
マリウス Marius 60, 106, 178, 182, 197, 200-201
マルキア Marcia 129
マルキウス・アンクス Marcius Ancus 25, 32
マルキウス・フィリップス Marcius Philippus 129
マルキウス・レックス Marcius Rex 351
マルクス・アウレリウス Marc Aurèle 76, 77, 81, 82, 276, 296, 324
マルケルス Marcellus 344
マルティアリス Martial 238, 365, 407
ミトリダテス Mithridate 60, 62, 283, 411
ムソニウス・ルフス Musonius Rufus 375
ムナティウス・プランクス Munatius Plancus 428
メッサリーナ Messaline 235
メナンドロス Ménandre 99, 217
メンミウス Memmius 222
モンテスキュー Montesquieu 131

【ヤ・ラ】

ユウェナリス Juvénal 238, 365, 397, 418, 427
ユグルタ Jugurtha 60, 197
ヨセフス Josèphe 400
ラウィニア Lavinia 13
ラファエロ Raphaël 251
リュシッポス Lysippe 437
ルカヌス Lucaine 231
ルキアノス Lucianus 240
ルキウス Lucius 31, 33, 48
ルキウス・カエサル Lucius Caesar 433
ルキリウス Lucilius 218
ルクルス Lucullus 283, 411
ルクレティア Lucretia 92
ルクレティウス Lucrèce 214, 221, 233
ルタティウス・カトゥルス Lutatius Catulus 50
ルティリウス・ナマティアヌス Rutilius Namatianus 445
レグルス（アッティリウス）Régulus,Atilius 49
レピドゥス（アエミリウス）Lépide 67, 312, 313, 399
レムス Rémus 14-17, 304, 320
ロムルス Romulus 6-8, 14-25, 31, 118, 136, 152, 164, 257, 297, 304, 305, 320
ロラン Rollin 220

タルクィニウス・プリスクス Tarquinius Priscus 25-32, 306, 355, 386, 438
ディオクレティアヌス Dioclétien 84-87, 207, 303, 348
ディオゲネス Diogène 373
ティゲリヌス Tigellin 376
ティトゥス（帝）Titus 75, 251, 333, 338-339, 348, 400
ティトゥス・リウィウス Tite-Live 31-33, 109, 152, 221, 388
ティブルス Tibullus 228-230
ティベリウス Tibère 71, 238, 316, 332, 361, 402, 412, 423
ティリダテス Tiridate 115
テオクリトス Théocrite 224
デケバルス Décébal 80
テーセウス Thésée 17, 222
デマラテス Démarate 32
デモクリトス Démocrite 214
デモステネス Démosthène 29
テルトゥリアヌス Tertullien 395
テレンティウス Térence 99, 112, 216, 256, 445
ドゥイリウス Duilius 49
トゥリア Turia 129
トゥルス・ホスティリウス Tullus Hostilius 18, 25, 303, 305
ドミティアヌス Domitien 75, 76, 108, 109, 238, 271, 316, 320, 332, 339, 361, 375, 377, 384, 397, 404, 418
ドミティウス・アヘノバルブス Domitius Ahenobarbus 235
ドラベラ Dolabella 129
トラヤヌス Trajan 75, 78-81, 109, 199, 238, 248, 321-325, 341, 348-365, 416, 420, 432
トリマルキオン Trimalchion 116, 415

【ナ】

ナウィウス（アットゥス）Navius,Attus 304
ナエウィウス Naevius 213, 389
ナポレオン Napoléon 5
ヌマ Numa 22-25, 136
ネオプトレモス Néoptolème 47
ネポス Nepos 336
ネロ（皇帝）Néron 71, 85. 108, 115, 231-232, 251, 274, 278. 329, 341 348, 352, 366, 375, 384, 397, 403, 416
ネロ（クラウディウス）Nero,Claudius 54
ネルウァ Nerva 33, 75, 320
ノビリオル Nobilior 313, 382

【ハ】

パウリーナ Paulina 128
パウルス（アエミリウス）Émile Paul 56, 57, 17, 295, 312, 382
パジファエ Pasiphaé 393
ハスドルバル Hasdurbal 50, 54
ハドリアヌス Hadrien 76, 78, 81, 147, 238, 282, 322, 379, 416, 425
パナイティオス Panétius 104, 374
ハミルカル・バルカス Hamilcar Barca 50, 51
ハンニバル Hannibal 51-55, 109, 118, 161, 175, 199, 265, 283, 387, 420, 439
ヒエロン二世 Hiéron II 49, 388
ピソ Pison 108, 205, 232, 235
ヒッポダモス Hippodamos 430
ピュタゴラス Pythagore 22, 230, 234, 331, 375
ピュロス Pyrrhus 47-49, 181, 406
ファウストゥルス Faustulus 14-15, 305
ファビウス（マクシムス）Fabius,Maximus 53, 109, 161
ファブリキウス Fabricius 109
フィリッポス五世 Philippe V 53-56
フィロラオス Philolaos 375-376
フェイディアス Phidias 331, 437, 438
プラウトゥス Plautus 212, 217, 256, 307, 389
プラトン Platon 102, 105, 110, 111, 219, 235, 294, 371, 407
フラミニウス（ガイウス）Flaminius,Gaius 52
フリウス・カミルス Furius Camillus 39, 161
プリニウス（大）Pline 259, 161
プリニウス（小）Pline le Jeune 76, 109, 220, 238, 285-288, 334, 349, 377
ブルス Burrus 233
プルタルコス Plutarque 78, 396
ブルートゥス（ユニウス）Brutus,Junius 337, 399

カエサル César 21, 58, 58, 63-67, 69, 106, 161, 162, 169, 178, 184, 191, 204, 222, 226, 238, 303, 315-320, 329, 336, 343, 382, 386, 403, 416, 428, 433, 440
カッシウス Cassius 82
カトー（大）Caton 56, 106, 212, 213, 265-270, 284, 312-313, 370
カトー（ウティカの）Cato 129, 233
カトゥルス（執政官）Catulle 50
カトゥルス（詩人）Catulle 222-223, 227
カニディア Canidie 117
カミルス Camille 21, 39
カラカラ Caracalla 150, 348
ガリオ Gallion 377
カリグラ Caligura 71-76, 204, 332, 397
カリヌス Carin 303
カルウィリウス・ルガ Carvirius Ruga 127
ガルス Gallus 228
カルネアデス Carnéade 373-374
ガルバ Galba 72, 108, 205
キウィリス Civilis 73
キケロ Cicéron 6-8, 15, 63, 67, 109, 129, 209, 210, 219, 262, 295, 363, 378
キネアス Cinéas 47
キュンティア Cynthie 229
キンキナトゥス Cincinatus 257
クィンティリアヌス Quintilien 220, 237
クサンティッポス Xanthippe 49
クセノフォン Xénophon 380
クセルクセス Xerxès 175
クラウディウス Claudius 26, 71, 75, 108, 204, 235, 352, 353, 400, 406, 418
グラックス兄弟 Gracchus,Tiberius,Gaius 58, 65, 106, 109, 313, 374, 416
クラッスス Crassus 63, 67, 229, 362
クリアケス Criaces 140
クリトラオス Clitolaos 373
クルソル Cursor,Lucius Papirius 48
クルティウス Curtius 92
クレオパトラ Cléopâtre 68, 330
クロディウス Clodius 64, 400
ケリアリス（ペティリウス）Cerialis,Petilius 73
コンスタンティヌス Constantin 87-88, 326, 336, 400
コンモドゥス Commode 82, 321, 397, 402, 407

【サ】

サリナトル Salitator 54
サルウィウス Sarvius 147
サルスティウス Salluste 60
スエトニウス Suétone 238, 383
スキピオ（アエミリアヌス）Scipion Émilien 21, 55, 56, 218, 295, 374, 470
スキピオ（アフリカヌス）Scipio Africanus 54, 55-58, 105, 107, 163, 203, 283, 296, 313
ストロ（リキニウス）Stolon,Licinius 303
スパルタクス Spartacus 61, 399
スラ Sulla 21, 60-63, 106, 112, 161, 162, 283, 303, 318, 337, 362
セイアヌス Séjan 71
セウェルス Sévère 83, 306, 431
セクスティウス Sextius 234
セクストゥス Sextus 92
セネカ Sénèque 77, 108, 127, 214, 234-237, 283, 365, 377, 384, 385, 402, 410
ゼノン Zénon 380
セルウィウス・トゥリウス Servius Tullius 25-28,32, 33, 158
セルトリウス Sertorius 61, 62
センプロニウス・ルーフス Sempronius Rufus 127
ソキウス Socius 381
ソクラテス Socrate 105, 438
ソシウス（ガイウス）Sosius,Gaius 344
ソティオン Sotion 234

【タ】

タウルス（スタティリウス）Taurus,Statilius 337, 338, 343
タキトゥス Tacite 109, 128, 204, 238, 239, 338
タティウス Tatius 15, 19, 25, 31, 300
ダナオス Danaos 331
タルクィニウス・コラティヌス Tarquin Collatin 92
タルクィニウス・スペルブス Tarquin Superbe 25, 31-37, 92

人名索引

原著では、主要な人物の名前は、ローマ人であってもほとんどがフランス語式に表記されているが、おそらくフランス式表記が一般化していない人物はラテン語式に表記されているため、両方が混在する結果になっている。本訳書では、ローマ人の名はすべてラテン語式呼び名をカタカナで表記したが、この索引では、それぞれに原著で使われている欧文表記をラテン語・フランス語を問わず、そのまま付記した。

【ア】

アイギュプトス Aegyptus 331
アイゲウス Égée 17
アウグストゥス Auguste 23, 68-70, 97, 107-108, 112, 126, 145, 169-174, 201-205, 225-229, 234, 248, 316, 318-324, 330-331, 336, 344, 347, 350-353, 362, 365, 372, 383, 405,416, 423, 429, 433, 440
アウソニウス Ausone 294
アウレリアヌス Aurélien 84, 85, 301, 341
アエネース Énée 13, 17, 309, 317, 318
アガメムノン Agamemnon 17, 379
アガトクレス Agathocle 49
アキレス Achille 47
アグリッパ Agrippa 347, 348, 352-355
アグリッピナ Agrippine 232-235
アスカニウス Ascanius 318
アッカ・ラレンティア Acca Larentia 14
アッタロス三世 Attale III 57
アッタロス（ストア哲学者）Attale 234
アッティクス Atticus 362, 425
アッピウス Appius 144, 350
アッリア Arria 128
アピキウス Apicius 411
アプレイウス Apulée 240-241, 393
アポロドロス Apollodore 321, 322
アポロニオス Apollonios 74, 226, 375-377
アリスティデス（アイオリス）Aristide,Aelius 423
アリストファネス Aristphane 390, 395
アレクサンドロス Alexandre 47, 66, 282-283, 362, 422
アンティオコス三世 Antiochos III 55
アントニウス Antoine 21, 66-68, 224, 330-331, 344
アントニヌス・ピウス Antoine le Pieux 76, 296
アンドロニクス（リウィウス）Andronicus,Livius 388
アンフィオン Amphion 228
イアソン Jason 331
ウァロ Varro 53, 272-273, 371
ウィテリウス Vitellius 72, 397
ウィトルウィウス Vitruve 360, 365
ヴィンケルマン Winckelmann 437
ウェスパシアヌス Vespasien 72-74, 220, 245, 320, 324, 338, 396
ウェルギリウス Virgile 13, 17, 109, 112, 209, 212, 223-226, 233, 248, 256, 272, 324
ウェルキンゲトリクス Vercingétrix 64, 184, 197
ウェルス（ルキウス）Verus,Lucius 397
ウェレス Verrès 62
エウフラテス Euphratès 377
エウリピデス Euripide 217, 389
エピクテトス Epictète 375-6
エピクロス Épicure 103, 214, 221, 227, 294
エラガバルス Elagabal 85, 397
エンニウス Ennius 213, 215, 222, 233
オイディプス OEdipe 17
オウィディウス Ovide 230
オクタウィアヌス Octavien 67-69, 201,203, 224, 226, 303, 315, 318, 329, 331, 344
オクタウィウス Octavius 67
オト Othon 72
オルフェウス Orphée 228
オレステス Oreste 17

【カ】

カイウス Caius 249
ガイウス・カエサル Gaius Caesar 433
カエキナ・パエトゥス Caecina Paetus 128
カエクス Caecus 48, 274

ピエール・グリマル（Pierre Grimal）
1912年パリで生まれ、高等師範学校（エコール・ノルマル・シュペリウール）卒業。カン、ボルドーの大学でローマ文明を講じたあと、ソルボンヌ（パリ大学）で30年間にわたって教鞭を執った。キケロ、セネカ、タキトウスなどの古典作品の翻訳も遺している。クセジュ文庫でも古代ローマ関連の本を多く執筆し、邦訳されている。1996年没。

桐村泰次（きりむら・やすじ）
1938年，京都府福知山市生まれ。1960年，東京大学文学部卒（社会学科）。欧米知識人らとの対談をまとめた『西欧との対話』のほか，『仏法と人間の生き方』等の著書，訳書にジャック・ル・ゴフ『中世西欧文明』（論創社）がある。

ローマ文明
LA CIVILISATION ROMAINE

2009年6月10日　初版第1刷印刷
2009年6月20日　初版第1刷発行

著　者　ピエール・グリマル
訳　者　桐村泰次
発行者　森下紀夫
発行所　論 創 社
東京都千代田区神田神保町 2-23　北井ビル
tel. 03（3264）5254　fax. 03（3264）5232
振替口座 00160-1-155266
http://www.ronso.co.jp/
装　幀　野村　浩
印刷・製本　中央精版印刷

ISBN978-4-8460-0831-4